Siegfried Obermeier

LAGO MAGGIORE

LUGANER SEE
COMER SEE

Siegfried Obermeier

LAGO MAGGIORE
LUGANER SEE
COMER SEE

Prestel-Verlag München

ISBN 3 7913 0022 9
Passavia Druckerei AG Passau 1972

Meiner Frau

INHALT

DER LAGO MAGGIORE

Was kann man vom Lago Maggiore,
von den Borromäischen Inseln
und vom Comer See sagen:
Man kann nur alle bemitleiden,
die nicht in sie verliebt sind ...
                                    STENDHAL

Der See

Die erhabensten Dinge sind meßbar, seien es nun Michelangelos David, die Peterskirche oder der Mont Blanc. Auch der unser Auge so entzückende Lago Maggiore wurde vermessen, und ich möchte die Ergebnisse meinen Lesern nicht vorenthalten.

Der See liegt 194 Meter über dem Meeresspiegel, seine tiefste Stelle wurde zwischen Ghiffa und Porto Valtravaglia mit 372 Meter gelotet. Bezieht man den Borromäischen Golf mit ein, so mißt der See hier an seiner breitesten Stelle zwölf Kilometer, während bei Arona die Ufer an der schmalsten Stelle nur zwei Kilometer voneinander entfernt sind. Mit einer Gesamtoberfläche von 216 Quadratkilometern ist der Lago Maggiore nach dem Gardasee der zweitgrößte der oberitalienischen Voralpenseen, deren inselreichster er zugleich ist.

Von den kleinen Felseninseln der Castelli di Cannero und dem Inselchen Partegora abgesehen, finden wir im schweizerischen Teil die beiden Isole di Brissago und im italienischen Teil die borromäische Inselgruppe mit ihrem Juwel, der vielbesungenen Isola Bella.

Mächtig das Land aufschürfenden Eiszeitgletschern verdankt der Lago Maggiore seine Entstehung. Die gewaltigen, Nord- und Ostwinde abschirmenden Berggruppen wie auch der temperaturbewahrende Einfluß der großen Wasserfläche garantieren ein ausgeglichenes Klima. So fällt das Thermometer im Winterdurchschnitt kaum unter 5 Grad Celsius und im Sommer steigt es selten über 25 Grad. Frühling und Herbst sind regenreich, der Winter ist trocken und nebelfrei, die Sommermonate sind subtropisch warm und mit gewaltigen, oft tagelangen Gewittern gewürzt. Ich habe einen bejahrten Mann aus dem Norden sagen hören, daß er hier seine ersten ›richtigen‹ Gewitter staunend erlebte.

Die Flüsse Maggia und Ticino speisen den See vom Norden, der Toce mündet in den Borromäischen Golf vom Westen, der Abfluß des Sees heißt wieder Ticino, zu deutsch Tessin.

Die Seefauna besteht vor allem aus Forellen, Karpfen, Hechten, Salmen, Schleien, Aalen und Felchen, die Flora an den Ufern, besonders aber auf den Inseln, ist so reich an nordischen, subtropischen und exotischen Arten, daß ihre ausführliche Beschreibung ein ganzes Buch füllen würde.

Eines vor allem wird die Besucher aus dem Norden erstaunen und entzücken: im Januar schon, unserer Zeit des hohen Winters, blühen hier Christrosen, Winterjasmin und Lorbeerschneeball, im Februar erleben wir die goldene Pracht der Forsythien und Mimosen, im März folgen Kamelien, Magnolien, Ginster und Pfirsichbäume. Das Einsetzen der Blütezeit hängt natürlich auch von der Witterung ab und kann um Wochen differieren.

Der See war schon in grauer Vorzeit besiedelt; noch immer werden Funde aus frühen Menschheitstagen gemacht. Mit der Besiedlung durch Ligurer, Etrusker und Gallier tritt er ins, wenn auch noch etwas trübe Licht der Geschichte. Im dritten Jahrhundert vor Christus begannen die Römer sich für die lieblichen Gestade zu interessieren; umsichtig bauten sie gleich eine Straße von der Poebene bis in die Alpen und gaben dem See einen Namen: Lacus Verbanus. Da sich die einheimische Bevölkerung nicht sofort mit den neuen Herren abfand, befestigten die Römer Angera im Süden und Locarno im Norden, setzten reichlich Militär ein und begannen mit lateinischer Gründlichkeit zu urbanisieren. Über ein halbes Jahrtausend ging es nun einigermaßen friedlich zu, bis die Germanen im Verlauf der Völkerwanderung ins römische Imperium einfielen. Als gegen Ende des fünften Jahrhunderts die Burgunder das Land durchzogen, hinterließen sie Elend und Verwüstung. Ein halbes Jahrhundert später setzten sich die Langobarden fest, errichteten Herzogtümer und brachten eine Zeit friedlichen Wohlstandes. Wenn wir auch heute vergeblich nach steinernen Zeugen dieses so regen Stammes suchen, zwei Spuren haben sie doch bis heute hinterlassen: Die Lombardei trägt ihren Namen, und in den Gesichtern vieler Einwohner finden wir noch das langobardische Erbe: blaue oder graue Augen, rote oder blonde Haare.

Als Karl der Große mit Schwert und Vertrag die vielen germanischen Stämme einte, wurde das Gebiet um den See in Grafschaften aufgeteilt, mit denen der Kaiser treue Vasallen belehnte. Mit Ludwig dem Kind erlosch die fränkische Linie der Karolinger. Doch zu jener Zeit hatten sich längst Feudalherren des Landes bemächtigt, Miniaturtyrannen, die sich nicht um Kaiser und Papst kümmerten, sondern mit allen Mitteln ihr Gebiet zu erweitern trachteten.

Im 13. Jahrhundert ging der Stern der Visconti auf, die ›grüne Schlange‹ – das Wappen des Geschlechts – begann zu herrschen. Ob unter der Mitra oder dem Herzogshut: schließlich bestimmten allein sie das Geschick Mai-

lands und der Lombardei. Freilich gab es am See da und dort noch die alten Herren, versuchten Stresa, Intra, Luino, Cannobio und andere an ihren Statuten festzuhalten, und die Visconti, klug genug, ließen ihnen den Spielraum einer kommunalen Selbstverwaltung, doch sie mußten Tribut zahlen und Soldaten stellen.

Dann wechselten die Herren immer schneller. 1439 waren es die Borromäer, 1513 begannen die Schweizer sich des nördlichen Seeteils zu bemächtigen, die Sforza holten sich den Süden, bis 1535 das ganze Gebiet den spanischen Habsburgern zufiel, die es 1714 an ihre österreichische Linie weitergaben. Während dieser Zeit erlosch der Einfluß der einheimischen Herren niemals ganz, vor allem die Borromäer hatten nach wie vor ein gewichtiges Wort mitzureden. 1743 fiel das Westufer an Savoyen. Napoleon, der länderfressende Korse, machte kurzen Prozeß: 1797 wurden beide Ufer der Cisalpinischen Republik einverleibt, seit 1802 gehörten sie dann ›auf ewig‹ zum frischgebackenen Königreich Italien. Die ›Ewigkeit‹ dauert kaum länger als das ›Tausendjährige Reich‹, denn dreizehn Jahre später war Napoleon entmachtet und der Wiener Kongreß stellte die alten Zustände wieder her: das Westufer fiel den Savoyern zu, das Ostufer den Österreichern. Der Norden, das Tessin, gehörte ohnehin schon seit 1798 zur Schweiz; denn es hatte damals nichts von Napoleon und der Cisalpinischen Republik wissen wollen.

Nach Garibaldis endlichem Sieg kam auch der Lago Maggiore zum Königreich Italien. Heute, da das Land eine Republik ist, zählt das piemontesische, das Westufer, zur Provinz Novara, das lombardische, das Ostufer, wird von Varese aus verwaltet.

Wer an den Ufern des Lago Maggiore architektonische Wunderwerke, großartige Museen, antike und mittelalterliche Ruinen sucht, ist nicht am rechten Ort. Die Schönheit seiner Ufer mit ihrer Formenvielfalt, ihrer subtropisch-üppigen Flora hätte durch allzu aufdringliches Menschenwerk nur verloren. Wie wir sehen werden, findet sich nirgendwo am See ein Bauwerk, das die Natur herausfordert oder auf irgendeine Weise gewaltsam das Wesen dieser Landschaft verändert oder stört. Eine Ausnahme bildet nur die Isola Bella: da wurde eine ganze Insel in Architektur verwandelt.

Wenn der Mensch am Lago Maggiore auch Zurückhaltung geübt, maßgehalten hat, so werden wir dennoch nur wenige Landschaften finden, die so vom Menschen geprägt, gestaltet, aber nicht verunstaltet wurden. Wir finden eine Kulturlandschaft im besten

Sinn des Wortes, in der Natur und Menschenwerk in glücklicher Übereinstimmung stehen, besonders am Westufer, das gern als das ›üppige‹ bezeichnet wird.

Die Parks der Villa Pallavicini, der Villa Taranto und der Isola Madre sind kaum zu schildern, ihr Zauber ist zu jeder Jahreszeit wirksam. In diesen Gärten hat der Mensch mit Pflanzen ›gebaut‹. Gerade diese drei Beispiele zeigen, wie sehr das Bauwerk, ›die Villa‹, hier hinter der Gartenanlage zurücktritt. Weder der Palast auf der Isola Madre noch die Villen Taranto oder Pallavicini sind den Besuch wert; bescheiden stehen sie irgendwo zwischen Zedern, Zypressen oder Korkeichen versteckt, weder groß noch architektonisch bedeutend; und doch – man möchte diese Bauten nicht missen, sie gehören einfach dazu, wie der berühmte letzte Pinselstrich einem Bild die Vollendung geben kann.

Im Sakralbau herrschen Romanik und Renaissance vor, doch auch hier kein Wunderwerk, nirgends ein Pilgerziel für Architekturliebhaber. Aber wie vollkommen fügen sich diese Kirchen in Ort und Umgebung ein, wie liebevoll sind sie oft ausgestattet, wie vollendet zeigt sich das handwerkliche Können. Die Rundbögen der Romanik und Renaissance, die schmucklosen, eckigen, grauen lombardischen Türme ordnen sich still dem Bild dieser Landschaft unter. So finden wir, abgesehen von etlichen Entgleisungen der letzten Jahrzehnte, am Lago Maggiore etwas, das selten geworden ist, das vielleicht immer selten war: Harmonie.

Bellinzona

Bellinzona ist das Tor zum Tessin und damit zum Lago Maggiore. Woher der Reisende aus dem Norden auch kommen mag, über den Sankt Gotthard, über den Lukmanier- oder den San Bernardino-Paß: Bellinzona muß er passieren.

Drehen wir den Namen der Stadt ein bißchen um, dann könnte es heißen: *in bella zona*, zur schönen Zone, und ein wenig kündigt es sich schon vorher an, etwa nach dem Durchqueren des hellerleuchteten endlosen Tunnels durch den San Bernardino: die Luft wird weicher, der Himmel blauer und dann, in Mesocco, Soazza oder

Lostallo, stehen die ersten, noch etwas mageren Palmen da, und nach ein paar Autominuten fahren wir schon in Bellinzona ein. Keine besonders große Stadt, keine besonders schöne Stadt, aber wichtig als Hauptstadt des Tessin und Verkehrsknotenpunkt.

Bellinzona, heute eine friedvolle, gewerbefleißige Kantonalshauptstadt, hat es in der Vergangenheit nicht leicht gehabt. Die kleine Stadt, in der sich, wie bereits erwähnt, die drei wichtigen Straßen vom St. Gotthard, vom Lukmanierpaß und vom San Bernardino schneiden, fungierte als › Talsperre‹, als wichtige, strategische Pforte. Sie aufzustoßen, verhieß Einfluß und Besitz im Süden, und so war sie viel umworben und umkämpft. Schon in der Römerzeit als ›castrum‹ erwähnt, befand sie sich wahrscheinlich seit dem 8. Jahrhundert im Besitz der Bischöfe von Como. In der Stauferzeit fiel sie dann in einer der endlosen Fehden zwischen den beiden rivalisierenden Städten an Mailand, und damit unterstand sie der Herrschaft der aufstrebenden Visconti-Familie. Dieses Geschlecht baute Bellinzona zur Festung aus; sein Wappen, die silbergrüne, menschenfressende Schlange, zierte bald Häuser, Wälle und Burgen. 1419 brachten Uri und Unterwalden die Stadt in ihre Hand; sie hatten jedoch nicht viel Freude an ihrem Besitz, denn bereits 1420 holte Mailand sich seine Veste zurück. Erben der Visconti wurden, wie auch in anderen Städten, die Sforza. 1499 wurde die Stadt von Ludwig XII. von Frankreich eingenommen, der sie jedoch schon 1503 an die Urkantone Uri, Schwyz und Unterwalden abtrat. 1798, bei Bildung der Helvetischen Republik von Napoleons Gnaden, wurde Bellinzona Hauptstadt des Kantons Bellinzona und 1803, nach dem Sonderbundskrieg, abwechselnd mit Lugano und Locarno, des Tessin. Dabei blieb es auch bei der Umwandlung der Schweiz 1848 in den heutigen Bundesstaat.

An die wirren, kampferfüllten Zeiten erinnern nur noch die Kastelle. Da gibt es einmal das *Castello Grande* (auch ›Uri‹ genannt) mit seiner weitläufigen Wehrmauer und den beiden hochragenden Türmen. Ihm gegenüber das viel besser erhaltene *Castello di Montebello* (oder ›Schwyz‹) über Weinbergen thronend, gegen 1480 vollendet. Heute beherbergt es das Museo civico, ein prähistorisches Museum. Noch höher droben schmiegt sich das *Castello di Sasso Corbara* (oder ›Untervaldo‹) an einen Berghang, einfach und wuchtig. Es sollte eine Umgehung der Talsperre verhindern. Jetzt ist in ihm das Museo dell'arte e delle tradizioni del Ticino untergebracht. Die Waldstädte,

Uri, Schwyz und Unterwalden, die lange gemeinsam die Herrschaft über Bellinzona ausübten, besaßen diese Kastelle.

Der Kirche *Santa Maria delle Grazie*, um 1500 erbaut, mit den Fresken von Bramantino, sollten wir einen Besuch abstatten und vielleicht noch dem romanischen Gotteshaus *San Biagio* unweit davon im Vorort Ravecchia, das peinlich genau restauriert wurde. Es birgt Fresken aus dem gotischen Trecento und am vorderen südlichen Pfeiler einen grimmig blickenden, gehäuteten San Bartolomeo, der sich seine eigene Haut elegant wie einen Regenmantel über die linke Schulter geworfen hat, ein Werk aus dem 15. Jahrhundert.

Von Bellinzona geht es weiter durch das grüne Magadino-Tal über Gudo, Cugnasco und Gordola nach dem geschichtsträchtigen Locarno.

Locarno

MADONNA DEL SASSO

Vielleicht sollte man Locarno erst einmal von oben betrachten. Ich jedenfalls sah die Stadt zuerst aus der Vogelschau, und ich glaube nicht, daß es viele Orte gibt, wo dies so schnell und bequem zu ermöglichen wäre: Die Fahrt mit dem Auto hinauf zur Wallfahrtskirche Madonna del Sasso dauert längstens eine Viertelstunde, dann noch ein paar Minuten Abstieg, und wir betreten das Kloster, das seine Gründung einer Vision des Mönches Bartolomeo d'Ivrea verdankt. Diesem erschien in einer Nacht des Jahres 1480 die Jungfrau Maria, von Engeln umschwirrt, mit dem Kind auf dem Arm. Der Mönch erblickte die lichtstrahlende Gestalt auf einer Felsenklippe über der Stadt, und sieben Jahre später, anno 1487, erhob sich dort das Heiligtum. Diesen Bau sehen wir heute nicht mehr vor uns. Die neue Kirche wurde Anfang des 17. Jahrhunderts errichtet und 1610 geweiht. Der obere Teil der Fassade geht auf einen Umbau von 1890 und 1891 zurück.

Gleich beim Betreten des Klosterkomplexes wird man von lebensgroßen Figuren überrascht, die, durch eine vergitterte Öffnung zu betrachten, das letzte Abendmahl darstellen. Es handelt sich um

eine der freiplastisch geformten Gruppen des um 1620 angelegten
Stationsweges, der zur Kirche hinaufführt. Zwei dieser Figurengruppen werden Francesco Silva dem Älteren, dem Stammvater
einer ganzen Stukkatoren-Dynastie, zugeschrieben. Da man Schönes nicht ungelobt lassen soll, muß ich sagen, daß die schmiedeeisernen Gitter vor den Schauluken recht gute Arbeit sind.

*Über eine Aussichtsterrasse betreten wir die goldstrotzende Kirche. Eines
ihrer Kunstwerke lohnt jedenfalls den Weg hier herauf: am mittleren
linken Seitenaltar befindet sich eine Beweinung Christi. Dieses reichge-
faßte Werk eines anonymen lombardischen Meisters aus der Zeit um 1500
ist von solch ausdrucksvoller Bewegtheit, daß die mehr als mittelmäßigen
Bilder rundherum trotz ihrer aufdringlichen Buntheit neben ihm verblassen.
Am Ende des rechten Seitenschiffes finden wir in einem schön geschnitzten
Rahmen das etwas zu hoch gelobte Bild ›Die Flucht nach Ägypten‹ von
Bramantino (1470 bis 1535), einem von Bramante stark beeinflußten Maler.
Die Farben des Gemäldes sind bläßlich, die Komposition wirkt steif. Im
Zentrum des Hochaltars steht die verehrte Madonnenstatue, nach den An-
gaben des Mönches Bartolomeo gefertigt. Die ziemlich überladene Kirche
wirkt leider wie ein Devotionalienmuseum, was die Andacht des einfachen
romanischen Menschen jedoch nicht stört.*

*Ich selber betrachte gerne die Votivbilder an der Rückseite der Kirche,
die in ihrer unbekümmerten Naivität echtes Empfinden verraten: Da fließt
knallrotes Blut, da brennen Häuser lichterloh, da lauern Spitzbuben hinterm
Gebüsch, während die über dem Geschehen in ihrem Strahlenkranz thronende Madonna alles ins Reine bringt. ›G.R.‹ steht unter den meisten Bildern, das heißt ›Grazia ricevuta‹, also ›Gnade empfangen‹, Maria hat ge-
holfen. Besonders eindrucksvoll ist das Bild gleich rechts vom Eingang, wo
eine langberockte Dame ergebenen Blicks am Boden liegt, während drei
Spitzbuben, die wohl die Kutsche der Donna überfallen haben, sich mit
blutgeröteten Dolchen in die Büsche schlagen, denn von rechts nahen die
Retter: drei brave schnauzbärtige Soldaten mit gezückten Bajonetten. Stun-
denlang möchte man solche Bilder betrachten.*

DIE STADT

Wieder draußen unterm blauen Himmel, die milde Nachmittags-
sonne im Nacken, schauen wir jetzt hinab auf die Dächer Locarnos.
Die Stadt verblüfft mit linealgeraden Straßen, auf denen Spielzeug-

autos hin und her zu sausen scheinen. Vor uns das dunkle Massiv des Gambarogno, wenn die Dünste ihn nicht verschleiern, daneben der mächtige, fast 2000 Meter hohe Monte Tamaro. Und dann der See, blau oder grau oder silbern überhaucht – oder gar nicht zu sehen. Was die Reiseführer nämlich nicht erwähnen, ist die Tatsache, daß mit Ausnahme des Winters die Luft am Lago Maggiore nicht allzu häufig wirklich klar ist, so daß man das geschilderte Panorama oft nur ahnen kann.

Daß diese Luft aber gesund ist, erkannte schon vor vierhundert Jahren Taddeo Duni, Stadtarzt von Locarno, der seinen Heimatort in Josias Simmlers Werk ›De Republica Helvetiorum‹ liebevoll schildert. Aus dem Latein ins Deutsch jener Zeit gebracht, liest sich das etwa so:

»*Die Statt Luggaris, Italienisch Locarno, ligt auff einem ebnen boden zwischen dem end deß hohen gebirgs am gestad deß Langensees, hat von aufgang der Sonnen den anfang des Langensees. Gegen mittag zeücht sich der See eyn in ein schmalen halß, unnd ennert dem selbigen sind hohe gebirg. Es ist auch von aufgang gegen Bellentz zuo ein schöne weyte ebne, durch weliche der Tessin laufft, ein schöner Höuwwachs. Zwischen disem boden unnd der Statt, auch zwischen dem end deß gebirgs und dem Langensee sind schöne güter, fruchtbar von weyn und korn. Gegen mittnacht ligen gegen der Statt weyte und fruchtbare felder, doch hat deren ein theil das wasser, so da für fleüßt verwüst und hinweg gefressen, die berg sind weyt mit schönen räben gepflantzet. So ist auch da also ein temperierter und gesunder lufft als ihn einer wünschen möcht.*«

Jetzt aber hinunter ins menschenwimmelnde Locarno, das sich heute mit seinem Vorort Minusio bis in die Magadino-Ebene erstreckt und das auch weit in die waldreichen Berge hinaufgewachsen ist. Man darf in Locarno nicht mehr nur den Kurort sehen, von dem in manchen Beschreibungen noch die Rede ist – Locarno ist betriebsam, laut und bunt. Und doch muß man es gernhaben. Auf die dem Romanen fremde, ja nicht einmal in seinem Wortschatz vertretene ›Gemütlichkeit‹, die wir so sehr schätzen, brauchen wir hier nicht zu verzichten; denn Locarno ist, bei aller *italianità*, eine schweizerische Stadt. So finden wir hier gemütliche, verräucherte Speiselokale neben schicken Cafés; wir können wählen zwischen monumentalen Hotels mit sagenhaftem Service und sauberen kleinen *alberghi* mit lieben alten, dicken Wirtinnen und zivilen Preisen.

Wer sich andernorts am See niedergelassen hat, sollte einen Regentag nicht trübsinnig im Hotel verhocken oder bibbernd im Zelt auf einem sich langsam in Morast verwandelnden Campingplatz liegen, sondern schnurstracks nach Locarno fahren. Denn selbst bei Regen (Juni und September geben sich hier gern etwas feucht) läßt es sich in dieser Stadt schön trocken unter den Arkaden der Piazza Grande herumschlendern. Und sollten wir hungrig geworden sein, so gibt es in jedem der kleinen Lokale für ein paar Franken den schmackhaften ›Tessiner Teller‹, auch *Piatto freddo* genannt, mit herrlichem, saftig-rosa Schinken, dunkelrot-rauchigem Bündnerfleisch und hauchdünnen Salamischeiben. Vielleicht hat es inzwischen aufgehört zu regnen, so daß wir die großzügig angelegte Uferpromenade entlangspazieren können, die mit ihren seltenen Gewächsen zugleich ein botanischer Garten ist. Europas bunte Völkerscharen strömen hier an schönen Spätnachmittagen zusammen. Behäbig-gepflegte Nordschweizer, auffällig gekleidete Amerikaner, hagere Briten, quirlige Franzosen oder Welschschweizer und natürlich unsere lieben Landsleute begegnen uns auf Schritt und Tritt. Bei aller Scheu vor Verallgemeinerung ist es doch erstaunlich, in wie starkem Maße die verschiedenen Nationen oft die ihnen nachgesagten Eigenschaften verkörpern.

Muralto. Vom Ortsteil Muralto an ist der Weg am Ufer entlang, der ›Lungolago Giuseppe Motta‹, besonders schön. Da wir nun schon in Muralto sind, sollten uns die paar Schritte zur Kirche *San Vittore* nicht reuen. An der Via San Vittore biegen wir links ein, gehen über die Eisenbahnbrücke und stehen schon vor der jetzt wenigstens außen gründlich restaurierten Kirche. Der viereckige klobige Turm, dessen Bau durch die Hungersnot 1527 unterbrochen wurde, konnte erst Mitte dieses Jahrhunderts fertiggestellt werden. Das große Relief an seiner Südseite zeigt den heiligen Victor, Locarnos Schutzpatron, hoch zu Roß. Das Innere der romanischen Kirche versucht man gerade vom Wust seiner zahlreichen Um- und Anbauten zu befreien, gewiß keine leichte Aufgabe. Bei meinem letzten Besuch im Herbst 1969 trieben mich herumwimmelnde Handwerker, aufgerissene Mauern und wirre Gerüste bald wieder davon. Ein kurzer Besuch in der schönen spätromanischen Krypta läßt uns ahnen, wie die Kirche früher ausgesehen haben muß und wie sie vielleicht wieder aussehen wird.

Weiter wandern wir am Lungolago entlang zwischen Seeufer und üppigen Magnolien. Es lohnt sich, einmal zurück- und hinaufzublikken, wo die ockergelbe Kirche Madonna del Sasso inmitten weißer Villen aus dem Grün des Hügels leuchtet. Dort oben in *Locarno-Monti* gibt sich Europas Geld- und Geistesadel ein Stelldichein.

Vor allem den Leuten vom Film haben es die Hänge über Locarno angetan, und so mancher Drehbuchautor, Produzent oder Regisseur mag hier über seinem nächsten Streifen gebrütet haben. Aber auch Literaten haben sich hier oben angesiedelt, wie der Romancier und Meister der literarischen Parodie Robert Neumann. Hier schrieb er ›Vielleicht das Heitere‹, eine faszinierende Chronik von dreihundertfünfundsechzig Tagen, ein Tagebuch glücklicher und manchmal wehmütiger Rückerinnerung, in dem er jedoch auch die Gegenwart – seine junge Frau Helga und den halbwüchsigen Sohn Michael – nicht vernachlässigt. Vom Tessin erfährt man freilich darin nicht allzuviel, und wenn, dann meistens etwas Bissiges: mehrmals ist von den »Sackgassenexistenzen hier im Tessin« die Rede. Großartig ist der Abschnitt über einen Besuch bei seinem Nachbarn Erich Maria Remarque in Ronco. Darin charakterisiert er treffend Remarques Verhältnis zur Literatur:

»Er ist nicht eine Gestalt am Rand der Literatur – die Literatur ist ein ferner Fleck am Rand Remarques ...«

Wir haben Neumann dort oben in der Casa Belmonte besucht, aber statt eines alten Mannes – Neumann ist 1897 geboren – einen salopp gekleideten, geistsprühenden Herrn mit jungen munteren Augen, randvoll mit literarischen Plänen, gefunden. Auf unsere Frage, ob diese Behausung hier nicht etwas abseits vom Weltgeschehen liege, meinte der Meister, die Welt komme zu ihm, oft habe er drei oder vier Besuche am Tag, besonders während der Sommermonate. Wie er dabei noch zum Schreiben kommt, hat er uns nicht verraten.

Wenden wir nun den Blick von diesen apollinischen Höhen wieder hinab zur Uferpromenade, an deren Ende der alte Wehrturm *San Quirico* nun schon seit Jahrhunderten Wacht hält. Muralto ist auch einen Abendbesuch wert: In den alten Osterien links und rechts der vielen *vicoli*, die den Hügel hinaufführen, wird oft musiziert und gesungen. Georg von der Vring hat während seines Tessinaufenthalts einer solchen Taverne ein siebenstrophiges Gedicht gewidmet:

> *Oh wie wach sind alle Sterne,*
> *Und die Nacht wie lang!*
> *Halb im Schlummer hört' ich gerne,*
> *Wie vor Zeit, am Hang*
> *Aus Basilios Taverne*
> *Violinenklang …*

In tragischer Weise sind zwei andere deutsche Künstler mit Muralto verbunden. Hier verschied am 29. Juni 1940 Paul Klee, Maler des Nicht-Sichtbaren, Deuter verborgener Welten, einer der ganz Großen unseres Jahrhunderts; und auch der eigenwillige Dichter Stefan George ist hier am 4. Dezember 1933 im bitteren Exil gestorben. Zwei Jahre früher, im Herbst 1931, schrieb Gerhart Hauptmann in Locarno sein Drama ›Vor Sonnenuntergang‹, die Geschichte eines alten Mannes, der an seiner letzten Liebe zugrunde geht.

Fahren wir nun ans andere Ende der Stadt und machen mit dem Besuch des Castello – richtiger, dem, was von ihm übrig ist – einen Ausflug in die Geschichte Locarnos, die nicht weniger bewegt, nicht weniger kampfreich war als die von Bellinzona. Locarno ist alt, sehr alt sogar, sein klangvoller Name soll vom keltischen Locaron, das heißt ›Ort auf dem Wasser‹, stammen. Man hat auf diesem Boden Funde aus der Bronze- und Eisenzeit gemacht, man weiß von römischen Resten aus Muralto und Tenero, man kennt das alte Locurnum, Handels- und Garnisonsplatz der Römer. Seit dem 12. Jahrhundert besaßen die sich gegenseitig zerfleischenden Geschlechter Orelli, Muralti und Magorio ihre Sitze in und um Locarno; als 1342 dann Luchino Visconti die Stadt eroberte, ließ er auf dem Grund einer ehemaligen Orelliburg sein Kastell errichten. Bis 1493 gehörte Locarno nun zum Herzogtum der Visconti, zu Mailand also, daher finden wir an einem der Torbogen den menschenverschlingenden geschuppten Wurm. In jenem

Jahr überließ Filippo Maria Visconti Stadt und Schloß dem Grafen Franchino Rusca. Dieser verwegene Kriegsmann wollte sich ein Reich erkämpfen und gelangte siegend bis Como. Dann aber zerbröckelte die Beute wieder, und schließlich war Franchino froh, sich hinter Locarnos festen Mauern verkriechen zu können, wo die von ihm vergrößerte und verschönerte Burg sichere Zuflucht bot.

1513 schließlich fiel die Stadt – wie zuvor Bellinzona und Lugano – den Schweizern in die Hände, die sie beinahe vom Erdboden vertilgt hätten. Die Festung wurde 1532 geschleift; was wir heute vom Castello sehen, ist nur der ehemalige ›Palazzo‹ der einst als uneinnehmbar geltenden Festung, in dem bis 1798 die schweizerischen Landvögte residierten. Erst die Ära Napoleons, die Zeit der großen Neuordnung, brachte Locarno 1803 die Aufnahme in die Eidgenossenschaft.

Wir spüren noch den Geist gewalttätiger Zeiten, wenn wir das graue, festgefügte Massiv des Castello betrachten, das 1923 bis 1926 durch E. Berta restauriert und vom Kanton Tessin in ein Museum verwandelt wurde. Vom schönen arkadengeschmückten Innenhof kommen wir in die holzgetäfelten Räume des ersten Stockes, wo neben alten Möbeln, Bildern und Skulpturen eine Sammlung römischer Münzen, Gläser, Bronzen und Gebrauchsgeräte zu sehen ist. Auch vorgeschichtliche Funde aus dem Gebiet von Locarno sind ausgestellt. Über die Scala di Rusca erreichen wir den zweiten Stock und gelangen von dort auf den zinnengeschmückten Turm.

Zur Linken der Burg führt ein schmaler Weg hinauf zur Klosterkirche *San Francesco*, die schon Mitte des dreizehnten Jahrhunderts gegründet und 1538 mit den Steinen der abgetragenen Burg vergrößert wurde. Diese dreischiffige Basilika mit ihren glatten toskanischen Granitsäulen und der einfachen Holzbalkendecke hat außer einigen Freskenfragmenten von Malern aus dem Geschlecht der Orelli nichts aufzuweisen als eben sich selbst – sie wirkt durch Geradlinigkeit und edle Harmonie. Ein wenig vom Geist des frühen Christentums ist hier noch zu spüren. Die Zeichen und Inschriften auf Steinen an der Fassade weisen deren Herkunft aus der alten Burg nach. Vielleicht meinte der Dichter Rainer Maria Rilke gerade diese Kirche, als er im Januar 1920 an Lou Andreas-Salome aus Locarno schrieb:

»*Und die Stille in den verlassenen Kirchen. Da sitz ich oft in einer
ganz allein, und die Tränen kommen mir, einfach aus Glück über die
innige Stille, draußen kräht ein schmächtiges Dorf-Hähnchen, und der
ganze Raum wird noch stiller davon, so ländlich-heilig-still – ach, liebe Lou,
dies müßt ich ums Herz haben dürfen ein halbes Jahr, selbst in den paar
Augenblicken verwandelt michs, gibt mich mir zurück, und man bekommt
sich ja immer gesteigert wieder.*«

Der Kirche gegenüber steht das 1347 aus schwarzen und weißen
Steinen errichtete Grabmal des Patriziers Giovanni Orelli von Stefano di Velate. Von hier ist es zur *Himmelfahrtskirche* oder ›Chiesa
Nuova‹ nicht mehr weit, wenn wir die Via di San Francesco bis
zum Anfang der engen Via Citadella entlanggehen. Diese Kirche
hätte man eher für einen kleinen Palazzo gehalten, wäre da nicht
der Campanile und daneben ein wirklicher Palast, der des Cristoforo Orelli. Dessen Schutzpatron, mit dem die Weltkugel haltenden Christkind auf der linken Schulter, finden wir zwischen Kirche
und Palazzo. So bequem richteten es sich die Herren damals ein.
Man weiß, daß Christoforo Orelli die Kirche anläßlich seiner Hochzeit mit Giulia Materne errichten ließ. Papst Sixtus V. hatte ihn dazu nachdrücklich ermuntert, damit er ihm die vorehelichen Sünden
leichter vergeben könnte. Die entsprechende Bulle aus dem Jahre
1585 ist noch erhalten. Da die Kirche erst 1636, vier Jahre vor ihres
Stifters Tod, fertiggestellt war, scheint Orelli es mit dem Bau nicht
besonders eilig gehabt zu haben. Der *Orelli-Palast* trägt jetzt den
Namen ›Haus der Domherrn‹; er hat einen recht lauschigen, von
Weinlaub überwucherten Arkadenhof.

Geht man ein Stück die Via Citadella zurück, so stößt man auf
die Via *San Antonio*, an deren Ende die Kirche gleichen Namens
steht. Sie wurde 1674 neu erbaut und 1863 vergrößert, nachdem sie
bei einem Teileinsturz fünfundvierzig Menschen unter sich begraben hatte. Über dem Altar des rechten Seitenschiffes finden wir
Fresken von Giuseppe Antonio Felice Orelli (1700 bis 1774), deren
typisch barocker Geist sich in ihren Scheinarchitekturen zeigt, die
ein bißchen an bunte Theaterkulissen erinnern. Und doch scheint
mir ein Quentchen vom Geist des Tiepolo, dessen Schüler Orelli
zeitweise war, darin aufzuschimmern.

Einer Seltenheit sind wir auf der Spur, wenn wir die Via Valle Maggia, die gleich rechts neben der Kirche San Antonio abzweigt, bis zum Friedhof Santa Maria entlanggehen, an dessen Ende die Kirche *Santa Maria in Selva* steht. Von diesem spätgotischen Bauwerk haben sich nur der Campanile und der Chor erhalten, und dort befindet sich nun ein wirklich kostbares Werk: Fresken aus dem Jahre 1401 von großartiger Farbgebung und subtiler Eleganz, ein herrliches Beispiel gotischer Malerei in ihrer höchsten Blüte. Christus und die Gottesmutter thronen wie ein kostbar gewandetes Fürstenpaar, umgeben von Heiligen, die eher einer erlesenen Hofgesellschaft gleichen.

Locarno ist nicht der Ort, den man an einem Tage durchhastet, mit dem Reiseführer in der Hand das Gesehene abhakend; Locarno verlangt von uns ein wenig Geduld, dann verschenkt es so nach und nach seine kleinen Juwelen. So wird uns die Freude an einem längeren Spaziergang sicher einmal die steile schmale Via al Sasso hinaufführen, und wer dort die wohlverdiente Kaffeepause macht, sollte es im *Hotel Belvedere* tun, einem Palazzo vom Ende des 17. Jahrhunderts. Er kann dabei dann in aller Ruhe den pompösen Kamin, die Malereien und Stuckarbeiten bewundern. Ein anderes Mal vielleicht werden wir in der Via Borghese die alte *Casa del Negromante* entdecken, ein behäbiges Bürgerhaus aus dem Anfang des 16. Jahrhunderts, dessen Innenhof malerische, vom Alter verzogene Holzgalerien schmücken. Wer mag wohl dieser Nekromant, dieser Totenbeschwörer und Schwarzkünstler, gewesen sein?

Ehe wir Locarno verlassen, sollten wir noch der Oktobertage des Jahres 1925 gedenken, da besorgte Politiker sich zusammenfanden, um Europa den Frieden zu sichern. Der damalige deutsche Außenminister Stresemann wollte gemeinsam mit den Vertretern der europäischen Mächte, vor allem Frankreichs, Englands und Italiens, seine Lieblingsidee verwirklichen, durch gegenseitige Nichtangriffspakte und Anerkennung der bestehenden Grenzen Deutschland die Aufnahme in den Völkerbund zu ermöglichen, um so den Frieden in Europa zu sichern. Während der Verhandlungen fielen vor allem deutsche und französische Nationalisten ihren Staatsmännern in den Rücken. Über eine Woche lang wurde verzweifelt hin und her verhandelt, bis es bei einer Erholungsfahrt auf dem Lago Maggiore zu einer vertraulichen Aussprache zwischen dem deutschen Reichskanzler Luther,

Gustav Stresemann, Sir Austen Chamberlain und Aristide Briand kam,
die endlich ein Ergebnis brachte, das am 16. Oktober 1925 bekanntgemacht
wurde. Wesentlichster Punkt des Vertrages: England und Italien garantierten
die deutsche Westgrenze, während man sich gegenseitig versprach, nie
wieder gegeneinander Krieg zu führen, wodurch vor allem den ›Erbfeinden‹
Deutschland und Frankreich Zügel angelegt werden sollten. Wir wissen,
was daraus wurde …

DIE SEITENTÄLER UM LOCARNO

Auch wenn sie nicht zum See gehören, an dessen Ufer wir jetzt südwärts ziehen – es würde ein Stückchen von Locarno fehlen, ließen
wir die Seitentäler unerwähnt! Mindestens vier von ihnen sind, glaube ich, schon einen Tagesausflug wert: das Verzasca-Tal, das Maggia-
Tal, die Centovalli oder ›Hunderttäler‹ und die Valle Onsernone; die
beiden erstgenannten wollen wir jetzt erwandern. Vielleicht wird
der Leser dann auch Lust verspüren, die Centovalli oder die Valle
Onsernone für sich allein zu erobern; sie alle eingehend darzustellen,
würde den Rahmen dieses Buches sprengen, dessen großes Thema
eben doch die Seen sind.

Das Verzasca-Tal. Von Locarno aus liegt das Verzasca-Tal wohl am
nächsten. Eine tausendfünfhundert Meter tiefe Rinne hat die Verzasca sich im Laufe von Jahrmillionen durch die Bergriesen gegraben, von denen der gewaltigste, der Pizzo di Vogorno, eine Höhe
von 2442 Meter erreicht. Dieses Tal zeigt sich von einer rauhen,
aber seltsam wohlgeordneten Romantik.

Wenn wir hinter Gordola ins Tal einfahren und vor uns eine
glatte graue Staumauer auftaucht, so setzt ein derartiges Werk der
modernen Technik dieser Romantik freilich einen Dämpfer auf,
aber ohne dergleichen scheint es halt nicht zu gehen. Bald haben wir
die Mauer glücklicherweise hinter uns gebracht und dürfen uns nun
– die meist gut ausgebaute Straße genießend – der Schönheiten dieses
Tales ungestört erfreuen. Dazu gehört auch der durch das Stauwehr
gebildete *Bacino di Vogorno*, dessen smaragdener Spiegel uns ein
Weilchen begleitet.

Hinter San Bartolomeo grüßt das an seine Felsnase geschmiegte

Corippo von oben herunter, und wer den Weg da hinauf nicht scheut, sollte sich für den originellen Ort etwas Zeit nehmen. Als ich hinauffuhr, hatte ich nur einen Wunsch: keinen Gegenverkehr; denn die Straße bietet gerade einem einzigen Vehikel genug Platz. Mein Wunsch erfüllte sich. Bei der Kirche fand sich so etwas wie ein Parkplatz, und nun hieß es tüchtig herumklettern. Der ganze unglaublich verschachtelte Ort ist nur über Steinstufen begehbar: wo bei einem Haus vorne der zweite Stock ist, kann hinten gerade noch ein niedriger Eingang sein.

Corippo hatte früher einen guten Ruf wegen seiner Leinwebereien, doch mit der Erfindung des mechanischen Webstuhls und dem Aufkommen gewaltiger Baumwollindustrien war es damit vorbei. Viele der Bewohner wanderten aus und zerstreuten sich als Kaminkehrer und Scherenschleifer in alle Winde. Hans Rudolf Schinz (1745 bis 1790) hat in seinem 1786 in Zürich erschienenen Buch ›Beyträge zur näheren Kenntniß des Schweizerlandes‹ über die arbeitsamen Bewohner dieser Täler geschrieben:

»In dem Sommer findet man in ansehnlichen Dorfschaften neben dem Pfarrer, Caplan, Sakrist, Dorfs-Vorgesetzten, und einigen alten unvermöglichen Greisen kaum zehn erwachsene Männer. Man trifft überall nur Weiber in den beschwerlichsten Arbeiten an. Bey anrückendem Frühling ziehen die gesündesten schaarenweise aus, und wandern nach allen Gegenden der Welt. Als Caminfeger vornehmlich die aus dem Maynthal d.i. Val Maggia und Onsernon, daher das erstere in älteren Zeiten schon das Caminfeger-Thal genennet ward. Die aus Verzasca und dem Centthal d.i. Centovalli ziehen als Stallknechte und Kutscher in die großen Städte des untern Italiens und fahren Cardinäle und Fürsten in ihren Staatswägen, sie, die in ihrem engen Thal von Felsen eingeschlossen, nur keinen Begriff von einem Karren sich machen konnten.«

Der in Corippo gesprochene Dialekt ist sehr alt und wird – wie mir versichert wurde – im übrigen Tal kaum verstanden. Da der Ort früher nur mühsam über Ziegenpfade zu erreichen war, ist dies sehr gut möglich; denn Dialekte pflegen sich in sehr entlegenen Orten durch die Jahrhunderte zu erhalten. Sehr eigenartig fand ich die vielen ü-Laute und die häufige Konsonantenendung auf -ns, beides im Italienischen völlig unbekannt, aber im Klang dem Engadiner Rätoromanisch auffallend ähnlich. Corippo ist angeblich ein

Spottname, der dem Ort blieb, als einer der Einwohner seinen Esel hartnäckig für ein Pferd hielt und dem störrischen Tier zurief: Corr'ippo! – Pferd lauf! – Dem Sprachunkundigen aber sei gesagt, daß die griechische Form *ippo* heute nur noch als Vorsilbe gebraucht wird und ›Pferd‹ allgemein *cavallo* heißt – auch in Corippo! Hier im Ort sollte man dieser Legende am besten nicht weiter nachgehen ... Neben der Kirche steht eine recht wohl aussehende Fächerpalme, und so kann es hier im Winter nicht gar zu kalt sein.

Hinter Lavertezzo finden wir eine kühn über die Verzasca gespannte Bogenbrücke, die römischen Ursprungs sein soll; andere wieder meinen, sie stamme aus dem Mittelalter. Jetzt gibt sich das Tal etwas finster, die Berge rücken näher, und es dauert schon eine Weile, bis wir in *Brione* ankommen, dem eigentlichen Hauptort des Tales. Dieser stille reizvolle Ort liegt in einer Talverbreiterung und ist leicht in einer Viertelstunde zu durchwandern. Unterhalb der Kirche führen schmale grasbewachsene Wege durch den alten Ortsteil mit winzigen, oft nur backofengroßen, aus Granit erbauten und mit Granit gedeckten Häuschen. Die meisten davon sind heute verlassen oder werden nur noch als Ställe und Holzlager verwendet.

Ich war im Spätherbst dort, gegen Nachmittag war es schon recht kühl geworden, und würziger Holzrauch durchzog den ganzen Ort. Dabei war die Luft klar und frisch, aus der Ferne tönte das sanfte Läuten der Kuhglocken – so still war es hier, so friedlich, als sei das lärmende, menschenwimmelnde Locarno eine Tagesreise entfernt. Früher war es wohl auch eine Tagesreise ... Wie so oft in diesen Tälern, kann man auch in der Kirche von Brione eine Überraschung erleben: wir finden herrliche Fresken in der Art Giottos, die nach neuester Forschung etwa um 1330 entstanden sind, also noch zu Lebzeiten des großen Meisters (1266 bis 1337), und Malern aus der Romagna zugeschrieben werden. Am tiefsten berührte mich die Darstellung des Abendmahles mit dem schlafenden Jünger zur Linken Christi, dessen Hand zärtlich auf dem Haupt des Schlummernden ruht.

Nur ein paar Schritte von der Kirche entfernt lädt ein viertürmiges Schlößchen – jetzt Albergo – zur Einkehr. Im behaglichwarmen Gastzimmer erzählt das Wappen über dem pompösen Kamin noch, daß das Schlößchen sich einst im Besitz der Marcacci, einer Patrizierfamilie aus Locarno, befand. Das Tal endet bei dem schon tausend Meter hoch gelegenen Örtchen Sonogno. Früher hatten die Bewohner des Verzasca-Tals sich gegen allerlei Raubwild zu wehren, wie uns Schinz berichtet:

>*In den Gebirgen giebts Lüchse und Wölfe, die letzteren in Menge – sie thun den Schaaf- und Ziegenheerden, besonders im Winter, da sie zu den Wohnungen und Ställen sich nahen, und auf die Ebnen herabkommen, beträchtlichen Schaden. Anno 1772 wurden in dem einzigen Thal Verzasca vier Wölfe geschossen, und andere in den Fallen gefangen.*«

Es gibt noch eine andere Möglichkeit, das Verzasca-Tal zu befahren: die Straße zur Linken des Flusses. Bei dieser Route zweigt man nicht nach Gordola ab, sondern nimmt den Weg über *Contra*, dessen Häuser reizvoll auf zwei luftigen Terrassen liegen. Über Mergoscia gelangt man dann weiter nach Corippo, das wir ja schon kennen, wo sich die Straßen wieder in Richtung Brione vereinigen.

Das Maggiatal. Dieses lange, an Orten reiche Tal hat viele Gesichter und ist nicht in einem Tage zu erwandern. Die Spuren der Maggia sind ja recht deutlich: das flache wiesenreiche Land zwischen Ascona und Locarno ist ihr Schwemmgebiet.

Das Tal beginnt bei *Avegno*; über Gordevio und dem wie im Dornröschenschlaf an den Hang des Monte Salmone geschmiegten Aurigeno gelangen wir nach *Maggia* mit seiner schönen lichten Kirche. Die rustikalen Fresken aus der Mitte des 16. Jahrhunderts, die bemalte Holzdecke und die ans Herz gehenden Ereignisse auf den oft recht kunstvoll gemalten Votivtafeln machen Santa Maria delle Grazie zur sehenswertesten Kirche im Tal. Bis zum Ende des Tales ist noch ein weiter Weg, doch der letzte Ort heißt *Bosco-Gurin* und darf sich zweier Eigenschaften rühmen, die nur er aufzuweisen hat. Zum ersten ist Bosco-Gurin mit 1506 Metern der am höchsten gelegene Ort des Tessin, und zum zweiten ist es die einzige deutschsprachige Ortschaft im ganzen Kanton. Wer nun allerdings glaubt, dieses >Deutsch< sei jedermann verständlich, dem will ich eine Kostprobe aus Boccaccios Decamerone geben, den ein literaturbeflissener Bosco-Guriner namens Joseph Sartori in seine heimische Mundart übersetzt hat:

»In dia ersta Zittn wia der Kinig fa Cipri (an Isulu fam mittilandiscia Mer) hat dia heilagu Orti arobrut fa Gottifré Buglione (a Held fan da Wolfartru in da Krizgarzittu), is bigagnud das as noblists Wib fa Gascogna zum Heiliga Grab ist ga wolfartu ...«

In diesem abgeschiedenen Tessiner Bergdorf ist die Sprache der Minnesänger lebendig geblieben. Walliser Bergbauern aus dem Formazza-Tal ließen sich hier im 13. Jahrhundert nieder und bewahrten bis heute Sprache und Sitte. Die Häuser sind weiß getüncht, die schlichte Kirche hat nicht den typischen lombardischen Turm. Ehe mit ungeheuren Kosten und Schwierigkeiten eine Straße hier herauf gebaut wurde, war das Dorf in einer heute kaum mehr vorstellbaren Weise isoliert, und nur ausdauernde und geübte Bergwanderer fanden manchmal hierher. Heute hat der Fremdenverkehr auch dieses Dorf entdeckt und ihm ein regeres Leben gebracht. Sollten Sie die endlosen Serpentinen zu dem kuriosen Ort hinaufklettern wollen, so möchte ich daran erinnern, daß es in dieser Höhe schon so rauh ist, daß kaum noch Äpfel gedeihen. Die Mitnahme warmer Kleidung ist also auch im Sommer zu empfehlen, weil Sie sonst zu der schönen Erinnerung auch noch einen Schnupfen mit ins Tal nehmen.

Fahren wir jetzt also über die Brücke, die das breite, steinige Bett der Maggia überspannt. Im Sommer springt sie so harmlos-seicht über faust- und kopfgroße Kiesel, daß man sich fragt, warum das bißchen Wasser in einer so gewaltigen Rinne daherkommt. Wer den Fluß aber zur Zeit der großen Regenfälle oder im Frühjahr bei der Schneeschmelze gesehen hat, der wünschte ihm manchmal ein doppelt so großes Bett. Dieses Wässerchen kann sich dann in einen breit und gewaltig dahinbrausenden Strom verwandeln, der schon oft genug verheerenden Schaden anrichtete. Aber die Kunst der Ingenieure hat jetzt durch ein ausgeklügeltes Regulierungssystem jede größere Gefahr gebannt, so daß wir furchtlos nach Ascona einfahren können.

Ascona

Franziska zu Reventlow, die lebenslustige, ständig von Skandalen umwitterte Gräfin aus Husum, Spießerschreck der zwanziger Jahre in München, sagte einmal, Schwabing sei kein Ort, sondern ein Zustand. Von Ascona, wo wir der liebenswert-verrückten Gräfin wieder begegnen werden, ließe sich das gleiche behaupten: Ascona ist ein Zustand.

DER MONTE VERITÀ

Am Anfang aber stand der Monte Verità, der ›Berg der Wahrheit‹, Hort seltsamer Menschen, die ihn um die Jahrhundertwende zum Erstaunen der braven Fischer besiedelten. Mein alter Baedeker von 1899 hat für Ascona nur einen halben Satz übrig: »In der Ecke Ascona mit Burgruine und einigen Villen, dann Ronco höher am Abhang.« Aus dem halben Satz ist inzwischen ein langes Kapitel geworden ...

Im Jahr meiner Baedeker-Ausgabe entschied sich Henri Oedenkoven, Fabrikantensohn aus Antwerpen, für ein naturverbundenes Leben, und Ascona schien ihm dafür der geeignete Ort. Knapp dreißig Jahre alt, von der Schulmedizin aufgegeben, hatte Oedenkoven gerade eine schwere Krankheit mit Hilfe eines Naturheilverfahrens überwunden. Der Natur wollte er nun treu bleiben. Natur bedeutete ihm Wahrheit, und darum nannte er den Hügel am Westrande des kleinen Fischerdorfes ›Monte Verità‹. Er kaufte ihn, um dort eine Naturheilstätte zu errichten. Doch diese Stätte sollte nicht nur dem Körper zur Heilung dienen, Henri Oedenkoven warb für eine neue Lebensform, den ›Vegetabilismus‹. Anhänger fanden sich bald. Damen wie Herren trugen lose Kittel und Gesundheitssandalen, die von einem Band gehaltenen Haare ließ man ungehemmt wachsen, ebenso den Bart. Das Leben auf dem Berg der Wahrheit war nicht allzu leicht, und mancher, der gehofft hatte, auf Kosten der ›Vegetabilisten‹ faulenzen zu können, verschwand bald wieder. Es gab zum Beispiel keine Wasserleitung, und das lebenswichtige Naß mußte mühsam vom Tal heraufgeschafft werden. Da die eigenwilligen Siedler das Geld verachteten – was den meisten sehr leichtfiel, da sie ohnehin keines hatten –, machten sie alle Arbeit selbst. Fleisch war verpönt, eine Zeitlang versuchte man sogar, auf Salz zu verzichten.

Die duldsamen Asconesen schauten diesem Treiben mit kopfschüttelnder Toleranz zu, kümmerten sich aber sonst nicht viel um die seltsamen Gäste. Um so neugieriger wurde man andernorts. Reisende, denen man in Lugano und Locarno zugeflüstert hatte, dort oben auf dem Monte Verità liefen Männlein und Weiblein fröhlich nackt durcheinander und man nähme es auch sonst nicht so genau, Reisende, die dies wollüstig-schaudernd vernahmen, strömten nun in Scharen herbei. Oedenkoven und seine Geliebte, Ida Hoffmann, dachten praktisch und begannen, Eintrittsgelder zu nehmen. Man konnte den ansonsten verachteten Mammon recht gut brauchen, da es an schmarotzenden Abenteurern beiderlei Geschlechts, die durchzufüttern waren, nicht fehlte.

So kam Ascona langsam ins Gespräch. Doch konnte Carl Vester, einer der Pioniere, noch 1904 die Villa Gabriella mitsamt zwei Hektar Land – und davon hundert Meter Seeufer! – für ganze dreitausend Franken erstehen. Erich Mühsam, ein anderer der frühen Liebhaber Asconas, bedichtete in einem sechsstrophigen Lied die Bewohner des Monte Verità scherzhaft:

> Wir essen Salat, ja wir essen Salat
> und essen Gemüse früh und spat.
> Auch Früchte gehören zu unserer Diät.
> Was sonst noch wächst, wird alles verschmäht.
> Wir essen Salat, ja wir essen Salat
> Und essen Gemüse früh und spat ...

Es wird jedoch berichtet, daß mancher der Jünger sich abends fortstahl, um drunten in Ascona, normal gekleidet – sozusagen inkognito – ein Riesenschnitzel zu vertilgen, nicht ohne ein Literchen Nostrano dazu zu trinken. Es ließ sich dann wieder leichter vegetarisch leben ... Oedenkoven, der allmählich in Geldnöte geriet, gründete am 1. Januar 1905 die ›Vegetabilische Gesellschaft des Monte Verità‹, deren ständige Mitglieder eine einmalige Aufnahmegebühr von 3000 Franken zu entrichten hatten. Die Vereinsstatuten waren lang und kompliziert, der Zulauf mäßig.

Wo es verrückt zuging, durfte die tolle Gräfin Reventlow nicht fehlen, und so kam Franziska nach Ascona. Sie, die – nach einer belanglosen Ehe – trotz vieler Anträge jeder weiteren Bindung ausgewichen war, kam nach Ascona, um – zu heiraten! Doch nicht aus Liebe, sondern um ihrer aussichtslosen finanziellen Lage zu entfliehen, und schließlich sollte es auch gar keine richtige Ehe werden ... In Ascona lebte neben den Vegetabilisten ein ›Säufer und Fleischfresser‹ namens Baron Rechenberg, der eine schöne italienische Wäscherin heiraten wollte, worauf sein standesbewußter Papa mit Enterbung drohte. Um dem vorzubeugen, suchten die Freunde des Barons nach einer passenden Gefährtin; mit dieser sollte das zu erwartende beträchtliche Erbe geteilt werden. Der Plan war verrückt genug, um der Gräfin Reventlow zu gefallen; so wurde also geheiratet und weiterhin flott gelebt. Als der alte Baron dann starb, gab es eine böse Überraschung: Rechenberg erhielt nur den wenn auch beträchtlichen Pflichtteil; denn der Herr Papa hatte von dem schändlichen Plan gehört und ein neues Testament gemacht. Nicht genug damit: als die Summe von einer Tessiner Bank abgehoben und geteilt werden sollte, hatte das Geldinstitut Pleite gemacht! Die Gräfin – tiefer verschuldet denn je – lachte nur. Später hielt sie die Episode in ihrem Erfolgsroman ›Der Geldkomplex‹ fest. Am 25. Juli 1918 starb Franziska in Locarno, erst siebenundvierzig Jahre alt. Sie hatte sich bei einem Sturz vom Rad schwer verletzt und verschied während der Operation.

1910 hatten die Reiseführer noch immer nicht mehr als einen Satz für Ascona übrig, wenn auch jetzt die Flüsterpropaganda das ihrige tat, um den Ort bekannter und bekannter werden zu lassen; denn noch immer war dort alles so billig. Seltsame Zirkel bildeten sich. Otto Gross, Arzt aus Berlin, legte die Lehren Sigmund Freuds auf seine Weise aus und predigte die totale Enthemmung, die in einem leeren Stall bei fröhlichen Kokain- und Sexorgien gefeiert wurde. Die Millionärin Steindamm hielt sich für eine Reinkarnation Mozarts, was sie in spiritistischen Séancen zu beweisen versuchte. Ehe die alte Welt zugrunde ging, erschien 1913 der Fürst Krapotkin, Anarchist und Schriftsteller. Beinahe wäre er ausgewiesen worden, doch die Behörden bemerkten zu ihrem Erstaunen, daß nicht alle Anarchisten Bombenleger sind, und Krapotkin durfte bleiben. Auch die weltberühmte Tänzerin Isadora Duncan tauchte damals in Ascona auf; man blickte ihr scheu nach, wenn sie einsam und ruhelos umherirrte. Ihre beiden Kinder, Sohn und Tochter, drei und vier Jahre alt, waren vor einigen Monaten in der Seine ertrunken. Sie hat diesen Verlust nie verwinden können.

Der Klang der Schüsse von Sarajewo drang nicht bis Ascona. Dann

*kam der große Krieg. In Ascona aber änderte sich nichts. Einige kamen,
einige reisten ab, langsam stiegen die Preise, ansonsten aber lebte man weiter
wie im tiefsten Frieden. In diesen Kriegsjahren erschienen Alexej von Ja-
wlensky und seine Gefährtin Marianne von Werefkin auf der Piazza Grande.
Das Malerpaar war in München zu feindlichen Ausländern erklärt worden.
Der ›Prinz von Theben‹, wie sich Else Lasker-Schüler oft selber nannte,
schloß sich dem Kreis an. Das schwere Lungenleiden ihres Sohnes war der
Grund für den Tessinaufenthalt der bitterarmen Dichterin. Fast unbemerkt,
wie er begonnen hatte, ging der Krieg zu Ende.*

Henri Oedenkoven, das Haupt der Vegetabilisten, hatte sich in
eine junge Engländerin verliebt. Freie Liebe hin, Statuten her, die
Britin wollte geheiratet werden, und Oedenkoven gab nach. Ein
Hochstapler namens Theodor Reuss erregte vorübergehend die Ge-
müter, als er einen geheimnisvollen Orden gründete, dessen Mitglieder vierundneunzig Grade der Erleuchtung durchzumachen
hatten und im übrigen zu großzügigen Spenden animiert wurden.
Nach einem Jahr warf man den Schwindler hinaus. Henri Oedenkoven wurde mit den Ereignissen nicht mehr fertig, das Treiben auf
dem Monte Verità war ihm zu hektisch, zu naturfremd geworden.
Er verkaufte den ganzen Besitz und zog mit seiner Ehefrau und Ida
Hoffmann, der früheren Geliebten, nach Brasilien. Dort starb er
sechzigjährig als Haupt einer vegetarisch lebenden Kolonie.

Ascona blühte auf, der Monte Verità aber verfiel. Nach Oeden-
kovens Abgang wechselten die Pächter der ›Naturheilstätte‹ mit den
Jahreszeiten, jeder wollte schnell reich werden und verschwand,
wenn sich herausstellte, daß dies gar nicht so einfach war. Der Monte Verità erhielt neuen Glanz, als Baron Eduard von der Heydt ihn
kaufte und ein Hotel baute. Dieser Bankier und Kunstsammler zog
prominente Gäste nach Ascona. Es kamen Thomas Mann und Gerhart Hauptmann, Richard Strauss und der König von Belgien.
Ascona war *fashionable* geworden, ›man‹ traf sich im Café Verbano,
›man‹ bewunderte im Hotel des Barons die Picassos, Cézannes und
Van Goghs.

Der Glanz Baron von der Heydts, des ›Königs von Ascona‹, ver-
blaßte etwas, als ein Nebenbuhler auftauchte. Max Emden, ein stein-
reicher Warenhausbesitzer, war fünfzig Jahre alt, als er seinen gan-

zen Besitz verkaufte und die beiden Brissago-Inseln, San Pancrazio und San Apollinare, erwarb. Um seine Geliebte zu heiraten, hatte er sich von seiner Frau scheiden lassen, und diese Geliebte eröffnete ihm nun, daß sie es sich anders überlegt habe. Max Emden stand es durch, baute auf der größeren Insel einen prachtvollen Palast und begann, hier mit seiner neuen Verlobten, einer blutjungen Brasilianerin, zu residieren. Oft und gern lud er junge hübsche Mädchen ein, und auch seine geschiedene Frau kam regelmäßig zu Besuch. Auf die Insel geladen zu werden, kam einer Auszeichnung gleich. Erst der Zweite Weltkrieg machte dieser Inselherrschaft ein Ende. Die jungen Damen verschwanden, Emden mietete ein Haus in Ascona, da er nicht mehr genug Benzin für seine Boote bekam. Nach dem Krieg sollte alles wieder anders werden ... Doch Max Emden starb im Mai 1940.

Georg von der Vring (1889 bis 1968), der niederdeutsche Lyriker und Romancier, lebte 1928 und 1929 im Tessin. Er hatte sich zuerst in Ascona niedergelassen und zog sich dann in die Einsamkeit von Cavigliano – unterhalb der Centovalli – zurück, weil ihm Ascona zu mondän geworden war. In seinem 1931 veröffentlichten Roman ›Station Marotta‹ ließ er Ascona Revue passieren: die Neureichen, die Künstler, die Naturapostel vom Monte Verità, die er ›Grasfresser‹ nannte, und nicht zuletzt die mit der plötzlichen Prosperität ihres Ortes konfrontierten Einheimischen. Wer die Berühmtheiten des Ascona der zwanziger Jahre kennt, wird dieses Buch wie einen Schlüsselroman lesen; Vring selbst sagte darüber: »Der Roman hat viele Personen, ein Ameisengewimmel, ich weiß. Er ist bunt.« Und recht bunt ging es auch nachher in Ascona weiter.

Mit dem ›Tausendjährigen‹ Reich begann überall in Europa die Vertreibung unzähliger Menschen durch Hitler. Manche der Emigranten trieb die Fluchtwelle an den See, einige blieben nur für ein paar Wochen, andere hielt er fest für ein jahrelanges Exil. Else Lasker-Schüler kehrte damals zurück, Leonhard Frank verbrachte die ›Tausend Jahre‹ in Ascona, eine Weile ließen sich Tilla Durieux und Paul Klee hier nieder; Erich Maria Remarque, dessen Werke in Deutschland von den Nazis als ›defätistisch‹ verbrannt worden waren, siedelte sich in Ronco an. Der See hat viel Leid gesehen in jenen Jahren.

Wie die zwanziger Jahre in Georg von der Vring, so hat Ascona Ge-
sellschaft der Nachkriegszeit, der sechziger Jahre, in Henry Jaeger ihren
Chronisten gefunden. Jaeger ließ sich nach dem Erfolg seiner ›Festung‹ hier
nieder. In seinem Roman ›Der Club‹ finden wir noch einmal die ganze
Asconeser Prominenz von Malern, Schriftstellern, Neureichen und kauzi-
gen Individualisten. Ascona heißt bei Jaeger zwar ›Verbania‹, und auch die
Namen der ›Darsteller‹ sind etwas verändert, doch ist es nicht allzu schwie-
rig, etwa Walter Mehring oder Erich Maria Remarque in diesem Buch, das
man eine Art ›Sittenspiegel‹ nennen könnte, wiederzuerkennen. Peter
Jokastra beschreibt in seiner Rezension diese Szenerie: »Nach Verbania
kommen neben den eigentlichen Emigranten, von denen nur wenige vermö-
gend sind, die anderen mehr vegetieren als leben, ›reiche und arrivierte‹
Zeitgenossen, Welt- und Wohlstandsflüchtlinge auf der Flucht vor sich
selbst und auf der Suche nach einem neutralen Milieu, wo alles erlaubt ist.
Hier im ›Club‹, zu dem nur die neue Geldaristokratie und die von ihr sub-
ventionierten Künstler Zugang haben, versuchen sie, in Partynächten mit
›Sex, Alkohol und frivolen Spielen‹ ihrem Recht auf Glück gemäß zu leben.
Jaeger – wie könnte es anders sein – zeigt eine heillose, versnobte Welt.«

Fragt man die alten Asconesen, so hört man manches Bittere. Alle
sind sich darin einig, daß die Zeiten, in denen man noch eine große
Familie war, in der jeder jeden kannte, endgültig dahin sind. Dennoch ist Ascona ein Dorf geblieben – vielleicht hat sich doch gar
nicht soviel geändert?

Ascona hat nicht wie das benachbarte Locarno mit seinen endlosen Geschlechterfehden Geschichte gemacht – nur ›Geschichten‹;
seine Chronik ist eine amüsante, unblutige, menschliche: es ist die
Chronik der Skandale um den Monte Verità ...

DIE STADT

Die schöne, von mächtigen Platanen gesäumte Uferstraße, die *Piazza*,
ist Asconas ›Salon‹, hier trifft man sich, hier füllen sich am späten
Nachmittag die Cafés, und auf bunten Stühlen sitzt in der milden
Luft eine bunte Gesellschaft beisammen, Menschen aus aller Welt,
von sehr unterschiedlicher Art und doch einig in der Liebe zu
diesem Ort.

Schlendert man durch die engen, von Arkaden und Durchgängen

unterbrochenen Gäßchen, so wird man irgendwann bewundernd vor dem hochaufragenden Turm der Pfarrkirche stehen und der prachtvollen Fassade der *Casa Serodine*, auch Casa Borrani genannt, gleich neben der Kirche. Die Bildhauer- und Malerfamilie der Serodine hat vom 15. bis zum 18. Jahrhundert gewirkt, nicht nur im Tessin: ihre Spuren reichen bis ins Österreichische, ja nach Prag hinein. Das schöne Haus, um das Jahr 1620 erbaut und mit Stuckarbeiten von Giovanni-Battista Serodine (1587 bis 1626) geschmückt, beherbergt heute ein gemütliches Antiquariat und das Antiquitätengeschäft des Signor Rosenbaum.

Auch das Innere der aus dem sechzehnten Jahrhundert stammenden *Pfarrkirche* ist von den Serodine geprägt. Das Tafelbild am Altar, eine Krönung Mariens, wie auch der ›Gang nach Emmaus‹ und ›Die Söhne des Zebedäus‹ sind Werke des damals etwa dreiundzwanzigjährigen Giovanni Serodine (1594 bis 1631). Leider sind die Lichtverhältnisse in dieser Kirche so schlecht, daß man von den Bildern kaum einen rechten Eindruck gewinnen kann. Die barocken Altarschranken aus vielfarbigem Marmor schmücken und beleben den dunklen Raum.

Das *Collegio Papio* mit der *Kollegiatskirche Santa Maria della Misericordia* ging aus dem 1510 eingerichteten Dominikanerkloster hervor. Die Kirche war ursprünglich eine Pfarrkirche, sie wurde 1422 vollendet und 1442 geweiht.

H. R. Schinz berichtet uns Genaueres über die Gründung:

»Ascona, ein Marktflecken an einem fruchtbaren Busen des Langen-Sees zwischen diesem und dem Fluß Maggia gelegen, hatte an Bartholome Papi einen wohldenkenden Mitbürger, der durch Fleiß und mancherley Bemühungen in- und vornehmlich ausserst seinem Vaterland, in den grossen Städten Italiens sich ansehnliche Glücksgüter erwarb, und einen Theil davon zum Besten seines Vaterlands, zur Beförderung der Wissenschaften aufwenden wollte.

Er schenkte, neben vielen anderen wohlthätigen Verordnungen, anno 1580 die Summe von 25.000 römischen Thalern zur Errichtung einer Schule in seinem Vaterland ... Es wurden daraus Grundstücke angekauft, und ein Anfangs kleines, hernach aber weites und bequemes Gebäude aufgeführt, um Lehrern und Schülern und namentlich so vielen asconischen Jünglingen ohne Bezahlung Kost, Kleidung, Unterhalt und Lehre darinn zu geben ...«

Auch den genauen Tagesablauf der Schüler schildert uns der
Autor, und es scheint damals nicht viel strenger zugegangen zu
sein als in einem heutigen Knabeninternat – nur etwas frömmer...

*»Acht Stunden sind allen Seminaristen zum Schlaf gegönnt; eine halbe
Stunde zum Ankleiden, eben so lang zur Betrachtung einer evangelischen
Wahrheit; des Abends bey der Dämmerung müssen sie in Gegenwart des
Rektors und desjenigen Lehrers, der zugleich ihr Beichtvater ist, ihre lauten
Gebethe und die Lobgesänge der Heil. Maria hersagen. Eine Stunde lang des
Morgens studiert jeder für sich auf seinem Zimmer, hiernächst gehts zum
Frühstück, worauf eine Erhollung von $^3/_4$ Stunden vergönnt ist. Alsdann
wohnen sie der Messe in der Kirche des Seminariums bey, und haben ihr
Vorgeschriebenes aus dem Andachtsbuch oder Brevier zu sprechen. Auf
dieses folget 2 $^1/_2$ Stunden lang die Schule, und aus dieser gehen sie zum
Mittagessen, welches gewöhnlich neben der Suppen in zwey Gerichten und
zwey Glas Wein besteht, Brod kann jeder nach Belieben essen. Gleich nach
dem Tisch gehts wieder in die Kirche ...«*

Im Kolleg ist jetzt ein Gymnasium untergebracht; das viele
Beten wird wohl heute nicht mehr verlangt, aber auch die »zwey
Glas Wein« wird es nicht mehr geben ...

Sehr nüchtern wirkend, mit hölzerner Kassettendecke, liegt die
Bedeutung der Kollegiatskirche vor allem in den großartigen Fresken lombardischer Meister. Aber auch das spätgotische, etwas gewaltsam restaurierte Polyptychon des Hochaltares mit Szenen aus
dem Marienleben (1519) des Asconeser Meisters Antonio Giovanni
(de) La Gaia ist näherer Betrachtung wert. Die Tür rechts vom Kir-
chenschiff führt in den herrlich lichten Kreuzgang des Kollegs, der
jetzt oft vom lärmenden Treiben der Schüler erfüllt ist. Mit seiner
zweigeschossigen Arkadenstellung, den steinernen Bischofs- und
Kardinalswappen an den Wänden und den liebevoll gepflegten Blu-
menkästen im oberen Geschoß ist er ein schönes Beispiel streng kon-
zipierter und doch leicht wirkender Renaissancebaukunst.

Wenn wir von hier aus ein paar Schritte in westlicher Richtung
gehen, werden wir auf die Via Borgo gelangen, wo wir im ›Verbano‹ einen Kaffee trinken können. Dieses Café ist eng mit allen
Darstellern auf der Bühne, die Ascona heißt, verbunden. Und danach haben wir vielleicht Lust, den skandalträchtigen Monte Verità

zu besteigen – wir brauchen dazu nur die Straße zu überqueren. Ganz oben auf der Spitze des Monte Verità, der eigentlich ›alle monesce‹ hieß, steht das weitläufige Hotel, das der ›König von Ascona‹, der Kunstsammler von der Heydt, erbauen ließ. Wer einen Hauch von Luxus liebt, der trete ein …

Wandern wir von hier aus weiter, hinauf nach dem malerischen *Losone* und dem schlichten, ineinandergeschachtelten *Arcegno*. Der Blick auf Ascona und den See gewinnt von Mal zu Mal an bezaubernder Vielfalt. Vom Monte Verità aus führt die Höhenstraße nach Ronco, das man auch auf der Straße am See entlang erreichen kann.

Ascona braucht Menschen; im Winter ist dieser Ort nur noch eine schöne Kulisse, die der Akteure harrt. Im März kann die Vorstellung dann wieder beginnen – und doch: im Spätherbst, Ende Oktober vielleicht, an stillen sonnigen Nachmittagen, habe ich ein verzaubertes Ascona erlebt. Nur wenige Gäste sind dann noch hier, stille, scheue Genießer, die das sommerlich betriebsame Ascona wie die Pest meiden. Die Bänke an der Uferpromenade sind leer, ich setze mich unter eine der weitausgreifenden Platanen, schaue den goldbraunen Blättern zu, die ruhig und ohne Laut zu Boden gleiten, und blicke dann wieder hinaus auf den See. Von den Bergen ist nichts zu sehen, sie haben sich hinter silbernen Schleiern verborgen, um einmal ganz unter sich zu sein. Draußen die Brissago-Inseln, graugrüne stumme Boote, sind gerade noch zu erkennen – verzaubert auch sie. Schon bald wird es kühl, die Tage sind kurz, wie es auch die Nächte sein können, wenn man mit Freunden beim Wein sitzt und ein gutes Gespräch hat oder schweigend trinkt und hinausblickt, wie Georg von der Vring es in seinem Gedicht ›Dorf bei Nacht‹ – gemeint ist Ascona – geschildert hat:

> *Wie eine ausgehöhlte Frucht,*
> *Darin die Kerze scheint,*
> *Liegt dort das Dorf in dunkler Bucht,*
> *Und alles lebt vereint.*

> *Man trinkt den Wein wie Öl und schweigt,*
> *Der Turm tut seinen Schlag,*
> *Und wird das leere Glas gezeigt,*
> *So ist noch lang kein Tag.*

Ronco und Brissago

Ronco und die Brissago-Inseln. Ein an den steilen Hang geklebtes Labyrinth von Dächern, Treppen und Gäßchen, ein Traum aus Licht und Schatten, ein Reich der Katzen, die selbstsicher und wohlgenährt den berühmten Ort fest in ihren zarten Pfoten haben. Sie sitzen in den Fenstern, sie thronen auf Mauern, belagern die Treppen, schmücken eiserne Balkone, treten lautlos aus tiefen Schatten ins grelle Licht, recken sich und strecken sich und sehen dich an. Ihre Rätselaugen sagen es deutlich: »Ihr seid hier zwar geduldet, doch Ronco, dieses zwischen sanft-blauem Himmel und tiefblauem See schwebende Märchen, Ronco gehört uns.« Wir erkennen das respektvoll an und genießen vom schattigen Kirchplatz aus den Blick auf die fast senkrecht unter uns im Blau schwimmenden Brissago-Inseln. Hier reift unser Plan, diese Inseln in Augenschein zu nehmen. Von *Porto Ronco* aus, dem Seehafen unseres luftigen Ortes, nimmt die Fahrt nur etwa eine Viertelstunde in Anspruch, vorausgesetzt, man rudert nicht selber hinüber. Blicken wir vom Boot aus zurück, so sehen wir Roncos weiße kubische Häuser über den Hang verstreut.

Der Bootsführer weist uns auf das unterhalb der Uferstraße gelegene, hinter Bäumen fast versteckte Haus Erich Maria Remarques (1898 bis 1970) hin, der sich nach bewegten Jahren am Mittelmeer hierher zurückgezogen hatte. Ronco ist teuer, sehr teuer geworden – wer den Wunsch hat, sich hier anzusiedeln, muß sehr tief in die Tasche greifen.

Auf der kleineren der Brissago-Inseln, zärtlich ›Isolino‹, Inselchen, genannt, stehen die malerischen Ruinen der romanischen Kirche Sant' Apollinare; früher soll es hier einen Venustempel gegeben haben. Die größere Insel, *San Pancrazio*, ist ein einziger lieblicher Garten, für den Botaniker eine Fundgrube seltener exotischer Gewächse. Zwischen Palmen und Zypressen träumt das statuengeschmückte Schlößchen von vergangenen lärmfrohen Tagen, als Max Emden mit schönen, lebenshungrigen Frauen hier seine Feste feierte. Wir aber setzen unseren Weg nach Süden fort und besuchen jetzt den Ort, dessen Namen die Inseln tragen.

Brissago. Wer den Ort nur auf der Hauptstraße durchfährt, wird vielleicht ein wenig enttäuscht sein, denn die vielen nüchtern-modernen Bauten geben ihm ein fast steriles Aussehen. Eher glaubt man, in einem Vorort Zürichs als am Lago Maggiore zu sein; hier waltet spürbar schweizerische Sauberkeit. Gehen wir aber zum Seeufer hinunter, so begegnet uns doch noch etwas vom alten Brissago, so die schöne freskengeschmückte *Casa Baccalà* mit den prachtvollen, barock verschnörkelten, schmiedeeisernen Balkonen. Von der kleinen gepflegten Uferpromenade hat man einen schönen Blick auf die beiden Inseln.

Brissago ist ein recht beliebter Badeort, der schon im vorigen Jahrhundert so manchen illustren Gast gesehen hat. So arbeitete Ruggiero Leoncavallo (1858 bis 1919) hier 1897 an seiner Oper ›La Bohème‹, die leider, obwohl eines seiner besten Werke, immer im Schatten von Puccinis gleichnamigem Werk stand und ihm nie wirklichen Erfolg brachte.

Die Pfarrkirche *Santi Pietro e Paolo* im Renaissancestil hat man etwas zu gründlich restauriert; dadurch wirkt der lichte, harmonische Innenraum jetzt ausgesprochen kahl.

Den Ortsteil *Madonna del Ponte* beherrscht ein imposanter Glokkenturm, dessen Bruchsteinmauern an den Ecken Lisenen aus Haustein vorgeblendet sind. Die von Giovanni Beretta 1526 bis 1545 erbaute Kirche Madonna del Ponte ist gleich der Pfarrkirche völlig kahl restauriert. Als einzigen Schmuck finden wir in der linken Seitenkapelle noch einen prächtigen Altar mit Marmorinkrustationen. Die darin stehende buntbemalte Gipsmadonna will nicht in den prächtigen Rahmen passen. – Es ist manchmal schwer zu begreifen, daß diese reichen Gemeinden für die weitere Ausstattung ihrer mit so hohen Kosten restaurierten Kirchen nichts mehr aufwenden. Eine gute Holzskulptur – Renaissance oder Barock – ist für einen Bruchteil der Summe zu haben, die etwa für die Freilegung und Wiederherstellung eines Wandfreskos aufzubringen ist. Jeder Freund und Kenner romanischer Lebensart weiß, wie innig gerade die einfachen Menschen vor den Bildwerken der Seitenaltäre ihre Andacht verrichten, aber es ist schwer zu glauben, daß eine künstlerisch wertvolle Skulptur dieser Andacht abträglich sein

könnte. Für den Kunstfreund jedenfalls wirken die industriell her-
gestellten, geradezu popartig bemalten Gipsungetüme in ihren oft
wunderschönen Altären wie bunte Glassteine, die in Platin gefaßt
sind.

Für Freunde des Höhenblicks gibt es den schönen Weg hinauf
zur Wallfahrtskirche *Sacro Monte*, die mit dem Auto im Nu und zu
Fuß in einer halben Stunde zu erreichen ist. Auch der mächtige
Monte Limidario (2187 Meter), zu dessen Füßen Brissago liegt, ist
mit dem Auto bis auf etwa 900 Meter zu befahren; den nicht un-
wesentlichen Rest muß der Gipfelstürmer freilich aus eigener Kraft
bewältigen.

Vielleicht sollte man noch berichten, daß hier in Brissago die berühmten handgedrehten Virginiazigarren hergestellt werden; sie
sind seit langem so sprichwörtlich geworden, daß der Kenner nur
noch ›eine Brissago‹ verlangt.

Von Cannobio bis Pallanza

*Es hat sich eingebürgert, zu sagen: ›Ich fahre ins Tessin‹, auch wenn ein
Ort jenseits der schweizerischen Grenze gemeint ist. Viele wollen gar nicht
glauben, daß nur etwa ein Fünftel des Sees zu dem Schweizer Kanton
Tessin gehört; der weitaus größere Teil ist also italienisch, und wie stark
der italienische Einfluß ist, sehen wir schon in Cannobio, dem ersten Ort
nach der Grenze.*

*Diese Grenze hat einige Tücken, und ich bin nicht boshaft genug, um sie
zu verschweigen: Fahren Sie möglichst nie an Werktagsabenden zwischen
17 und 20 Uhr von der Schweiz nach Italien! Ich höre die Frage: ›Aber
wenn ich dringend hinüber muß?‹ Nun, wenn es dringend ist, dann erst
recht nicht! Denn der Eilige hat wenig Zeit, und gerade davon werden Sie
dann sehr viel brauchen. Der Grund ist einfach. Viele Italiener arbeiten im
Tessin und kehren Abend für Abend von ihren Arbeitsstätten in Locarno,
Ascona oder Brissago zurück an den heimischen Herd, der irgendwo zwischen Cannobio und Stresa liegen mag. Da man es in der Schweiz – ganz
im Gegensatz zu Italien – mit Laden- und Betriebsschlußzeiten sehr genau
nimmt, gibt das jeden Abend ein großes italienisches Massenrendezvous
vor der Grenze. Die Zollbeamten wiederum trauen ihren Landsleuten nicht
über den Weg (Schweizer Zigaretten sind ja soo billig!) und haben, da sie*

im Dienst sind, genau das, was dem Reisenden meistens fehlt – Zeit. Er-
gebnis: die Autoschlange reicht bis Brissago; ich habe es sogar schon erlebt,
daß die Stauung gleich hinter Ascona begann. Am Morgen spielt sich das
Ganze umgekehrt ab: halb Italien wandert in die Schweiz ... Eine Regel,
die Zeit und Ärger spart: Nach Italien nur vom Morgen bis zum späten
Nachmittag, in die Schweiz nur vom späten Vormittag an. Diese Regel gilt
nicht für Sonntage! Da nämlich fahren die Schwyzer in der Frühe nach
Italien, um sich den billigen Wein zu holen, dazu viele Touristen, um den
sonntäglichen Markt in Cannobio zu besuchen, und am Abend strömen sie
dann alle wieder zurück.

CANNOBIO

Da der Ort heute fast viertausend Einwohner zählt, wollen wir lieber nicht von einem Dorf reden: Cannobio ist ein Städtchen, das
sich freundlich und einladend ins sonnige Cannobina-Tal schmiegt.
Dieses grüne, fruchtbare Tal muß bereits den Römern gut gefallen
haben, da sie dort ihr Cannobium gründeten; zur Zeit der Völkerwanderung wurden bereits Wälle um den Ort gelegt. Die Langobarden sollen hier einen Königssitz gehabt haben, doch – wie man
weiß – dauerte die Herrlichkeit nicht allzu lange. Nach einem Jahrhundert Visconti-Herrschaft fiel der Ort schließlich 1441 an die Borromäer.

Cannobio hat so gar nichts Mondänes an sich, ›man‹ trifft sich
hier nicht, dafür aber kann man (ohne Gänsefüßchen) in Cannobio
gut essen, hat einen schönen Strand, zahllose Ausflugsmöglichkeiten und findet liebenswerte, freundliche Einwohner, die – auch
wenn sie vom Fremdenverkehr leben – sich doch selber treu geblieben sind. Ein aufdringliches Anpreisen der Waren, das lästige
Hineingezerrtwerden in die Läden – nichts davon am Lago Maggiore. Die Menschen hier sträuben sich gegen eine verallgemei-
nernde Beurteilung, die sie dem übrigen Italien gleichstellt, und
sind in diesem Punkt oft recht empfindlich. Es kann einem daher
leicht passieren, daß man zu hören bekommt: »Wir sind schließlich
keine Römer«, oder empört: »Sie halten mich wohl für einen Cala-
bresen?« Ja, sogar ein stolzes: »Wir sind hier nicht in Mailand!« habe
ich schon hinnehmen müssen; dabei war Mailand immerhin das
Zentrum der alten Lombardei! Leider erliegen gerade die deut-

schen Reisenden nur zu leicht der Versuchung, üble, etwa aus der
Gegend um Neapel erworbene Erfahrungen unbedenklich aufs
übrige Italien anzuwenden, was grundfalsch ist; besonders falsch
aber ist es hier.

Spazieren wir jetzt die ladenreiche Hauptstraße hinunter zum
See. Die *Piazza Vittorio Emmanuele* erscheint mir immer ein bißchen wie eine Miniaturausgabe der Piazza Grande zu Locarno.
Auch hier die Arkadengänge, bei Sonne wie Regen gleichermaßen
angenehm, auch hier Laden an Laden, Café an Café. Nur ist eben
das Ganze leicht mit ein paar Schritten abzumessen. Die Häuser an
der Piazza sind zum Teil sehr alt; manche von ihnen sind mit bunten Fresken geschmückt, deren unakademische Ausführung an die
›Lüftlmalerei‹ in Bayern denken läßt. Genau wie in Locarno geht
es im Sommer auch hier recht international zu; der Sonntagsmarkt
ist inzwischen schon so etwas wie ein Treffpunkt geworden, und
der Zelt- oder Hotelnachbar läuft uns hier ganz sicher über den
Weg.

Am Ende der Uferpromenade durchqueren wir zunächst einmal
das Gewölbe unter der Wallfahrtskirche *Santa Pietà* und finden
gleich zur Linken ein paar Läden mit Kupfer- und Messingarbei-
ten, die anzusehen ich auch dem Kaufunwilligen rate, denn hier
gibt es noch schöne alte Kupfertiegel und -pfannen, hier kann man,
auch für wenig Geld, etwa einen aparten Messingleuchter erstehen.
Niemand drängt Sie zum Kauf, niemand versucht, Ihnen etwas auf-
zuschwätzen, Sie werden durch das ganze Lager geführt und dann
lächelnd und freundlich verabschiedet, ob Sie nun gekauft haben
oder nicht. Man will damit sagen: Es ist eine Kunst, diese Dinge
herzustellen, nicht, sie zu verkaufen. Das Fauchen der Schweiß-
brenner, das hellklingende Hämmern und schnarrende Feilen verrät uns, daß hier noch altes Handwerk blüht.

Zurück zur Kirche Santa Pietà, die wir nach ein paar Schritten
bergauf von der dem See abgewandten Seite betreten. Die Fassade
ist neu, und es mag auch sonst so manches im Lauf der Jahrhunderte
verändert worden sein, doch die äußere Form und vor allem die
Kuppel dieses Gotteshauses stammen von Pellegrino Tibaldi (1527
bis 1597), der sich am Ende seines erfolgreichen Lebens Tibaldi de

Pellegrino, Marchese di Valsolda nennen durfte. Seine Zeitgenossen sprachen von ihm ehrfürchtig als ›Michelangelo riformato‹, was sinngemäß mit ›der wiedererstandene Michelangelo‹ zu übersetzen ist.

Wir betreten jetzt das Innere der einschiffigen Kirche, deren prunkvoll-elegante Ausstattung im Stil der Spätrenaissance bei den wie üblich schlechten Lichtverhältnissen nicht genug zur Geltung kommt. Glanz- und Prunkstück ist das Altarbild von Gaudenzio Ferrari (1484 bis 1546), ein Hauptwerk des Künstlers. Auch die vier Engel an der Unterseite sind sein Werk. Ferrari stammte aus Valdeggia im Sesia-Tal und schuf seine frühen Werke im Stil der alten lombardischen Schule, später aber erlag auch er – gleich Luini und vielen anderen – dem magischen Einfluß des großen Leonardo. Früher hat man seinen Stil gern als überladen, seine Farbgebung als zu bunt abgetan; heute sieht man in ihm einen Hauptvertreter des lombardischen Manierismus. Mich jedenfalls stören die kräftigen Farben auf dem 1536 entstandenen Bild ›Jesus begegnet Maria auf dem Weg nach Golgotha‹ nicht, obwohl ich selber in diesem Werk mehr vom Geist Raffaels als vom Einfluß Leonardos zu spüren glaube. Ein anderes Hauptwerk Ferraris ist ein sechsteiliges Altarbild zu San Gaudenzio, der Kirche seines Namenspatrons in Novara, deren Architekt wiederum Tibaldi ist.

Unter dem Altarblatt in der Santa Pietà befindet sich – sorgsam durch Glas geschützt – das verehrte Bild des toten Christus zwischen Maria und Johannes. Dieses auf Pergament gemalte Werk ist sehr klein; wer es betrachten möchte, muß den Mesner bitten, die Beleuchtung einzuschalten. Die ergreifende, fast ikonenhafte Darstellung soll um 1400 entstanden sein. Zwei Giulio Caesare Procaccini (1548 bis 1626) zugeschriebene Bilder aus dem Marienleben am linken Seitenaltar beeindrucken nicht sehr und bedürften dringend der Restaurierung.

Die oft erneuerte *Pfarrkirche* oben an der Hauptstraße mit ihrer spitz zulaufenden Fassade hat außer einer ehrwürdigen Geschichte – schon im 9. Jahrhundert stand hier ein Gotteshaus – wenig zu bieten. Die dritte Kirche in Cannobio, *Santa Marta* an der Via Giovanola, wurde 1581 erbaut. Zu ihren Schätzen zählt neben der reichgeschmückten linken Seitenkapelle ein Altarbild von Procaccini ›Maria mit dem Kind‹.

Jetzt wollen wir einen Ausflug zum Orrido di Sant' Anna *machen. ›Orrido‹ heißt ›grauenhaft‹ und bedeutet im Substantiv verwendet ›Abgrund‹*

– doch das soll uns nicht schrecken! Wir nehmen die Straße durchs Cannobino-Tal nach Traffiume *(etwa zweieinhalb Kilometer) und lassen unseren fahrbaren Untersatz dort stehen. Das reizvoll verwinkelte schmucke Dörfchen hat viel von seiner Ursprünglichkeit bewahrt. Die Luft hier ist kristallklar wie im Gebirge, die Hähne krähen von nah und fern, und ringsum sieht man endlich den Wein wachsen, den man allenthalben trinkt. Am Ende des Ortes führt der Weg zur Kirche Sant' Anna (1638 erbaut), die leider fast immer verschlossen ist. Doch wir sind nicht allein der Kirche wegen hierhergekommen: Wir schauen jetzt von der alten kleinen Brücke hinab in den ›orrido‹, und von tief unten sehen wir den Fluß jadegrün heraufleuchten. Hinter der Kirche verengt sich das Flußbett zur Klamm, und der sonst ruhige Cannobino läßt jetzt ein machtvolles Brausen hören. Gleich hinter dem alten Gasthof haben wir den schönsten Blick hinab auf das zwischen wildgezackten Felsen schäumende und sprudelnde Wasser. Wem der Blick von hier oben aus nicht genügt, kann sich auch noch mit dem Boot in die Klamm hineinrudern lassen und einen über dunkle Felsen silbern herabsprühenden Wasserfall bewundern. – Liebhaber von Flußfischen können sich in der kleinen ›osteria‹ verwöhnen lassen: dort bekommt man sie stets frisch und in jeder gewünschten Größe.*

Reisenden, die lange Bergfahrten nicht scheuen, sei ein Tagesausflug ins Vigezzo-Tal empfohlen. Über Lunesco, Spoccia und den Luftkurort Malesco erreicht man nach allerdings etwas mühsamen dreißig Kilometern Berg- und Talfahrt das herrlich gelegene Santa Maria Maggiore. Von hier aus hat der Freund steiler Wanderwege so viele Ausflugsziele, daß er gewiß eine Woche lang beschäftigt ist. Wir aber kehren zurück zu den blauen Wassern des Verbano und freuen uns schon auf das stille, schöngelegene Cannero. Dazwischen gibt es ja nichts Interessantes – oder? Doch, da ist etwas. Bitte, vergessen Sie Cannero noch für eine Stunde, ziehen Sie derbe Schuhe an und kommen Sie mit uns nach Carmine Superiore.

CARMINE SUPERIORE

Ich war mit dem See schon ziemlich vertraut, da wußte ich immer noch nichts von Carmine, bis mir Freunde eines Tages von ihm erzählten: »Du kennst Carmine nicht, das sterbende Dorf?« – Ich mußte verneinen. Freilich hört man im Tessin genug von verlassenen Dörfern in abgeschiedenen Seitentälern – aber hier, direkt am See?

Jeder, der mit dem Auto von Cannobio nach Cannero fährt,

wird sich auf die enge und kurvenreiche Straße konzentrieren und
froh sein, wenn er die hier oft hoch und finster aufragenden Steil-
wände hinter sich hat, wenn er endlich das liebliche Cannero be-
grüßen darf. Man erinnert sich dann vielleicht an ein paar Häuschen am See, kurz nach Cannobio, das Örtchen hatte sogar einen
Namen: Carmine Inferiore – aber zu bestaunen gab es dort be-
stimmt nichts. Carmine Superiore aber? Bei geschlossenem Wagen
übersieht man es gewöhnlich, und selbst wer offen fährt, müßte den
Kopf schon gefährlich hoch recken, um das an einer Felsennase kle-
bende, fast senkrecht auf den See hinabschauende Dorf zu entdecken.
So ist es vielleicht besser, man hält an und steigt aus.

An einem ziemlich feuchten Tag nutzte ich eine Regenpause,
freute mich des talergroßen Stückchens blauen Himmels – in der
stillen Hoffnung auf mehr – und begann den Aufstieg. Ich bin kein
sehr freudiger Kletterer, doch man hatte mir versichert, daß sogar
lahme Esel nicht länger als eine halbe Stunde unterwegs sind.

Der Weg nach Carmine hinauf ist zwar recht steil und steinig,
doch man ist oben, ehe er zur Mühsal werden kann. Warm war es
vorher schon gewesen, aber jetzt begann eine fahle wäßrige Sonne
zwischen dicken grauen Wolkenballen hervorzulugen. Die Wiesen
und Weinberge dampften wie vulkanische Fumarolen, und ich
atmete mit Vergnügen den kräftigen Geruch der fruchtbaren Erde.
Dann die ersten Häuser, fast fugenlos ineinandergeschachtelt mit
schmalen unregelmäßigen Fenstern wie Schießscharten. Ganz vorne
am Rande der steil abstürzenden Felsenklippe die kleine Kirche mit
dem gedrungenen lombardischen Turm. An ihr vorbei schlüpfte
ich hinein in das Felsennest. Totenstille, kein Mensch, kein Tier, ge-
schlossene, halb geborstene Fensterläden, wuchtige, verwitterte Türen mit rostigen Beschlägen. Ich fühlte mich als Eindringling, hatte
fast ein schlechtes Gewissen, den Todesschlaf dieses verlassenen Ortes zu stören. Da, eine Katze strich an mir vorbei, geschäftig, wohlgenährt, ohne mich zu beachten. Wo gepflegte Katzen sind, müssen auch Menschen leben, schloß ich und drang weiter vor. Einige
Häuser zu meiner Rechten waren schon zu Ruinen zerfallen, aus
den Fensterhöhlen wucherte wirres Gestrüpp. Plötzlich in einem
Seitengäßchen eine quergespannte Leine mit nasser, noch triefender

Wäsche. Daneben in einem winzigen Hof ein Dutzend recht mun-
terer Kaninchen in engen Drahtkäfigen. Plötzlich ein Gesicht im
Fenster, ein Greisinnenantlitz, das zahnlos lächelte. Gebückt trat die
alte Frau aus ihrem schiefen grauen Haus; ich grüßte, fragte, ob sie
allein hier wohne, aber ich konnte die Antwort nicht verstehen.
Am Ende des Ortes, wo die letzten Häuser sich an einen jäh aufragenden Berghang schmiegen, fand ich eine verfallene Mühle.
Das Wasser des Baches plätscherte gleichgültig am schiefhängenden
zerbrochenen Mühlrad vorbei.

Die Sonne schien jetzt recht kräftig, hatte längst alle Feuchtigkeit
aufgesogen, die Bienen summten und umschwärmten die überall
wildwachsenden Hortensien. Ein fernes Mittagsgeläute steigerte
noch die Stille – jetzt hätte Pan bocksfüßig aus dem Gebüsch treten
müssen ... Ich stieg das Gäßchen wieder hinab bis zur Kirche, setzte
mich dort auf die niedrige Mauer und schaute zum See hinunter.
Vom jenseitigen Ufer leuchteten weiß die Häuser Maccagnos, und
es tat wohl, daran zu denken, daß es da drüben Leben gab.

Die Kirche, neben der ich ausruhte, stammt aus dem 14. Jahrhundert; sie soll einige schöne Fresken enthalten. Da sie abgeschlossen
war, begnügte ich mich mit dem Anblick von außen.

Beim Hinabsteigen begegnete ich einem alten Mann, der seine
Holztrage abgesetzt hatte und am Wegrand verschnaufte. Wir kamen ins Gespräch; ihn konnte ich gut verstehen. Der Greis erzählte
mir, daß noch dreißig alte Menschen in Carmine hausen. »Alle Jungen sind weg«, sagte er, »Kinder gibt es da keine, und wir Alten
sterben so dahin. Bald wird es leer sein da oben, ganz leer.« Da hätte
eben längst eine Straße gebaut werden müssen, meinte ich. Er
lächelte. Das sei lange geplant gewesen, doch jetzt sehe der Staat
keine Notwendigkeit mehr, wegen einer Handvoll alter Männer
und Frauen soviel Geld auszugeben. »Dabei ist es so schön hier –
diese Stille, die herrliche Aussicht, die vielen Blumen ...« Er nickte
und sagte traurig: »Si, molto bello, molto tranquillo.«

Nach Carmine kommt nun wirklich nichts mehr, die kurvenreiche Straße erfordert unsere ganze Aufmerksamkeit, bis dann zur Linken geheimnisvoll still und dunkel die Ruinen der *Castelli di Cánnero* auftauchen. Nicht immer ging es dort so friedlich zu wie heutzutage; es gab Zeiten, da jedermann mit Scheu zu den schroffen Inselburgen hinüberblickte.

Grausige Legenden ranken sich um die beiden Inselchen. So wird erzählt, daß von hier aus die fünf Mazzardi-Brüder, Metzgerssöhne aus dem nahe gelegenen Ronco, die ganze Gegend unsicher machten. Unter dem Befehl Antonios, ihres Anführers, taten sie, was große Herren durch die Jahrhunderte immer getan hatten: sie raubten ihre Mitmenschen aus. Die Messer saßen dabei so locker, daß leicht einmal einer zu Tode kam. Nur waren die fünf eben keine großen Herren, und so endete es, wie es enden mußte. Als nämlich einer der Brüder einen Mönch ermordete, um dann in dessen Kutte eine Nonne zu entführen, griffen die höheren Mächte ein, die sich dazu – wie so oft – eines einfachen Menschen bedienten. Diesmal war es ein Fischer, den zur Nacht eine wunderbare Vision heimsuchte: er sah auf der Spitze des Monte Carza die riesige Gestalt eines Mönchs; so wurde die Freveltat ruchbar. Filippo Orsini ließ daraufhin im Jahre 1414 die Burg der Räuber schleifen und die fünf Übeltäter hinrichten. Später bauten sich hier die Borromäer das Schloß ›La Vitaliana‹, dessen Ruinen wir noch heute dort sehen. Hätten die Mazzardi nur lange genug durchgehalten – wie etwa die Grimaldi an der Côte d'Azur –, so wäre aus ihren Nachkommen vielleicht auch noch ein hochachtbares Geschlecht geworden. Fürst Rainier sitzt ja immer noch auf dem Stammschloß seiner Ahnen, der ehemaligen Seeräuber Grimaldi ...

Cánnero ist sehr alt, man weiß von einer römischen Siedlung Canerae. Spätere Urkunden zeigen dann, daß es das gleiche Schicksal wie so viele Orte am See erlitten hat: Zuerst im Besitz der Bischöfe von Novara, fiel es später an die Visconti, dann an die Borromäer, die noch immer einigen Einfluß hatten, als die spanischen Habsburger das Westufer an die österreichischen Habsburger abgaben, die es dann im Wormser Vertrag 1743 dem Haus

*Savoyen überließen, bei dem es, nach einigem Hin und Her unter Napoleon,
bis 1859 verblieb. Als Garibaldi in der Schlacht bei Cannobio am 27. Mai
1859 die Österreicher das Fürchten lehrte, hatte der Freiheitsheld noch viele
Kämpfe zu bestehen, bis alle Provinzen seines geliebten Landes sich unter
einer Krone zusammenfanden.*

Den schon ungeduldig gewordenen, nicht so geschichtsbegierigen
Leser bitte ich, die Abschweifung zu verzeihen; jetzt soll auch nur
noch vom heutigen Cánnero die Rede sein. Eines vorweg: Wer
romantisch-enge Gäßchen sucht, dem rate ich, an Cánnero vorbei-
zufahren. Dieser sonnenbevorzugte Ort ist locker angelegt, man
findet hier reizvoll-verstaubte Villen und Hotels im Un-Stil der
Gründerzeit. Ockergelb und pompejanisch-rot leuchtet es da aus ver-
wunschenen Gärten; die großen Villen und Parkanlagen im Verbania künden sich hier schon an.

Sollten Sie einmal vom feuchten, nebeligen Schneematsch-Win-
ter zu Hause genug haben und die Monate Dezember, Januar oder
Februar in milder, klarer, sonniger Luft verbringen wollen, ohne
auf Badefreuden Wert zu legen, dann ist Cánnero der rechte Ort. Ich
habe an einem einzigen Tag, ja schon innerhalb einer Stunde, Tem-
peraturunterschiede von vier bis sechs Grad Celsius, im Vergleich
zu den anderen Orten der Verbania, festgestellt. Cánnero, im sonnigen Taldelta des gleichnamigen Bergbaches gelegen, ist nämlich
vor rauhen Winden aus Nord, West und Nordost ausgezeichnet
geschützt. Der Monte Carza (1116 Meter) vor allem hält die eisige
Nordluft ab, während von Süd und Südost Helios ungehindert seinen goldenen Schein über den ruhigen Ort breiten kann.

Die nichtssagende Kirche am Ortsende brauchen wir keines Be-
suches zu würdigen, statt dessen spazieren wir die baumbestandene
Uferpromenade entlang. An klaren Tagen ist der Ausblick groß-
artig weitumfassend. Vom gegenüberliegenden Ufer grüßen die
hellen Häuser Luinos, des größten Ortes am Ostufer. Wandert der
Blick nach Südosten, so sehen wir die Häuserpunkte Lavenos zu
Füßen des dunklen Sasso di Ferro, dahinter den Monte Nudo und
weiter nördlich die Berge des Travaglia-Tales, hinter Luino den
Monte Termini und im Nordosten dann die Berge des Vedasca-
Tales.

Cánnero zieht die stillen Naturen an, hier finden sich Menschen zusammen, die ihre Ruhe haben wollen – kein lauter Markt, kein berühmtes Hotel, nichts, was ›man gesehen haben muß‹, stört den sonnigen Frieden. Eine gute Straße führt über Viggiona hinauf nach *Trarego*, einem sauberen, bergstillen Ort, der mit seinen Holunderbüschen, den eichen- und buchenbestandenen Hängen schon etwas Nordalpines an sich hat. Hier zieht auch im Hochsommer ein frischer Hauch durch die steilen Gäßchen.

VON OGGEBBIO BIS GHIFFA

Nach Cánnero zeigt sich das Seeufer streng und abweisend; in engen Kurven windet sich die Straße an steil aufragenden, dicht bewaldeten Hängen vorbei, bis dann bei Oggebbio und dem bald darauf folgenden Ghiffa die Landschaft wieder ein freundlicheres Gesicht zeigt. Fährt man nur am Ufer entlang, so ist von Oggebbio gar nicht viel zu sehen, denn der eigentliche Hauptort Gonte zieht sich – von unten nahezu unsichtbar – den steilen Hang hinauf. Auch Ronco, der Geburtsort unserer fünf Übeltäter, sowie Spasolo und Barbé gehören zu dieser Gemeinde.

Der Weg hinauf nach Gonte führt an der Villa des Dichters, Politikers und Künstlers Marchese Massimo d'Azeglio (1798 bis 1866) vorbei. Dieser vielseitige Mann wurde am 24.Oktober 1798 in Turin geboren und lebte seit 1813 in Rom. Er widmete sich mit Leidenschaft der Malerei und Musik. Dieses freie Künstlerleben wurde von der Familie, die d'Azeglio zum Militärdienst zwang, jäh unterbrochen, worauf er sich in Krankheit flüchtete und schon bald erleichtert seinen Abschied nehmen konnte. Nun war er endgültig frei und wurde rasch ein gesuchter Landschaftsmaler. Als er dann eine Tochter Alessandro Manzonis heiratete, wagte er den Schritt ins literarische Leben und schrieb zwei patriotische Romane. Inzwischen hatte sich die politische Lage zugespitzt, und d'Azeglio wollte dem Vaterland nicht nur mit der Feder dienen. Er kämpfte mit römischen Freischärlern gegen die Österreicher und wurde bei Vicenza schwer verwundet. Nebenbei unterstützte er den König durch scharfe Angriffe gegen die päpstliche Regierung. Am Ende der kampfreichen Jahre, als wenigstens die sardische Krone gesichert war, ernannte ihn Viktor Emanuel II. 1849 zum Außenminister und Kabinettspräsidenten. Als Gouverneur von Mailand zog sich d'Azeglio dann 1860 ins Privatleben zurück und durfte noch erleben, wie sein geliebter König am 17.März 1861 sich auch die Krone Italiens aufs Haupt setzte.

Hier oben in seiner Villa hielt der taten- und kenntnisreiche Marchese dann Rückblick und schrieb seine Erinnerungen, die rasch viele Auflagen erlebten und 1869 auch in deutscher Sprache erschienen, drei Jahre nach d'Azeglios Tod am 15. Januar 1866.

Ghiffa, der nächste Ort, empfängt uns ein bißchen ungemütlich mit der häßlich-grauen Fassade der alten, noch immer florierenden Hutfabrik, aber prächtige Villen in üppigen Gärten lassen uns den häßlichen Empfang bald vergessen. Ghiffa mit seinen fast zweieinhalbtausend Einwohnern zieht sich die Hänge des Monte Carciago (713 Meter) hinauf; bei flüchtiger Durchfahrt wirkt es viel kleiner, als es ist. Dann folgt Villa auf Villa, Park auf Park; aber leider besteht hier nirgendwo eine Möglichkeit zum Parken: dieser Bereich ist noch ›privat‹. So begnügen wir uns also mit flüchtigen Blicken nach links und rechts und fahren über den Wildbach San Giovanni nach Intra.

INTRA

Auf dem Ortsschild steht ›Intra-Verbania‹; der Zusatz ›Verbania‹ wird uns auch später noch oft begegnen: hier, in der Gegend um die Punta della Castagnola, ist der antike Name des Sees, Lacus Verbanus, nämlich hängengeblieben. Die ganze Landschaft zwischen Intra und Fondo Toce heißt nach ihm die Verbania.

In Italien streikt man gern und oft, und so hatte ich einmal das Glück, Intra, das sonst so lärmende, bienenfleißige Intra, an einem sonnigen Spätherbsttag in fast beängstigender Stille vorzufinden. Ich wußte nichts von dem Streik, vermutete vielmehr irgendeinen religiösen oder nationalen Feiertag – bis ich mir Zigaretten kaufen wollte. Alle Läden waren geschlossen! Dies ist in Italien auch an Sonn- und Feiertagen so außergewöhnlich, daß ich stutzig wurde. Eine strickende alte Frau auf einer Bank an der Uferpromenade klärte mich auf. »Sciopero!« sagte sie angeekelt und mißbilligend. Sie spuckte das Wort aus wie ein Stück faules Fleisch: eine Reaktion, der ich in Italien noch oft begegnet bin. Die älteren Leute sind nahezu einhellig streikfeindlich; die jungen nehmen den Umständen entsprechend Partei.

Ich hatte dann mit der alten Dame noch ein nettes Gespräch; überhaupt wird man immer wieder feststellen können, daß gerade in Intra die Menschen dem Fremden besonders aufmerksam und interessiert entgegenkommen. Fragt man irgend jemanden irgend etwas, so scheint es, als mache der Einheimische das Anliegen des Fremden gleich zum eigenen; weiß er selber die Antwort nicht, so sagt er ›momentino!‹, packt einen Vorübergehenden am Ärmel und zergliedert ihm wortreich das Problem. Dieser – hätte er es noch so eilig – setzt sich nun seinerseits voll für die Sache ein; weiß auch er keinen Rat, so packt er einfach einen Vorübergehenden, und alles wiederholt sich ... Erklärt man dem Fremden etwas, so blickt man dabei aufmerksam in sein Gesicht, forschend, ob er das Gesagte auch wirklich verstanden hat. Scheint es, als habe er nicht begriffen, erklärt man es geduldig ein zweites Mal.

Intra gehört zu den größten Orten am See, es hat etwa doppelt so viele Einwohner wie Locarno; der Fremdenverkehr spielt hier keine so große Rolle. Intra ist eine Handels- und Industriestadt, Tag für Tag strömen von allen umliegenden Orten die Menschen hierher zu ihren Arbeitsplätzen in Textil-, Papier- und Glasfabriken; außerdem ist es auch der Lebensmittelumschlagplatz für die ganze Verbania. Das braucht aber niemanden abzuhalten, hier seinen Urlaub zu verbringen: es gibt Hotels, Campingplätze und Strandbäder wie auch anderswo, die Industriebetriebe sind im Hinterland angesiedelt und belästigen den Touristen keineswegs.

Von der herrlichen Uferpromenade aus mit ihren Magnolien, Oleandern und Koniferen hat man den schönsten Blick auf das gegenüberliegende Laveno und den südlichen Teil des Borromäischen Golfes. Von der Piazza Mazzini nehmen wir den Weg durch die enge, ladenreiche, der Merceria in Venedig gleichenden Via San Vittore hinauf zum Dom. Die Basilika *San Vittore* ist eine frühchristliche Gründung. Inzwischen ist freilich ein etwas steifer klassizistischer Bau mit Portikus, Giebel und Kuppel daraus geworden, in dessen Innerem man leider wieder einmal kaum etwas erkennen kann, weil durch die kleinen hochgelegenen Fenster nur wenig Licht hereinfällt. Immerhin ist in dem Stilgemisch eine gotische Apsis zu unterscheiden, und auch hier finden wir prachtvolle Altarschranken aus vielfarbigem Marmor. Der übrige Kirchenraum ist meist im Renaissance- oder Barockstil gehalten.

Treten wir wieder ins Freie, so stehen wir auf dem ältesten Boden der Stadt, die schon den Römern als Intrum bekannt war. Intrum bedeutet ›dazwischen‹; der Name sollte darauf hinweisen, daß die Siedlung zwischen den beiden Flüßchen San Giovanni und San Bernardino liegt. In der Via de Bonis finden wir den *Palazzo de Lorenzi* mit einer schönen, wenn auch etwas einförmig-braven Rokokofassade, die sich leider in einem erbärmlichen Zustand befindet. Fingerbreite Risse durchziehen das zerbröckelnde Gemäuer; man scheint nicht gesonnen, den Bau zu retten, obwohl der so hochverehrte Garibaldi hier für einige Tage gewohnt hat. Wieder an der Uferpromenade, stoßen wir bei dem kleinen Park auf das ›Denkmal der gefallenen Matrosen‹, auf eine Büste des in Intra geborenen Malers Daniele Ranzoni (1843 bis 1889) und eine Büste des Schriftstellers und Politikers Felice Cavalotti (1852 bis 1898). Dieser halbgeniale Wirrkopf schrieb bereits als Zwölfjähriger Verse, und 1860 erregte er einiges Aufsehen mit seinem Buch ›Germania e Italia‹. Natürlich kämpfte er unter Garibaldi und griff ständig, in Wort und Schrift, die Regierung an; nicht verwunderlich, daß er immer wieder verhaftet und eingesperrt wurde. Seit 1871 dichtete er Dramen; seine ›Pezzenti‹ errangen in Mailand auf der Bühne einen großen Erfolg. Aber das alles füllte den Feuerkopf nicht aus: 1873 ließ er sich ins Parlament wählen; 1879 legte er sein Mandat nieder, wurde jedoch erneut gewählt, trat zurück und kam wieder. Glühender Republikaner, brachte seine Anwesenheit stets Leben und Aufregung in das damals ohnehin nie ruhige Parlament. Dieses bewegte, kämpferische Leben endete folgerichtig, wie es uns scheinen mag, in einem Duell.

Beim Betrachten der drei Bronzebildwerke fällt auf, daß es sich nicht um den üblichen, serienmäßigen Ramsch handelt, der leider nur zu häufig öffentliche Anlagen ›schmückt‹. Der Schöpfer dieser Bronzen ist Paolo Trubezkoj.

Als Sohn des Fürsten Peter Trubezkoj und einer Amerikanerin am 15. Dezember 1866 in Intra geboren, hätte der junge Fürst das Leben eines reichen, adeligen Müßiggängers führen können. Vielleicht war es der Anteil amerikanischen Blutes, der ihn aktiv werden ließ, vielleicht war es der Einfluß seiner Erzieher: Paolo nahm schon als Knabe bei Daniele Ranzoni, dessen Büste wir gerade betrachtet haben, Zeichenunterricht und ließ sich von verschiedenen Bildhauern in die Geheimnisse ihrer Kunst einführen. Trotz dieser Fülle von Lehrern blieb Trubezkoj im Grunde Autodidakt. Schon als Siebzehnjähriger stellte er in Venedig aus, 1886 bei der Brera in Mailand. Trubezkojs Ruf wuchs schnell und drang bis zum Zaren vor, der ihn 1897 als Lehrer an die Staatliche Kunstschule nach Moskau berief. Hier hatte die akademische Erstarrung einen solchen Grad erreicht, daß die Schüler schließlich nichts weiter taten, als nach Gipsabgüssen Gipsmodelle zu formen. Trubezkoj war entsetzt über diesen Arbeitsstil und führte radikale Reformen durch. Die Gipsköpfe und -torsi flogen hinaus, das nackte, lebende Modell trat an ihre Stelle. Trubezkojs Klasse schmolz in einem einzigen Jahr von fünfzig auf drei Schüler zusammen – was dem Lehrer nur recht war.

Dort, in der Heimat seiner Vorfahren, lernte der Bildhauer einen großen Dichter kennen und lieben: Trubezkoj und Tolstoi wurden enge Freunde. Die Aufträge an Trubezkoj häuften sich, als er sich 1906 in Paris ansiedelte: Anatole France, d'Annunzio, Puccini, Shaw und Rodin ließen sich von ihm in Bronze porträtieren, und 1909 wurde in Petersburg das von ihm geschaffene Standbild von Zar Alexander III. aufgestellt. Nach einem sechsjährigen Aufenthalt in den USA fand Trubezkoj in seine eigentliche Heimat am Lago Maggiore zurück. Hier, in Suna, ist er dann am 12. Februar 1938 auch gestorben.

Zu Unrecht gilt Trubezkoj als Schüler Rodins; aber er hatte mit diesem die rauhe, unruhige Behandlung der Oberfläche seiner Plastiken gemeinsam. Mit Einfühlung und Geschick ist er dem Geschmack seiner Zeit entgegengekommen. Er holte aus seinen Porträtbildwerken durchaus nicht das Letzte an Wahrhaftigkeit heraus; wer liebt es schon, wenn einem der Künstler hinter die Maske guckt? So formte Trubezkoj die Gesichter seiner Auftraggeber in gewandter, oft skizzenhaft-impressionistischer Manier, und das gefiel. Sein Erfolg mag uns daher heute nicht mehr so recht einleuchten, vor allem, wenn wir Rodins Werk neben dem seinen betrachten.

PALLANZA

Villa Taranto. Wir fahren jetzt weiter über den San-Bernardino-Fluß nach Intras schöner Schwesterstadt, dem strahlenden, villenreichen Pallanza. Noch ehe uns der Weg um die weit in den See hinausragende Punta della Castagnola herum- und in die Stadt hineinführt, gebietet ein kleines gelbes Schild energisch Halt; ›Villa

Taranto‹ steht darauf. Wir fahren rechts durch das weite Tor, parken, entrichten unseren Obulus und spazieren durch den weiten, prachtvoll angelegten Park, der zwanzig Hektar mißt und eine der reichsten Sammlungen exotischer Gewächse in Italien birgt. Mich haben besonders die riesigen Buchen beeindruckt, deren Umfang und Fülle auch im wahrlich nicht buchenarmen Norden auffiele. Fünfhundert verschiedene Sorten von Rhododendren soll es hier geben, dazu achtzigtausend Tulpen, zahllose Arten von Azaleen und Wassergewächsen und immer wieder die Magnolia Grandiflora, die am Lago Maggiore besonders gut gedeiht. Da ich kein Botaniker bin, sondern ein bescheidener Augenmensch, der in der Pflanze das Wesen und nicht die Art sucht, konnte ich nur stumm durch diese blühenden und duftenden Herrlichkeiten wandern. Blumengesäumte Wasserbecken, hochaufschießende Springbrunnen und funkelnde Kaskaden beleben die vielfältige Pflanzenwelt.

Irgendwann trifft der staunend herumstreichende Besucher dann auf die Villa selbst, die im Vergleich zur Ausdehnung des Parks winzig ist. Dieser neunormannische Bau beweist, daß ein guter Architekt auch im Historismus etwas durchaus Sehenswertes zu schaffen vermochte. Villa und Park entstanden gegen Ende des 19. Jahrhunderts, und es ist noch gar nicht so lange her, daß ihr letzter Besitzer, der englische ›Capitano‹ Mac Eacharn, die ganze Herrlichkeit dem italienischen Staat vermachte unter der Bedingung, daß Villa und Park der botanischen Wissenschaft und der Gartenkultur dienen sollten. Wir wollen dem Hauptmann von Herzen dankbar sein und in Ehrfurcht seiner gedenken.

Die Stadt. Über die Punta della Castagnola kommen wir jetzt in das festliche Pallanza, Verwaltungssitz der Provinz Verbania. Lassen wir uns erst einmal auf einer der blauen, gelben oder roten Bänke an der Uferpromenade nieder, um den Ausblick zu genießen, falls die oft wallenden Dünste es gestatten. Zur Linken liegt das Isolino di San Giovanni, winzig und dem Festland sehr nahe. Dieses kleine dichtbewaldete Eiland war ein Lieblingsaufenthalt Arturo Toscaninis. Zur Rechten schwimmen, geheimnisvoll-fern im Silberblau, die anderen Borromäischen Inseln, am nächsten die Isola Madre.

Gleich hinter uns befindet sich der Aufgang zur Pfarrkirche *San Leonardo*, die in ihrer Form etwas an Bramantes Stil erinnert. Ihr Campanile steht auf den Resten eines alten Kastells. Der dreischiffige Innenraum wurde oft umgebaut und birgt keine besonderen Schätze. Wieder unten an der Hauptstraße treffen wir auf das alte *Rathaus* mit einer ausgedehnten luftigen Säulenhalle. Die enge Via Cavour zur Rechten führt zum *Palazzo Dugnani* (Nr. 44); er wurde im 16. Jahrhundert erbaut und häufig umgestaltet. Durch sein hohes Portal gelangt man in den Innenhof mit einer Sammlung von Fragmenten römischer Skulpturen. In der Ecke sehen wir eines der wenigen Marmorbildwerke Paolo Trubezkojs: seine Gattin mit dem früh verstorbenen Söhnchen im Arm. Ich finde das Werk gut, besser als viele seiner Bronzen. Warum er so wenig in Stein schuf, ist leicht zu erraten: überhäuft mit Aufträgen, war es für ihn leichter und auch weniger riskant, ein Tonmodell für den Bronzeguß herzustellen, als mühsame Steinmetzarbeit zu verrichten, die durch einen einzigen Fehlschlag verdorben werden kann.

Der Palazzo Dugnani beherbergt ein Museum, das ich mir schon lange einmal ansehen wollte. Der Tag war da, Pallanza schien mir verdächtig ruhig, doch ich war früh dran, also hinauf zum Palazzo. Das Tor ist zu, die Pförtnerin erscheint, und wieder höre ich: »Sciopero!« Die alte Frau rümpft die Nase, sie mißbilligt den Streik. »Die suchen nur einen Vorwand zum Faulenzen«, meint sie. Ich bin nicht ganz dieser Meinung, nicke aber höflich und trete zurück. Der guten Alten mag gar nicht aufgefallen sein, daß sie ja eigentlich auch davon profitiert, da das Museum ebenfalls geschlossen ist. Schade, denn im Parterre hätten wir unsere Bekanntschaft mit Trubezkoj vertiefen können, von dem hier mehrere Werke aufgestellt sind; und in den Sälen des Obergeschosses befindet sich eine Gemäldesammlung mit Meistern des 15. bis 19. Jahrhunderts sowie eine Sammlung archäologischer Funde aus keltischer und römischer Zeit.

Also stand ich wieder draußen und stieg durch stille Gassen hinauf in die Altstadt Pallanzas, deren verschachtelte, oft mit Ornamenten geschmückte Häuser schon einen Besuch wert sind. Mitten im Häusergewirr von der Via Guglielmazzi in die Via San Stefano einbiegend, stieß ich auf die Kirche *Santo Stefano*, die auf römischen Ruinen errichtet und oft umgebaut wurde. Unter dem Campanile an der Außenwand ist ein stark verwitterter römischer Altarstein

aus dem ersten nachchristlichen Jahrhundert eingelassen. Im Innern
sind eine holzgeschnitzte, bemalte Kreuzigungsgruppe aus dem Anfang des 18.Jahrhunderts und die kunstvoll geschnitzte Barockorgel
sehenswert.

Da auch die Restaurants und Läden wegen des Streiks geschlossen hatten, ließ ich das Mittagessen ausfallen und unternahm einen
der reizvollsten Spaziergänge, die Pallanza zu bieten hat. Er führt
die sanft ansteigende Via San Remigio entlang der Parkmauer der
Villa Taranto hinauf zum archaisch anmutenden Kirchlein *San
Remigio*, das inmitten alter Bäume den Hügel krönt. Ursprünglich
eine karolingische Gründung, stammt der Bau aus dem 13.Jahr-
hundert, wurde im 16.Jahrhundert umgestaltet und hat eine kleine
Säulenvorhalle. Leider ist das Kirchlein jetzt verfallen und unzugänglich; nur durch ein zerbrochenes Fenster sah ich ein paar Freskenreste. Den schönen Weg hierher kann man auch an warmen
Tagen genießen, da man fast immer im Schatten der hohen alten
Bäume geht.

Ehe wir Pallanza verlassen, gilt es, eine der edelsten Renaissance-
kirchen im Bereich des Lago Maggiore aufzusuchen. Wir fahren
die Via Azari anderthalb Kilometer stadtauswärts und sehen dann
zur Linken die Kirche *Madonna di Campagna*. Sie wurde 1519 anstelle einer romanischen Kapelle erbaut, deren Campanile aus dem
11.Jahrhundert noch steht. Die achteckige Kuppel der Kirche mit
ihrer ringsherumlaufenden Galerie zeigt typische Bramante-For-
men, wenn auch die Zuschreibung an den Meister selbst etwas kühn
zu nennen ist. Bramante müßte wenigstens zweihundert Jahre alt
geworden sein, hätte er alle die Kirchen erbaut, die ihm so frei-
gebig zugeschrieben werden. Das reliefgeschmückte Portal der
gutausgewogenen Fassade führt in den dreischiffigen Innenraum.
In den drei Apsiden und den Seitenkapellen finden wir Fresken verschiedener lombardischer Schulen. Das reichgeschnitzte Chorgestühl hinter dem Altar ist ebenso wie die Kanzel ein Werk der
Meister Giovanni und Domenico Merzagora aus Craveggia vom
Ende des 16.Jahrhunderts. Am Altar der von Camillo Procaccini
(1546 bis 1626) ausgemalten Seitenkapelle finden wir das verehrte
Bild der Madonna delle Grazie aus dem 15.Jahrhundert.

Die Borromäischen Inseln

Erwähnt man in einer Gesellschaft die Borromäischen Inseln, so begegnet man oft unsicher-fragenden Blicken, und es mag vorkommen, daß einer jener beneidenswerten Mitmenschen, die ohne Angst vor Blamage durchs Leben gehen, mit furchtlos lauter und sicherer Stimme behauptet: »Die liegen doch irgendwo im Mittelmeer ...«

Fällt aber der Name Isola Bella, so kann es keinen Zweifel geben – und jeder, auch der ärgste Stubenhocker, weiß Bescheid. Dafür hat ein Liedchen gesorgt, das seit einem halben Jahrhundert durch die Lande geistert: ›Isola Bella im Lago Maggiore‹. Dabei ist sie nur eine von vieren und nicht einmal die größte, diese ›Schöne Insel‹.

Die prachtvolle Uferpromenade von Stresa führt fast bis auf die Höhe der Isola Bella, und von hier aus sind es mit dem Boot nur ein paar Minuten Über- fahrt. Dies ist zwar der kürzeste Weg, aber nicht unbedingt der schönste. Wer es nicht ganz so eilig hat, sollte von Pallanza aus in See stechen und ge- mächlich, an der Isola Madre vorbei, die Isola dei Pescatori sanft umrundend, zur ›Schönen Insel‹ gelangen. Ich habe es mir angewöhnt, auf dieser Fahrt nicht voraus-, sondern zurückzublicken. Mit Pallanza ist es ein bißchen wie mit Neapel: Je weiter man sich auf dem Wasser von ihm entfernt, um so schöner wird es. Die graugrünen Hügel und die sattgrünen Ufer beginnen weich ineinanderzufließen, wunderbar aufgelockert durch die weißen Tupfen der Häuser, und die sanft gekräuselte Fläche des Sees glitzert wie ein grob- geschliffener Saphir.

ISOLA MADRE

Beim Nahen der Isola Madre wollen wir uns vom nun schon weit entfernten Südufer abwenden (hier ist nicht etwa der Druckfehler- teufel am Werk: da die Ufer der Borromäischen Bucht tatsächlich in Nord-Süd-Achse verlaufen, haben wir es auf dieser Überfahrt nicht wie sonst am See mit einem Westufer zu tun) und uns dieser Insel zukehren. Sie ist nicht nur die größte des kleinen Archipels, sie hat auch die älteste Geschichte, da sie als erste, schon 946, in den Urkunden auftaucht. Damals hieß sie noch Isola di San Vittore nach einer Wallfahrtskirche, die heute längst verschwunden ist. Anfang des 16. Jahrhunderts kam die Insel in den Besitz des Lancillotto Bor- romeo, der sie seiner Gemahlin zu Ehren in Isola Renata umtaufte. Dieser Name scheint ihr fast zweihundert Jahre geblieben zu sein.

Wer die Isola Madre besucht, sollte es wegen ihrer Gärten tun. Der ohnehin nur von außen zu besichtigende Palast stammt aus dem 17. Jahrhundert, ist aber ziemlich unbedeutend. Reizvoll jedoch ist die kleine Grabkapelle daneben, deren Fassade in pompejanischem Rot sich glücklich in das vielerlei Grün des Gartens fügt. Garten? Ich nehme das Wort zurück! Dieser aus fünf Terrassen bestehende Park ist ein botanisches Paradies; schon mancher leidenschaftliche Pflanzenfreund mag sich den Himmel so gewünscht haben!

Bei meinem ersten Besuch wollte ich auf den sich anbietenden Führer verzichten, da dies aber offenbar nicht möglich war, nahm ich an und habe es nicht bereut. Halb benebelt von den schweren süßen Düften der blühenden Gewächse – es war Mai – wandelte ich an der Seite meines Cicerone durch dieses botanische Märchen. Das vielfältige Grün der Pflanzen, Sträucher und Bäume zu schildern, ist schwierig. Da wachsen Sträucher mit schwarzgrünen, lackglänzenden Blättern, Bäume, deren Laub wie mit Goldstaub überpudert scheint, das Auge schweift über blaugrüne, graugrüne, turmalingrüne, resedagrüne, gelbgrüne Flächen. Auf kieselgepflasterten Wegen ging ich staunend durch diese Pracht, tief atmend, die Augen weit offen, und hörte neben mir die Stimme meines sachkundigen Begleiters. Die Namen, die er mir nannte, waren oft von der Bemerkung begleitet: »In Europa serr sälten!« Da gab es also: Orangen, Zitronen, Grapefruit, Bananen, Magnolien, Eukalyptus, chinesische Teebäume, kanadische Zypressen, ägyptischen Papyrus, mexikanische Yucca, portugiesische Erika, dazu Kaffee-, Pfeffer- und Sagosträucher, Azaleen, Tulpen, Oleander, Rhododendren, Kamelien, Mimosen, Aloen, Myrte, Anis und Agaven ... Der Palast wird von einer riesigen Kaschmirzypresse und einer mächtigen Libanonzeder eingefaßt. Man braucht diese verwirrenden Namen gar nicht alle zu nennen oder zu kennen; niemand wird diesen Prachtgarten unbeeindruckt verlassen! Taine berichtet von seiner Bootsfahrt zur Isola Madre, die er im Morgendämmer unternahm, um den Sonnenaufgang mitten auf dem See zu erleben:

»... man sieht ringsherum nichts mehr als Blau und Licht, um sich das Wasser gleich einem großen gefalteten Samtstoff und über sich den gleichmäßigen Himmel wie eine Muschel aus glühendem Saphir. Währenddessen

taucht ein weißer Punkt auf, wächst und hebt sich ab, es ist Isola Madre,
umschlossen von ihren Terrassen; die Wogen schlagen an ihre großen bläu-
lichen Steinschwellen und benetzen ihre glänzenden Blätter mit Feuchtigkeit.
Man legt an; auf der Böschung des Ufers wärmen Aloen mit starren Blättern
und Kaktusfeigen mit großen Schilden ihr tropisches Wesen an der Sonne.
Zitronenalleen laufen an den Mauern entlang und ihre grünen oder gelben
Früchte lehnen sich an die Felswände. So steigen vier Terrassen unter ihrem
Schmuck aus kostbaren Pflanzen hinauf. Auf ihrem Gipfel ist die Insel ein
einziger Laubbusch, welcher mit seinem Blätterwald über das Wasser ragt.«
    Dann bewundert er die exotische Flora und schließt begeistert:
    »Ganz mit zartem Rasen und blühenden Bäumen bedeckt, ist sie (die Insel)
nichts als ein schöner, morgendlicher, rosiger, weißer und violetter Strauß,
um den die Bienen schwärmen, ihre keuschen Wiesen sind mit Primeln und
Anemonen bedeckt, Pfauen und Fasanen schreiten darauf friedlich in ihren
goldenen, mit Augen besternten oder purpurübergossenen Kleidern einher, als
die unbestrittenen Herrscher über ein Volk kleiner Vögel, welche herumflat-
tern und zwitschern.«

Einige der schönen Fasane habe ich auch gesehen; außerdem gibt
es in kleinen Vogelhäusern grellbunte Papageien zu bewundern.
Die blühende, duftende Insel ist selbst im Sommer nie überlaufen,
im Frühling und Herbst ist man hier fast allein – ein Paradies, das
für wenig Geld jedem offensteht.

ISOLA DEI PESCATORI

Ehe wir zur Isola Bella gelangen, umrundet das Boot die Isola dei
Pescatori, die Fischerinsel. Viele fahren an ihr vorbei, betrachten
flüchtig den kleinen emsigen Hafen, schlagen vielleicht im Reiseführer nach, stellen fest, daß es dort weder Parks noch Paläste gibt,
und wenden sich also guten Gewissens von dem Eiland ab, das
seinem Namen alle Ehre macht: hier leben die Menschen tatsächlich
noch vom Fischfang.
    Trotzdem lohnt sich ein Besuch. Die Lage der Insel zwischen
ihren beiden Schwestern, der Isola Madre und der Isola Bella, ist
von einer solchen Schönheit, daß viele Maler sich hier für kürzer
oder länger niedergelassen haben. Die engen sauberen Gäßchen,
die schmalen, oft sehr alten Häuser und immer wieder der Blick auf

Blick von der Isola Bella
auf die Isola Pescatorina im Lago Maggiore

Lithographie von Gottfried Engelmann
nach Louis Jules Frédéric Villeneuve

Privatbesitz Siegfried Obermeier, München

den See, die anderen Inseln und die fernen Ufer weiten Herz und Sinn: man fühlt sich wohl. Hier habe ich immer das Gefühl gehabt, ich müsse bleiben, um mein Leben in dieser heiteren Stille sorglos zu verdämmern. Alles außerhalb dieser Insel schien mir dann absurd, unmenschlich, unerträglich. Benzingestank auf überfüllten Straßen, Fernsehen, Kino, Lärm, Hetze, Krieg und Angst, das rückte weit weg, verschwand. Rettende Insel, Zuflucht inmitten eines riesigen Irrenhauses: und doch bin ich immer wieder abgereist. Vielleicht werde ich einmal bleiben – wer weiß ...

Sehenswert ist die Pfarrkirche *San Vittore* mit einer Apsis aus dem 11. Jahrhundert. Die übrige Ausstattung ist von einem etwas strengen Barock, auf dem Marienaltar finden sich zwei recht gute Gemälde der Gebrüder Bianchi.

Die Menschen hier arbeiten hart und sind doch heiter und freundlich geblieben, etwas von alter Lebensart ist um sie, etwas, das uns Heutigen abgeht: das Genügen an sich und seiner Aufgabe, so einfach und wenig gewinnbringend sie auch sein mag. Und doch leben die Bewohner der Isola dei Pescatori nur ein paar Bootsminuten entfernt von der Isola Bella, wo ihre Landsleute durch den Tourismus reich geworden sind. An einem Juniabend saß ich in dem kleinen Café am Hafen und schaute hinüber zur Isola Bella, die im Licht der späten Sonne wie eine goldene Perle auf graublauem Samt herüberstrahlte, während Boot um Boot voller Touristen die Insel verließ. Ein runzliger Alter, der am Nebentisch saß, ließ sein Glas mit Nostrano im Sonnenlicht funkeln und trank mir lächelnd zu. Wir begannen ein kleines Gespräch und ich fragte ihn, ob die Menschen hier auf der Fischerinsel jene, die da drüben an der Fremdenflut reicher und reicher werden, nicht manchmal beneideten. Er lächelte, dachte nach und antwortete mit einer Gegenfrage: »Sono più felice?« – »sind sie denn glücklicher?«

ISOLA BELLA

Von der Insel der fleißigen Fischer fahren wir zur Isola Bella. Der kleine Hafen, die einfachen, sich schmalbrüstig aneinanderdrängenden Häuser verraten nichts von dem Schatz, den die Insel birgt.

Man steht da, betrachtet verwundert die vielen Andenkenstände und möchte am liebsten fragen: Wo geht es hier zur Isola Bella?

Vorweg ein Tip für Feinschmecker: Genießen Sie die Isola Bella wie eine Auster – nämlich in den Monaten mit ›r‹. Schon Mitte Mai nämlich beginnt der internationale Fremdenstrom auf die Insel zu fließen, erreicht im Juli und August seinen Höhepunkt und ebbt erst im September wieder ab. Freilich möchte ich nicht gerade einen Besuch im Winter anraten, doch im April, Anfang Mai oder von der Septembermitte bis Ende Oktober haben Sie die Insel fast für sich. Der barocke Park verträgt einfach keine Menschenmassen, und die weißen Pfauen sehen auch besser aus, wenn sie nicht von einer Traube kameraschwenkender Besucher umlagert sind. Wer es nicht anders einrichten kann und sich nun einmal im Juni, Juli oder August am Lago Maggiore aufhält, sollte die frühen Morgenstunden zu einem Besuch der Insel nützen, um auf diese Weise dem deutsch-amerikanischen ›Stoßangriff‹, der meist zwischen zehn und zwölf Uhr erfolgt, zu entgehen.

Die Isola Bella ist schon seit dem 12. Jahrhundert im Besitz der Borromäer. Sie war anfangs nichts weiter als ein flacher Glimmerschieferhaufen, mit einem Kirchlein und ein paar einfachen Fischerhäusern. Um das Jahr 1630 begann Graf Carlo III. mit der Umgestaltung. Wie sein Vorfahr Lancillotto bei der Isola Madre, begann auch Carlo sein Werk mit einer galanten Geste: er nannte die Insel nach seiner Frau ›Isola Isabella‹. Daraus wurde im Volksmund die falsche, aber nicht unzutreffende kürzere Bezeichnung ›Isola Bella‹. Die Insel wurde eingeebnet, Erde mußte herangeschafft werden, Bäume und Sträucher wurden gepflanzt und Blumenbeete angelegt. Erst Vitaliano Borromeo, Sohn des Grafen Carlo, begann 1650 mit dem Schloßbau. Zwanzig Jahre später wurden die Arbeiten an dem ins Riesenhafte gewachsenen Palast eingestellt, der nördliche Flügel blieb unvollendet. Einige der berühmtesten Architekten jener Zeit haben an dem Bau mitgewirkt, insbesondere Angelo Crivelli, der die Gärten entwarf, Francesco Maria Ricchini, Francesco Castelli und Carlo Fontana. Heute leisten wir uns den Luxus des Vergleichs und stellen fest, daß da nichts Überragendes geschaffen wurde, wenn das Entstandene auch nicht gering zu nennen ist: ein schöner harmonischer Bau in strenger barocker Linienführung. Die ›empfindsamen‹ Reisenden zu Anfang des 19.Jahrhunderts priesen freilich nur den Park und wußten mit den krausen Einfällen barocker Architektur nichts anzufangen. So gab Taine seiner Abneigung unumwunden, wenn auch in schönen Worten, Ausdruck:

»*Ich war nicht mehr fähig, die berechneten Werke der Baukunst und vor allem die gewundenen Formen und die künstliche Dekoration der letzten Jahrhunderte zu empfinden. Die zehn überwölbten Terrassen der Isola Bella, ihre Muschel- und Mosaikgrotten, ihre mit Seltsamkeiten angefüllten Gemächer, ihre Wasserbecken und ihre Springbrunnen sind mir übertrieben erschienen und haben mich kalt gelassen.*«

Was den musealen Teil, die Sammlungen, betrifft, sollte man nicht zuviel erhoffen. Uns erwartet kein Louvre, wir betreten nicht die Uffizien – dies ist die Sammlung eines Provinzmuseums, von den Borromäern liebevoll und etwas kunterbunt zusammengetragen.

Da gibt es einen Waffensaal mit allerlei martialischem Blech, vom Bidhänder bis zum feinziselierten Brustharnisch; da gehen wir vom Medaillensaal in den Thronsaal, der mit kostbaren, spätbarocken Möbeln ausgestattet ist und den Thron des Vizekönigs von Neapel, Carlo IV. Borromeo, enthält. Der große Festsaal blieb 1671 beim Abbruch der Arbeiten unvollendet und wurde erst 1950 nach den vorhandenen Originalentwürfen fertiggestellt. Im anschließenden sogenannten Musikzimmer tagte vom 11. bis 14.April 1935 die Konferenz von Stresa, die den Status quo in Europa zum Gegenstand hatte. In diesem Raum finden wir schöne alte Musikinstrumente, einen Murano-Kronleuchter, prachtvolle Florentiner-Möbel des 18.Jahrhunderts sowie mehrere Gemälde von Tempesta (Pietro Mulia, 1637 bis 1701) und eines, das Jacopo Bassano (1510 bis 1592) zugeschrieben wird, eine ›Vulkanschmiede‹ darstellend. Im ›Napoleonzimmer‹ übernachtete 1797 der General Bonaparte mit seiner Gemahlin Josephine, die 1805 noch einmal allein hier weilte.

Die Bibliothek enthält einige Rarissima in kostbaren Einbänden. Von ihr aus kommen wir in den ›Luca-Giordano-Saal‹. Von diesem virtuosen Stilkopisten (1632 bis 1705) finden sich hier ›Der Triumph der Galatea‹, ›Das Urteil des Paris‹ und der ›Raub der Europa‹. Außerdem können wir zwei Landschaften von Salvator Rosa (1615 bis 1673) bewundern oder auch einen meisterlich gearbeiteten Elfenbeinsattel aus dem 16.Jahrhundert. An den Borromäerporträts im ›Familienzimmer‹ vorbei geht es in den Zuccarellisaal

und von dort in das ›Konversationszimmer‹. Der Mosaiktisch ist ein Ge-
schenk des Vatikans, der ›Bacchus‹ wird Rubens zugeschrieben, während
›Das Haupt Johannes des Täufers‹ von Giovanni Battista Crespi, genannt
Il Cerano (1557 bis 1633), stammt.

Aus dem im Empirestil gehaltenen Ballsaal steigen wir hinab in die
›Grotten‹, einem Kuriosum aus barocken Tagen, als kaum jemand einen
Palast baute, ohne darin irgendwelche mit Wasserspielen und Beleuchtungs-
effekten, Fels- und Muschelwerk ausgestatteten Höhlen anzulegen.

In den sechs Räumen, die wir nun durchwandern, finden wir Skulpturen
von Cesare Monti, eine indische Statue aus dem 11. Jahrhundert sowie Aus-
grabungsfunde, Schiffsmodelle und nicht zuletzt die vom Kardinal Federico
Borromeo angelegte Sammlung prachtvoller Schabracken aus schweren,
roten, kunstvoll bestickten Stoffen. Weiter geht es nun über eine Wendel-
treppe noch einmal durch Fest- und Ballsaal in das ›Vorzimmer‹ mit vielen
Gemälden und Zeichnungen von Giovanni Battista Crespi, genannt Il Cera-
no (1557 bis 1633). Der ›Christus am Kreuz‹ in der Vorkapelle wird van
Dyck zugeschrieben, das Altarbild stammt aus dem 15. Jahrhundert. Von
hier aus kann man in die eigentliche Kapelle hinabschauen, die schöne Grab-
denkmäler der Borromäer enthält, aber leider nicht betreten werden darf.
Den ›Gobelinsaal‹ schmücken herrliche flämische, aus Gold und Seide ge-
wirkte Wandteppiche des 16. Jahrhunderts mit Bäumen, Blumen und allerlei
Fabelwesen. Die Bilder an den Wänden des Gobelinsaales werden unter
anderen Caravaggio, eigentlich Michel Angelo Merisi (1569 bis 1609),
Giuseppe Cesare, genannt d'Arpino (1568 bis 1640), und Francesco Maz-
zola, genannt Il Parmigianino (1503 bis 1540), zugeschrieben.

Reichlich eingedeckt mit Grotten, Zuschreibungen und Ahnen-
bildern dürfen wir jetzt endlich den Park betreten, und wenn ich
sage ›dürfen‹, so meine ich damit, daß im entrichteten Obolus die
Führung durch den Palast enthalten ist, und um diese kann man
sich nicht herumdrücken. Ich weiß es, denn ich habe es ein paarmal
versucht.

Mein erster Eindruck von dieser Gartenanlage, die, obwohl noch
im Stil der französischen Renaissance konzipiert, im barocken Klei-
de prunkt, war nicht besonders tief. Jetzt, wo ich den Garten besser
kenne, sehe ich ihn anders. Schon beim zweiten ausführlicheren
Besuch wurde ich auf seltsame Weise an den ›Sacro Bosco‹ erinnert, den Vicino Orsini hinter seinem Kastell bei Bomarzo anlegen
ließ. Nicht, daß es hier im Borromäer-Park diese grausigen Fabel-

wesen gäbe, diese labyrinthischen Irrwege, die manchmal im Rachen eines lemurenhaften Ungeheuers enden. Nein, unser Park hier ist symmetrisch, übersichtlich, wohlgeordnet. Und doch haftet ihm etwas Unheimliches an, etwas Hintergründiges, als sei dies nicht sein wahres oder doch nicht sein einziges Gesicht. Sobald die Sonne – und sei es nur für Minuten – hinter einer Wolke verschwindet, gewinnen die Statuen und Nischen, die Obelisken und Pilaster ein bedrohliches Aussehen: sie, die aus Stein sind, versteinern doppelt, lauern bösartig, als hofften sie, auch uns, die Besucher, versteinern zu sehen. Ganz nüchtern betrachtet – aber das sollte man nicht tun – fehlt dieser Anlage der lockere Zauber des Isola-Madre-Parks; hier stehen die Bäume ein bißchen steif herum, und das Mittelstück des Gartens, seine architektonische Hauptzier, eine ungeheure stilisierte Muschel mit zahlreichen Nischen, Pfeilern und Figuren, wirkt bombastisch, ja bei näherem Zusehen fast schäbig. Und doch ist hier dem Erbauer ein großartiges Ganzes geglückt, ein Werk wie aus einem Guß, wenn man nur genügend Abstand hat, um die Nahtstellen nicht zu sehen.

Der barocke Künstler baute wesentlich auf eine Eigenschaft des Menschen, auf seine Fähigkeit zu staunen. Er wußte, der Mensch kann nicht nur, er *will* staunen, es drängt ihn dazu: herzhaftes Staunen ist nicht weniger genußreich als herzhaftes Lachen. So war die *meraviglia* des barocken Künstlers Ziel.

Man wandelt zwischen Magnolien, Zedern, Korkeichen, Eukalypten, Orangen und Zitronen und weiß nicht, was man mehr bewundern soll: das einzigartige Rundpanorama, die mächtigen Zedern, das Einhorn auf der Spitze der höchsten Terrasse oder die weißen Pfauen, die würdevoll ihre schwere Federschleppe hinter sich herziehen und, bleibt man nur stehen, nicht mit dem Radschlagen geizen. Ihr lauter häßlicher Schrei, halb zornig, halb melancholisch, versöhnt mit ihrem Aussehen: sie wären sonst zu schön.

Steigen wir jetzt hinauf zum Aussichtsplateau und sehen uns dort um. Hinter dem Borromäischen Golf im Nordwesten weitet sich das Ossolotal mit den mächtigen Schneekuppen des Simplonmassivs im Hintergrund. Im Norden verschmelzen die Häusertupfen von Suna und Pallanza zu einer feinen weißen Perlenkette. Im

Osten reicht der Blick auf das lombardische Ufer von Laveno bis hinauf nach Maccagno. Im Südosten, greifbar nahe, das prachtvolle Stresa mit seinen grünen Ufern, und etwas nordwestlich Baveno, wo die Villa Branca mit ihrem kräftigen Rotbraun aus dem Grün ihres weiten Parkes leuchtet. Wir stehen hier am höchsten Punkt der Isola Bella wie auf der Bühne eines riesigen Amphitheaters, aber nicht als Akteure, sondern als stumme Zuschauer: die Rollen sind vertauscht, die Bühne umgibt uns.

Jean Paul, der Italien niemals betreten durfte, hat uns im ›Titan‹ den Blick von der höchsten der zehn Gartenterrassen unvergleichlich geschildert. Als sein Held, Prinz Albano, auf der Höhe angelangt ist, läßt er sich von seinen Freunden die auf eigenen Wunsch angelegte schwarze Binde abnehmen:

»*O Gott!*‹ *rief er selig erschrocken, als alle Türen des neuen Himmels aufsprangen und der Olymp der Natur mit seinen tausend ruhenden Göttern um ihn stand. Welch eine Welt! Die Alpen standen wie verbrüderte Riesen der Vorwelt fern in der Vergangenheit verbunden beisammen und hielten hoch der Sonne die glänzenden Schilde der Eisberge entgegen – die Riesen trugen blaue Gürtel aus Wäldern – und zu ihren Füßen lagen Hügel und Weinberge und zwischen den Gewölben aus Reben spielten die Morgenwinde mit Kaskaden, wie mit wassertaftnen Bändern und an den Bändern hing der überfüllte Wasserspiegel des Sees von den Bergen nieder und sie flatterten in den Spiegel und ein Laubwerk aus Kastanien faßte ihn ein ... Albano drehte sich langsam im Kreise um und blickte in die Höhe, in die Tiefe, in die Sonne, in die Blüten; und auf allen Höhen brannten Lärmfeuer der gewaltigen Natur und in allen Tiefen ihr Widerschein – ein schöpferisches Erdbeben schlug wie ein Herz unter der Erde und trieb Gebirge und Meere hervor. Als er dann neben der unendlichen Mutter die kleinen wimmelnden Kinder sah, die unter der Welle und unter der Wolke flogen – und als der Morgenwind ferne Schiffe zwischen die Alpen hinaufjagte – und als Isola Madre gegenüber sieben Gärten auftürmte und ihn von seinem Gipfel zu ihrem wagrecht wiegenden Fluge hinüberlockte – und als sich Fasanen von der Madre-Insel in die Wellen warfen: so stand er wie ein Sturmvogel mit aufgeblättertem Gefieder auf dem blühenden Horst, seine Arme hob der Morgenwind wie Flügel auf, und er sehnte sich, über die Terrasse sich den Fasanen nachzustürzen und im Strome der Natur das Herz zu kühlen.*«

Jean Paul hat – wie gesagt – den Lago Maggiore niemals gesehen. »Auf allen Höhen brannten Lärmfeuer der gewaltigen Natur« – da

stockt schier der Atem. Viele haben die Isola Bella und ihr Panorama gepriesen, doch Jean Paul, finde ich, hat sie alle übertroffen.
Goethe, der große Italienfreund, Goethe, der das Land bis nach Sizilien hinab bereist hatte: den Lago Maggiore hat auch er nie besucht. Warum aber ließ er den Wilhelm Meister der ›Wanderjahre‹
nicht am Gardasee wandeln, den er doch von langen Aufenthalten
her gut kannte? Wir wissen, daß beide, Goethe wie auch Jean Paul,
aus Keisslers Reisebeschreibung schöpften, wissen auch, daß Goethe
seine Gardasee-Eindrücke bei der Schilderung des Lago Maggiore
mitverwendete, den er allerdings nicht beim Namen nennt. Mit
wenigen Worten umreißt er das Bild einer vom Menschen geprägten Kulturlandschaft:

*»Die Freunde gelangen bald zum großen See, Wilhelm trachtet die ange-
deuteten Stellen nach und nach aufzufinden. Ländliche Prachthäuser, weitläufige Klöster, Überfahrten und Buchten, Erdzungen und Landungsplätze
wurden gesucht und die Wohnungen kühner und gutmütiger Fischer so
wenig als die heiter gebauten Städtchen am Ufer und Schlößchen auf be-
nachbarten Höhen vergessen.«*

Dieses harmonische Ineinanderfließen von Natur und Menschenwerk, das geschickte lockere Hineinfügen des Gebauten ins Gewachsene ergibt den zwingenden Zauber dieser einzigartigen Landschaft.

ISOLINO DI SAN GIOVANNI

Das winzige ›Isolino di San Giovanni‹ sei als vierte der Borromäischen Inseln noch erwähnt und soll den Schlußpunkt setzen. Es
liegt nahe der Landzunge Punta della Castagnola, zwischen Intra
und Pallanza, und wir müssen uns mit dem Anblick aus der Ferne
begnügen, da sich das Inselchen in Privatbesitz befindet und nicht
betreten werden kann.

Ausflug zum Mergozzosee und Ortasee

Von den Inseln zurückgekehrt nach Pallanza, berühren wir das
kleine, dörfliche Fondotoce, das sich neben seinen prächtigen Nachbarn recht bescheiden ausnimmt. Die Berge sind jetzt zurückgetre-

ten, das Seeufer ist völlig verschilft und unzugänglich. Aus der Ferne
grüßt das Ossolagebirge, vor uns öffnet sich der Borromäische
Golf. Von hier aus führt eine Straße über den kleinen Mergozzosee
zum Lago d'Orta, der im alten Baedeker keinen Stern bekommen
hat, was ich nicht gutheißen kann, aber gutmachen will, indem ich
ihm das folgende Kapitel widme.

Mergozzosee. Zuerst fahren wir am Westufer des kleinen, etwa
2 Kilometer langen Mergozzosees entlang, der etwa bis zum 9. Jahrhundert noch mit dem Lago Maggiore verbunden war und dann
durch Versandung langsam abgeschnürt wurde. Am gegenüberliegenden Ufer erhebt sich der runde Kegel des Monte Orfano,
dessen grüne Hänge sich in dem stillen Wasser spiegeln. Mich haben die grünen Wasser des Lago di Mergozzo immer an unsere
deutschen Alpenseen erinnert. Am Nordwestende des Sees treffen
wir auf das ruhige malerische *Mergozzo* mit einer romanischen
Kirche aus dem 12. Jahrhundert und vielen altersgrauen Häusern.

Am Ostufer des Ortasees. Wir fahren um den Monte Orfano herum,
überqueren den Tocefluß auf einer abenteuerlichen, laut knatternden Hängebrücke und kommen über das Industriestädtchen Gra-
vellona nach Omegna an der Nordspitze des Ortasees. Von hier aus
geht es über Pettenasco nach Orta, das abseits auf einer zypressengesäumten Halbinsel einsam vor sich hinträumt. Der bei den Römern Lacus Cusius genannte See ist dreizehn Kilometer lang, im
Durchschnitt anderthalb Kilometer breit und hat eine größte Tiefe
von 143 Metern. Ich halte den Ortasee für einen der schönsten und
eigenartigsten Seen Italiens. Über seinen Ufern und Wassern liegt
eine stille unsagbare Trauer, als sei die ganze Landschaft in einer
tragischen Geste erstarrt.

Orta selbst verdient das Adjektiv ›malerisch‹ in besonderem Maße. Auf der zum See offenen Piazza steht sein kleines, rundherum
mit Wappen bemaltes Rathaus auf zwei Säulenreihen. Dieser eigenwillige Renaissancebau stammt aus dem Jahre 1582 und wurde vor
kurzem restauriert. Von hier aus steigen wir jetzt, vorbei an alten,
oft palastartigen Häusern, hinauf zur ockergelben Pfarrkirche. Die

im 18.Jahrhundert über einem früheren Bau errichtete Kirche ist
überreich mit teilweise recht guten Fresken geschmückt. Links vom
Hochaltar hängt ein fein abgestuftes, gut komponiertes Bild mit der
Muttergottes und dem die Schlange zertretenden Jesuskind.

Ortas ganz besondere Attraktion aber ist der *Sacro Monte*, den
wir von der Pfarrkirche aus zu Fuß erreichen. Zu dieser Wallfahrtsstätte gehören das ehemalige Kloster San Nicola, zwei Gebetskapel-
len und zwanzig dem heiligen Franziskus geweihte einzelstehende
Kapellen mit Gemälden und Terrakottafiguren zu Szenen aus dem
Leben Franz' von Assisi. Am besten gefielen mir die bewegten Bilder von Pietro Mazzuchelli, genannt›Il Morazzone‹(1671 bis 1726),
dessen Werke wir in der ganzen Lombardei finden.

Von der Aussichtsterrasse dieser pinien- und buchenbestandenen
Anhöhe bietet sich ein herrlicher Blick auf den See, die Isola San
Giulio, auf Orta und das ganze Westufer, von wo bei guter Sicht
aus kühner Höhe das Kirchlein Madonna del Sasso (nicht mit der
Wallfahrtskirche in Locarno zu verwechseln) herübergrüßt.

Die Isola di San Giulio. An einem stillen sonnigen Oktobertag fuhr
ich, einziger Gast auf dem tuckernden Motorboot, hinüber zu jenem verzaubert wirkenden Ort. Mir war, als sei ich in dem Boot
auf Böcklins Bild von der Toteninsel. Vom Ufer sind es nur ein
paar Schritte hinauf zur *Basilica di San Giulio*, die der Legende nach
im Jahre 379 vom heiligen Julius gegründet worden sein soll. Zweifellos ist die Kirche einer der bedeutendsten Sakralbauten der ganzen
Provinz Novara.

Romanischen Ursprungs, hat man ihr später ein barockes Kleid überge-
worfen, das aber – so schön es sein mag – nicht sehr gut sitzt. Die malerische
Ausstattung reicht von Fresken aus dem 14. Jahrhundert bis zu barocken
Tafelbildern. Kern- und Glanzstück ist die romanische Kanzel aus schwar-
zem Marmor. Sie steht auf vier schlanken Säulen und zeigt die Evangelisten
mit ihren Symbolen Adler, Löwe, Ochse und Engel. An der Rückseite im
ornamental verschlungenen Stil der Zeit zwei Löwen, die einen Rehbock
schlagen. Die schwarze Kanzel ist nicht sehr groß und beherrscht doch mit
ihrer fremden dunklen Strenge den ganzen nervösen barocken Prunk. Ein
Kuriosum, doch typisch für den Geist des Barock, ist die von musizierenden
Putti umrahmte, al fresco gemalte Orgel. Sinnverwirrender Schein und

*mystisch versunkenes Sein – Barock und Romanik, Gegensätze par excel-
lence, hier finden wir sie eng nebeneinander. Der im Barock überkuppelte
Kirchenraum gliedert sich in drei Schiffe, die mit einer Apsis abschließen.
In der alten Krypta werden die Reliquien des heiligen Julius in einem silbernen Schrein aufbewahrt.*

Ein gepflasterter Weg führt von der Kirche aus rund um die Insel. Auf meinem Rundgang an diesem sonnigen Herbsttag bin ich
keinem einzigen Menschen begegnet. Die Stille war so vollkommen, daß ein von Zeit zu Zeit hörbarer Vogelruf mich jedesmal fast
erschreckte. Das Inselchen ist – auch wenn man langsam geht – leicht
in einer Viertelstunde zu umrunden, doch der Weg lohnt mit zau-
berischen Ein- und Ausblicken. Wer bewohnt die vielen Palazzi,
was verbergen die ewig verschlossenen Fensterläden? Um in diese
Geheimnisse einzudringen, erwachte in mir ganz spontan der
Wunsch, dieses Eiland mit allem Drum und Dran einfach zu kaufen.

Im Zentrum der Insel erhebt sich ein großer vielfenstriger Bau,
der auf den Resten der Burg steht, in welcher Berengar II., König
von Italien, 962 von Kaiser Otto I. belagert wurde. Das jetzige Gebäude soll ein Priesterseminar beherbergt haben.

Als ich an der Bootsanlagestelle auf den Nachen wartete, der
mich wieder ins Reich der Lebenden bringen sollte, fiel mir ein
Palazzo auf, der in einem völlig verwilderten Garten vor sich hin-
dämmerte. Durch zerborstene Festerläden sah ich prunkvolle Stuck-
decken schimmern, rot flammte der wilde Wein an zerbröckelnden
Mauern, und rot leuchteten auch die wie Artischocken geformten
Früchte der Magnolien aus dem tiefgrünen, wie Lack glänzenden
Blattwerk.

Am Westufer des Ortasees. Wieder auf der Hauptstraße, geht es
in vielen Kurven an zahllosen alten und neuen Villen vorbei nach
Gozzano am Südende des Sees. Von hier aus kommen wir am
Westufer entlang wieder nach Omegna. Dieses Westufer ist nicht
unbedingt zu empfehlen: die Straße ist eng und schlecht, zu sehen
gibt es wenig.

Wer den Ausflug aber trotzdem machen will, der sollte wenigstens an der Kirche *Madonna di Luzzara* halten, die bald nach Gozzano zwischen Straße und Seeufer leicht zu finden ist. Altersgrau,

gedrungen und einsam steht sie da, zufällig verblieben aus ferner Zeit. Das Kirchlein stammt aus dem 12. Jahrhundert und wurde noch in der altehrwürdigen Kreuzform erbaut. An der Vorderfront finden wir spätmittelalterliche Fresken, die noch erstaunlich farbfrisch erhalten sind. Ich frage mich nur, was die Menschen bewogen hat, den dort dargestellten Heiligen die Augen auszukratzen. Das Schänden von Kunstwerken oder Heiligtümern scheint seit etlichen Jahrtausenden ein nicht auszurottendes Bedürfnis gewisser Menschen zu sein – fast ebenso stark wie der Trieb, solche zu schaffen.

Wir fahren weiter nach *San Maurizio di Opaglio* mit seiner Renaissancepfarrkirche. Das Schönste an diesem Ort ist der klangvolle Name. Nach Lagna biegt man besser nicht ab, da die Straße dort unbefestigt ist. Wir halten uns in Richtung Alzo, von wo nach links eine Straße (5,2 Kilometer) hinauf zur Bergkirche Madonna del Sasso führt. Jetzt entschwindet das Seeufer unseren Augen; durch eine finstere Schlucht kommen wir über Cesara nach Nonio und Brolo, von wo aus ein zauberhafter Blick auf Orta und die Isola di San Giulio uns mit dem mühsamen Weg versöhnt. Dann sind wir wieder an der Nordspitze des Sees in Omegna und können von hier aus ins Verbania zurückfahren.

Von Baveno bis Arona

Dem Ortasee zuliebe haben wir unsere Fahrt nach Süden in Fondotoce unterbrochen, und dort setzen wir jetzt unseren Weg fort und gelangen nach Feriolo. *Der kleine Ort versank 1867 und 1885 teilweise im See. Am Eingang zur Pfarrkirche entdeckte ich ein Votivbild, das sehr eindrucksvoll die Katastrophe vom 15. April 1867 schildert. Feriolo ist ein bedeutender Knotenpunkt; von hier führen Straßen nach Domodossola über Ornavasso mit seinen vorgeschichtlichen Gräberfeldern. Auch Vogogna mit seinen beiden Schlössern und der Luftkurort Macugnaga (1327 Meter) sind von hier zu erreichen.*

Wir aber fahren jetzt an unschönen Fabriken, in denen das Material aus den Steinbrüchen verarbeitet wird, vorbei nach Baveno, das zu Füßen des Monte Camoscio liegt und schon seit Mitte des 19. Jahrhunderts beträchtlichen Ruhm als Badeort genießt.

Die Komponisten Richard Wagner und Umberto Giordano hielten sich hier auf; auch die alte Queen Victoria beehrte den Ort in Begleitung ihres despotischen Sekretärs und Kammerdieners John Brown, der fremde Länder, fremde Sprachen, fremde Speisen aus tiefstem Herzen verachtete und deshalb um seine Monarchin, wo auch immer sie waren, ein Stück England schuf. Zudem witterte er in jedem neugierig stehenbleibenden Passanten einen Attentäter, so daß die greise Königin solche Reisen wohl nicht besonders genießen konnte. In Baveno erkrankte ihr hochgeschätzter John zudem noch an einem Hitzeausschlag, was die Stimmung der Reisenden nicht gerade hob.

Die Sicht von der Uferpromenade aus ist betörend. Nie sind uns die Borromäischen Inseln so nahe gerückt, zudem sich im Nordosten das ganze Verbania vor uns aus, und grüngraue, vom Weiß der Villen gesprenkelte Hügel rahmen dieses herrliche Bild. Gehen wir jetzt die paar Schritte zur Schiffsanlegestelle, wo wir auf eine architektonische Rarität stoßen werden: Die *Wartehalle* ist nämlich reinster Jugendstil, für Italien eine Seltenheit. Heute erlebt diese so lange verachtete Stilform eine triumphale Wiederkehr; sie wird kommentiert, nachgeahmt und in den Himmel gehoben, wobei der Blick sich leider oft trübt und Manieriertes und Kitschiges mit dem Echten in einen Topf geworfen wird.

Eine blumen- und palmengeschmückte Treppe führt hinauf zur *Pfarrkirche*, die, von drei mächtigen Zypressen flankiert, recht feierlich dreinschaut. Das ehrwürdige, achteckige Baptisterium soll aus dem 6. Jahrhundert stammen und ist im Innern reich mit Fresken aus dem 15. und 16. Jahrhundert geschmückt, die teils durch die Zeit, teils durch dilettantische Restaurierung verdorben wurden. Diese im Kern romanische Kirche wurde oft umgebaut und auch in neuerer Zeit wieder restauriert, so daß nicht mehr viel Sehenswertes geblieben ist. Der romanischen Fassade wenigstens hat man noch ihr Gesicht gelassen. Sehenswert sind die beiden Defendente Ferrari (tätig 1500 bis 1535) zugeschriebenen Bilder in der rechten Seitenkapelle vor dem Altar: eine Geburt und eine Beschneidung Christi.

Die Renaissancefresken in der Kapelle gegenüber sind so nachdrücklich ›restauriert‹, daß man sie besser gar nicht anschaut. Die Arkadenreihe gegenüber der Kirche ist der Rest eines früheren Klosters.

Baveno hat viele malerische Winkel, trotzdem fällt es uns heute schwer, zu verstehen, warum sich dieser Ort früher eines solchen Rufs erfreute. Freilich ist zu bedenken, daß damals niemand hierherkam, um im See zu baden – man genoß die Ruhe, die Aussicht, das milde Klima, die Thermen, deren milde Wasser sich bei Stoffwechselkrankheiten gut bewährt haben. Die schöne Aussicht ist geblieben und das milde Klima auch ...

Schon auf der Isola Bella haben wir die *Villa Branca* aus der Ferne bewundert. Jetzt kostet es uns nur ein paar Schritte zum südlichen Ortsende, und wir stehen davor. Der rostrote Bau wurde 1844 im ›altenglischen Stil‹ errichtet und hieß damals noch Villa Clara. Im Oktober 1887 stellte sie Henfrey, der damalige Besitzer, dem deutschen Kronprinzen Friedrich zur Verfügung, der auf Anraten der Ärzte im milden Klima Bavenos eine Besserung seines Kehlkopfleidens erhoffte. Der englische Arzt Mackenzie wollte oder konnte die tödliche Krankheit nicht erkennen und nichtenglische Ärzte ließ die Gemahlin des Prinzen, Victoria Adelheid, eine Tochter Königin Victorias, nicht heranziehen. Als Friedrich am 12.März 1888 deutscher Kaiser wurde, war es für die rettende Operation längst zu spät. Die Kaiserherrlichkeit dauerte nur 99 Tage; Friedrich III. starb qualvoll, mit einer Atemkanüle im Hals, am 15.Juni 1888.

Niemand würde diese pompöse rote Villa besonders reizvoll finden, stünde sie nicht hier zwischen hohen alten Fichten und Magnolien, inmitten eines geradezu traumhaft schönen Parks, dessen Weite ungefähr zu ermessen ist, wenn man den Weg zur Rechten der Villa hinauf- und der Parkmauer entlanggeht. Ohne es zu ahnen, hat schon so mancher ›zum Wohle‹ dieses herrlichen Besitzes ein Gläschen getrunken; ›Branca‹ ist wohl mehr in Form der würzigen Liköre denn als Name der Villa am Lago Maggiore ›in vieler Munde‹.

Die berühmten Granitsteinbrüche um Baveno beliefern nicht nur die ganze Lombardei mit Baumaterial, sie sind auch das Ziel eifriger Minera-

liensammler. Hier werden manchmal die nach dem ›Baveno-Gesetz‹ ge-
bildeten Orthoklas-Zwillinge gefunden; zudem kommen Quarz- und
Chabasitkristalle vor. Orthoklas ist ja nichts anderes als eine Form des Feld-
spats. Dieses Mineral mit seiner grüngrauen, rötlichen oder gelblichen Fär-
bung und dem Härtegrad 6 darf in keiner ernsthaften Sammlung fehlen, es
ist besonders in der Zwillingsbildung sehr gesucht. Auch der zur Zeolith-
gruppe zählende Chabasit ist, wenn auch weicher (Härte 4,5), ein schönes
Mineral, das in vielen Färbungen auftritt.

STRESA

Auf halbem Wege nach Stresa sollte man anhalten, um die jetzt in
greifbare Ufernähe gerückten Inseln zu betrachten. Links die Isola
dei Pescatori wie ein stillgelegtes, mit Bäumen umpflanztes Hochsee-
schiff, rechts die Isola Bella mit ihren aufgetürmten Gartenterrassen
und der die Insel zur Linken abschließenden schlicht-vornehmen
Schloßfassade. Dazwischen wie ein ins Wasser versenkter riesiger
Blumentopf das namenlose ›Isolino‹, nicht viel größer als ein Gar-
tenhäuschen. Durch ein Spalier von riesigen Prachtvillen und weniger schönen Hotelpalästen im Zuckerbäckerstil kommen wir nach
Stresa, einem der glänzendsten und bedeutendsten Orte am See.
Man darf wohl sagen: Wer Stresa nicht gesehen hat, kennt den Lago
Maggiore nicht.

Iwan Turgenjew, der ›westlichste‹ aller russischen Dichter, läßt
in seiner Novelle ›Die Erscheinung‹ einen Gutsbesitzer von dem
Luftgeist Ellis zum Lago Maggiore tragen. Was sie dort sahen, kann
nur die Küste von Stresa gewesen sein!

»Zunächst konnte ich nichts unterscheiden, so sehr blendete mich dieser
lasurne Glanz – indes nach und nach traten die Umrisse prächtiger Berge
und Wälder hervor, ein See breitete sich unter mir, in seiner Tiefe flimmerte
der Widerschein der Sterne und lieblich brandeten die kleinen Wellen. Der
Duft von Orangen umgab mich wie eine wohlriechende Flut und gleich
einer Flut umströmten mich die starken und reinen Töne einer jungen Frau-
enstimme. Und dieser Duft und dieser Klang, sie zogen mich hinab – und
ich sank nach unten … nach unten zu einem herrlichen Marmorpalast, der
heiter inmitten eines Zypressenhaines glänzte. Die Töne drangen aus
seinen weit offenen Fenstern, an seinen Mauern plätscherten die von Blü-
tenstaub bedeckten Fluten des Sees – und gerade gegenüber stieg, vom dunk-

len Grün der Orangen- und Lorbeerbäume bedeckt, überströmt von leuchten-
dem Nebel, geschmückt mit weißen Statuen, schlanken Säulen und Tempel-
hallen, eine hohe sanft abgerundete Insel aus dem Schoße des Wassers ...
›Isola Bella!‹ erklärte mir Ellis, ›Lago Maggiore‹.«

Ja, Stresa verlockt zu Superlativen, doch wir wollen uns vorerst
unseren kühlen Kopf bewahren, um über dem Zauber des Ganzen
nicht den Reiz des Einzelnen zu übersehen.

Auch hier hatten sich schon die Römer des reizvollen Platzes bemächtigt;
das antike Strixia wird aber recht unbedeutend gewesen sein. Es lag oberhalb
des Sees am Berg und wird 998 als im Besitz des Bischofs von Tortona er-
wähnt. Erst unter der Herrschaft Savoyens, mit dem Bau der herzoglichen
Villa, dem heutigen ›Collegio Rosmini‹, begann anno 1770 der Aufstieg des
bis dato kleinen Ortes. Fürsten, Dichter und Künstler eilten in Scharen
herbei, in Stresa mußte man einfach gewesen sein. Manchem sagte der Ort
so zu, daß er Grund erwarb, ein Haus baute, und wo ein Berühmter wohnt,
findet sich im allgemeinen bald ein Nachbar ein; und so wuchs Stresa rasch
fort. Villa reihte sich an Villa, Park an Park, einer den anderen übertrump-
fend. Nicht jeder wollte bauen, nicht jeder hatte soviel Geld, doch jedermann
wollte nach Stresa. Also errichtete man Hotels, riesig, teuer, feudal, aber
heute nicht immer als schön empfunden, wenn auch die Gärten vor und hinter
diesen protzigen Stuckfassaden meistens schnell mit den architektonischen
Entgleisungen versöhnen.

An der imposanten Uferpromenade traf sich die elegante Welt und die
Welt des Geistes. Die Gästelisten nennen unter den Dichtern zum Beispiel
Stendhal, Dickens, Flaubert, Fogazzaro und Valéry. Jean-Baptiste Corot
(1796 bis 1876) kam und malte hier herrliche Bilder vom See und den
Inseln. Corot, der während seines achtzigjährigen Lebens wie ein Besesse-
ner malte und zeichnete, hat gerade in Italien entscheidende Impulse für
seinen Stil empfangen. Das Spiel des Lichtes, die lockere Bewegtheit
machten ihn zu einem echten Vorläufer des Impressionismus, zu einem der
Überwinder festgefahrener akademischer Formen, wie Alfredo Colombo be-
schreibt: »Er stellt seine Gemälde im Salon von 1827 aus und zeigt bereits,
wie sehr es ihm durch die Berührung mit der Natur und ihrer durchsichtigen
Atmosphäre gelungen ist, in technischer und seelischer Hinsicht einen
eigenen Stil zu schaffen. Es ist in seiner Ausgeglichenheit ein echt klas-
sischer Stil, aber das Spiel des Lichts verleiht seinen Sujets morgendliche
Frische.«

Der erste italienische See, den Stendhal sah und in den er sich verliebte,
war der Lago Maggiore. Im Juli 1800 schrieb er an seine Schwester Pauline:

*»An diesen Ufern herrscht Stille … hier ist noch alles Natur«, und noch
1828 – er hatte den See inzwischen gründlich kennengelernt – spricht er
von »den köstlichen Gestaden eines der schönsten Seen der Welt«.*

Zu Anfang der Uferpromenade an der Piazza Marconi steht die
1790 erbaute *Pfarrkirche*. Der einschiffige Innenraum ist mit allerlei
Bildern geschmückt, von denen nur die Morazzone (1571 bis 1626)
zugeschriebene Kreuzigung am linken Seitenaltar einige Beachtung
verdient.

Gleich rechts neben der Kirche finden wir den bereits erwähnten
herzoglichen Palast, den *Palazzo Ducale* (1770), mit seiner schönen,
ruhigen Barockfassade, heute Sitz des Rosmini-Kollegs, wo am
1. Juli 1855 der Philosoph Graf Antonio Rosmini-Serbati starb.
Am 25. 3. 1797 in Rovereto geboren, studierte der junge Graf in Padua und wählte 1821 den geistlichen Stand, mit dem Vorsatz, eine
gegen Zweifel und Unglauben gerichtete Philosophie zu gründen.
Unter Pius IX. war er päpstlicher Unterrichtsminister, zog sich aber
beim Ausbruch der Revolution nach Stresa zurück. Rosmini nannte
sein System »Ideologischer Psychologismus«, wobei er sich eng an
Descartes anlehnte. Treue zu Papst und Kirche konnte nicht verhindern, daß Rosminis Schriften 1849 auf den Index gesetzt wurden.
Später rehabilitiert, mußte sich der Philosoph bis zu seinem Tod
eine gewisse Zensur gefallen lassen. Die von ihm 1828 gegründete
Kongregation der ›Priester der Liebe‹ (Rosminianer) besteht noch
mancherorts in Italien.

Gegenüber dem Palast, in der Anlage am See, finden wir die
Büsten von Rosmini und Elisabeths von Sachsen, der Herzogin von
Genua, deren Lieblingsaufenthalt Stresa war. Elisabeth war 1850
mit Ferdinand, Herzog von Genua, dem Bruder König Viktor Ema-
nuels II., vermählt worden. – Die Uferanlage ist mit ihren mannig-
faltigen Gewächsen neben der von Locarno eine der schönsten und
gepflegtesten am See. Von hier aus haben wir einen guten Blick auf
die Isola Bella, deren bizarrer Park sich uns diesmal von vorne zeigt.
Mit den spitzen Säulen, den wuchtigen, zinnengekrönten Türmen
und den grauen, massiven Mauern hat er etwas fast Gewalttätiges an
sich. Er bietet sich dem Blick nicht dar, er drängt sich auf. So kann
man sich die Hängenden Gärten der Semiramis vorstellen: barba-

risch-schön. Genau nördlich gegenüber liegt Pallanza zwischen der
grünen, villenbestandenen Punta di Castagnola und dem sanft wie
ein Brotlaib gerundeten Monte Rosso. Etwas zur Linken die Isola
Madre, deren Palast uns seine glatte Rückfront zeigt. Zur Rechten
leuchten die Häuser Lavenos; dahinter hoch aufragend der Campo
dei Fiori, der Sasso di Ferro und der Monte Nudo, welcher seinen
Namen zu Unrecht trägt, denn er sieht kein bißchen nackter aus
als seine Nachbarn.

Schlendert man durch Stresas meist schnurgeraden Gassen, so
darf der vielleicht enttäuschte Besucher nicht vergessen, daß dieser
Ort seit über hundert Jahren vom Fremdenverkehr lebt. So steht in
den engen Straßen *albergo* neben *albergo*, und in den Läden blüht
fröhlich der Kitsch; das ist hier nicht anders als etwa in San Remo,
Berchtesgaden oder Nizza.

*Da Stresa nach Norden und Osten ziemlich offen ist, machen gerade
in den Hochsommermonaten frische Winde den Aufenthalt so angenehm.
Weil auch Politiker so etwas zu schätzen wissen, ist Stresa – ebenso wie
Locarno – der Ort gewichtiger Konferenzen geworden. Vom 5. bis 20. September 1932 tagten hier Experten aus vielen europäischen Ländern, um
für die wirtschaftliche Sanierung Mittel- und Osteuropas einen Weg zu
finden. Eine noch bedeutendere Zusammenkunft fand vom 11. bis 14. April
1935 statt; sie ging als ›Konferenz von Stresa‹ in die Geschichte ein. Unter
dem Vorsitz Mussolinis berieten die Außenminister Englands, Frankreichs
und Italiens. Konferenzthema war die Einführung der Wehrpflicht in
Deutschland und andere Verletzungen des Versailler Vertrages von seiten
der Hitlerregierung. Außerdem trat man für die gefährdete Unabhängigkeit
Österreichs ein. Einmütig bekannte man sich zu den Beschlüssen der Konferenz von Locarno. Später war es dann ausgerechnet Mussolini, der mit
dem Einmarsch seiner Truppen in Abessinien und durch seine Bindung an
Hitler die ›Front von Stresa‹ durchbrach.*

DIE GÄRTEN DER VILLA PALLAVICINI

Stresa bietet fast unerschöpfliche Ausflugsmöglichkeiten, eines der
nächstgelegenen und reizvollsten Ziele ist die Villa Pallavicini,
oder richtiger, ihr Park. Die Villa selbst, im 19. Jahrhundert im
klassizistischen Stil errichtet, nimmt sich bescheiden aus im Ver-

gleich zur Größe ihres Parks, der sechzehn Hektar umfaßt. Von ihrer mit Statuen geschmückten Vorderseite hat man den schönsten Blick auf See und Umgebung. Dieser Palazzo ist noch immer im Besitz der weitverzweigten Familie Pallavicini und kann nicht besichtigt werden.

Eine besondere Attraktion des Parks ist ein kleiner Zoo. Die Tiere laufen fast frei herum; man kann hier von spuckenden Lamas, sanft meckernden langhaarigen Zwergziegen und empört quarrenden Straußvögeln bedrängt werden. Die Ziegen knabbern alles nur Mögliche an; ich beobachtete mit eigenen Augen, wie eine von ihnen genüßlich einen ganzen bebilderten Farbprospekt auffraß. Der Blick der langfelligen Lamas ist von einem derartigen Hochmut, daß man ganz klein und bescheiden wird vor den hocherhobenen Häuptern dieser Tiere. Bei den Zwergziegen gab es gerade Nachwuchs; die possierlichen Jungen waren nicht größer als etwa ein Foxterrier.

Steigt man etwas höher, so begegnen einem auch Känguruhs, Zebras, Rehe und Hirsche, dazu viele schreiend-gelb gestrichene Vogelhäuser mit den seltsamsten Bewohnern. Ein Stückchen weiter kann man unter blechernen Schirmen unentwegt schnäbelnde und unglaublich bunte Ara-Pärchen bewundern. Das Hauptvergnügen dieser Vögel scheint darin zu bestehen, sich gegenseitig die Nacken zu kraulen, die davon schon ganz zerflaust sind. Ein kleiner, von allerlei Wasservögeln bewohnter Teich verschwindet fast in Blumen und blühenden Sträuchern. Weiße, zartrosa überhauchte Flamingos stehen auf zerbrechlichen Beinen um einen kleinen Pavillon und halten schnarrend endloses Palaver. Marmorbänke zwischen ernsten, starren Zypressen laden zur Ruhe.

Wem dies alles noch nicht genügt, der kann den Affen einen Besuch abstatten, die hinter einem buntflammenden, von Buschrosen umkränzten Blumengarten in ihrem Glashaus unermüdlich sich jagend herumturnen, während in einem Gitterhäuschen davor Wellensittiche und Zwergpapageien einen Höllenlärm vollführen. Fast hätte ich das nette Seelöwenpärchen vergessen, das laut schnatternd, flink und geschmeidig wie Forellen durchs Wasser gleitet und nichts weiter als die Fische im Sinn hat, die jeder Besucher kaufen

und an die sich vor Eifer überschlagenden Tiere verfüttern kann.
Wie mir der Wärter erklärte, war es das Männchen, das unentwegt
schnarrte und quakte und ganz ungalant dem Weibchen möglichst
viele Brocken wegschnappte.

Man trennt sich nur schwer von diesem schönen Erdenfleck mit
seiner bunt wuchernden und wimmelnden Fauna und Flora. Wer
Kinder auf die Reise mitgenommen hat, sollte sich für diesen Park
wenigstens einen halben Tag reservieren!

ZUM MOTTARONE

*Den Ausflug von Stresa zum Mottarone (1491 Meter) möchte ich auch
Bergfeinden anraten, da die mühsame Fahrt mit einem der schönsten Ausblicke lohnt, die der Lago Maggiore zu bieten hat. Von der Piazza Marconi
aus fahren wir die Via Principe Tommaso hinauf, vorbei am ehemaligen
Rosmini-Kolleg, das eine Sammlung von Erinnerungsstücken an den Philosophen birgt. In der Krypta der Kollegiatskirche ist Rosmini begraben. Mit
einer einzigen Unterbrechung ist die Straße gut ausgebaut und asphaltiert.
Für die letzten acht Kilometer ist eine Mautgebühr von 500 Lire (1971)
zu entrichten.*

*Da es Menschen gibt, die sich und anderen die Freude eines Blickes von
Berggipfeln nur gönnen, wenn dieses Vergnügen mit einem mindestens fünf-
stündigen Aufstieg erkämpft wurde, so möchte ich nicht unerwähnt lassen,
daß der alte Baedeker für den Fußweg von Stresa aus etwa vier Stunden
ansetzt. Ich glaube aber doch, daß ein ausgeruhter Mensch, der den Berg
mit Lift oder Auto (eine Seilbahn gibt es nicht) erklommen hat, für die
Schönheiten eines Höhenblicks mindestens ebenso aufgeschlossen ist wie
ein abgehetzter, atemloser und todmüder Bergsteiger. – Etwas unterhalb des
Gipfels muß man das Auto stehen lassen, die letzten hundert Meter kann
man nur zu Fuß, allenfalls im Winter mit dem Skilift machen, dessen
eiserne Gestänge den Berg nicht eben schmücken. Auch so etwas wie eine
Wetterstation gibt es da oben, ein häßlicher Betonklotz, den man am ge-
scheitesten übersieht. Diesen Tribut an eine technisierte Zeit muß man
einfach bezahlen, und man sollte dabei bedenken, daß man schließlich auf
einer bequemen und gepflegten Straße in einer knappen halben Stunde
heraufgefahren ist.*

*Der Blick von dieser Höhe, fast 1500 Meter über dem Meer, läßt alles
vergessen. Zu unseren Füßen der blaue Spiegel des Borromäischen Golfes*

mit den grün hingetupften Inseln, im Südosten die Seen von Varese, Monate und Comabbio, dahinter bei klarem Wetter das dunstüberwölbte Mailand. Von Nordwest bis Nord begrenzen die weißen Zacken der Alpenkette den Horizont, besonders mächtig die Viertausender der Monte-Rosa-Gruppe, daneben Mischabel und Fletschhorn. Aus dem quirligen, lärmenden Stresa in einer halben Stunde auf diese kühlen, erhabenen Höhen entrückt zu sein – das ist wie ein Wunder.

Steigt man vom Gipfel ein Stückchen nach Westen hinunter, dann leuchtet der stille, grüne Ortasee herauf, dessen ganze nördliche Hälfte gut zu überblicken ist. Wer ihn noch nicht besucht hat, kann dies auf dem Rückweg nach Stresa tun. Etwas unterhalb des Gipfels zweigt die Straße rechts ab; nach vielen Serpentinen erreicht man auf ihr an der Westseite des Mottarone das Dörfchen Miasino am Ortasee.

Bleiben wir auf der Straße nach Stresa, so können wir in Gignese, einem hübschen Luftkurort (707 Meter hoch gelegen), ein Kuriosum besichtigen: das 1939 gegründete Schirmmuseum. Die Schirmmacherzunft hat hier lange geblüht und zierlich-verspielte Parasols und großmächtige Parapluies in endloser Reihe hervorgebracht. Etwas oberhalb von Gignese liegt Alpino, *dessen berühmter Alpengarten mit etwa zweitausend Arten von Gebirgs- und Arzneipflanzen besichtigt werden kann.*

BELGIRATE

Nach Stresa folgt Villa auf Villa, Park auf Park, bis wir Belgirate erreichen. Von der Strandpromenade des kleinen, heiteren Ortes überschauen wir das Ostufer von Ispra bis Airolo; die Berge des Val Cuvia und der Campo dei Fiori sind jetzt recht nahegerückt. Die *Pfarrkirche* Belgirates, an der Straße gelegen, ist im Innern mit schönen Stukkaturen von Secchi geschmückt.

Ein Stückchen weiter leuchtet dann die ockergelbe *Villa Cairoli* aus dem Grün ihres Gartens. Hier lebte Benedetto Cairoli (1825 bis 1889), ein revolutionärer Politiker, der 1848 am Mailänder Aufstand teilnahm und später Kampfgefährte Garibaldis wurde. Ganz Italien feierte ihn, als er sich bei dem Attentat vom 17.November 1878 schützend vor König Umberto stellte und dabei verletzt wurde.

Gleich neben der Villa führt ein schmaler Weg, die Via Cairoli, hinauf zur *Chiesa Vecchia*, der ›alten Kirche‹. Wir gehen am Gittertor zum Park der Villa Cairoli vorbei, der üppig wie ein Tropen-

garten mit prächtigen Palmen und Zypressen prunkt. Weiter oben
fällt uns das Grabmal der Familie Hierschel de Minerbi auf, das von
Leonardo Bistolfi (1859 bis 1933) im Jugendstil geschaffen wurde.
Dieser in Casale Monferato geborene Piemonteser hatte um die
Jahrhundertwende unglaublichen Erfolg mit seinen Werken. Schon
der Vater Bistolfi war Holzbildhauer; Leonardo durfte 1876 bis
1879 an der Mailänder Brera-Akademie studieren und konnte bald
in Turin ein eigenes Atelier eröffnen. Seit seinem Stilwandel 1892
wurde Bistolfi immer bekannter, bis ihm etwa 1898 vollends der
Durchbruch gelang. Er wurde mit Aufträgen überhäuft, speziali-
sierte sich auf Grabmäler und schuf nebenbei Porträtbüsten, Medaillen und Gemälde. Seine Arbeiten zeigen eine eigenartige Mischung
von Jugendstil und Neo-Quattrocento; die äußerst flach gehaltenen
Reliefs erinnern etwas an Donatello, ohne ihn nachzuahmen. Fast
vergessen wie so viele Künstler der Belle Epoque, starb Bistolfi 1933
in Turin.

Dann stehen wir vor der wuchtigen alten Kirche mit ihrem niedrigen romanischen Glockenturm. Der dreischiffige, nahezu quadratische Innenraum ist durch mächtige Kreuzgewölbe gegliedert
und besitzt gute, wenn auch vom Alter fast zerstörte Fresken der
Luini-Schule.

Stendhal liebte das kleine Belgirate mit seinen alten, loggienge-
schmückten Häusern und den schmalen steilen Straßen, in denen es
sich auch heute noch, weil sie nicht für Autos befahrbar sind, friedlich und in Ruhe spazieren läßt.

LESA

Lesa, ein heute eher etwas verschlafener Ort, war im Mittelalter
einmal so etwas wie eine Hauptstadt des Vergante, also des Berg-
landes zwischen Ortasee und Lago Maggiore. Von der kleinen Uferpromenade des Ortes fällt der Blick auf das sanft gerundete Massiv
des Campo dei Fiori, zu dessen Füßen sich die Häuser Lavenos an
ihren Hausberg, den Sasso di Ferro, schmiegen, der sich von hier im
Schatten des dahinter aufragenden Monte Nudo recht schmächtig
ausnimmt. Am anderen Ufer, genau gegenüber, liegt Ispra.

Der klassizistische *Palazzo Stampa* (er beherbergt jetzt eine Bank) am Anfang der Uferpromenade ist mit dem Namen des Dichters Manzoni, von dem wir noch hören werden, verbunden. Hier traf sich der Romancier mit dem Philosophen Rosmini, der sein Freund geworden war und dessen Ideen entscheidend zu Manzonis Rückkehr zum katholischen Glauben beitrugen. Ein anderer Dichter, Giulio Carcano (1812 bis 1882), ist hier gestorben. Er gehörte zum Freundeskreis Manzonis, dem er literarisch nacheiferte; auch mit Verdi war er eng verbunden. Seine 1834 erschienene Novelle ›Angiola Maria‹ machte ihn weithin bekannt; zudem erwarb er sich große Verdienste durch seine Übertragung der Dramen Shakespeares ins Italienische. Wie fast alle lombardischen Intellektuellen nahm auch er 1848 am Mailänder Aufstand teil und mußte in die Schweiz fliehen.

Die Pfarrkirche *San Martino* am Ende des Ortes betritt man von einer kleinen Piazza aus, die aufs lieblichste von Villen und Gärten umgeben ist. Die Kirche in ihrer heutigen Form ist ein Werk des 18. Jahrhunderts, das den dreischiffigen Innenraum in einem etwas naiven Barock ausstattete. Bemerkenswert ist ein schönes Marienbild am zweiten Altar links, ein abgelöstes Fresko aus der Zeit um 1500.

Von Lesa lohnt sich ein Ausflug auf den Monte San Salvatore (794 Meter). Wir halten uns in Richtung Massino Visconti, von wo aus eine steile schlechte Straße fast bis zur Spitze des Berges führt. Die Aussicht reicht vom Monte Rosa über die ganze Südhälfte des Lago Maggiore bis zu den dunstigen Ebenen des Varesotto. Am Ende der Straße besuchen wir die kleine Wallfahrtskirche Madonna della Cintura, die 1499 auf alten Bauteilen errichtet wurde, von den Resten des früheren Klosters umgeben.

Obstgärten begleiten uns bis in das kleine Solcio mit seiner 1830 erbauten Pfarrkirche San Rocco, deren ockergelbe, mit Halbsäulen geschmückte Fassade weithin sichtbar ist. Eine mächtige Kuppel überragt den einschiffigen kreuzförmigen Innenraum. Auch die Orgel ist im Stil der Zeit mit Säulen und Girlanden geschmückt. – Das Gebiet zwischen Lesa und Meina ist bekannt für seine Obstkulturen.

Auf dem Weg nach Meina fahren wir am Staatlichen Institut für Pflanzen- und Obstkultur vorbei, dessen üppig-exotischer Park unter den Augen der Spezialisten prächtig gedeiht.

Der Ort scheint nur aus Villen und Gärten zu bestehen und gibt sich recht still und verträumt, sobald man die Tag und Nacht durchbrauste Hauptstraße verlassen hat. Meina ist uralt, doch kennt man vom antiken Madina nur den Namen; erst im Mittelalter trat der Ort ins Licht der Geschichte.

Das andere Ufer ist jetzt durch die Halbinsel von Angera so nahegerückt, daß man bei klarem Wetter – und mit guten Augen – die Menschen drüben spazierengehen sieht. Fast genau gegenüber liegt Ranco mit seinen vielen modernen Ferienhäusern, rechts davon Angera, überragt von seiner mächtigen Feste. Dem kleinen Uferpark gegenüber, im Garten der modernen Villa Piera, steht eine riesige, wundervoll gewachsene Zeder, vielleicht die schönste am ganzen See. Auch die *Villa Eden* am Ortsende mit ihrer neoklassizistischen Säulen- und Figurenpracht ist einen Blick wert. Die im 18. Jahrhundert neuerbaute *Pfarrkirche* hat eine schmucke Barockfassade, während außen am Schiff deutlich die Spuren der Um- und Anbauten zu erkennen sind.

Damit könnten wir uns von Meina verabschieden, gäbe es nicht noch die *Villa Faraggiana*. Hinter einem von Löwen flankierten Torgitter erhebt sich licht und vornehm ihre büstengeschmückte Fassade, deren säulengeschmückter Risalit von einem Giebel gekrönt wird. Der prächtige Bau wurde 1949 von der Familie Faraggiana testamentarisch einem Schwesternorden vermacht; so empfing mich denn eine würdige Mutter Oberin. Sie nannte mir als Entstehungsjahr 1855; ein relativ spätes Datum für einen klassizistischen Bau. Über den Rechteckfenstern des Erdgeschosses stehen in Lünetten Büsten berühmter Italiener, wie Raffael, Galilei, Michelangelo, Cellini und Kolumbus, der ja schließlich als Cristoforo Colombo in Italien zur Welt gekommen ist (Savona und Genua streiten sich um die Ehre seiner Geburt), wenn er seine großen Entdeckungen auch für Spanien gemacht hat.

Arona

Wer nach Arona fährt, sollte zuerst dem berühmtesten Sohn dieser
Stadt einen Besuch abstatten – das gehört sich einfach. Die Straße
geht rechts ab und führt in einigen Kurven hinauf zum ›Carlone‹,
wie ihn die Einheimischen zärtlich nennen, zum Riesenkarl. Und
riesig ist er in der Tat mit seinen über zwanzig Metern (einschließlich des Podests sind es sogar 35 Meter)! Stendhal zeigte sich von
dem Monument sehr beeindruckt und schrieb im Sommer 1800 an
seine Schwester Pauline:

> *Schweigend beherrscht diese Statue den See. Lange Zeit hatte sie nichts
> in ihrer Ruhe gestört, bis vor kurzem bei der Belagerung von Arona eine
> Kanonenkugel ihre Brust traf, glücklicherweise, ohne sie zu beschädigen.
> Niemals habe ich ein schöneres Bild gesehen.«*

Erzbischof Federigo Borromeo (1564 bis 1632), ein Neffe des
heiligen Karl, ließ die Statue nach den Entwürfen von Giovanni
Battista Crespi, genannt ›Il Cerano‹ (1557 bis 1633), errichten. Weder der Bischof noch der Künstler erlebten die Fertigstellung des
Werkes. Ursprünglich in Marmor geplant, wurde dieses Denkmal
erst 1697 in Stein und Kupfer vollendet. Kopf und Hände der Figur
sind aus Bronze gegossen. Im ausgemauerten Innern der Kolossalstatue führt eine Treppe hinauf in den Kopf des Carlone. Allein der
Zeigefinger seiner zum Segen erhobenen rechten Hand mißt zwei
Meter, das Buch unter dem linken Arm stellt den Kodex des Tri-
dentinischen Konzils dar und ist über vier Meter hoch. Von unten
betrachtet, sieht das alles viel kleiner aus.

Zu Füßen San Carlones liegt das *bischöfliche Seminar*, 1620 erbaut,
gegenüber die Kirche *San Carlo* mit dem Bild des Heiligen, gemalt
von Giulio Cesare Procaccini (1548 bis etwa 1626), am Hochaltar.
Neben der Kirche hat man das Geburtszimmer des Heiligen rekon-
struiert und mit authentischen Gegenständen ausgestattet, die aus
der 1800 zerstörten Borromäer-Burg stammen. In dieser Burg wurde am 2. Oktober 1538 dem Grafen Gilberto Borromeo und seiner
Frau Margareta de Medici, der Schwester Papst Pius' IV., ein Sohn

geboren, Carlo Borromeo. Nach einem Studium der Rechte in
Pavia war sein Aufstieg unaufhaltsam; aus dem apostolischen Protonotar und Referendar wurde schon 1567 der Kardinal und Erzbischof
von Mailand.

Vorbildlich, doch mit eiserner Strenge verwaltete der junge Kirchenfürst sein Bistum, gründete Schulen, reformierte die Orden
und hielt zahlreiche Synoden ab. Am Konzil von Trient war er
maßgeblich beteiligt und fiel allgemein durch seinen Glaubenseifer
auf. Das Neunzehnte Allgemeine Konzil, auch ›Konzil von Trient‹
oder ›Tridentinisches Konzil‹ genannt, wurde am 13. Dezember
1545 in der Kathedrale von Trient eröffnet, im März 1547 nach Bologna verlegt, ab Mai 1551 in Trient weitergeführt und nach einer
Unterbrechung von zehn Jahren (1552 bis 1562) im Dezember 1563
beendet. Diese von Kaiser Karl v. angeregte Kirchenversammlung
sollte vor allem die durch Luthers Reformation entstandenen Probleme lösen und die kirchliche Einheit wiederherstellen. Der in
ewige Kleinkriege verwickelte Kaiser gab zu verstehen, daß er zu
den politischen Streitigkeiten nicht auch noch religiöse Wünsche
und eine Verständigung mit den Protestanten dringend anempf-
fehle. Bei Fortsetzung des Konzils im Januar 1562 stellten der König
von Frankreich, der Herzog von Bayern und Kaiser Karl wiederum
den Antrag auf Zulassung der Priesterehe und des Abendmahles in
beiderlei Gestalt, außerdem verlangten sie ganz allgemein eine
gründliche Reformation der Kirche an Haupt und Gliedern. Die
Konzilsteilnehmer waren so in eine kaiserliche und eine päpstliche
Partei geschieden; denn Pius iv. wünschte keine Änderung und
wollte den Protestanten, die für ihn und seine Partei nur Abtrünnige
waren, nicht im geringsten entgegenkommen. Der Papst siegte und
die Kirche verlor: so sieht man es heute, auch von fortschrittlicher
katholischer Seite. Nun war die Kirchenspaltung sozusagen akten-
kundig geworden; die Beschlüsse des Konzils machten jede künf-
tige Annäherung nahezu unmöglich, und noch jetzt, im Zeichen
der christlichen Ökumene, sind sie ein nicht wegzuleugnender
Hemmschuh.

Carlo Borromeo war ein glühender Anhänger der päpstlichen
Idee und lehnte jede Verständigung mit den ›Ketzern‹ ab. Sein hei-

liger Eifer wurde nicht überall geschätzt; 1569 wurde er fast das
Opfer eines Mordanschlages, den drei Geistliche des Humiliatenordens auf ihn verübten. Der Anschlag ging fehl, was in den Augen
des gläubigen Volkes die Heiligkeit des Bischofs klar bewies. Bei
der Pestepidemie 1576 zeigte er Mut und Tatkraft. Der Wahrheit
zuliebe muß aber auch gesagt werden, daß Carlo Borromeo den
sich ausbreitenden Protestantismus grausam verfolgte und viele
Ketzer des Landes verweisen, einkerkern und hinrichten ließ. Auch
verdunkeln zahlreiche Hexenprozesse das sonst so strahlende Bild
dieses Mannes. Man sollte allerdings in diesen Dingen nicht vor-
schnell urteilen; was uns heute nur als unseliger Aberglaube erscheint, galt damals als löblicher Glaubenseifer.

Sein von Ambrogio Figino (? bis 1595) gemaltes Porträt hängt in
der Pinacoteca Ambrosiana zu Mailand. Das geistvolle Antlitz ist
nicht ohne Härte, die er, wie man weiß, gleichermaßen gegen sich
wie gegen andere richtete. In seinen letzten Lebensjahren soll er
kaum noch Schlaf gebraucht haben, und als er am 3. November
1584 starb, war das Gerücht von seiner Heiligkeit so stark geworden, daß es bald nach Rom drang. Schon 1610 wurde er von Paul V.
heiliggesprochen.

Nicht gar so streng, nicht ganz so glaubenseifrig war der Neffe des heili-
gen Karl, Federigo Borromeo, der elf Jahre nach dem Tode des Onkels das
Erzbistum Mailand übernahm und es 36 Jahre lang innehatte. Die berühmte
Ambrosianische Bibliothek verdankt ihm ihre Gründung. Dem Federigo
Borromeo hat man keine Kolossalstatue errichtet, kein Papst sprach ihn
heilig, und doch wurde ihm ein schöneres, weit ehrenvolleres Denkmal ge-
setzt als seinem Onkel: Alessandro Manzoni ehrte diesen Bischof durch die
Schilderung seines mutigen, wahrhaft christlichen Verhaltens bei der Pest-
epidemie 1630 in seinem Roman ›Die Verlobten‹. Federigo hat sich damals
geweigert, die Stadt zu verlassen, obwohl seine ganze Dienerschaft bereits
von der Seuche dahingerafft worden war. Jeder, der seine Hilfe brauchte,
durfte zu ihm kommen. Manzoni schildert sein Tun in dieser Schreckens-
zeit sehr eindringlich: »Er besuchte die Lazarette, um die Kranken zu
trösten und die Pfleger aufzumuntern. Er durcheilte die Stadt und brachte
den Unglücklichen, die in ihren Häusern in Quarantäne saßen, Hilfe; er
hielt an den Türen, unter den Fenstern, um ihre Klagen anzuhören und
ihnen Worte des Trostes und der Ermutigung zu spenden ...« Dies hat

*nicht ein Dichter ersonnen, um eine Idealfigur zu zeichnen: es ist die ge-
schichtliche, durch viele Augenzeugenberichte bekräftigte Wahrheit. So
wollen wir diesem großen Borromäer ein ehrenvolles Andenken bewahren,
wenn wir jetzt in die Stadt seiner Ahnen einziehen.*

DIE STADT

*Vielleicht schon von den Galliern, gewiß von den Römern besiedelt, blühte
Arona erst im Mittelalter auf, als die Benediktiner sich hier ansiedelten. 1493
gelangte die Stadt in den Besitz der Borromäer, die das zerstörte Kastell
wiederaufbauten, in dem dann fünfundvierzig Jahre später Carlo Borromeo,
Stolz seines Geschlechtes und der ganzen Lombardei, zur Welt kam. Bei
dem Jahr 1493 wollen wir aber noch ein wenig verweilen, um eines anderen
berühmten Sohnes dieser Stadt zu gedenken.*

*Am 2.Februar 1457 wurde Pietro d'Anghiera, den die deutschsprachigen
Geschichtsbücher Petrus Martyr nennen, in Arona geboren. Als Priester
finden wir ihn im Jahre 1487 am spanischen Hof; 1501 wurde er in diplo-
matischer Mission nach Kairo entsandt. Später wurde er dann Prior und
päpstlicher Protonotar, 1524 schließlich Mitglied des Indien-Rates und Abt
von Jamaika. 1526 ist er in Granada gestorben. 1493 begann Petrus Martyr
sein Werk, ›De rebus oceanicis et orbe novo‹, in dem er nach Augenzeugen-
berichten die Geschichte der Entdeckung Amerikas niederschrieb und uns damit den ersten umfassenden Bericht über dieses welthistorische Ereignis gab,
eine wertvolle Quelle für alle späteren Forschungen.*

*Jetzt wollen wir das Schicksal Aronas weiter verfolgen. 1535 fiel die
Stadt an die spanischen, 1714 an die österreichischen Habsburger, was aber
nicht viel am Einfluß des angestammten Herrscherhauses der Borromäer änderte, der erst mit dem Vertrag von Worms 1743 erlosch, als die Stadt Savoyen zugesprochen wurde. Bis zur Gründung des Königreiches Italien 1870
blieb es im Besitz des Hauses Savoyen, abgesehen von dem kurzen Inter-
regnum unter Napoleon, unter dem das ehrwürdige Kastell bis auf die Grundmauern zerstört wurde.*

Wo finden wir in Arona noch Zeugen seiner Geschichte? Die
spärlichen Reste des *Kastells* können wir von der malerischen Piazza
del Popolo aus sehen, die ihr Gesicht gut bewahrt hat. Die alters-
schiefe *Casa del Podestà* aus dem 15.Jahrhundert mit ihrem Säulengang und den gotischen Spitzbogen war später Residenz der Borromäer. Die Terrakottamedaillons sind leider fast völlig zerstört. Ein
paar Schritte weiter prunkt die Kirche *Madonna di Loreto* mit einer

klassischen Renaissancefassade. Sollte dies die ganze Stadt gewesen
sein? So geschlossen der Platz auch wirkt, an seinem südlichen Ende
führt links eine schmale Straße ins eigentliche Arona, das mit seinen
elftausend Einwohnern ja immerhin der größte Ort im südlichen
Bereich des Sees ist.

Der Blick von der kilometerlangen, zum Teil mit Laubengän-
gen geschmückten Uferpromenade fällt zuerst auf die hellgelbe
Rocca di Angera, die drüben am anderen Ufer so mächtig aufragt,
als säßen in ihr noch immer die Herren des ganzen Verbano. Hier
sind wir an der schmalsten Stelle des Lago Maggiore, das Ufer drüben ist nur zwei Kilometer entfernt und rückt an klaren Tagen so
nahe, als schaue man über einen breiten Fluß.

Bei der Piazza de Filippi steht die Pfarrkirche *Santa Maria*, die Erzbischof Federigo Borromeo ausbauen und vollenden ließ. An der
1857 restaurierten Fassade finden sich noch alte Teile, darunter ein
Relief der ›Geburt Christi‹ aus der Werkstatt der Brüder Mante-
gazza (Ende 15.Jahrhundert). Achteckige Pfeiler teilen den Innenraum in drei Schiffe. Wir finden hier das am Lago Maggiore so seltene Beispiel einer wenigstens im Innern erhaltenen gotischen Kirche mit bemalten Kreuzrippengewölben. In den Seitenkapellen
links und rechts hängen sechs Bilder aus dem Leben Mariens, 1617
gemalt, im typischen Hell-Dunkel-Stil des Morazzone.

*Eine Kostbarkeit erwartet uns am Ende des rechten Seitenschiffs: das
Polyptychon ›Die Anbetung des Kindes‹, von Gaudenzio Ferrari, in einem
reich geschnitzten und vergoldeten Rahmen, datiert 1511. Dieses Werk des
damals etwa vierzigjährigen Künstlers ist von einer solchen Kraft und
Schönheit, daß man es zu seinen besten Arbeiten zählen kann. Die Gottesmutter blickt betend auf das von Josef gehaltene Kind, während aus dem Hintergrund ein musizierender Engel die Szene betrachtet. Die das Hauptstück
umgebenden kleineren Bilder sind weitaus schwächer und wurden wohl von
Schülern ausgeführt. Das an sich unversehrte Werk bedürfte dringend einer
Reinigung. Den Altar am Ende des linken Seitenschiffes schmückt eine ›Geburt Christi‹, ein bewegtes Bild von Andrea Appiani (1754 bis 1817), datiert 1782.*

Der alte Pfarrhof ist ein kleines Freilichtmuseum. Hier finden
wir Reste aus dem abgebrochenen Benediktinerkloster, dazu antike
Steinfragmente und abgelöste Fresken.

Gleich neben der Pfarrkirche erhebt sich die Stiftskirche *San Graziano e Felino* mit barocker Fassade, einzig verbliebenes Relikt aus den Tagen des alten Klosters, das im Jahr 979 von Graf Amizzone gegründet worden war. Durch die sinnverwirrend gemalte Scheinarchitektur hindurch ist der gotische Baucharakter des einschiffigen Innenraumes noch deutlich zu erkennen. Auf dem Basrelief unter dem Hauptaltar sehen wir rechts die Heiligen Graziano und Felino, links Carpoforo und Fedele. Das farbenleuchtende Marienbild hinter dem Hauptaltar ist ein Werk des jungen Borgognone (circa 1465 bis 1523). Das Gemälde am zweiten rechten Seitenaltar, ›Die Frauen am Grab‹, von Paolo Farinato (1524 bis 1606) ist leider sehr schlecht erhalten.

Ein freundlicher, unermüdlicher Mesner führte mich von hier nach dem in der Nähe gelegenen Kirchlein *San Giuseppe*, das ganz vergessen zwischen alten Häusern dahindämmert. Mit einem Schlüssel, so groß und schwer wie eine alte Reiterpistole, rückte mein Begleiter der Tür zu Leibe, die unwillig knarrend nachgab. Viel gibt es da nicht zu sehen: überall Staub und Spinnweben, auch auf dem Bild am Hauptaltar, dessen Renaissancerahmen der Zeit und den Umständen zum Trotz kostbar schimmerte. Ich drückte mein Bedauern über den schlechten Zustand der kleinen Kirche aus und hörte vom Mesner, was ich schon oft gehört hatte und noch oft hören sollte: Staat und Kirche gäben kein Geld für nicht mehr benötigte Sakralbauten, und Privatinitiative sei Glückssache, vielleicht fände sich irgendwann einmal ein edler Spender.

DIE UMGEBUNG

Von Arona aus lockt eine Fahrt ins Bergland des Vergante, *dessen Hügel zwischen Baveno und Meina den See säumen. Wir nehmen die Straße nach Borgomanero und biegen dann in Richtung Paruzzaro ab. Über Invório mit seinem alten Visconti-Schloß kommen wir nach Ghévio, Pisano und schließlich Nebbiuno, das 430 Meter hoch liegt und einen herrlichen Ausblick über den Lago Maggiore auf die Seen um Varese bietet. Nach Nebbiuno wird die Straße schlechter und führt in das alte, bäuerliche Massino Visconti, dessen Name sich von den Visconti d'Aragona herleitet, die hier seit dem 12. Jahrhundert saßen und deren Schloß am Ortseingang zu sehen ist. Die roma-*

nische Pfarrkirche San Michele mit ihrem klobigen, schiefen Campanile stammt aus der Zeit Kaiser Ottos I. Von hier kann man nach Lesa abbiegen. Naturliebende Romantiker aber setzen ihren Weg tapfer fort, der jetzt durch das Ernotal über Brovello und Graglia nach Carpugnino mit seiner romanischen Pfarrkirche San Donato führt. Nach Carpugnino stoßen wir auf die Straße zum Mottarone; von hier aus können wir hinunter nach Stresa fahren.

Vom Ortsende Aronas führt eine schnurgerade Straße über Dormello in das kleine Dormelletto, *das etwas abseits liegt, aber trotz seines Namens gar nicht so verschlafen aussieht. Wer sich die Mühe macht, zu der kleinen alten Kirche hinaufzusteigen, hat eine schöne Sicht über die ganze Südspitze des Sees von Arona bis Sesto Calende.*

Durch grünes Land fahren wir weiter nach Castelletto, *dem letzten Ort auf unserer Route am Westufer des Lago Maggiore. Weitverzweigt zieht es sich am Ufer des Ticino entlang, der hier den See verläßt, ohne seinen Namen geändert zu haben. Ganz oben im Norden, wo er im Schatten des Gambarogno durch die Magadinoebene bei Vira in den See mündet, werden wir ihm wieder begegnen. Das Hinterland von Castelletto ist flach, so hat der Ort Raum gehabt, sich auszudehnen. Die Pfarrkirche San Antonio wurde 1773 erbaut und 1877 restauriert, was ihrem Innern nicht besonders gut getan hat. Der Campanile steht – bei Kirchen dieser Zeit eine Seltenheit – frei daneben.*

Das ›Lombardische Ufer‹

VON LOCARNO ZUM OSTUFER

Zum Ostufer, dem lombardischen Ufer, fahren wir durch das brettebene Magadinotal über den Ticino, widerstehen der Verlockung des Wegweisers nach Lugano und erreichen bald den ersten Ort unserer Fahrtroute, Magadino.

Magadino, *das am Nordostende des Sees, an der Mündung des Tessinflusses liegt, birgt in seiner kleinen, lichten, aber ungut renovierten Pfarrkirche eine Kostbarkeit. Gleich rechts neben dem Eingang finden wir in einer Bogennische zwei herrliche Bilder aus der Luinoschule: San Bernardo und Santa Catarina. Vor allem das Bild der Heiligen ist typisch für Luinis zart-ernste Frauenantlitze. Der nächste Ort, das schmale, saubere* Vira, *scheint sich in den letzten Jahren vom Fischfang auf Touristenfang umgestellt zu haben. Früher einmal war dieses Dorf berühmt wegen seiner geschickten Maurer, die weit im Land herumzogen und sehr geschätzt wurden. Von hier aus führt eine steile und wüste Straße hinauf ins weltabgeschiedene Indémini, das gerade durch seine verzwickte Lage eine gewisse Berühmtheit erlangt hat· Unser Weg führt an dem reizvollen Flecken* Fosano *vorbei, dessen Häuser, in Reihen übereinander geschichtet, am Hügel kleben. Die kleine Kapelle mit ihrem winzigen Glockenturm verdient unsere Aufmerksamkeit, denn in ihr gibt es auch nicht ein Fleckchen, das nicht mit bunt-naiven Fresken geschmückt wäre.*

Jetzt sind wir erst auf 350 Meter Höhe angelangt, und Indémini *liegt 942 Meter hoch! Aber schon von hier wollen wir einen Blick hinunterwerfen auf den See, das Maggiadelta und die gezackte Bergkette der Centovalli. Dann klettern wir wieder den grünen Rücken des Gambarogno hinauf, unser Wägelchen schnauft schwer, aber es hilft ihm nichts: wir wollen Indémini sehen! Endlich, am Neggio-Paß, wir befinden uns bereits in 1398 Meter Höhe, beginnen wir uns zu wundern, wo nur das verflixte Dorf bleibt. Um es zu finden, müssen wir jetzt wieder bergab fahren, ins obere Veddasca-Tal hinein, und nun, hart an der italienischen Grenze, zu Füßen des Monte Paglione (1594 Meter), im Schatten der Bergriesen Tamarò und Gambarogno, liegt Indémini, einsam, geduckt und doch voller Reiz mit seinen vom Wetter verzogenen Häusern, deren geschnitzte Holzlauben wie angeklebt wirken. Die Straße hinunter nach Biegno ins Veddasca-Tal wird bald fertig sein; sie soll bis Maccagno führen, dem wir bald auf bequemere Art einen Besuch abstatten werden. Die italienische Grenze ist jetzt nicht mehr weit.*

Auf der Fahrt über San Nazzaro, Gerra und Ranzo bietet sich ein prachtvoller Blick auf den gegenüberliegenden Küstenstreifen von Locarno bis Cannero. Als ich an einem kühlen, sonnigen Oktobermorgen diesen Weg fuhr, leuchteten die zahllosen Villen Roncos und Brissagos im Licht der Morgensonne wie über die Hügel verstreute Quarzsplitter, während am Ufer San Nazzaros noch alles im reichlich kühlen Schatten lag, denn die Sonne war noch nicht über das Gambarognomassiv heraufgeklettert. Man muß diese Orte um den Gambarogno einmal im Herbst oder gar im Winter erleben, um festzustellen, daß dies wirklich ein etwas ›mageres‹ Ufer ist. Von subtropischer Vegetation ist hier nicht mehr viel zu finden, einige Magnolien, wenige Palmen, dafür Buchen, Pappeln, Fichten und Kastanien. Man glaubt, im heimischen Wald zu sein und hat doch von Locarno nur zwanzig Minuten gebraucht.

Das malerische Gerra liegt genau gegenüber von Ascona, dessen villengeschmückter Monte Verità herübergrüßt. Über Ranzo und das winzige Dirinella gelangen wir zur Grenze, fahren also vom Tessin zum lombar-

dischen Ufer des Sees. Gleich vorweg möchte ich der schönen, breiten Straße zwischen Magadino und Maccagno mein Lob aussprechen. Es ist ein Genuß, auf ihr mit ihren wenigen, sanften Kurven zu fahren. Die ›üppige Seite‹ drüben, deren Ufer jetzt immer näher rückt, hat es da noch nicht so weit gebracht.

Die Landzunge von Pino schiebt sich jetzt mächtig vor, und für eine Weile sieht es aus, als ob der See hier zu Ende wäre. Das andere Ufer ist uns jetzt so nahe gerückt, daß man jedes einzelne Haus genau erkennen, die Farbe bestimmen und seine Fenster zählen kann. Ein Hauptreiz dieses Straßenstücks ist der prachtvolle Blick auf das Westufer. Man kann gar nicht oft genug anhalten, um das ständig wechselnde Bild zu genießen. Wie malerisch Cannobio sich in sein Tal schmiegt, wie eng die Häuser der höhergelegenen Orte sich um ihre Kirche zusammendrängen! Es tun sich Perspektiven auf, wie man sie nur vom Schiff oder eben von hier aus hat, und man weiß jetzt, wie wenig man eigentlich auf der engen Uferstraße drüben zu sehen bekommt.

Bei diesen hochaufragenden Küsten ist es ja meist so, daß das Auge des Autofahrers oder Spaziergängers immer nur einen kleinen Ausschnitt der Landschaft umfassen kann. Gerade das aber, so meine ich, ist ihr Reiz; denn wohin wir auch gehen, wo hinauf wir auch steigen – oft genügen schon ein paar Meter Standortwechsel, und der Ausblick hat sich ganz gewaltig verändert: wo man gerade noch ein paar Häuser sah, da breitet sich jetzt ein ganzes Städtchen aus, und anstatt der eben noch kaum wahrgenommenen Senke tut sich nun eine gewaltige Schlucht auf. Diese Landschaft ist unerschöpflich. So lange kann ein Mensch gar nicht leben, daß er alle, aber auch wirklich alle Möglichkeiten dieses schönen Erdenwinkels auszuschöpfen vermag. Ich jedenfalls kann mir nichts Besseres denken, als in einer liebgewordenen und oft durchwanderten Landschaft immer wieder neue, überraschende Entdeckungen zu machen.

So kommen wir jetzt nach Maccagno, das am Ausgang des schon erwähnten Veddasca-Tales in einer windgeschützten Bucht liegt. Die Sicht reicht jetzt schon bis zum Borromäischen Golf im Südwesten, und bei klarem Wetter erkennen wir das dunkle Haupt des Mottarone. Schinz weiß zu berichten, daß hier früher der Tabakschmuggel blühte: »Das am Langen-See liegende Freydorf Macagno imperiale dienet auch nicht selten zu einer hübschen Niederlage für diese Contrebande-Waar. Man rechnet, daß wochentlich 40 bis 50 Säcke (jeder zu 250 kleine Pfund) auf solche Weise von Lauis (= Lugano) ausgehen. Man weiß, daß ein einziges Haus schon in einem Jahr 7000 Säcke verhandelt hat.«

Maccagno besteht aus den Ortsteilen Superiore – das ist der Teil, den wir zuerst durchfahren haben – und Inferiore, das von einem alten, zinnenge-krönten Turm überragt wird. Es ist eine der ältesten Siedlungen am See und hat auch mit großer Geschichte aufzuwarten. Die Lehnsherren des Ortes, die Grafen Mandelli, beherbergten hier im Jahre 962 Kaiser Otto I. während seines Feldzuges gegen den König Berengar. Zum Dank dafür gewährte der Kaiser dem Ort die unabhängige Gerichtsbarkeit und das Münzrecht – Pri-vilegien, die Kaiser Karl V. nochmals bestätigte und die bis 1718 in Kraft blieben, als der Ort an die Borromäer fiel. Die von Schinz gebrauchte Be-zeichnung ›Macagno imperiale‹ spielt auf die kaiserliche Gnade an. Schinz erwähnt auch einen lebhaften Salzhandel; das Salz wurde hier raffiniert, ge-lagert und weiterverkauft.

Von Maccagno aus führt eine zum großen Teil asphaltierte, aber sehr steile Straße hinauf zum kleinen stillen Deliosee, der 930 Meter hoch liegt. Von Campagnano aus kann man die Montagnola besteigen, eine Bergkuppe genau über Maccagno. Von hier aus überblicken wir das Westufer zwischen Intra und Cannobio.

Eine weitere Ausflugsmöglichkeit ist die Fahrt durch das Veddasca-Tal bis Biegno (827 Meter), einem Gebirgsdorf im Schatten der Berge Tamaro und Paglione. Vor den Toren Luinos liegt noch das kleine Colmegna, von dessen Ufer wir die genau gegenüberliegenden Castelli di Cannero fern, grau und einsam aus dem Wasser ragen sehen. Die vornehme Villa Cicogna ist jetzt ein Hotel mit einem herrlichen Garten direkt am Ufer. Ganz oben am Hang fällt ein schönes altes Gebäude auf, dessen von zwei Arkadenreihen geglie-derte Fassade seltsam fremd zwischen den anderen Häusern herausragt.

LUINO

Mit seinen zwölftausend Einwohnern ist Luino der größte Ort am Ostufer des Lago Maggiore.

Das alte Luvinum war römisches Militärlager, wurde viel um-kämpft und fiel schließlich an die Visconti, die es den Rusca (wir sind diesem Geschlecht schon in Locarno begegnet) zu Lehen ga-ben. Dann wechselten die Herren mehrfach, sogar die Schweizer hatten sich für kurze Zeit des Ortes bemächtigt (1513), bis er an das Haus Habsburg fiel. Am 15. August 1848 kämpften hier die Trup-pen Garibaldis heldenhaft gegen eine österreichische Übermacht.

Luino liegt an der Mündung des Tresaflusses in einer sanft ge-

schwungenen Bucht. Eine goldene, weithin glänzende Madonnenstatue beschirmt den kleinen, ummauerten Hafen. Im Haushalt
dieses prosperierenden, ständig sich ausdehnenden Städtchens steht
der Fremdenverkehr durchaus nicht obenan – Luino ist Zentrum
einer blühenden Industrie, die mit Textilfabriken, Gießereien und
chemischen Werken viele Menschen aus der weitesten Umgebung
beschäftigt; damit soll aber nicht gesagt sein, daß es für einen Ferien-
aufenthalt ungeeignet wäre.

Wenden wir uns von der goldglänzenden Jungfrau Maria ab und
gehen ein Stückchen die Uferpromenade entlang. Der kleine Sakralbau zur Linken war die Privatkapelle der Serbelloni, deren klassizistischer Palast gleich daneben steht – jetzt zur Bank umfunk-
tioniert. Dahinter, auf der Piazza Garibaldi, steht ein Denkmal des
Freiheitskämpfers, noch zu seinen Lebzeiten und im Gedenken an
die Schlacht vom August 1848 errichtet. Nun beginnt eine Ufer-
allee mit gewaltigen Ahornplatanen, wie man sie in solcher Pracht
selten zu Gesicht bekommt. Das lombardische Ufer breitet sich bis
Colmegna in einem Halbrund vor uns aus, gegenüber liegt Cannero, weiter südlich erblicken wir die villenübersäten Hänge von
Oggebbio und Ghiffa, und ganz zur Linken reckt der Mottarone
sein mächtiges, von zarten Dunstschleiern bedecktes Haupt. Nördlich von Cannero reicht der Blick an klaren Tagen bis Cannobio, ja
sogar die höherliegenden Ortsteile von Brissago sind noch zu erkennen.

An dieser herrlichen Promenade liegt hinter hohen Bäumen verborgen die Kirche *Madonna del Carmine*. Sie wurde von dem in
Luino geborenen seliggesprochenen Karmelitermönch Giacobino
Luinese Mitte des 15. Jahrhunderts gegründet, später im Barock umgebaut. Die Fresken in der linken mittleren Seitenkapelle des einschiffigen Raumes werden Luini-Schülern zugeschrieben; sie sind
aber ziemlich beschädigt und scheinen nicht gerade von seinen
Meisterschülern zu stammen.

Bernardino Luini (1475 bis 1533?), der bedeutendste lombardische
Renaissancemaler, ist ein Kind dieser Stadt. Leider wissen wir über
sein Leben nicht viel. Fest steht, daß er ein Schüler des Ambrogio
Borgognone war, um dann dem Einfluß Leonardo da Vincis zu er-

liegen. In der Fachliteratur wird Luini oft als Schüler Leonardos bezeichnet, doch ist nicht erwiesen, ob er jemals in dessen Werkstatt
tätig war. Jedenfalls hatte eine weniger kritische Zeit viele Tafel-
bilder Luinis dem Leonardo zugeschrieben, was durch die moderne
Forschung gründlich widerlegt wurde. Freilich strahlt von vielen
Frauenantlitzen Luinis das seltsame Lächeln der Gioconda, am
deutlichsten vielleicht auf dem Bilde der Madonna in San Magno zu
Legnano. Was die Behandlung von Figur, Gewand und Gesicht an-
geht, gehört Luini sicher zu den Großen seiner Zeit. So stark und
sicher er aber im Detail war, so wirr und sorglos wirkt oft die Ge-
samtkomposition, was ihn wesentlich von seinem großen Vorbild
unterscheidet; denn Leonardo grübelte wochen- und monatelang
der Form nach und vernachlässigte darüber die Ausführung seiner
Werke: wie man weiß, hat er kaum eines seiner Bilder vollendet.

Die meisten Bilder Bernardino Luinis sind über Oberitalien verstreut, am Lago Maggiore aber ist sehr wenig von ihm zu finden.
Für das Wenige aber wollen wir dankbar sein und jetzt das Kirchlein *San Pietro in Campagna* besuchen, zu dem ein schöner Weg zwischen Villen und Gärten hinaufführt. Aus der romanischen Epoche
hat sich von dieser Friedhofkirche nur der Glockenturm aus dem
11. Jahrhundert erhalten. Im Innern des dreischiffigen Raumes finden wir am rechten Seitenaltar ein Luini zugeschriebenes Fresko.
Leider ist von dieser ›Anbetung der Heiligen Drei Könige‹ nur noch
ein einziges Antlitz ganz erhalten. Das Gesicht dieses Weisen aus
dem Morgenland ist von einem nahezu tragischen Ernst geprägt; er
blickt, als hielte er den Atem an, während er sich demütig dem
Kinde nähert und gerade dabei ist, sein rechtes Knie zu beugen. Ich
bin fest davon überzeugt, daß dieses einzige erhaltene Antlitz von
der Hand Luinis stammt, wie ja oft die vielbeschäftigten Meister
die Gesichter selbst malten, alles andere aber nur vorzeichneten und
die Ausführung den Schülern überließen. Das ganze Fresko ist gut
gegliedert und ohne jede Raffinesse gemalt.

Wieder draußen, fällt uns auf, wie seltsam fremd sich das uralte
Türmchen von der im 17. und 18. Jh. erneuerten Kirche abhebt.

In Luino kann man wunderbar ziellos herumschlendern; hier
weht sehr oft ein frisches Lüftchen und macht auch an Sommerta-

gen den Weg nicht zu schwer. Hinter der Piazza Garibaldi findet sich eine kleine baumbestandene Anlage, von schattigen Cafés und winzigen *osterie* gesäumt, gerade recht für eine Rast. Luino ist ein durch und durch italienisches Städtchen; hier ist der Fremdenverkehr noch nicht so ins Kraut geschossen, daß sich alles nur um seine Majestät, den Touristen, dreht. Laut und bunt geht es zu, wenn das Markttreiben jeden Mittwoch Einheimische und Fremde auf der Piazza Garibaldi zusammenströmen läßt.

Das Hinterland von Luino. *Von Luino aus bieten sich zahllose Ausflugsmöglichkeiten an, wie etwa die Fahrt hinauf in das Bergdörfchen* Agra *durch das Dumentina-Tal. Dumenza, der Hauptort des Tales, liegt in 435 Meter Höhe herrlich inmitten grüner Berge mit Blick auf die Höhen um den Luganer See. Die Wallfahrtskirche von Trezzo am Hang des Monte Clivio birgt Fresken in der Art Giottos.*

Bergwanderer erreichen von hier aus in etwa vier Stunden den Monte Lema, der mit seinen 1624 Metern im ganzen Varesotto sein Haupt am höchsten erhebt, hoch genug, um den Wanderer schon den Luganer See schauen zu lassen. Über Dumenza und Runo, dessen alte Kirche ein herrlicher romanischer Campanile überragt, kommen wir nach Stivigliano und Due Cossani und erreichen schließlich Agra, das sich vom Bergdorf zum eleganten Luftkurort gemausert hat. Das herrliche Panorama umfaßt einen guten Teil des Lago Maggiore.

Eine reizvolle Variante zu dem oben beschriebenen Ausflug ist die Fahrt nach Curiglia *im Veddasca-Tal. Bis Due Cossani ist unser Weg der gleiche; anstatt aber wie vorhin nach Agra abzubiegen, bleiben wir auf unserer Straße, halten uns zur Rechten des Veddasca-Tales, passieren eine abenteuerliche Brücke über einer finsteren, abgrundtiefen Schlucht und erreichen schließlich nach mühsamer Steilfahrt das romantische Curiglia, dessen beherrschende Lage auf einer Bergnase einen großartigen Blick über das ganze Tal ermöglicht. Wer von hier weiter will, muß es per pedes tun. Möglichkeiten gibt es genug, wie etwa eine Wanderung hinauf zum einsamen Weiler Monteviasco.*

Nur knapp zwei Kilometer hinter Luino berühren wir das kleine, mit Luino längst verwachsene Germignaga. *Dieser uralte Marktflecken liegt auf dem fruchtbaren Schwemmgebiet der Tresa und hat eine ehrwürdige Tradition in der Seidenweberei. Die am Comer See früher lebhaft betriebene Seidenraupenzucht lieferte damals den Rohstoff.* Porto Valtravaglia, *der nächste Ort, läßt sich auf der Uferstraße schnell und bequem erreichen, wäh-*

rend die Fahrt über Brezzo di Bédero *(etwa acht Kilometer) zeitraubender,
aber auch interessanter ist. Auf dieser parallel zum Ufer verlaufenden Höhenstraße berühren wir das malerische Bédero mit seinen alten, oft reizvoll verzierten Häusern. In dem hübschen Porto Valtravaglia gab es früher eine
Burg namens Traveglia, die nun verschwunden ist, ihren Namen aber dem
Ort hinterlassen hat. Die Pfarrkirche San Vittore mit ihrem romanischen
Campanile geht auf das 10. Jahrhundert zurück. In der Apsis des dreischiffigen Innenraumes finden wir reichgeschnitztes Chorgestühl. Porto Valtravaglia
ist ein Ort von fast schweizerischer Gepflegtheit, der alles tut, um seinen bescheidenen Anteil am Fremdenverkehr zu steigern. Die schöne Lage und das
milde Klima werden ihm sicher mehr und mehr Freunde gewinnen.*

LAVENO

Von Porto Valtravaglia aus könnten wir bequem über Caldé nach
Laveno fahren, weitaus mehr aber bietet eine Fahrt durch die Valcuvia. Eine gute Straße führt durch dieses weite Tal mit seinen
sanften, dichtbewaldeten Hügeln. Über das an den Hängen verstreut liegende Cuveglio gelangen wir nach *Casal-Zuigno*. Oberhalb des Ortes liegt die *Villa Bozzolo* mit einem recht eindrucksvol-
len Park, dessen sieben bemooste Kalksteinterrassen verschwenderisch mit steinernen Putten, Vasen und Pinienzapfen geschmückt
sind und oben mit einem weiten, von riesigen Zypressen gesäumten Halbrund abschließen. Die Villa wurde im 16. Jahrhundert errichtet und später erweitert.

Nach Brenta und San Biagio erreichen wir Cittiglio zu Füßen
des Sasso di Ferro. Hier kreuzen sich die Straßen nach Varese und
Ispra; wir aber halten uns rechts und stoßen schon bald auf Laveno.

*Die frühe Geschichte Lavenos verliert sich in Vermutungen und Legenden;
so soll hier eine große Schlacht zwischen Römern und Cimbern stattgefunden
haben. Den Namen der Stadt führt man auf den römischen Feldherrn Titus
Labienus zurück, der hier die Gallier bekriegte. Im Mittelalter gehörte der
Ort zur Grafschaft Angera, dann folgten die verschiedenen Herren in der
üblichen Reihenfolge: Visconti und Sforza, dann die Borromäer und schließlich die Österreicher, die von Garibaldi im Mai 1859 angegriffen und in der
Folgezeit verdrängt wurden.*

Laveno schmiegt sich eng an seinen Hausberg, den Sasso di
Ferro, der einen der schönsten Ausblicke auf den mittleren See bie-

tet und aufs bequemste mit der Seilbahn zu erklimmen ist. In einer
guten Viertelstunde kann man emporgelangen; wem die Sicht aus
neunhundertfünfzig Meter Höhe noch nicht genügt, der kann in
einer halben Stunde zu Fuß den Gipfel (1062 Meter) stürmen. Wie
eine blauglänzende Axt keilt sich der Borromäische Golf tief in das
hügelige Land. Zwischen den Orten Baveno, Stresa und Pallanza
schwimmen die drei Inseln wie winzige Splitter auf dem stählernen
Blau. Von den Schneezinnen der Alpenkette im Nordwesten glaubt
man einen kühlen Hauch zu verspüren; und wieder erhebt der
Dufour aus der Monte-Rosa-Kette sein Haupt über die anderen
Viertausender.

Lavenos alter Pfarrkirche *Santi Giacomo e Filippo* wurde 1935 eine
Schwester gleichen Namens zugesellt. Ich hatte den Bau zuerst für
eine Sternwarte gehalten, doch beim Näherkommen bemerkte ich
das Kreuz auf der Mittelkuppel.

*Bei der Fahrt durch die Valcuvia haben wir einen Teil des Hinterlandes
schon kennengelernt, doch gibt es um Laveno noch viele reizvolle Ausflugsziele, wie etwa* Arcumeggia *mit seinen modernen Fresken an den Mauern
der alten Häuser. Die Brera-Akademie in Mailand veranstaltet hier regelmäßig Sommerkurse in Freskomalerei. – Den höher gelegenen Ortsteil*
Mombello *erreichen wir auf einer bequemen Straße nach drei Kilometern.
Hier wurden reiche vorgeschichtliche Funde gemacht, vor allem von Stein-
werkzeugen und Keramik. Die von Villen und Parks gesäumte Uferstraße
führt uns jetzt in das kleine stille* Cerro, *einst Lieblingsaufenthalt des Dichters Manzoni. Die kurze, sehr gepflegte Uferpromenade lädt mit ihrer frischen grünen Rasenfläche und den vielen Bänken zum Verweilen. Die weißen Fassaden von Stresas feudalen Riesenhotels grüßen herüber, Baveno
duckt sich unter das silbrige Grau seines Monte Camoscio. Isola Bella und
Isola dei Pescatori sind kaum zu erkennen, so nahtlos fügen sie sich in den
Uferstreifen zwischen Stresa und Baveno. Um so deutlicher sehen wir die
Isola Madre und ganz rechts das Inselchen San Giovanni, hart an der Punta
di Castagnola.*

VON RENO NACH ISPRA

Reno ist noch kleiner als Cerro, wir müssen aber trotzdem anhalten,
denn von hier sind es nur ein paar hundert Meter zur Wallfahrtsstätte *Santa Caterina del Sasso*, die zu jenen Plätzen am Lago Mag-

giore gehört, die man einfach gesehen haben muß. Ihre Gründung
verdankt sie dem Gelübde eines Kaufmanns namens Alberto Besozzi, der als Geizhals und Leuteschinder in der ganzen Gegend verhaßt war. Eines Tages wurde nun dieser Bösewicht bei einer See-
fahrt von einem gewaltigen Unwetter überrascht, wobei ihm alle
seine Sünden gleichzeitig einfielen, was sein Grauen so steigerte,
daß er gelobte, seinen ganzen Besitz den Armen zu vermachen und,
sollte er gerettet werden, fürderhin als frommer Einsiedler zu leben.
Die himmlischen Mächte ließen es drauf ankommen und schenkten
dem Sünder das Leben, der dann auch brav tat, was er gelobt hatte:
Er verschenkte seine ganze Habe, zog sich in eine unwegsame Höhle
am Seeufer zurück und wurde bald wie ein Heiliger verehrt. Als
dann die Pest ins Land kam, regte Alberto Besozzi den Bau einer
der heiligen Katharina geweihten Kapelle an, in der man ihn nach
seinem Tode bestattete. Dies geschah Ende des 12. Jahrhunderts.
Später kam noch eine Marienkapelle dazu, die man errichtete, als
durch die Fürbitte der Gottesmutter eine Wolfsplage abgewehrt
wurde. Dann wurde ein kleines Dominikanerkloster gebaut, das
Mitte des 15. Jahrhunderts mit den beiden Kirchen verbunden wurde und einen Kreuzgang erhielt. Um 1640 kam ein Erdrutsch genau
über dem Dach der Kirche zum Stehen, was den Ruhm der heiligen Stätte noch förderte.

Man parkt im Hof eines alten Bauernhauses und hat dann noch
etwa zehn Minuten Abstieg. Die Szenerie dieses Ortes ist beein-
druckend. Wer die Buchten um Neapel kennt, wird eine erstaun-
liche Ähnlichkeit bemerken und eher an die Küste Amalfis als an
den Lago Maggiore denken. Ich weiß keine Stelle am See, die
dieser gleicht. Daß der Lago Maggiore viele Gesichter hat, haben
wir oft erlebt, dies aber ist vielleicht sein seltsamstes. An einem Restaurant vorbei kommen wir durch einen kleinen Hof mit einer
alten Traubenpresse in den Kreuzgang von Santa Caterina, der mit
einem fast zerstörten Totentanzfresko geschmückt ist.

*Im Innern der aus vielen Bauteilen bestehenden Kirche finden wir die alte,
rundherum mit Fresken ausgemalte Katharinenkapelle, daneben befand sich
die Grotte des Eremiten. Hinter einem Gitter sind ein paar gewaltige Stein-
brocken zu bestaunen, die von dem Erdrutsch stammen und 1910, also 270*

Jahre nach dem Unglück, das Gewölbe der Kirche durchschlagen haben. Das Gemälde am Hauptaltar stammt von Giovanni Battista degli Avvocati, darunter ruht in einem Glassarg der skelettierte Körper des seligen Alberto Besozzi im violetten Mönchsgewand. Das Gemälde ›Christus am Kreuz‹ von Pietro Crespi stammt aus dem Jahre 1510. Etwa hundert Meter südlich der Wallfahrtsstätte wird eine Höhle gezeigt, die schon in römischer Zeit bewohnt war.

Über den kleinen Badeort Arolo fahren wir den Lido di Monvalle entlang nach Ispra. Vom Ufer ist jetzt wenig zu sehen, die Berge sind bescheiden in den Hintergrund getreten. Dieser flache, teilweise verschilfte Küstenstrich hat einen schönen Sandstrand und ist wohl der ausgedehnteste Badeplatz am ganzen See.

Ispra war schon in der Antike besiedelt, doch haben sich davon keine Spuren erhalten; dafür aber ist es in neuester Zeit recht bekanntgeworden, denn ganz in der Nähe hat die Euratom ein nukleares Forschungszentrum errichtet. – Ispras Pfarrkirche hat durch viele Umbauten nicht gewonnen; ein barocker Altar aus buntem Marmor ist das einzig Bemerkenswerte an ihr. Und doch besitzt auch dieser Ort seine Reize, besonders, wenn man ihn sich zu Fuß so nach und nach erwandert. Üppige Gärten dämmern geheimnisvoll hinter hohen alten Mauern, überall blüht und rauscht und zwitschert es; die Gegend um die Kirche herum ist ein einziger Park.

Während der Fahrt nach Angera ist wieder recht wenig vom See zu bemerken, schaut man aber landeinwärts, so glaubt man in die Toskana versetzt zu sein; sanfte graugrüne Hügel mit den harten dunklen Strichen der Zypressen ziehen an uns vorbei, und Dörfer nach toskanischer Art mit zerstreuten Häusern in Gelb und Ziegelrot grüßen von fern. Im Licht des späten Nachmittags gar ist die Täuschung vollkommen.

ANGERA

Die hügelige Halbinsel von Angera schiebt sich weit in den See hinaus, der dadurch so schmal geworden ist, daß Arona am anderen Ufer wie eine Schwesterstadt Angeras wirkt. Ganz deutlich sieht man drüben die Autos fahren, und an den Häusern kann, wer Lust hat, die Scheiben zählen.

Als Vicus Sebuinus war Angera schon bei den Römern ein befestigter Handelshafen. In den Germanenstürmen wurde es zerstört und erlebte dann unter den Langobarden, die es als Staciona wieder aufbauten, seine Glanz-

zeit. Der Ort wurde Mittelpunkt eines Herzogtums, das weite Teile des See-
ufers umfaßte, aber unter den Franken wieder zerfiel. Unter den Sachsen-
kaisern kam Angera zum Erzbistum Mailand. 1450 griffen die Borromäer
nach dem Ort und hielten ihn fest, bis 1535 die Spanier kamen. 1623 fiel
Angera noch einmal an die Borromäer zurück, die es jetzt erst 1714 wieder
abtreten mußten, an die Österreicher. Die Burg blieb auch nach der Abtretung
weiter im Besitz des einst mächtigen Geschlechts.

An der langen schattigen Uferpromenade, dem Hafen gegenüber, erhebt sich die Kirche *Madonna di Riva*, also ›Unsere Frau vom
Ufer‹, die, 1622 im Stil Pellegrinis (1580 bis 1610) begonnen, unvollendet blieb. In dem für seine Ausmaße viel zu hohen Innenraum
finden wir links ein Riesengemälde von Camillo Procaccini (1551
bis 1629) mit einer Szene aus dem Leben des heiligen Karl Borromäus. Die beiden Mariendarstellungen an der rechten Wand stammen von Morazzone. Am Altar befindet sich das verehrte Marienbild, ein abgelöstes Fresko aus der Mitte des 15. Jahrhunderts.

Die Pfarrkirche *San Alessandro* finden wir im Zentrum der Stadt
auf der weiträumigen Piazza Parrocchiale. Die Kirche stammt aus
dem 13. Jahrhundert, wurde aber seitdem oft verändert; ihre Außen-
verkleidung in hellem Marmor gibt ihr ein lichtes, freundliches
Aussehen. Das verwitterte Fresko über dem Portal wird Morazzone zugeschrieben. Am Eingang des dreischiffigen Innenraumes
links beim Taufbecken stehen zwei Heiligenstatuen aus dem 6. oder
7. Jahrhundert mit dem für spätantike Bildwerke typischen unge-
lenken Aussehen. Sie sind ein Beispiel für den Verfall der Bild-
hauerkunst seit Konstantin. Erst das Quattrocento brachte – zumindest für Italien – einen neuen Aufschwung. Die geschnitzte
Kanzel aus dem Jahr 1688 ist etwas grob geraten, um so feiner sind
die Marmorinkrustationen der Chorschranken ausgeführt, eine Arbeit aus dem 18. Jahrhundert.

Die Rocca d'Angera. Schnell und bequem gelangt man nach knapp
zwei Kilometern Weg hinauf zur Rocca d'Angera, dem mächtigen
Kastell, das uns vom anderen Ufer her immer wieder aufgefallen
war. Etwa auf halber Strecke führt ein Fußweg zur *Tana del Lupo*,
zur ›Wolfshöhle‹, die bei den Römern dem Mithraskult geweiht

war. Dieser aus Persien eingewanderte Kult des Lichtgottes, den die Römer mit dem ›sol invictus‹ identifizierten, fand besonders unter den Soldaten zahlreiche Anhänger. Diese trugen ihn auf ihren Zügen in die fernsten Provinzen. Die berühmte Reliefdarstellung des Gottes mit phrygischer Mütze, wie er, von fackeltragenden Genien begleitet, den Stier tötet, fand man am Limes genauso wie in Spanien und England. Der hohe sittliche Gehalt, die geheimnisvollen, nur Eingeweihten zugänglichen Riten wie auch die Lehre vom Fortleben nach dem Tode ließen den Mithraskult im 3. Jahrhundert nach Christus zu einer wirklichen Macht werden; und manche Gelehrte sind der Ansicht, daß das Christentum dem Mithraskult, der übrigens auch eine Taufe kannte, möglicherweise hätte unterliegen können.

Die Anfänge der Rocca d'Angera liegen in römischer Zeit, doch erst unter den Langobarden wurde sie zur Festung ausgebaut; die Visconti und die Borromäer gaben ihr dann die heutige Form. Vom Burghof aus sehen wir unten im See das mit Pappeln bestandene und schilfumgürtete Inselchen Partegora. *Hier wurde am 27. Juni 1066 von Anhängern des Erzbischofs Guido von Mailand (1000 bis 1071) Arialdus, ein vornehmer Kleriker, ermordet. Arialdus war ein Hauptführer der ›Pataria‹, einer 1056 gegründeten Bewegung, die Zölibat und christliche Armut beim Klerus durchsetzen wollte und auch weltliche Ziele, wie die bürgerliche Freiheit und Rechtsgleichheit aller Einwohner Mailands, verfocht. Erzbischof Guido widersetzte sich der Pataria mit allem Mitteln. Nach Arialdus Ermordung belegte der Papst, der der Bewegung wohlwollend gegenüberstand, den Erzbischof mit einer Buße. Daraufhin resignierte Guido und legte 1068 sein Amt nieder. Arialdus wurde nach seinem Tode wie ein Märthyrer verehrt, doch erst unter Pius X. 1904 heiliggesprochen.*

Im Innern der Burg sind besonders die Fresken des Michelino da Besozzo (um 1388 bis 1442) sehenswert. Diese allegorischen Wandgemälde stammen aus dem Borromäerpalast in Mailand und zeigen den für Michelino typischen, kraftvollen und lebensnahen Stil. Von besonderem architektonischen Interesse ist der gotische Gerichtssaal mit Kreuzgewölben und Fresken aus dem Anfang des 14. Jahrhunderts, die dem starren byzantinischen Stil sehr nahestehen. Erzbischof Giovanni Visconti von Mailand ehrte mit diesen Wandmalereien seinen Verwandten Ottone, der mit dem Sieg über die

Torriani 1277 Mailand für die Visconti erobert hatte. Vom Turm der Burg hat man einen weiten Blick auf das Varesotto und den südlichen Teil des Sees. Der Monte San Quirico (412 Meter), an dessen Ausläufern das Kastell liegt, läßt sich in einer knappen Stunde bequem ersteigen.

Im Nordwesten der Halbinsel von Angera liegt Ranco, das mit vielen neuen Villen und Ferienhäusern in den letzten Jahren ein beliebter Badeort geworden ist. Über Lisanza kommen wir jetzt nach Sesto Calende, dem letzten Ort auf unserer Südfahrt am östlichen, am lombardischen Ufer. In dieser lebhaften Industriestadt werden sogar Flugzeuge gebaut; auf den Fremdenverkehr ist man kaum angewiesen. Die Umgebung läßt schon etwas von der nicht mehr allzu fernen Poebene spüren. Schlanke Pappeln mit Zweigen wie Silberfiligran beugen sich graziös unterm Winde, und nicht selten begegnet man Ochsengespannen, die gemächlich über die geraden Straßen und flachen Felder ziehn. Dieser Teil des Sees hat keine Ähnlichkeit mehr mit der Gegend um Locarno, Luino oder Stresa. Hier verläßt auch der Fluß, der Ticino, den See. Am anderen Ufer leuchten die Gärten und Villen Castelletos, mit dem unsere Fahrt am piemontesischen Ufer endete.

Die Seen des Varesotto

Schon häufiger haben wir den Namen Varesotto auf unserer Reise gehört. Von manchem luftigen Aussichtspunkt haben wir die drei kleinen Seen aus der welligen grünen Ebene im Osten schon herüberschimmern sehen. Eine ausführliche Beschreibung des Varesotto gehört nicht in den Rahmen dieses Buches, aber einen Besuch wollen wir den drei, eigentlich sogar vier kleinen Brüdern des Verbano doch abstatten.

Lago di Monate. Etwas nördlich von Angera biegen wir rechts ab und kommen über Cadrezzate zum Lago di Monate. Der kleine See liegt eingebettet in Wiesen und bewaldete Hügel und ist eine rechte Augenweide für alle Freunde der Stille. Er ist, von dem fast verlandeten Lago di Biandronno abgesehen, mit 2,8 Kilometer Länge und einem Kilometer Breite der kleinste der drei kleinen Seen. *Monate*, der nächste Ort auf unserer Route, hat ihm den Namen gegeben. Man glaubt in einem Tessiner Bergdorf zu sein, wenn man die engen Gäßchen mit den alten, grauen, aus Granit errichteten Häusern durchstreift. Holzrauch duftet würzig, Hähne krähen, Hunde bellen – Laute, die selten geworden sind an den Ufern des Lago Maggiore.

Ich bin immer ein wenig gerührt, wenn ich in solchen Dörfern ein Winkelchen finde, das dann ›Piazza della Repubblica‹ oder ›Piazza Garibaldi‹ heißt. Oder wenn ich durch ein Gäßchen bummle, das sich stolz ›Via Dante‹ oder neuerdings auch ›Via Papa Giovanni XXIII‹ nennt. Die Volkstümlichkeit dieses Papstes ist so ausgeprägt, daß man überall in Italien seinem Namen begegnen kann. In der kleinen Pfarrkirche in Monate fand ich eine behagliche hölzerne Balkendecke und Fresken aus dem 14. Jahrhundert mit steif und würdevoll dastehenden Heiligen. Da reicht die Madonna ihrem Söhnchen die Brust; nur leider hat sich der bäuerliche Maler in der Anatomie arg vertan, denn diese Brust sitzt fast am Hals. Dennoch, ich liebe diese naiven Bilder des starken und einfachen Glaubens wegen, der aus ihnen spricht. Das schöne romanische Portal der Kirche ist ganz rustikal mit Maiskolben, Trauben, Leitern und Wagenrädern verziert.

Recht ansehnlich ist *Travedona*, der nächste Ort; leider wird er durch eine brausende Autostrada vom See getrennt. Die Pfarrkirche San Vito stammt ursprünglich aus dem 13. Jahrhundert, die gründliche Restaurierung hat nur einen prächtigen Barockaltar in Scagliola-Technik übriggelassen.

Lago di Comabbio. Auf der breiten Via Nazionale fahren wir jetzt weiter südlich und erblicken nach etwa zwei Kilometern Comabbio auf einer Anhöhe, das wir ruhig liegenlassen, um links nach *Ternate* abzubiegen. Erst jetzt sehen wir den Lago di Comabbio heraufschimmern. Er ist mit etwa einem Kilometer Breite und drei Kilometern Länge etwas größer als der Monate-See, doch sicherlich nicht weniger reizvoll.

Die Straßen sind hier nicht immer die besten, aber ich glaube, daß dieser liebliche, wenig besuchte Landstrich die kleine Mühe wert ist. Nach Ternate halten wir uns jetzt rechts und fahren auf einer wieder besseren Straße immer am See entlang nach *Corgeno*. Dort, am gepflegten Lido, überblickt man den See in seiner ganzen Größe. Links liegt Mercallo, vor uns auf seinem Hügel Comabbio, rechts davon Ternate, daneben Varano Borghi. Dieses schöne Bild rahmen im Hintergrund die weißen Kuppen der Alpen.

Lago di Varese. Auf unserem Weg zum größten der kleinen Seen fahren wir durch das alte romantische *Biandronno*, dann liegt der Lago di Varese vor uns. Dieser von flachen, bewaldeten Hügeln umgebene See, achteinhalb mal viereinhalb Kilometer groß, mit seinem geheimnisvollen Inselchen *Virginia* hat einen ganz eigenen Reiz. Auf Virginia wurde eine prähistorische Pfahlbausiedlung entdeckt. Man hat dabei festgestellt, daß die ganze Insel durch die Abfallschichten dieser frühen Siedler entstanden ist, da die Hütten der Fischer und Jäger dieser Zeit ja ursprünglich auf Pfählen im Wasser standen. Reste der Pfähle hat man in knapp zwei Meter Tiefe festgestellt. Die hier gemachten Funde wurden auf die Museen von Mailand, Como und Varese verteilt. Wie mir Einheimische berichteten, ist der Varese-See ein *lago morto*, also ein toter See, durch Industrieabwässer verdorben und vergiftet.

Bei der Weiterfahrt in Richtung Bardello sehen wir links den Lago di Biandronno liegen, das heißt das, was von ihm noch übrig ist. Bis auf die Größe eines Weihers ist er schon verschilft, versumpft und verlandet, bald wird er ganz verschwunden sein. – Nach Bardello berühren wir das gepflegte *Gavirate*, dessen schöne Lage es zu einem beliebten Badeort werden ließ. Von hier führt eine nagelneue Autostrada am Ostufer des Sees entlang nach Varese. Gleich am Anfang der Straße liegen zur Linken das Benediktinerkloster *Voltorre* und die Kirche *San Michele* mit ihrem klotzigen Campanile, beide aus Bruchstein erbaut. Das Kloster hat einen wunderschönen romanischen Kreuzgang, der vor kurzem ausgezeichnet restauriert wurde.

Der See endet etwa bei *Schiranna*, von dessen Ufer aus betrachtet die Landschaft im Süden wieder verblüffend der Toskana gleicht. Zehn Minuten später sind wir schon in Varese, das dem See und der Landschaft seinen Namen gegeben hat.

Varese. Ich brachte es nicht über das Herz, diese schöne, gartenreiche Stadt auszulassen; liegt sie auch nicht an den Ufern eines der drei Seen, so doch nahe genug für einen Besuch.

Zwei Gebäude sollte man sich in Varese unbedingt ansehen: den Dom San Vittore und das *Rathaus*, 1766 bis 1773 erbaut, das ursprünglich ein Palast von Francesco III. d'Este, Herzog von Modena, gewesen ist. Der noble, leider etwas verkommene Bau ist am schönsten von der Parkseite her, eine Art Schönbrunn en miniature. Durch die wundervollen, sehr gepflegten Gartenanlagen, heute Stadtpark, steigt man links zur Villa Mirabello hinauf, wo verschiedene prähistorische und archäologische Sammlungen untergebracht sind, unter anderem auch Funde von der Insel Virginia. Der Dom, die *Basilika di San Vittore*, ist nur etwa zehn Minuten Fußweg weit vom ehemaligen Herzogspalast entfernt. Er wurde nach Plänen Pellegrinis (1580 bis 1610) errichtet und ist vorwiegend im Renaissancestil ausgestattet, hat aber einen barocken Glockenturm und eine klassizistische Fassade.

Im Innern befinden sich bedeutende Werke lombardischer Meister. Besonders wichtig sind davon: Im linken Seitenschiff beim Eingang eine ›Carità‹ von Federico Bianchi (1590 bis 1650), am ersten Seitenaltar eine ›Heilige Magdalena‹ von Morazzone, nach dem zweiten Seitenaltar ›Die Heiligen Drei Könige‹ von Francesco Del Cairo (1598 bis 1674). Noch reicher ist das rechte Seitenschiff ausgestattet. Beim Eingang ›Abraham und Lot‹ von Giuseppe Nuvolone (1619 bis 1703), dann ›Laban tadelt Jakob‹ von Luca Giordano (1632 bis 1705), etwas weiter ›Der bethlehemische Kindermord‹ von Del Cairo. Zwei Kanzeln und die beiden Orgelflügel sind meisterhafte Schnitzarbeiten im schweren, prunkvollen Stil des italienischen Barock. Der freistehende barocke Campanile erhebt sich mit seiner Höhe von 72 Metern weit über die Dächer der Stadt. Neben der Kirche hat sich die schlichte romanische Taufkapelle (12.–13. Jahrhundert) fast unversehrt erhalten.

Ein schöner Ausflug führt zum Sacro Monte, einer Wallfahrtsstätte in fast neunhundert Meter Höhe mit fünfzehn Rosenkranzkapellen und dem Heiligtum *Santa Maria del Monte*.

Unbedingt sehenswert ist auch noch die *Villa Cagnola*, die wir nach wenigen Kilometern in südlicher Richtung bei Gazzada erreichen. Hier lebte der Humanist, Religionsforscher und Kunstsamm-

BERNARDO BELLOTTO gen. CANALETTO (1724-1780)
Ansicht der Villa Gazzada bei Varese
(im Hintergrund der Varese-See und die Alpenkette
mit dem Monte Rosa)

Ölgemälde, um 1745

Mailand, Pinacoteca di Brera

ler Guido Cagnola bis zu seinem Tod im Jahre 1953. Dieser vielseitige Gelehrte stammte aus einer Mailänder Patrizierfamilie und befaßte sich intensiv mit der Erforschung östlicher Religionen, vor
allem des Buddhismus. Ursprünglich nur Sommersitz, wählte Guido
Cagnola die Villa später zum ständigen Aufenthalt und stattete sie
verschwenderisch mit ererbten und angekauften Kunstschätzen aus.
Cagnola vermachte den ganzen Besitz testamentarisch der katholischen Kirche, die ihn in eine Stiftung umwandelte. Das Hauptge-
wicht der Sammlung liegt auf italienischen Gemälden aller Stilepochen, darunter Werke der toskanischen und venezianischen Schule
des 14. und 15. Jahrhunderts, lombardische Meister der Renaissance
und venezianische Veduten des 18. Jahrhunderts. Daneben finden
wir eine erlesene Porzellansammlung, Renaissance- und Barock-
skulpturen, antike Büsten, Reliefs, Medaillons und kostbare Möbel,
wie sie besonders den ›Großen Salon‹ schmücken.

Eines noch zeichnet die im 18. Jahrhundert erbaute Villa besonders aus: Bernardo Bellotto (genannt Canaletto, 1720 bis 1780) hat
sie gemalt. Das Bild befindet sich heute in der Mailänder Brera und
ist während einer Reise durch die Lombardei etwa 1744/45 entstanden. Vielleicht war es ein Auftrag des damaligen Villenbesitzers,
vielleicht lockte den jungen Bellotto der Zauber dieser sanften grünen Landschaft – jedenfalls sind ihm viele seiner späteren Bilder
trockener und mehr zur Vedute geraten als dieses der Villa Gazzada
– wie sie damals hieß – inmitten ihres baumbestandenen Parks.

Lago Maggiore und Luganer See sind von Varese aus bequem in
ungefähr einer halben Stunde zu erreichen, die Fahrt nach Como auf
schnurgerader Straße dauert fast doppelt so lange.

DER LUGANER SEE

Ich habe oft und oft das Lied dieser Berge,
Wälder, Rebenhänge und Seetäler gesungen ...
HERMANN HESSE

Der See

Der Luganer See liegt eingebettet zwischen seine beiden großen Brüder, dem Lago Maggiore im Westen und dem Comer See im Osten. Wer vom Norden aus zu ihm gelangen will, muß an einem der beiden großen Seen vorüber. Einen ›eigenen Paß‹ besitzt der Lago di Lugano nämlich nicht. Kommt man also über den Maloja, so fährt man am Comer See entlang bis Menaggio und kann von hier bequem Porlezza erreichen, den östlichsten Ort des Luganer Sees. Fährt man über den San Bernardino, so führt der kürzeste Weg über den Monte Ceneri nach Lugano oder Agno. Etwas länger dauert die Fahrt am Ostufer des Lago Maggiore entlang bis Luino und von dort nach Ponte Tresa, dem westlichsten Ort des Lago di Lugano.

Der Luganer See, oft auch kurz ›Il Ceresio‹ genannt, ist nicht so übersichtlich gestaltet wie seine Nachbarn mit ihrer deutlichen Nord-Süd-Achse. Launisch und buchtenreich schmiegt er sich zwischen die Berge und läßt nicht allzuviel von sich sehen, an welchem seiner Enden man sich auch befinden mag. Francesco Chiesa, Schriftsteller und profunder Kenner des Sees, der am 5. Juli 1971 seinen hundertsten Geburtstag in Lugano feiern konnte, schilderte ihn einmal so:

»Er kann sich nie in einem breiten Atem Luft machen wie der Lago Maggiore, er kann nicht wie der Comer See zwischen endlosen Gärten einherstolzieren. Der Luganer See ist ein mageres, bizarres Geschöpf. Er windet und wendet sich zwischen einer dichten Unordnung von Bergen, Hängen und Felsblöcken ... Für einen Augenblick wird er dünn wie ein Flüßchen, dann plötzlich weitet er sich ...«

Wenn auch eine kurios verlaufende Grenze drei Stücke des Sees – den Ort Campione, zwei Drittel des östlichen Armes und das Ufer von Ponte Tresa bis Poncia – für Italien abschneidet, so gehört doch der ganze Ceresio seiner Herkunft nach zum alten Gebiet der Lombardei. Ob Schweiz oder Italien, es ist der gleiche Menschenschlag, geeint durch Rasse, Dialekt und Gebräuche, getrennt durch die Staatsangehörigkeit. So dürfen wir den Ceresio – ohne der vielsprachigen Schweiz damit einen Tort anzutun – einen lombardischen See nennen. Für Freunde klarer Verhältnisse: Von den 93 Kilometern Uferlänge gehören 58,6 Kilometer der Schweiz und 34,4 Kilometer zu Italien.

Da wir nun schon bei den Zahlen sind: Der Luganer See hat eine Oberfläche von 48,9 Quadratkilometern, wovon 30,86 dem Tessin, also der Schweiz, gehören, während Italien mit 18,04 etwa ein Drittel für sich hat. Der größte Ort im italienischen Teil ist Porlezza mit etwa zweitausenddreihundert Einwohnern, im Schweizer Teil ist es Lugano, das mit rund zweiundzwanzigtausend Einwohnern sogar größer ist als die Kantonalhauptstadt Bellinzona. Seine breiteste Stelle (drei Kilometer) hat der Ceresio zwischen Lugano und Caprino, seine engste liegt bei Lavena, wo der Monte Caslano sich so weit vorschiebt, daß gerade noch etwa dreißig Meter für die Schiffsdurchfahrt freibleiben. Etwa zwischen Gandria und Santa Margherita wurde die größte Tiefe (288 Meter) gemessen.

Einen Hauptzufluß wie bei den großen Nachbarn gibt es nicht; viele Bäche und Flüßchen füllen das Becken des Sees, die bedeutendsten davon sind der Vedeggio bei Agno, der Cassarate bei Lugano und die Magliasina bei Caslano. Sein Abfluß ist die Tresa im Westen (bei Ponte Tresa), die bei Luino in den Lago Maggiore mündet, der etwas tiefer liegt und so den Wasserstand des Ceresio ständig reguliert. Der Luganer See ist sehr algenreich, was seinem Wasser vor allem im Sommer eine grünlich-trübe Färbung verleiht, die dann auch der blaueste Himmel nicht zu ändern vermag.

Das Klima ist feucht und sehr mild. Der Spätsommer beschert oft tropische Gewitter, die aber kaum eine Abkühlung bringen. Der Juli kann recht heiß werden, das Mittel liegt bei 26 Grad Celsius, der Winter ist mild, trocken und nebelfrei, das Mittel im Januar liegt bei +5,1 Grad.

Mit Ligurern und Galliern begann im 4. vorchristlichen Jahrhundert die datierbare Besiedlung des Ceresio. Spuren dieser Stämme haben sich im Dialekt, in Ortsnamen und Grabfunden erhalten. Im 2. Jahrhundert vor Chr. drangen die Römer über die lombardische Tiefebene in das voralpine Gebiet, bauten Straßen, Häuser und Tempel, brachten ihre Sprache, ihre Religion, ihr Recht. Wegen seiner geringen strategischen Bedeutung kümmerten sie sich freilich um den Ceresio weniger als etwa um den Comer See; so wurden die meisten Funde aus römischer Zeit auch im Mendrisiotto gemacht, dem nach Süden hin offenen Land, wie etwa Altäre von Jupiter, Merkur und Minerva sowie Sarkophage in Stabio und Ligornetto, eine Thermenanlage in Mendrisio, aber auch Grabtafeln im ganzen Gebiet des Luganer Sees. Nach den Römern kamen die Ostgoten, dann die Langobarden (Lombardia = Langobardia), und diese mußten im Jahre 774 den Franken weichen.

Wie früh das Christentum hier einzog, beweisen die uralten Kirchen, wie das jetzt wiederhergestellte Baptisterium in Riva San Vitale, das aus dem 5. bis 6. Jahrhundert stammt und vermutlich auf römischem Mauerwerk errichtet wurde. Im Mittelalter mit seinen freien Gemeinden baute man Kirchen am Ufer, am Hang und auf Bergesgipfeln – es gibt kaum ein Gotteshaus am ganzen See, das nicht romanischen Ursprungs ist. Diese frühen Bauten hielten der Zeit stand und boten jahrhundertelang genügend Platz für die Gemeinde, so daß in der Gotik wenig hinzuzufügen war, wie ja auch an den beiden anderen Seen kaum gotische Kirchen zu finden sind. Zögernd nur und verhältnismäßig spät wurden die Formen der Renaissance aufgenommen, sehr früh dagegen kam das Barock und brachte viele einheimische Künstler hervor.

Wie überall in der Lombardei wechselten auch am Ceresio das ganze Mittelalter hindurch die Besitzverhältnisse. Como und Mailand, Visconti und Sforza waren die Herren, doch diese Herren setzten oft Lehensleute ein wie etwa den Franchino Rusca, der 1303 Lugano von den Visconti erhielt. Bei all dem wußten sich die ›pievi‹ (Pfarrsprengel) doch eine gewisse Selbständigkeit zu bewahren. 1512 eroberten die Schweizer Lugano, und 1516 wurden die Tessiner Länder in acht Vogteien unterteilt und von den berüchtigten Nordschweizer ›lanfogti‹ (Landvögten) verwaltet. Es mag darunter viele gegeben haben, die die ›welschen‹ Tessiner so unterdrückten wie einst der kaiserliche Vogt Gessler ihre Vorfahren; doch es herrschte Frieden, während die ganze italienische Lombardei sich in endlosen Kriegen zerfleischte. Sogar Napoleon gereichte dem Land zum Guten, er machte 1803 das Tessin zum freien Kanton. 1830 wurde eine liberale Verfassung entworfen.

Die Landschaft des Sottoceneri – also das Gebiet zwischen Lugano und Mendrisio – ist heiter und festlich. Alles Schroffe, Herbe fehlt, sogar die Täler sind sanft, lieblich und einladend. »Er hat Intimität«, sagte Karl Krolow vom Ceresio und fuhr fort:

»Wie alle Gelände um den Luganer See, so wirkt er selber wie eine Verdichtung der Elemente. Er hat die Klarheit von Bergkristallen. Sein Wasser hat die gehörige Durchsichtigkeit, die nachhaltiger als Tiefe wirken kann.«

Krolow schrieb dies vor etwa zehn Jahren. Die kristallene Klarheit des Seewassers hat inzwischen beträchtlich gelitten, das Becken des Sees wird in zunehmendem Maße als Kloake mißbraucht: die meisten Gemeinden verzichten auf Kläranlagen und leiten die Abwässer in den See. Auch die ständig zunehmende Zahl der Motorboote trägt mit ihren Rückständen zur Verschmutzung bei, und oft genug schillert eine übelriechende Ölschicht auf der Oberfläche des Wassers. – Häßliche Ferienvillen – oft Dutzende vom selben Typ – verunstalten mehr und mehr die grünen bewaldeten Hänge, ein Gewirr von Autostraßen durchschneidet die einst so stillen Täler. Noch hält diese Landschaft stand, noch hat die rücksichtslose Zersiedelung vor manchen Gebieten haltgemacht, doch scheint die Grenze des Zumutbaren bald erreicht; was aber die Vergiftung des Wassers betrifft, so ist ein zumutbares Maß nach der Meinung von Experten hier längst überschritten.

Wer diese Landschaft liebt, mag vielleicht bereit sein, manches in Kauf zu nehmen, doch er wird Trauer empfinden und nicht verstehen können, daß die einheimischen Behörden diese Entwicklung eher begünstigen als hemmen. Wehmütig schreibt Professor Guido Calzari, ein alteingesessener Tessiner:

»Der Preis für den Fortschritt, für die moderne Entwicklung und den verbesserten Lebensstandard ist die Verminderung, das immer mehr um sich greifende Verschwinden unserer italienischen und lombardischen Eigenart... Melancholie ... Wird man in hundert Jahren im Tessin noch italienisch sprechen?«

Die Sorge des Professors scheint mir nicht ganz unbegründet. – Im späten Herbst aber, wenn der Fremdenstrom verebbt ist, wenn der See sein Öl ausgeschwitzt hat und ein seidig blauer Himmel seine Wasser türkis färbt, wenn in den Gärten die Laubbäume in herbstlichen Farben glühen und das Grün der von der Jahreszeit nicht berührten Palmen, Zypressen und Magnolien dazwischen hervorleuchtet; wenn man sieht, daß auf den Terrassen der Weinberge nicht nur gebaut, sondern auch noch geerntet wird, wenn in den endlosen Kastanienwäldern des Malcantone die Schalen der reifen Früchte am Boden zerplatzen und wie Mahagonikugeln über die Straßen rollen, wenn das hektische Lugano sich wieder gemächlicher gibt und man sogar in Gandria einen Parkplatz erhaschen kann – dann, ja dann findet man ihn wieder, den alten Ceresio, wie er war, wie er sein sollte und vielleicht einmal wieder sein wird.

Lugano

DIE STADT

Von den drei Hauptstädten der lombardischen Seen hat Lugano wohl die schönste Lage. Blickt man von der Uferpromenade auf den See, so scheint es, als sei alles rundherum – Hügel, Täler, Wasser, ja sogar der blaue Himmel – nur Dekor für das lieblich in seine sichelförmige Bucht hingebreitete Lugano. Wie zwei Türme vor einem Palast ragen Luganos Hausberge aus dem Wasser: Rechts der bewaldete und fast unbesiedelte Monte San Salvatore (912 Meter), links der feudale Monte Brè (925 Meter) mit seinen teuren Hotels und den Villen der ganz Reichen, die zwei Drittel seiner Hänge bedecken. Luganos Hinterland ist relativ flach, die Berge sind etwas zurückgetreten, um der prächtigen Stadt Atemluft zu geben. Es scheint fast, als habe ein geschickter Architekt dieses Land als ideale Kulisse für Lugano gestaltet. Freilich, ganz so ideal sieht es nun nicht mehr aus: Lugano ist mächtig gewachsen, der Platz wird knapp, der Verkehr sprengt die Straßen, und Parkplätze sind nicht weniger rar als in Rom, München oder Paris. Trotz dieser Zeitprobleme schimmert aber immer noch das alte Lugano hervor mit seinen Kirchen, Palästen und reizenden Belle-Epoque-Villen, die zwischen Palmen und Magnolien in mauerumgürteten Gärten von alten ruhigeren Zeiten träumen. Und noch immer schauen Sighignola und Monte Generoso vom anderen Ufer hoheitsvoll auf das Gewimmel zu ihren Füßen.

So lebhaft ging es hier nicht immer zu. Lugano war im Mittelalter ein kleines Dorf wie so viele andere am See und wurde von Como oder Mailand aus regiert. Visconti und später die Sforza gaben die Stadt ihren Vasallen zu Lehen, so den Rusca und den Sanseverini. Ab 1512 teilte Lugano das Schicksal des übrigen Tessin; es regierten die Landvögte aus der Nordschweiz. Damals war auch ein deutscher Name, Lauis, für Lugano gebräuchlich. Seit 1803 gehörte die Stadt dann zum freien Kanton Tessin und war bis 1881 im Wechsel mit Locarno und Bellinzona dessen Hauptstadt. Alle sechs Jahre zog die Regierung mit Sack und Pack von einer Stadt zur anderen um.

Luganos durchschnittlich zweitausendzweihundertdreißig Sonnenstunden im Jahr blieben den Nordländern nicht verborgen, und so nahm der Fremdenverkehr seit Beginn unseres Jahrhunderts ständig zu. Nicht immer kamen sie ganz freiwillig, die Gäste aus dem Norden: Lugano war ein gerne gewähltes Asyl der Emigranten beider Weltkriege. Als Adolf von Hildebrand im Frühjahr 1919 kam, war diese Reise eigentlich eine Flucht; denn die Münchner Spartakisten hatten den völlig unpolitischen Bildhauer als Berater des Kronprinzen verdächtigt. Der Künstler schrieb aus Lugano an den Prinzen: »Die trostlosen Weltverhältnisse bilden einen traurigen Untergrund zu der hier so friedlichen Existenz und dem schönen Wetter...«

Auch in den düsteren Zeiten des ›Tausendjährigen Reichs‹ zog es viele Emigranten in den Süden der Schweiz, und jeder der ›Verfemten‹ war dankbar für die Aufnahme nach gelungener Flucht, wenn auch die Trauer um Deutschland schwer auf allen lastete. So treffen wir im April 1933 Thomas Mann in Lugano, verstört und erschüttert. Der Dichter befand sich gerade auf einer Vortragsreise durch Holland, Belgien und Frankreich, als ihn nach Hitlers Machtergreifung Freunde von einer Rückkehr dringend abrieten. Am 17. April schrieb er aus Lugano an Stefan Zweig: »Ich fange langsam wieder an, ein bißchen zu arbeiten nach schlimmen Wochen. Bruno Franks sind hier, auch Fuldas, Emil Ludwig, Remarque, vor allem Hermann Hesse, den ich sehr liebe und verehre.« Zehn Tage später, immer noch in Lugano, schreibt er an Professor Witkop: »Ich werde mein und der Meinen Leben wohl auf eine ganz neue Basis stellen müssen.« Was er schon 1932 visionär gesehen und warnend ausgesprochen hatte, war nun eingetreten.

Wenden wir uns jetzt der Stadt zu. Des ersten Überblicks wegen sollte man zuerst die Uferpromenade von Süd nach Nord entlangspazieren und dabei über dem wechselnden Seepanorama und den von Touristen überfüllten Ausflugsschiffen die Schätze nicht vergessen, die an diesem Wege liegen.

An der Piazza Luini steht die Kirche *Santa Maria degli Angeli (Angioli)*, eingeklemmt und überragt von modernen Bauten, ohne dadurch an Würde zu verlieren. Diese alte, 1515 geweihte Franziskanerkirche – das Kloster, das einst dazu gehörte, ist längst verschwunden – beherbergt einen der größten Kunstschätze des Tessin, das Hauptwerk Bernardino Luinis, seine Passion Christi. Es nimmt uns beim Betreten der Kirche sofort gefangen, es bedeckt die ganze, das Schiff abschließende Lettnerwand, durch die drei rundbogige Durchgänge mit Kreuzgewölben in den Mönchschor und das Altarhaus führen. Luini hat dieses riesige Fresko 1529 vollendet. Ein gütiges Geschick hat es uns frisch und unverändert erhalten. Die verwirrende Vielfalt des Geschehens um die Kreuzigung Christi hat der Maler in einzelne Szenen mit über fünfzig Personen aufgegliedert. Im Hintergrund sehen wir von links nach rechts: die Dornenkrönung, die Kreuztragung, die Grablegung und, ganz rechts, die Begegnung mit dem ungläubigen Thomas nach der Auferstehung. Die Mitte des Bildes beherrscht das von Engeln umgebene Kreuz, darunter, fast lebensgroß dargestellt, die erbleichende Mutter Maria, von zwei Frauen gestützt, der römische Hauptmann mit der Lanze und die Soldaten im Streit um Christi Rock. Man müßte eine Leiter haben, um jedes Detail würdigen zu können; doch zwei Figuren außerhalb des Geschehens sind uns nahe genug, um deutlich erkannt zu werden: auf dem Pfeiler links zwischen den Rundbögen der heilige Sebastian, rechts der heilige Rochus in bewegter Pose.

An der linken Kirchenwand befindet sich Luinis ›Abendmahl‹, zu dessen Darstellung er vielleicht von Leonardo angeregt wurde. Das Werk schmückte ursprünglich eine Wand des Refektoriums im früheren Kloster und scheint leider nicht so gut erhalten zu sein wie das Passionsbild. Luinis gewiß lieblichstes Fresko, ›Maria mit Jesus und Johannesknaben‹ (1530), finden wir in der ersten rechten Seitenkapelle über dem Sarkophag des Bischofs Eugen Lachat; auch dieses Werk stammt aus dem früheren Kloster. Die Madonna hält mit der Rechten ihren Sohn, mit der Linken den Johannesknaben, der auf Jesus deutet. Da es hier kein großes Kompositionsproblem gab – oft Luinis Schwäche – spricht seine Meisterschaft in der Darstellung des menschlichen Antlitzes um so eindringlicher zu uns. Der blondlockige Johannes blickt uns an, als wollte er sagen: Seht her – um ihn geht es, nicht um mich! Und doch scheint er recht gut zu wissen, daß sein gewinnendes Gesichtchen alle Blicke auf sich zieht. Der kleine Christus hat zärtlich das Lamm am Ohr gepackt, doch sein Kopf ist abgewandt, der kindlich-ernste Blick ist ahnungsvoll in die Ferne, in die Zukunft, gerichtet. Sinnend, mit leiser Trauer, blickt Maria auf ihr Kind; in ihrem Gesicht ist freilich etwas von

Leonardos Frauenantlitzen, und der Jesusknabe gemahnt an den Leonardos aus der ›Anna Selbdritt‹ im Louvre; trotzdem ist dieses Werk typisch für Luini: ihm fehlte Leonardos Raffinesse, er malte einfacher, gläubiger. Die Fresken in der vierten Seitenkapelle sind weitgehend zerstört, was von ihnen erhalten ist, verrät den Einfluß Bramantinos.

Die Kirche, 1499 auf älteren Bauteilen errichtet, ist von der edlen Einfachheit der Franziskanerbauten. Im Langhaus wird der offene Dachstuhl von drei spitzbogigen, giebelförmigen Quergurten getragen. Dieses Gotteshaus bildet für das Werk Luinis einen ihm gemäßen Rahmen, einen Rahmen, der nicht prunkt, sondern unterstreicht.

Von hier ist es nicht weit zur Kathedrale San Lorenzo. Wir gehen von der Piazza Luini die Via Nassa mit ihren alten Arkadengängen entlang, biegen nach der Kirche San Carlo links ab und gelangen in die parallellaufende Via Motta, an deren Ende von der Piazza Cioccaro eine Treppe zur Kathedrale hinaufführt. An der Piazza Cioccaro fällt ein arkadengeschmücktes Haus ins Auge, der *Palazzo Riva* (nicht zu verwechseln mit dem Palazzo Riva an der Piazza del Giardino, der heutigen Banca della Svizzera Italiana). Dieser Bau aus der Zeit um 1700 hat einen sehenswerten Innenhof mit gemalter Hausfassade; die Quadraturmalerei täuscht sehr geschickt Fenster, Türen und Balkone vor. Um die Illusion zu vertiefen, hat man die gemalten Balkone mit ausgeführten schmiedeeisernen Geländern umgeben. Hier beginnt auch der *funicolare*, die Zahnradbahn, zum Bahnhof; wir aber steigen die treppenartige Via alla Catedrale hinauf, den Weg zur Kathedrale.

San Lorenzo. Zwischen den Statuen ›Glaube und Liebe‹ betreten wir den kleinen Platz vor der Kathedrale, deren frühester Ursprung im Dunkeln liegt; doch wird vermutet, daß schon im 6. oder 7. Jahrhundert hier ein Gotteshaus stand. Immerhin gibt es bereits aus dem Jahre 818 ein die Kirche betreffendes Dokument; doch in seiner heutigen Gestalt stammt der Bau überwiegend aus dem 13. und 16. Jahrhundert. Die schöne, klare, durch flache Pilaster dreigeteilte Renaissancefassade wurde 1517 vollendet, nur die quadratisch eingefaßte Rosette stammt aus etwas späterer Zeit. Das Hauptportal ist mit einer verwirrenden Ornamentik aus Pflanzenformen, Früchten, Masken, Fabelwesen und Figuren geschmückt; die beiden kleineren Seitenportale sind ähnlich verziert. Jedes der Portale wird von zwei Reliefbüsten flankiert, die der Seitenportale stellen die vier Evangelisten, die des Hauptportals David und Salomon dar. Die fünfzehn Büstenmedaillons unterhalb des die Fassade teilenden Gurtgesimses zeigen Propheten und Sibyllen, fünf andere Medaillons in einem Fries über dem Hauptportal Maria und vier Heilige. Die Nebenportale werden von flachen Segmentgiebeln abgeschlossen. Weder den Erbauer der Fassade noch den Schöpfer des Figuren- und Ornamentschmuckes kennt man namentlich; die manchmal genannten Zuschreibungen an Rodari, Pedoni oder Furlano sind reine Spekulation. In neuester Zeit wurde sogar die kühne Behauptung aufgestellt, die Fassade sei nach einer Architekturzeichnung Leonardos entstanden.

Das Innere der Kirche ist durch vier mächtige Pfeilerbögen in drei Schiffe geteilt. Romanische und gotische Strukturen sind unter dem Renaissancedekor deutlich zu erkennen, so etwa die Spitzbögen und Kreuzrippengewölbe in den beiden Seitenschiffen oder die romanischen Stützpfeiler, deren Freskenschmuck aus dem 13. bis 16. Jahrhundert stammt, aber leider zum großen Teil unkenntlich geworden ist. Am besten erhalten sind die Madonna an der Südseite des vordersten linken Pfeilers (15. Jahrhundert), die Verkündigung mit den Heiligen Sebastian und Rochus an der Südseite des vordersten rechten Pfeilers (1487), gemalt von Ambrogio da Muralto, sowie die drei Heiligen an der Nordseite des Pfeilers beim linken Eingang (14. Jahrhundert). Die Reliefbüste des Bischofs Bonifatius von Modena am mittleren rechten Pfeiler ist 1346 datiert. Der erste Eindruck beim Betreten der Kathedrale ist der einer drückenden wuchtigen Schwere, was hauptsächlich davon herrühren mag, daß die weitausladenden, lastenden Bögen in einem Mißverhältnis zur Höhe des Raumes stehen; doch wird dieser Eindruck durch den reichen Ornamentschmuck gemildert.

Die Fresken im Chor mit der Glorie des heiligen Lorenz wurden 1764 von Giuseppe und Giovanni Torricelli geschaffen. Die linke Chorwand wird von einer geschnitzten und vergoldeten Orgelverkleidung im Prunkstil des Seicento geschmückt. In der Taufkapelle rechts finden wir als Abschluß des barocken Taufbeckens einen geschnitzten und vergoldeten Aufsatz aus dem 16. Jahrhundert. Das eiserne Tabernakel für das Heilige Öl in der rechten Wand zeigt Ornamente und Figuren, die an eine Herkunft aus der Rodari-Werkstatt denken lassen. Eine weitere Hinterlassenschaft des Barock, außer den Fresken im Chor, finden wir in der zweiten rechten Seitenkapelle, die der Madonna delle Grazie geweiht ist.

Schon 1473 wurde hier die Kirchenwand durchbrochen und nach außen erweitert, um für eine Madonnenkapelle Platz zu schaffen; in ihrer heutigen prunkvollen Form aber wurde die Kapelle 1768 bis 1778 von Gianbattista Casasopra errichtet. Dieses ausgewogene, meisterliche Werk des späten Barock ist reich mit Marmor und Bronze verziert, die Stuckfiguren der acht Tugenden werden dem lombardischen Meister Parravicino aus dem Mendrisiotto zugeschrieben.

Das schöne Altarbild der Madonna mit den Heiligen Lorenz und Rochus wird neuerdings Carpoforo Tencalla zugeschrieben, dessen Geburtshaus in Bissone wir noch besuchen werden.

Nach diesem Abstecher wandern wir weiter die Seepromenade entlang und kommen so zum Herzen der Stadt, dem Rathaus (oder Municipio) mit seinem Säulenhof an der Piazza Rezzonico, das in den Jahren 1840 bis 1844 von Giacomo Moraglia (1791 bis 1860) erbaut wurde. Die prunkvolle klassizistische Fassade befindet sich seltsamerweise auf der nördlichen, dem See abgewandten Seite. In der von vier Säulen getragenen Vorhalle sind verschiedene Skulpturen aufgestellt, darunter links der finster blickende Spartacus von Vincenzo Vela (1847), der die Grenzen dieses seinerzeit weitberühmten Tessiner Bildhauers zeigt. Es handelt sich allerdings um ein frühes Werk, das Vela im Alter von siebenundzwanzig Jahren schuf. Die vier Statuen in den Nischen stellen von Lugano geehrte Männer dar, so den Bischof Luvini, ebenfalls von Vela; Giocondo Albertolli von Giovanni Labus (1806 bis 1857); Domenico Fontana, den Baumeister, von Antonio Galli (1811 bis 1851) und Padre Soave von Giovanni Pandiani (1809 bis 1879). Das Bronzerelief von Giuseppe Belloni feiert die Verfassungsreform von 1830.

Wir gehen ein Stück weiter zur *Piazza Manzoni*, wo ein vielstrahliger Springbrunnen erfrischend plätschert, und betrachten uns den *Palazzo Riva*, den zweiten dieses Namens, jetzt Sitz der Banca della Svizzera Italiana, die dem schönen alten Bau rücksichtslos einen supermodernen Flügel ankleben ließ. Viele Räume dieses spätbarocken Palastes sind mit Fresken geschmückt, darunter einige

von Giuseppe Antonio Orelli (1700 bis gegen 1774). Hier, bei der
Piazza Manzoni, ist auch die Schiffszentralstation; wer also eine See-
fahrt plant, möge sich die Stelle merken. Wir gehen jetzt auf der
Riva Albertolli, an deren Ende, unter Arkaden, das Verkehrsbüro
›Pro Lugano‹ seine Räume hat, wo man einen guten Stadtplan be-
kommen kann.

Dem Kursaal gegenüber liegt das grüne Paradies des *Parco Civico*.
Hier gibt es prächtige alte Baumriesen, ein kleines Damwildgehege,
ein Vogelhaus; der architektonische Mittelpunkt des Parkes, die
Villa Ciani, ist heute Museum. Hier ging es nicht immer so friedlich
zu; anstelle der Villa Ciani erhob sich einst das wehrhafte Kastell
des Ludovico Moro, das 1517 von den respektlosen Eidgenossen
zerstört wurde. Auch der alte Markt befand sich ehemals hier; zu
ihm strömten Bauern und Händler aus den entlegensten Tälern
herbei mit ihren Waren: Vieh, Wein, Käse, Fische, Seide, Wolle
und Tabak. Schinz schrieb 1786 in seinem Büchlein:

> *So scharf die Einfuhr des Tabaks im mayländischen und piemontesischen*
> *verbotten und Contrebande ist, so häufig wird dennoch dawider gehandelt.*
> *Lauis gewinnt viel Geld mit dem Tabakhandel …«*

Sie schienen überhaupt gerne »dawider zu handeln«, denn der
Autor berichtet auch empört über die Unsitte, den Karneval zu ver-
längern, indem man von Lugano, das dem Bistum Como unter-
stellt war, nach Campione überwechselte, das nach dem ambro-
sianischen Ritus des Bistums Mailand drei Tage länger Fasching
feierte:

> *Das sinnliche Volk von Lauis zum Beispiel gehet am Donnstag nach*
> *dem Aschen-Mittwoch (ich rede von pöbelhaft denkenden Leuten) entweder*
> *nach St. Martino oder Campione, nehmen eine Menge Fleisch und andere*
> *fette Esswaren, und alle zum Kochen nöthige Geräthschaft mit, lägern sich*
> *am Ufer des Sees, kochen, essen und trinken, tanzen und spielen unter*
> *freyem Himmel.«*

Ja, man wußte die Feste zu feiern und konnte sogar der eigenen
Fastenzeit davonlaufen! – Das Ende des Parks, nach der evangelischen Kirche zu, wird durch den Cassarratefluß begrenzt, der das
alte Lugano von den Stadtteilen Cassarate, Luganetto und La Santa
trennt.

Die Villa Ciani. Sie war ehemals das Wohnhaus eines Beroldingen aus Uri, bis sie in den Besitz der Familie Ciani gelangte, die sie 1845 zu der vornehmen Villa umbaute. Der einzige Schmuck ihrer noblen, spätklassizistischen Fassade sind die vier übergiebelten Fenster und der Balkon.

Auf dem kleinen Platz an der Ostseite der Villa finden wir Vincenzo Velas berühmte Skulptur ›Desolazione‹, ›Trübsal‹, geschaffen 1850, sicher eines seiner besten Werke. Die Skulptur steht auf einem Gedenkstein für die Eltern der Brüder Ciani, flankiert von deren Porträtbüsten. Heute ist die Villa Ciani ein Museum; während meines Besuchs (Sommer 1970) war gerade eine Umgruppierung der Sammlungen im Gange, doch der Direktor versicherte mir, daß die Gemäldegalerie in der von mir vorgefundenen Ordnung bestehen bleibe. So versuche ich im folgenden einen Überblick zu geben.

Erster Saal – Alte Malerei.
›Ecce Homo‹, Jan Gossaert (cirka 1478 bis 1532) zugeschrieben; ›Geburt Christi‹, Giampietro zugeschrieben, jedoch von geringer Qualität und eher im Umkreis Luinis zu suchen; ›Sankt Michael‹, von Carlone (18. Jahrhundert), sicher Entwurf zu einem Fresko oder Altargemälde. Die ›Taufe Christi‹ hat man kühn und ohne ausreichende Bagründung, dem Tintoretto zugeschrieben.

Zweiter Saal – Tessiner Maler.
Verschiedene Tessiner Maler vom Anfang des 20. Jahrhunderts.

Dritter Saal – Tessiner Maler des 17. und 18. Jahrhunderts.
Hauptwerk ist der ›Heilige Thomas‹ von Giovanni Serodine (1594 bis 1631); es wurde inzwischen als Bildnis seines Vaters identifiziert. Dieses zügig gemalte Porträt von dem jung verstorbenen Asconesen ist von überraschender Modernität. Skeptisch und zweifelnd blickt der alte Mann über sein Buch hinweg, als wolle er das Gelesene kritisch überdenken. Die Unruhe seines Geistes wird durch die zerknüllte, verrutschte Decke und den eigenartig aufgelösten Hintergrund noch unterstrichen. – Außerdem finden wir hier verschiedene Bilder von Giuseppe Petrini (1677 bis 1757) aus Carona und Pier Francesco Mola (1612 bis 1666) sowie die beiden Porträts ›Selbstbildnis‹ und ›Bildnis der Frau des Künstlers‹ von Domenico Pozzi (1744 bis 1796), die diese kleine Sammlung Tessiner Barockmeister vervollständigen. In einem kleinen Zwischenraum hängen vier Bilder des Schlachten- und Vedutenmalers Carlo Bossoli (1815 bis 1884).

Vierter Saal – Antonio Ciseri.

Dieser Saal beherbergt Werke von Antonio Ciseri (1821 bis 1891) aus Ronco bei Ascona, einem typischen Vertreter der akademischen Malerei des 19. Jahrhunderts.

Fünfter Saal – Rinaldi.

Hier finden wir Bilder von Antonio Rinaldi (1816 bis 1875) aus Tremona, einem eigenartigen Talent. Als halber Autodidakt malte Rinaldi gerne Bildnisse in biedermeierlicher Manier, um sich dann plötzlich wieder anderen Stilformen zuzuwenden.

Sechster Saal – Franzoni.

Hier hängen Bilder von Filippo Franzoni (1857 bis 1911), einem wenig bekannten italienischen Impressionisten, der Landschaften von zarter, pastellhafter Farbigkeit schuf.

Siebenter Saal – *Verschiedene italienische Maler des 19. Jahrhunderts.*

Achter Saal – Chiesa.

Dieser enthält Bilder von Pietro Chiesa (geboren 1878); seine ›Madre e bimbo‹ ist ganz im Geiste des Jugendstils konzipiert.

Neunter Saal – Stiftung Milich.

Hier hängen die Gemälde aus der Stiftung Milich mit bedeutenden Werken der klassischen Moderne: ›Frauenakt‹ von Matisse; ›Hafen‹ von Jongkind; ›Frauenporträt‹, ein Pastell von Vuillard; eine skizzenhafte ›Landschaft‹ von Monet; zwei Brückenbilder von Henri Rousseau. Das vielleicht qualitätsvollste Bild in diesem Saal ist eine Pontoise-Landschaft von Pissarro. Neben einem der typischen Schiffsbilder von Boudin eine Frauenbüste von Despiau.

Die beiden letzten Räume beherbergen eine Sammlung von Bildern des deutschen Malers Milich. Seit 1950 findet in der Villa Ciani alle zwei Jahre unter dem Titel ›Bianco e Nero‹ eine internationale Graphikausstellung statt. Eine Jury vergibt zehn Preise, darunter den ›Großen Preis der Stadt Lugano‹. Man ist auch sonst recht rührig und beschränkt sich nicht darauf, die Bilder friedlich verstauben zu lassen. 1969 wurde hier zum Beispiel eine großartige Ausstellung naiver Malerei gezeigt, die, mit Henri Rousseau beginnend, diesen Komplex durch die Länder und Zeiten zu erfassen suchte.

Verläßt man den Parco Civico durch den Westausgang, so braucht man nur die Straße zu überqueren, um in der Via Canova nach wenigen Schritten auf die Kirche San Rocco zu stoßen. Die Kirche wurde Ende des 16. Jahrhunderts erbaut, die Fassade stammt aus dem Anfang unseres Jahrhunderts. Der einschiffige Innenraum ist mit Wandfresken aus dem Leben des heiligen Rochus geschmückt, die Giovanni Battista Discepoli (1590 bis 1660), genannt ›Lo Zoppo‹ (= der Hinkefuß), schuf. Die Deckenfresken in einem überschäumenden Barock stammen von den Brüdern Pozzi (1677) aus dem Valsolda. Eine verzwickte Scheinarchitektur rahmt die ganze Szenerie, das erstaunte Auge wird irregeführt in diesem malerischen Labyrinth, und das Ziel des barocken Künstlers, die *meraviglia*, ist erreicht. Eine kleine Kuppel überwölbt den Altarraum; der nach hinten verbreiterte Chor wurde erst im 18. Jahrhundert angefügt. Der Kirche gegenüber steht der *Palazzo Albertolli*, erbaut 1814 bis 1816, jetzt Sitz einer Bank.

Luganos *Uferpromenade* muß uns den Reiz einer ›Piazza Grande‹, wie sie Locarno hat, ersetzen. Von einem alten geschlossenen Stadtbild kann leider nicht mehr die Rede sein, viele schöne alte Häuser wurden beseitigt, um in die Lücken seelenlose Betonkästen zu zwängen. In Jahrhunderten Gewachsenes läßt sich eben nicht so ohne weiteres in ein paar Jahren ersetzen, so findet man bei einem Spaziergang ins Innere einen Mischmasch von alt und neu. Auch gibt es noch ein paar kleinere Kirchen, wie etwa Sant Antonio bei der Piazza Dante, 1500 errichtet (Fassade von 1918). An dem Gebäude neben der Kirche erinnert eine Tafel an Alessandro Manzoni, der 1796 bis 1798 Schüler des Instituts Sant Antonio war.

Einen der beiden Hausberge Luganos sollte man schon ›besteigen‹: beide Gipfel sind bequem mit der Zahnradbahn zu erreichen, der San Salvatore vom Stadtteil Paradiso aus, die Abfahrtsstation zum Monte Brè ist in der Via Vico im Stadtviertel Cassarate. Wer die vielen Serpentinen nicht scheut, kann auch eine Autofahrt wagen. Der noch unberührtere San Salvatore bietet vielleicht die bessere Aussicht. Aus 912 Metern sehen wir an klaren Tagen einen großen Teil des Ceresio, im Norden die Alpen, im Nordosten die Spitze des mächtigen Legnone, davor Porlezza am Ende des östlichen Seearmes. Jacob Burckhardt schrieb begeistert:

»Die Hauptsache ist übrigens bei dieser Aussicht nicht der Anblick der Alpen, sondern die traumhaft schöne, hochromantische Gestalt der näheren Berge und Umgebungen; fast von allen Seiten steht der San Salvatore geradezu im See ...«

Übrigens führt ein herrlicher Spazierweg vom San Salvatore nach dem an Kunstschätzen so reichen Carona. Und noch ein Name hat für den Lugano besuchenden Kunstfreund besonderen Klang: die Villa Favorita.

VILLA FAVORITA

Im Stadtteil Castagnola, zu Füßen des Monte Brè, führt eine feierliche, endlos lange Zypressenallee zur Villa Favorita (geöffnet von Ostern bis zum letzten Sonntag im Oktober, Freitag und Samstag 10 bis 12 und 14 bis 17 Uhr, an Sonn- und Feiertagen 14 bis 17 Uhr). Die Villa Favorita wurde gegen 1670 von einem Landvogt Beroldingen erbaut und nach 1920 durch Friedrich Leopold von Preußen um eine Glorietta bereichert. 1931 erwarb der Industrielle Baron Heinrich von Thyssen-Bornemisza den ganzen Besitz und ließ die Glorietta für seine Sammlung ausbauen.

Baron Thyssen hatte Anfang der zwanziger Jahre begonnen, Gemälde alter Meister zu sammeln; er stellte seine Sammlung 1930 in der Neuen Pinakothek zu München aus. Was da an erlesenen Werken zusammengetragen worden war, ließ schon damals altgediente Museumsdirektoren vor Neid erblassen. 1937 kam der ganze Gemälde- und Skulpturenschatz in die zu diesem Zweck erweiterte Villa Favorita. Als Baron Thyssen 1947 starb, übernahm sein Sohn die Sammlung und vermehrte sie inzwischen um manches hervorragende Werk.

Die Sammlung Thyssen-Bornemisza gehört heute zu den reichsten Privatsammlungen alter Malerei überhaupt und hat dazu einen bedeutenden Vorteil: sie ist jedermann zugänglich. Eine Anhäufung derartig erlesener Meisterwerke ist für den Besucher allerdings problematisch. Der ernsthaft Interessierte, der Kenner, hätte schon an einem Dutzend dieser Bilder genug, um sich längere Zeit damit zu befassen. Hier aber überstrahlt ein Bild das andere; fast jedes davon hätte eine ausführliche, ungestörte Einzelbetrachtung verdient. Der Katalog nennt nahezu 200 glanzvolle Künstlernamen, und etliche davon sind mit mehr als einem Werk vertreten.

So hat dieses Museum seine zwei Seiten: Einesteils ist es eine wunderbare Sache, so viel Außerordentliches an einem Platz zu finden, zum anderen aber ist es schade, daß man kaum die Möglichkeit hat, sich in eines der Werke richtig zu versenken; die Zeit drängt, das nächste Bild lockt, und plötzlich – man ist gerade zum zweiten Saal vorgedrungen – schlägt der Gong, und eine unerbittliche Stimme erinnert an das Ende der Besuchszeit. Diese herrliche Sammlung aber mit Siebenmeilenstiefeln zu durcheilen, wäre fast ein Sakrileg. So bleiben uns zwei Möglichkeiten: Entweder man fügt sich den Gegebenheiten und hastet mit dem Blick auf die Uhr von Bild zu Bild, oder man setzt auch ein wenig Zeit und Geld daran, um mehrmals hierherzukommen. In diesem letzteren Fall rate ich unbedingt zum Kauf des guten und preiswerten Katalogs, der jedes ausgestellte Stück datiert und erläutert.

Den – aus welchen Gründen auch immer – flüchtigen Besucher möchte ich in jedem der zwanzig Säle auf das eine oder andere mir besonders erwähnenswert scheinende Kunstwerk hinweisen; mag die Auswahl auch etwas subjektiv erscheinen.

Im Parterre leuchten die in ihrer Art unübertroffenen Terrakottareliefs von Luca (1482 bis 1547) und Giovanni della Robbia (1469 bis 1529) von den Wänden. Im Treppenaufgang hängt der ›Tod des Hyacinth‹ von Giambattista Tiepolo (1696 bis 1770).
Erster Stock. Das Flachrelief einer Madonna mit Kind (K13) von Donatello (1418 bis 1498) hat eine seltsame Ausstrahlung; vielleicht liegt es an den Augen aus geschliffenem Onyx, die diese Gesichter eigenartig beleben.
Zweiter Stock. Hier dominiert die Skulpturengruppe einer ›Beweinung Christi‹ (K70) von Tilman Riemenschneider, ein ausdrucksstarkes Werk des fränkischen Meisters.
Saal 1 – Italienische Meister des 14. und 15. Jahrhunderts.
Bleiche, zarte Madonnengesichter leuchten aus goldenem Grund, bei der Madonna (83) von Bernardino Daddi (tätig 1312 bis 1348) ist alle Starrheit längst überwunden; dieser Giottoschüler ahmt seinen Lehrer nicht nach, sondern formt das Erlernte zu einem eigenen lebendigen Stil. Herrlich ist auch das Stifterbild (173) einer ›Madonna mit Engelschor‹ von Paolo Veneziano (etwa 1290 bis 1362), das byzantinische Stilelemente enthält.
Saal 2 – Altdeutsche Malerei zwischen 1450 und 1520.
Die Nummern 9 bis 13 sind Teile einer Passionstafel von Derick Baegert

(etwa 1440 bis 1515), einem rheinischen Meister. Dieses rücksichtslos zersägte Bild hatte ursprünglich einen Umfang von etwa 2,15 × 4,00 Meter und stammt vermutlich aus Wesel. Bemerkenswert ist auch die auf Goldgrund gemalte Madonna (242) des Michael Pacher (1435 bis 1498), der im süddeutschen Raum vor allem als Schöpfer herrlicher Holzskulpturen bekannt ist.

Saal 3 – *Deutsche Renaissancemeister.*

Hier finden wir eins der berühmten Porträts Heinrichs VIII. (136) von Hans Holbein dem Jüngeren (1497 bis 1543), fast miniaturenhaft, doch meisterlich in der erbarmungslos-genauen Zeichnung dieses großflächigen, gewalttätigen Gesichts, dessen kalter Blick durch das Blau des Hintergrunds noch gesteigert wird. Die beiden Porträts der Münchner Maler Jan Polack (gestorben 1519) Nr. 252 und Barthel Beham (1502 bis 1540) Nr. 23 zeigen die hochentwickelte süddeutsche Porträtkunst der Renaissance.

Saal 4 – *Werke der Familie Cranach und anderer deutscher Bildnismaler des 16. Jahrhunderts.*

Unter den neun Bildern der Cranachfamilie befinden sich die beiden einzigen signierten Werke (74 und 75) des wenig bekannten ältesten Sohns von Lukas Cranach dem Älteren, Hans Cranach (1515 bis 1573), der in der Werkstatt seines Bruders, Lukas Cranach des Jüngeren, tätig war. Von Lukas Cranach dem Älteren (1472 bis 1553) stammen die Gemälde ›Altarflügel mit Heiligen‹, ›Madonna mit der Weintraube‹, ›Liegende Quellnymphe‹, ›Bildnis einer jungen Frau‹ (Nrn. 76, 77, 78 und 80). An dem Bildnis des Matthias Schwarz (2) von Christoph Amberger (cirka 1505 bis 1561/62) erscheint rechts oben das Horoskop des Dargestellten.

Saal 5 – *Flämische Malerei des 15. Jahrhunderts.*

Eine große Kostbarkeit ist die miniaturhafte Madonna (328) des Rogier van der Weyden (1400 bis 1464), ein wahrhaft meisterliches Werk, wie auch Rogiers Bildnis eines französischen Hofmannes (329). In dem Bildnis eines jungen Mannes (214) von Hans Memling (1433 bis 1494) ist deutlich der Einfluß Rogier van der Weydens zu erkennen, dessen Schüler Memling vermutlich war.

Saal 6 – *Niederländer des 16. Jahrhunderts.*

In dem ›Bildnis eines alten Mannes‹ (164) hat Aertgen van Leyden (1498 bis 1564) ein menschliches Antlitz mit erschütternder Eindringlichkeit gezeichnet. Für die Darstellung von ›Adam und Eva‹ (109) hat Jan Gossaert, genannt Mabuse (1478 bis 1532), sich von Dürers berühmtem Holzschnitt inspirieren lassen.

Saal 7 – *Niederländer des 16. und 17. Jahrhunderts und Skulpturen.*

*Der ›Heilige Georg‹ (K62) aus der Ulmer Schule um 1500 gehört wohl
zu den besten Skulpturen dieser Sammlung. Seine Geste mit der erhobenen
Schwerthand wirkt fast feierlich und erhebt die Tötung des Drachens zum
sakralen Akt.*
Saal 8 – Werke von Rembrandt und seinen Schülern.
*Hier beherrscht das ›Herrenbildnis‹ (259) von Rembrandt Harmensz van
Rijn (1606 bis 1669) den kleinen Raum. Rembrandt malte das Bild als
Siebenundzwanzigjähriger während seiner erfolgreichen Zeit in Amsterdam.*
Saal 9 – Niederländer des 17. Jahrhunderts.
*Im Stilleben (149) des Willem Kalf (1619 bis 1693) finden wir die beliebte
und oft wiederholte Darstellung der frisch geschälten Zitrone; delikat ist auch
der Farbkontrast von der Orange zum Blau des Delfter Tellers. – Im ›Bildnis
eines jungen Mädchens mit Kerze‹ (88) von Gerrit Dou (1613 bis 1675)
zeigt dieser Rembrandt-Schüler seinen feinen, von den Zeitgenossen hoch-
geschätzten Stil.*
Saal 10 – Niederländische Landschaftsmaler des 17. Jahrhunderts, hauptsächlich Ruisdael.
*Aus den sechs Bildern (269 bis 274) des Jakob van Ruisdael (1628/29 bis
1682) kann man den Einfluß abschätzen, die dieser große Meister auf die
Landschaftsdarstellungen späterer Malergenerationen ausgeübt hat.*
Saal 11 – Niederländer des 17. Jahrhunderts.
*In dem lachenden ›Lautenspieler‹ (287) hat Jan Steen (1626 bis 1679)
sich selber dargestellt und damit eines seiner besten Bilder geschaffen. Die
kleine ›Bäuerliche Landschaft‹ (297) stammt von David Teniers dem
Jüngeren (1610 bis 1690). Der ›Fiedelnde Fischer‹ (123) von Frans Hals
(1580 bis 1666) zeigt den typischen, breiten Pinselstrich dieses für seine
Zeit so modernen Malers.*
Saal 12 – Niederländer des 17. Jahrhunderts.
*Im herrlich komponierten ›Höllensturz des Luzifer‹ (268) finden wir den
damals etwa sechzigjährigen Peter Paul Rubens (1577 bis 1640) auf der
Höhe seiner Meisterschaft. Von Rubens stammen auch die Gemälde Nr. 266
und 267. Das ›Familienbildnis‹ von Frans Hals (124) zählt zu den besten
Werken des Antwerpener Meisters. Im ›Bildnis des Jacques Le Roy‹ (91)
hat Anthonis van Dyck (1599 bis 1641) eines seiner meisterlichen Porträts
geschaffen.*
Saal 13 – Venezianer des 16. Jahrhunderts.
*In diesem ganz der venezianischen Porträtkunst gewidmeten Raum finden
wir die glänzendsten Namen der Serenissima vereinigt: Tizian, Tintoretto,
Veronese, Pontormo und del Piombo. Von Tizian (1477/87 bis 1576)*

hängt hier eines seiner besten Bildnisse, der ›Doge Venier‹ (309), das er als Siebzigjähriger gemalt hat. Kaum weniger eindrucksvoll ist das ›Bildnis des Kardinals Carondolet mit seinem Sekretär‹ (281) von Sebastiano del Piombo. Neben den Gemälden finden wir hier noch bedeutende Skulpturen, wie etwa eine ›Verkündigung‹ (K 23) von Andrea Sansovino (1460 bis 1529), einen ›Heiligen Sebastian‹ (K 35) von Gianlorenzo Bernini (1598 bis 1680), dem größten Meister des italienischen Barock; weiter Werke von Bartolomeo Bandinelli (1492 bis 1560) (K 10 a) und von Giovanni da Bologna (1524 bis 1608) (K 11, K 11 a und K 28 a).
Saal 14 – *Deutsche, italienische und flandrische Meister des 15. Jahrhunderts. Die letzte Verfeinerung der italienischen Porträtkunst des Quattrocento scheint mir in dem kleinen ›Männerbildnis‹ (4) von Antonello da Messina (1430 bis 1479) erreicht zu sein.*
Saal 15 – *Italienische Hochrenaissance.*
Die ›Thronende Madonna mit Kind‹ (167) zählt zu den besten Werken von Filippino Lippi (1457 bis 1504), der einige Zeit in der Werkstatt Botticellis arbeitete und von ihm stark beeinflußt wurde, was auch aus diesem Bild zu spüren ist. In diesem Raum stehen wir vor einem der schönsten Renaissanceporträts der Welt: dem Bildnis der Giovanna Tornabuoni (106), das Ghirlandaio, eigentlich Domenico di Tommaso Bigordi (1449 bis 1494), 1488 gemalt hat; zwei Jahre später starb die junge Frau im Wochenbett. Auf der Tafel, in Schulterhöhe der Dargestellten, stehen die Worte:

> *Könntest du, oh Kunst, auch Charakter und Tugend darstellen,*
> *dann gäbe es kein schöneres Bild auf Erden.*

Saal 16 – *Italienische Hochrenaissance.*
Das Bildnis eines jungen Mannes (258) wurde nach einer Reinigung als ein Spätwerk Raffaels (1483 bis 1520) identifiziert. Dieses Porträt eines Halbwüchsigen erinnert in seiner herben Lieblichkeit an römische Mosaikbilder. Bei dem Dargestellten handelt es sich vermutlich um einen illegitimen Sohn Lorenzo de Medicis, namens Alessandro. – Wieder stehen wir vor einem Gemälde Tizians, einer lieblich-ernsten ›Madonna mit Kind‹ (307), links unten mit Titianus signiert. – Einer der größten italienischen Porträtisten des Quattrocento war Piero della Francesca (1420 bis 1492). In seinem ›Bildnis des Guidobaldo da Montefeltre‹ (249) hat er den kindlichen Ernst des kleinen Prinzen, der sichtlich schon um seine Würde weiß, meisterhaft festgehalten.
Saal 17 – *Venezianische Meister des 18. Jahrhunderts.*
Auf goldgrundiger Tapete hängen herrliche Veduten von Canaletto und

Guardi. Großartig ist die Darstellung der alljährlichen ›Vermählung des Dogen mit dem Meer‹ (53), die durch das Hineinwerfen eines Ringes in die Wellen von Bord des goldstrotzenden Prunkschiffes ›Bucintoro‹ vollzogen wurde. Dieses Gemälde ebenso wie eine Ansicht vom Canal Grande (52) stammen von Antonio Canale, genannt Canaletto (1697 bis 1768). Francesco Guardi (1712 bis 1793) ist der Schöpfer zweier weiterer Veduten vom Canal Grande (119 und 120). Guardi hat lockerer, atmosphärischer gemalt als Canaletto, seine Bilder wirken daher weicher und stimmungsvoller.

Saal 18 – Französische Maler des 17. und 18. Jahrhunderts.
Mehrere Wandschränkchen mit herrlichen Intarsien beleben den kleinen Raum. Das Bild der Madame Bouret als ›Diana‹ (229), gemalt von Jean-Marc Nattier (1685 bis 1766), zeigt die Vorliebe des Rokoko für verspielt-antike Kostümierung. Das ›Frauenbildnis‹ (99) stammt von Jean-Honoré Fragonard (1732 bis 1806), das Bild ›La Toilette‹ (39) von François Boucher (1703 bis 1770).

Saal 19 – Französische Meister des 15. bis 17. Jahrhunderts.
Hier reicht die Skala vom Kunsthandwerk bis zur großen Kunst. Die herrliche goldene Suppenterrine, die sicher jedem Besucher in die Augen stechen wird, hat François Thomas, Goldschmied Ludwigs XV., für die Zarin Elisabeth von Rußland angefertigt. – Die Büste Voltaires (K 54 a) von Jean Antoine Houdon (1741 bis 1828) blickt mit dem berühmten maliziösen Lächeln des Dichter-Philosophen aus einer Ecke. Von Claude Lorrain (1600 bis 1682) stammt die ›Landschaft mit der Flucht nach Ägypten‹ (62).

Saal 20 – Spanische Meister des 17. bis 19. Jahrhunderts.
Einen Höhepunkt der Sammlung stellen vier Bilder (115 bis 118) von El Greco (1541 bis 1614) in diesem Raum dar. Groß, ernst und dunkel leuchten die Augen aus dem Gesicht einer bleichen ›Madonna‹ (115) von der Hand des großen Kreters; über ihrem blaugrünen Umhang flackert ein geisterhaftes Licht, das schöne Haupt ist mit einem Spitzenschleier bedeckt. Von Francisco Goya (1746 bis 1828) wurde das Bildnis König Ferdinands VII. gemalt; das dumm-eitle Geckengesicht des Porträtierten scheint den Zerfall der spanischen Monarchie zu demonstrieren. Der Fußboden des Raumes ist mit farbigen Kacheln, welche die verschiedenen spanischen Stadtwappen zeigen, ausgelegt.

Die Collina d'Oro (goldener Hügel) ist eine grüne, fruchtbare Hügellandschaft, die zwischen Lugano und Agno nach Süden verläuft. Wie das Intelvital ist auch die Collina d'Oro eine Wiege bedeutender Künstler, vor allem Baumeister des 17. und 18. Jhs. gewesen.

Bei Sorengo biegt man links ein und gelangt zuerst nach *Gentilino*. Dieser Ort kann sich zwar keines großen Sohnes rühmen, dafür ist hier aber ein Schatz anderer Art zu finden: Sant'Abbondio, das schönste Gotteshaus des ganzen Gebietes. Am Ortsende führt ein zypressengesäumter Weg zu dieser Kirche, deren Ursprung im 14. Jahrhundert liegt. Der Campanile wurde später, um 1570, errichtet. Die Ausstattung des dreischiffigen Innenraumes entstand im Barock; der herrliche Stuckdekor in der Apsis wurde von den Brüdern Camuzzi gegen Ende des 17. Jahrhunderts geschaffen. Das Bild an der Rückwand der Madonnenkapelle, ›Maria mit heiliger Katharina und heiligem Dominikus‹, wird Giuseppe Petrini (1677 bis 1758) zugeschrieben. Das Beinhaus (1723), über quadratischem Grundriß errichtet, ist außen mit Fresken von Bartolomeo Rusca geschmückt. Von der Kirche durch die Straße getrennt liegt der große Friedhof, an dessen Ostmauer wir Hermann Hesses Grab und das seiner Frau Ninon finden. Ein schlichter Granitblock unter zwei Zypressen trägt den Namen des Dichters, der über vierzig Jahre in Montagnola gelebt hat.

Wir durchfahren das kleine *Certenago*, aus dem die Architektenfamilie der Berra stammt. Ein Constantino Berra gelangte sogar bis nach Rußland, wo er den Bahnhof von Kazan baute.

Montagnola. Der nächste Ort ist Montagnola, aus dem inzwischen ein beliebtes Feriendomizil geworden ist, was die vielen Villen, die auf den Hängen um den alten Ort herum gebaut wurden, bezeugen. Einige bedeutende Baumeisterdynastien entstammen diesem Ort, darunter die Gilardi und die Camuzzi. Ein Giambattista Gilardi war Baumeister am Hofe Katharinas II. von Rußland; er und sein Sohn waren wesentlich am Wiederaufbau Moskaus nach dem großen Brand von 1812 beteiligt.

Mitten im Ort steht der *Palazzo Camuzzi*, seit dem sechzehnten Jahrhundert der Sitz dieser Familie. In seiner heutigen Gestalt stammt er aus dem Jahre 1855; er wurde nach den Plänen von Agostino Camuzzi errichtet, der als Architekt des Zaren Nikolaus einigen Ruhm errang und sich nach zwanzig Jahren Dienst am russischen Hof in seine Heimat zurückzog. Wo sind die Camuzzi heute? Arbeiten sie noch als Architekten in aller Welt? Nein, wie so viele der lombardischen Künstlergeschlechter ist auch diese Familie heute fast erloschen.

Mich empfing die Hüterin des Hauses, Signorina Camuzzi, letzte ihres Geschlechts im Tessin. Inmitten behaglicher Möbel, die noch ihr Großvater entworfen hatte, berichtete mir die alte Dame von den Schicksalen ihrer Familie: Ein Neffe, der einzige noch lebende männliche Träger des Namens, lebt in Südamerika; sie ist allein, allein im Palazzo Camuzzi; kürzlich starb die einzige Schwester. Mir wird weh ums Herz, als ich die freundliche Dame betrachte, den letzten direkten Sproß einer stolzen, jahrhundertelangen Reihe von Ärzten, Baumeistern und Stukkateuren.

Auch zwei große deutsche Namen sind mit Montagnola, mit dem Palazzo Camuzzi, verbunden: Hans Purrmann und Hermann Hesse.

Der Maler Hans Purrmann (1880 bis 1966) wohnte zweiundzwanzig Jahre – bis zu seinem Tod – in diesem Haus; sein Atelier war in einem Nebengebäude untergebracht . – Als Florenz 1945 von deutschen Truppen besetzt wurde, floh der Künstler nach Montagnola, wo er 1944 eine Wohnung im Palazzo Camuzzi bezog. Hier besuchte ihn im September 1945 Marino Marini, der ihn auch zeichnete, hierher kam 1951 inoffiziell Theodor Heuss. Einer aber kam spät, sehr spät zu Hans Purrmann – der Ruhm. Sammlern und Kennern war Purrmanns Werk längst zum Begriff geworden, doch das Dritte Reich mit seinen kulturellen Femeurteilen traf auch diesen Künstler schwer, dessen von deutschen Museen angekaufte Werke fast ausschließlich vernichtet wurden. Siebzig Jahre mußte Purrmann alt werden, bis 1950 die erste Monographie über ihn erschien. Weiten Kreisen wurde er erst während der fünfziger Jahre, vor allem durch seine Ischiabilder bekannt.

Purrmann liebte das Tessin; er verließ es nur zu seinen sommerlichen Ischiaaufenthalten und einigen Besuchen in Deutschland und der Nord-

schweiz. Später verbot sein schweres Leiden jede Reise. Eine ›Nacht-
schönheit‹ nannte er seine Wohnung im Palazzo Camuzzi. Über den
Winter im Tessin sagte er: »Ich finde ihn weit schöner als den Sommer, und
er zeichnet sich meist aus durch wochenlang schönes Wetter.«

Hermann Hesse kam 1919 nach Montagnola; er wohnte bis 1931 in der
Casa Camuzzi, die er sein ›Klingsor-Schloß‹ nannte, ein Dichterkompli-
ment: »Hier hatte ich viele Jahre die tiefste Einsamkeit genossen und auch an
ihr gelitten, hatte viele Dichtungen und Malereien gemacht, tröstende
Seifenblasen, und war mit allem so verwachsen, wie ich es seit der Jugend
mit keiner anderen Umgebung gewesen war. Zum Dank habe ich dies Haus
oft genug gemalt und besungen.«

Nun wollen wir Hesses zweites Tessiner Domizil aufsuchen. Am
Ortsende von Montagnola – etwa in Höhe der Schule – führt links
eine schmale Straße zum Hause des Dichters. Als Hesse im November 1931 seine dritte und letzte Ehe mit Ninon Dolbin schloß,
äußerte er einmal in Gesellschaft, er suche ein Haus für sich und
seine Frau. Hans Bodmer, ein Freund aus der Züricher Zeit, rea-
gierte spontan: »Das Haus sollen Sie haben!« Es wurde nach Hesses
Wünschen gebaut, und hier lebte der Dichter bis zu seinem Tod am
9. August 1962.

Als wolle man etwas nachholen, wurde der Dichter nach dem
Zweiten Weltkrieg mit Ehrungen überhäuft: 1946 erhielt er den
Frankfurter Goethe-Preis und dann im Herbst den Nobelpreis,
1947 ernannte ihn die Universität Bern zum Ehrendoktor, 1950 kam
der Wilhelm-Raabe-Preis. Aber Hesse liebte die Einsamkeit, er ver-
abscheute Dichterlesungen und Vortragsreisen und hat Montagnola–ausgenommen die alljährliche Sommerreise nach Sils Maria–
kaum verlassen. An den Torpfosten seines Hauses hatte der Berühmte, von Neugierigen Geplagte geschrieben: BITTE KEINE BE-
SUCHE. Liebevoll nahm er an den Wandlungen der Natur um sich
teil, nie wurde er müde, seine geliebte Landschaft zu schildern. Am
15. Mai 1955 notierte er in seinem Tagebuch:

»Ein Regensonntag, die nasse Kühle nach vielen Wochen großer Trocken-
heit angenehm ungewohnt, auch für's Auge eine veränderte, umgekehrte
Welt: Vorher glasklare, genau gezeichnete Ferne und etwas staubige Nähe,
jetzt aber eine feucht, grün und üppig wogende Nähe, die sich in konturlose
wallende Hintergründe von Dampf und Wolken verliert.«

Nicht nur mit dem Wort schilderte Hesse seine geliebte Landschaft, auch der Pinsel wurde häufig bemüht:

»Ich habe hunderte von Bogen guten Malpapiers und viele Farbtuben verbraucht, um mit Aquarellfarben oder Zeichenfeder den alten Häusern und Hohlziegeldächern, den Gartenmauern, dem Kastanienwald, den nahen und fernen Bergen meine Reverenz zu erweisen.«

Wie sehr ihn das Malen manchmal beschäftigte und wie sehr er diese Ablenkung brauchte, hat er in der kleinen Schrift ›Aquarellmalen‹ erzählt. Großes Vergnügen bereiteten ihm auch die Gartenarbeit und die Weinlese, und er hat bis ins hohe Alter nicht davon gelassen. Er liebte »... das Gefühl der Verantwortlichkeit für ein Stückchen Erde, für fünfzig Bäume, für ein paar Beete Blumen ...«.

Von der Terrasse seines Hauses hatte Hesse einen weiten Blick auf die Berge ringsum und auf das Häusermeer von Lugano, bewacht von Monte Brè und San Salvatore. Erzfeind allen Trubels und Lärms, mußte er nicht mehr erleben, daß seine geliebte Landschaft von riesigen Autobahnen zerschnitten wurde, wie er auch nicht mehr erlebte, daß einige seiner Bücher, voran der ›Steppenwolf‹, in den USA zu Bestsellern wurden. Im freiheitsliebenden, ruhelos umherziehenden, alle Konventionen verachtenden Steppenwolf glaubt die Hippie- und Gammlergeneration sich wiederzuerkennen. Vielleicht ist Hermann Hesse nie gründlicher mißverstanden worden, doch immerhin – sein Werk lebt, die Jugend liest es und deutet es auf ihre Weise. Was kann sich ein Dichter besseres wünschen?

Montagnola ist nach zwei Seiten offen; von der Straße hinter dem Schulhaus blicken wir auf den westlichen Arm des Sees mit Agno am nördlichen Ende, dahinter die waldreichen Berge des Malcantone. Ganz links erkennt man gerade noch das kleine Seebecken von Ponte Tresa, halb verdeckt vom Monte Caslano.

Wir fahren jetzt an dem kleinen *Bigogno* vorbei, das hinter Bäumen versteckt etwas abseits von der Straße liegt. Aus diesem Ort stammt die Familie Adamini, der zahlreiche bedeutende Architekten entsprossen. Giuseppe Adamini (gestorben 1756) war Baumeister am Hof zu Lissabon; Antonio Adamini baute in St. Petersburg für die Zaren und später in Kalkutta, Madras und Bengalen. Bernardo Adamini, das bedeutendste Glied der Familie, war Bauingenieur; er schuf die Pläne für die Wiener Trinkwasserleitung, arbeitete am Sankt-Gotthard-Tunnel, entwarf die Bergbahntrassen für den Monte San Salvatore und den Monte Generoso und baute schließlich die Eisenbahnstrecke Genua-Nizza. Er starb im Jahre 1900 in seinem Heimatort.

Arosio, das von unserer Straße nicht berührt wird, liegt weiter im Westen; von dort kam Pasquale Zucchini, der die *ponte-diga* (Dammstraße) von Melide nach Bissone erbaute. Unsere Fahrt durch die Collina d'Oro endet in *Agra*, einem stillen Ort zwischen Weinbergen und Kastanienwäldern. Auf dem Rückweg kann man noch den kleinen Lago di Muzzano besuchen, dessen leuchtend grüner Spiegel an klare Bergseen erinnert; doch der Schein trügt, denn die grüne Farbe kommt von einer dichten Algendecke, die den See zum Baden ungeeignet macht.

AUSFLUG INS CASSARATE-TAL UND IN DIE VAL COLLA

Verfolgt man den Cassaratefluß, der zwischen Luganos Stadtpark und Lido in den See mündet, landeinwärts, so durchfährt man eine Reihe kleiner reizvoller Ortschaften mit meist alten, sehenswerten Kirchen. Da dieser Abstecher weit ins Innere des Landes führt und damit über die Grenzen dieses Buches hinausgeht, sollen nur die wichtigsten Orte genannt werden.

In der Pfarrkirche von *Dino* finden wir schöne Fresken des 15. und 16. Jahrhunderts, die Kapelle San Nazaro beim Friedhof enthält ein Kreuzigungsfresko von Luini, das sich früher in Lugano befand. *Sonvico*, ein uralter Ort in schöner Lage mit Blick auf Lugano und den Monte San Salvatore, hat eine 1407 begonnene Pfarrkirche mit schönen Fresken und Stuckarbeiten.

Das obere Cassarate-Tal trägt etwa ab hier den Namen Val Colla. Die Kirche von *Tesserete*, Santo Stefano, zeichnet sich durch einen weithin sichtbaren romanischen Campanile und Fresken des 15. Jahrhunderts aus; die Kreuzigung wurde erst 1953 freigelegt. Mit ihren Kreuzrippengewölben aus dem 15. Jahrhundert zählt diese Kirche zu den außerordentlich seltenen Tessiner Sakralbauten mit gotischen

Stilelementen. Etwas ganz Besonderes erwartet uns in *Ponte Capriasca*, westlich von Tesserete, nahe der Autostrada. In seiner Pfarrkirche Sant' Ambrogio befindet sich an der Wand des linken Seitenschiffes das Abendmahl nach dem Vorbild von dem Leonardo da Vincis in Santa Maria delle Grazie in Mailand. Nach neuesten Forschungen soll das Fresko von Leonardos Freund und Schüler Francesco Melzi (1492 bis nach 1566) stammen; man vermutet sogar, daß dieser den Karton zum Abendmahl besaß oder zur Verfügung hatte. Diese These ist gar nicht so abwegig, da es bewiesen ist, daß Melzi von Leonardo zum Erben vieler Zeichnungen und Schriften eingesetzt wurde.

Aber auch wenn Melzi nicht der Schöpfer war, so muß doch der Maler dieses Freskos das Original in Mailand genau gekannt haben, wie schon Giuseppe Bossi 1810 in einer Abhandlung vermutete: »Aus allem ergibt sich, daß der Meister mit dem Original in Santa Maria delle Grazie in Mailand aufs gründlichste vertraut gewesen ist.« Bis auf einige Farbabweichungen sind die Figuren auf diesem Fresko völlig identisch mit dem Mailänder Original, das ja bekanntlich ziemlich oft restauriert wurde und sich heute in einem kläglichen Zustand befindet. Eigenartig scheinen mir die Qualitätsunterschiede an diesem nun Melzi zugeschriebenen Fresko. Das Gesicht des Johannes zum Beispiel ist ›leonardesk‹ im besten Sinn, ebenso das Gesicht des Philippus und – mit Einschränkungen – das von Christus. Beim Antlitz des Jakobus jedoch oder dem des Andreas glaubt man eine andere Hand am Werk, so flach und mittelmäßig sind sie gestaltet. Haben verschiedene Maler daran gearbeitet? Wurde daran herumrestauriert? Rätsel über Rätsel. Sicher ist das letzte Wort noch nicht gesprochen, vielleicht finden sich noch bisher unbekannte Hinweise, die das Problem aufhellen könnten.

Im rechten Seitenschiff hängt neben der lebensgroßen Kreuzigungsgruppe ein Madonnenbild mit Heiligen aus der lombardischen Schule des Cinquecento; der auferstandene Christus über dem Altar stammt wohl aus der gleichen Zeit. Über und neben dem Eingang hat man abgelöste Freskenfragmente des 16. Jahrhunderts befestigt.

Von Lugano bis Ponte Tresa

Von Lugano Paradiso in südlicher Richtung fahren wir am steilen felsigen Sockel des Monte San Salvatore entlang durch das kleine Pazzallo nach Melide mit seinem Park »Swiss miniatur«.

Dieser Ort ist durch die Straßenverbindung quer über den See nach Bissone und die neue Autostrada nach Como ein lebhafter Verkehrsknotenpunkt geworden. Der alte Ortskern ist zum Glück unberührt geblieben, doch das Geburtshaus von Domenico Fontana (1543 bis 1607), dem Architekten Sixtus v., ist diesen Verkehrsprojekten zum Opfer gefallen. Fontana arbeitete im Auftrag dieses Papstes an der Sanierung Roms, legte heute noch bestehende Straßentrassen, erbaute den Lateranspalast, die Vatikanische Bibliothek, arbeitete mit an der Errichtung des Quirinal und leitete die Aufstellung des Obelisken vor dem Petersdom. Nach dem Tod seines Gönners trat er 1592 als ›Großingenieur‹ in die Dienste des Vizekönigs von Neapel, wo er unter anderem 1600 den königlichen Palast baute. Hochgeehrt, geadelt und als Ritter des Goldenen Sporns starb er in Neapel. Seiner Heimatstadt hat der große Architekt nur das schöne Portal der *Pfarrkirche* hinterlassen.

An der linken Wand im Innern der Pfarrkirche befindet sich eine Gedenktafel für Giovanni Fontana, der als Brunnenbauer für den päpstlichen und den spanischen Hof arbeitete. Eine andere Tafel am vordersten Bogenpfeiler links erinnert an Domenico Fontana und zeigt das vom Papst verliehene Wappen.

In neuerer Zeit ist Melide auch durch *Swissminiatur* bekanntgeworden, einen Park mit Nachbildungen der schönsten Schweizer Kirchen und Burgen im Maßstab 1 : 25. Eine Miniatureisenbahn umrundet dieses Liliputland. – Vom Strandpark hinter Swissminiatur sieht man links das langgestreckte Bissone; vor uns teilt sich der See in einen südöstlichen Arm mit dem Hauptort Riva San Vitale und einen südwestlichen mit Porto Ceresio.

Weiter geht es in südlicher Richtung vorbei an einem riesigen neuerrichteten Strandhotel nach Morcote. An den steilen Hängen dieses noch wenig berührten Uferstücks haben Baugesellschaften ihr Werk begonnen – immer gleich zwanzig oder dreißig ›Villen‹ auf einmal; Häuser, die sich in fataler Weise gleichen. Sie sind einzeln betrachtet ganz hübsch, doch so dicht an dicht sehen sie gar nicht mehr schön aus.

»Keine Ortschaft am unteren Luganer See kommt Morcote mit seinen malerischen Reizen gleich«, schrieb J.R. Rahn 1917 in seinen ›Tessiner Wanderungen‹, und daran hat auch die in dieser Gegend besonders hektische Bautätigkeit kaum etwas ändern können. In herrlicher Südlage, zu Füßen des Monte Arbostora (822 Meter) finden wir den Ort, der schon im Mittelalter sehr wohlhabend war und es heute noch ist. Viel Platz für Fußgänger gibt es nicht an Morcotes Uferstraße, dafür kann man streckenweise unter Arkaden wandeln, was bei den häufigen Sommergewittern mit ihren tropischen Regengüssen recht angenehm ist. Etwa in Höhe der Bootsstation sollte man die schattigen Bogengänge verlassen, um die reiche Renaissancefassade des *Palazzo Paleari* (1537) zu betrachten. Das von Putten gehaltene Wappen dieser hier früher sehr mächtigen Familie wird von vier mit Muscheln und Fruchtgirlanden verzierten Fenstern flankiert. Die Giebel der unteren Fenster sind mit antikisierenden Büsten geschmückt, das Nebenhaus mit schwungvoll-ornamentaler Jugendstilmalerei. Ein Stück weiter, neben dem Albergo Svizzero, hat sich ein Teil des alten *Rathauses* erhalten. Unter dem gotischen Zwillingsfenster sehen wir das Wappen von Morcote, das in seinen Feldern eine Frau und einen Keiler zeigt.

Santa Maria del Sasso, Morcotes Pfarrkirche, ist nur zu Fuß über verschiedene Treppen zu erreichen. Die schönste dieser Treppen, 1732 von dem reichen Kaufmann Davide Fossati gestiftet, beginnt am westlichen Ortsende; sie führt an der gotischen Kapelle Antonio Abbate vorüber, Morcotes ältestem Sakralbau (14. Jahrhundert) mit Fresken aus dem 15. Jahrhundert, die Szenen aus dem Leben des heiligen Antonio Abbate und ein sehr originelles ›Weltgericht‹ darstellen. Da halten zwei Teufel ein Netz, um die armen Seelen bei ihrem Flug in himmlische Höhen schnöde und grausam abzufangen. – Unser weiterer Aufstieg ist etwas mühsam, vielleicht erfordern die sich ständig weitende Sicht und der kurz gewordene Atem unterwegs eine kleine Rast.

Wieviele ›Marien vom Fels‹ es wohl im Tessin gibt? Santa Maria

del Sasso ist eine Gründung des 13.Jahrhunderts und wurde 1462
und 1758 erweitert und umgebaut. Der freistehende Campanile erhielt seine Form im 18.Jahrhundert, bedürfte aber dringend einer
Renovierung, da schon kleine Bäume aus dem Gemäuer wachsen.

*Die Gotik hat in dem dreischiffigen, asymmetrischen Innenraum deutliche
Spuren hinterlassen; im Chor und über den beiden Eingangstüren sind die
Kreuzgewölbe erhalten und mit guten, wenn auch durch die Zeit angegriffe-
nen Fresken verschiedener Meister des 16. und 17.Jahrhunderts geschmückt.
Die besten Malereien finden wir an Wand und Gewölbe im vorderen Teil
des linken Seitenschiffes. Vor allem in der Darstellung der weiblichen Heiligen entfaltete dieser Cinquecentomeister seine ganze Kunst. Eine noble Arbeit ist der barocke Hochaltar im Chor mit seinem prunkvollen Säulenaufbau
und den farbigen Marmorverzierungen. Die marmorne Madonna mit Kind
stammt aus der Rodariwerkstatt. Die linke Seitenkapelle ist mit Architektur-
fresken ausgemalt, die rechte hat eine prunkvolle, kassettierte Stuckdecke.*

Neben der Kirche erhebt sich die achteckige *Antoniuskapelle*,
1682 erbaut und reich mit Stuck und Fresken ausgeschmückt. Die
Malereien in der Kuppel stammen von Giovanni Carlone (17.Jahr-
hundert). Vom Kirchenvorplatz blickt man fast senkrecht hinunter
auf Morcote, am Ufer gegenüber sehen wir links Brusino-Arsizio,
weiter rechts Serpiano. Vom Hof zwischen Kirche und Antoniuskapelle schauen wir auf das italienische Porto Ceresio, das breit hingelagert die ganze Bucht beherrscht. Die dichten Laubwälder der
drüben steil aufragenden Ufer färben den See jadegrün.

In steilen Terrassen zieht sich von der Kirche her ein mit Palmen
und Zypressen bewachsener Friedhof den Hang hinauf. Ganz unten
steht das Mausoleum der Architekten Gaspare und Giuseppe Fossati,
die 1848 die Kuppel der Hagia Sophia in Konstantinopel renovierten
und dabei wundervolle Mosaiken freilegten. Etwas höher ruht in
einem schlichten Granitgrab Eugène d'Albert (1864 bis 1932), der
Schöpfer herrlicher Opern, von denen besonders ›Tiefland‹ noch
heute lebendig ist. Auf der darüber gelegenen Terrasse weist eine
Steintafel auf das Grab des großen Charakterdarstellers Alexander
Moissi (1880 bis 1935) hin. Moissi war der erste Salzburger ›Jedermann‹ in Max Reinhardts legendärer Inszenierung vom August
1920.

Noch oberhalb des Friedhofes erhebt sich eine baumbewachsene *Burgruine*. Ihr Ursprung ist unbekannt, doch im 15.Jahrhundert setzten sich hier die Paleari fest und verließen sie erst nach etwa zweihundert Jahren, als sie sich ein bequemeres Stadtpalais unten in Morcote erbaut hatten. Dieses zuerst so kriegerische Geschlecht hat später viele Künstler und Architekten hervorgebracht.

Morcote ist unser Ausgangspunkt für eine Fahrt nach Carona, dem an Kunstschätzen so reichen Ort in den Bergen. Man muß für diesen Ausflug etwa einen halben Tag rechnen.

CARONA

Etwa ein Kilometer hinter Morcote zweigt die Straße links ab, und wir erreichen zuerst *Vico Morcote*, dessen barocke Pfarrkirche Santi Simone e Fedele direkt an der Straße steht. Im Innern finden wir vier reich mit Stuck und Marmor verzierte Seitenaltäre und rechts über der Sakristeitüre das Marmorpolyptychon ›Maria mit Kind und Heiligen‹ von einem lombardischen Meister des Cinquecento. Wir fahren nun an der Flanke des Cima Pescia (835 Meter) entlang, mit jeder Kurve wird die Aussicht gewaltiger. Unter uns dehnt sich der östliche Arm des Sees mit Maroggia und weiter rechts Melano. Gegenüber liegt Bissone mit seiner Dammbrücke nach Melide, daneben links die italienische Enklave Campione, überragt von der Sighignola (1321 Meter).

Carona wurde schon um das Jahr 1000 erwähnt, im Mittelalter war es eine selbständige Republik, regiert von zwei gewählten Konsuln. Jetzt hat es noch etwa dreihundert Einwohner. Auch Carona hat viele bedeutende Künstler hervorgebracht, wie etwa Marco und Tommaso da Carona, die im 14.Jahrhundert am Mailänder Dom arbeiteten. Dann die Solari – wie oft sind wir ihnen im lombardischen Raum schon begegnet, doch ihre Hauptwerke schufen sie in der Fremde: die Kremltürme in Moskau, das Grabmal von Ludovico Moro in Pavia; sie arbeiteten auch in Mailand und Venedig. Nicht anders hielten es die Casella, die Aprile, die della Scala; ihrem Heimatort aber hinterließen sie nichts. Arbeit, Geld und Ehre suchte man sich draußen, zu Hause aber ruhte man sich aus, zeugte

Nachkommen und unterhielt die Alten mit Erzählungen von fremden Ländern und Sitten. Ein leiser Vorwurf klingt mit, wenn Schinz darüber schreibt:

»*Sie kommen, wenn sie den Anfang ihres Glücks gemacht, ins Vaterland zurück, heurathen sich, lassen aber die Weiber in der Bauernkleidung zurück, verfolgen ihr Herren-Leben weiter, befriedigen sich zu zwey oder drey Jahren um ihre Ehe-Gattinnen wieder zu sehen, sie zu befruchten und ihre Nachkommenschaft fortzupflanzen. Je die ältesten verlassen wieder das fremde Land und sezen sich ins Vaterland zu den ihrigen ... und je nach dem Maaß, nach welchem die Älteren in der Welt gesättigt zurückkommen, rükken die jüngeren ihnen nach.*«

Für einen braven Familienvater aus der deutschen Schweiz kann solches Verhalten freilich nicht sehr nobel erscheinen, doch die welschen Frauen hatten sich wohl damit abgefunden und sicherlich mit der Aufzucht ihrer zahlreichen Kinderschar genug zu tun. Welch ein Empfang mag das für den Ehemann gewesen sein, wenn er sich in Abständen von ein paar Jahren daheim blicken ließ!

Das Auto läßt man besser beim neuerbauten Schwimmbad am Ortseingang stehen und durchwandert den alten Ort zu Fuß. Auch Carona ist inzwischen ein Ausflugsziel geworden, hier ißt man an Wochenenden zu Mittag, lädt die Freundin zum Kaffee ein oder führt sie zum Tanzen in eine Discothek.

Im oberen Teil Caronas hält die Pfarrkirche *San Giorgio* in luftiger Höhe Wacht. Die Kirche ist romanischen Ursprungs und wurde zwischen 1495 und 1505 umgebaut. Die Kuppel entstand im 17. Jahrhundert. Im Innern des dreischiffigen Baues herrscht das Cinquecento; der Hauptaltar ist eine barocke Arbeit mit Marmorinkrustationen.

Das im Detail recht eindrucksvolle ›Jüngste Gericht‹ an der rechten Chorwand der Kirche schuf Gian Domenico Pozzi um 1580, inspiriert von Michelangelos Werk in der Sixtina. Die ›Herrlichkeit des Paradieses‹ an der linken Chorwand ist ebenfalls ein Werk Pozzis. Zu beiden Seiten des Altars sind prachtvolle Leuchterengel postiert, herrliche Schnitzwerke aus dem späten 16. Jahrhundert. An den Wänden finden wir eine Reihe guter Steinreliefs. – Das Triptychon an der linken Wand, ›Madonna mit zwei Heiligen‹, ist ein anmutiges Werk aus dem 15. Jahrhundert, es stammt möglicherweise aus der Solariwerkstatt. Die beiden gotischen Steinreliefs zu Seiten der Ma-

*donnenskulptur stellen die heilige Agathe und den heiligen Stefan (links)
und Sankt Georg mit dem Drachen (rechts) dar; sie werden dem Tommaso
Solari zugeschrieben. An der rechten Wand finden wir ein Relief mit zwei
Heiligen (15. Jahrhundert), darüber eine Beweinung Christi. Das große
Abendmahlsfresko über der Eingangstür hält man für ein Werk von Andrea
Solario (circa 1460 bis 1522), das Fresko an der rechten Wand, die ›Ent-
hauptung Johannes des Täufers‹ entstand um 1500.*

Von Carona fährt man in südlicher Richtung durch einen schattigen Waldweg hinauf zum *Santuario Madonna d'Ongero.* Die leider
meist abgeschlossene Wallfahrtskirche wird am 7. und 8. September
jeden Jahres aus ihrer Einsamkeit erweckt, wenn die Pilger den
Wald nach Picknickplätzen durchstreifen und sich dann nachmittags zur Prozession zusammenfinden. Zur Kirche hin führt eine Art
Stationenweg. Sie wurde im 18. Jahrhundert errichtet und in einem
prunkvollen Spätbarock ausgeschmückt; bemerkenswert sind die
lebensgroßen Stuckheiligen, wie etwa die von übereinanderpur-
zelnden Engeln umschwebte, verzückt dreinblickende heilige Magdalena. Im Querschiff finden wir schöne Fresken des in Carona geborenen Giuseppe Antonio Petrini (1677 bis 1757); den Stuck in
der Kuppel, aber auch viele der anderen Stukkaturen, schuf Alessandro Casella (18. Jahrhundert).

Von dem Platz vor der Kirche schaut man auf das saftig-grüne
Hügelland der Collina d'Oro mit seinen verstreuten Dörfern, ganz
rechts Montagnola, von wo die rote Fassade des Hesse-Hauses her-
überleuchtet. Gegenüber liegt Lavena in seiner Bucht, daneben versperrt der runde Monte Caslano die Sicht auf Ponte Tresa. Von hier
führt der Weg durch den Wald weiter nach *Torello* mit seiner romanischen Kirche Santa Maria (1217 geweiht), die heute ebenso
wie das 1389 aufgehobene Augustiner-Chorherrenstift in Privatbesitz ist. Guglielmo della Torre, Bischof von Como, hat das Stift
gegründet und ist hier 1227 gestorben. Hinter dem neuen Schwimmbad Torellos führen verschwiegene Pfade durch ein Wäldchen hinauf zu der Kirche, die wie eine wehrhafte Burg flach und gedrungen auf ihrem Hügel hockt und schöne, gut restaurierte Fresken aus
dem 13. Jahrhundert birgt. Sie steht auf den Grundmauern eines
älteren, vielleicht lombardischen Baus.

Über Ciona, Carabbia und Pazzallo kann man nach Lugano hinunter-
fahren, das man bei seinem südlichen Stadtteil Paradiso erreicht; das reizvoll
in eine Talsenke geschmiegte Carabbia war schon in römischer Zeit besie-
delt. Von Morcote nach Agno fährt man in nördlicher Richtung an den stei-
len Westhängen der Collina d'Oro entlang. Dies ist ein etwas mageres Ufer,
die Dörfer Figino, Casoro und Carabietta bestehen nur aus ein paar Häusern.
Doch der Wunsch nach einer eigenen Villa im Tessin hat jetzt auch hierher
Leben gebracht; an allen Ecken und Enden wird recht geräuschvoll, aber
nicht immer geschmackvoll, gebaut.

AGNO

Am Ende dieses westlichen Seearmes überqueren wir auf schnurgerader Straße den Vedeggiofluß und erreichen Agno, einen der
wenigen Orte am See, die ein großes Strandbad mit flachem Ufer besitzen. Agno war früher so etwas wie ein Gebietszentrum; die alte
pieve (Pfarrsprengel) umfaßte ehedem sechsundvierzig kleinere Ortschaften. Schinz berichtet, daß hier die meisten Kohlen des ganzen
›Lauisergebiets‹ (Lauis – Lugano) gebrannt wurden. Frauen und
Männer trugen die Holzkohlenlasten über die Berge bis zum Lago
Maggiore.

»Ein Mann trägt $^2/_3$ *von einem Malter und hat davon 24 soldi. Ein Weib*
trägt $^1/_3$ *und kriegt 12 soldi davon zum Lohn, und sie können den gleichen*
Weg des Tags kaum zweymal machen; welch ein ärmlicher Verdienst!«

Dazu wäre zu sagen, daß ein Schweizer Malter – allerdings als
Getreidemaß – hundertfünfzig Litern entsprach und der Lohn von
vierundzwanzig Soldi etwa einem drittel Taler, also der späteren
Goldmark, gleichzusetzen wäre. Da haben es die heutigen Agnesen
schon leichter.

Die *Chiesa Collegiata*, Agnos Pfarrkirche, wurde um 1760 von
Antonio Boffa erbaut; ihr Ursprung aber dürfte auf das 7. Jahrhundert zurückgehen. Die bombastische frühklassizistische Fassade von
Giuseppe Pastori wirkt trotz ihres Dekors kalt und nüchtern. Den
einschiffigen Innenraum krönt eine flache Mittelkuppel; sie wurde
von den Brüdern Torricelli aus Lugano in perspektivischer Manier
ausgemalt. Der Hauptaltar in Form eines Rundtempels wie auch
die übrige Ausstattung der Kirche (19. Jahrhundert) wirken bieder

und trotz des stilreinen Klassizismus provinziell. In der Sakristei befindet sich ein kleines Museum mit Fahnen aus den napoleonischen Kriegen und Fundstücken aus antiken Gräbern.

MAGLIASO

Am Ortsanfang führt rechts eine schmale steile Straße zur kleinen Pfarrkirche *Santi Biagio e Macario*, die 1680 erbaut und in neuester Zeit restauriert wurde. Den rechten Seitenaltar schmückt ein ansprechendes Marienbild aus dem 18. Jahrhundert. Etwas oberhalb der Kirche finden wir das von den Beroldingen auf den Resten der alten Burg im 17. Jahrhundert erbaute *Schloß* in einem traurigen Zustand. Mitten aus den Ziegeln eines kleinen runden Erkers wächst eine schon recht kräftig gewordene Akazie. Die Ruine steht zum Verkauf. Hier wurde 1116 der vom Kaiser zum Bischof von Como ernannte Landolfo belagert und ermordet, was einen zehnjährigen Krieg zwischen den ewigen Rivalen Mailand und Como auslöste.

Das Hinterland besteht hier aus flachen, fruchtbaren Hängen, auf denen vom Weinstock bis zum Walnußbaum alles prächtig gedeiht. Das alte Magliaso lag nicht am See, doch hat sich der Ort heute mit modernen Villen bis zum Ufer ausgedehnt.

Auf der Fahrt nach Caslano überqueren wir die Magliasina. Hier, an der Straßenkreuzung nach Caslano, steht neben einer kleinen Kirche ein bescheidenes Kapellchen, das 1442 erbaut und 1534 erweitert wurde. Man sollte nicht daran vorbeifahren. Ein unbekannter Meister hat die kleine Wegkapelle in der Art Luinis ausgemalt. In der Kuppel thront die Madonna, von Engeln umschwirrt, an den Wänden sind links die Kreuzigung und rechts Maria im Tempel dargestellt. Die beiden Kirchenväter unter dem Symbol des Heiligen Geistes an der Rückwand sind noch am besten erhalten, das übrige ist leider teilweise stark zerstört, doch ließe sich gewiß noch einiges retten. Vielleicht kann sich einer der reichen Villenbesitzer in der Umgebung zu dieser mäzenatischen Tat aufraffen, die ihn kaum mehr kosten dürfte als ein neuer Sportwagen. An der Außenwand der Kapelle ist eine Verkündigung dargestellt; der kniende Engel links ist noch gut erhalten, an seinem fein durchgebildeten Gesicht mag man erkennen, wie meisterhaft dieser Schüler oder Nachahmer Luinis gearbeitet hat.

Von hier führt die Straße in das höher gelegene Pura, einen Ort, der manchmal schon zum Malcantone gerechnet wird. Eine lange Treppe führt hinauf zur barocken Pfarrkirche San Martino; der Ort besitzt auch ein paar schöne alte Häuser. Auf der links zum See abzweigenden Straße nach Caslano begegnet uns die alte Kapelle Madonna delle Grazie mit einem kleinen Brunnen.

CASLANO

Am Ortseingang steht die Pfarrkirche *San Cristoforo* aus dem 17. Jahrhundert; im Innern herrscht ein freundlicher, aber etwas steifer Barock. Links vom Altar in einem Nebenraum hängt das recht gut gemalte Bild der heiligen Apollonia, die als Symbol ihres Martyriums eine Beißzange mit ausgerissenem Zahn in der Hand hält.

Caslano hat sich noch das reizvolle Gesicht eines Fischerdorfes bewahrt: alte Häuser, enge Gassen, kleine weithin würzig duftende Krämerläden. Von dem gemütlichen, mit Platanen bestandenen Uferpark schaut man hinüber nach Carabietta, dessen Häuser sich wie erschreckt zu einem Haufen zusammendrängen. Ganz rechts ragt der Monte Caslano (526 Meter) auf, dahinter – für uns nicht sichtbar – liegt Ponte Tresa. Eine schmale Straße führt um den ganzen, gar nicht so großen Berg herum, ein wunderschöner Spaziergang mit ständig wechselndem Ausblick auf See und Berge. Dieser erholsame, friedliche Ort weitab von der lärmenden Durchgangsstraße ist sympathisch gepflegt mit altertümlichen kleinen Pensionen, die das Seeufer zu Füßen des Berges säumen.

Carl Hofer (1878 bis 1955) hat Caslano geliebt und öfters gemalt, überhaupt gehören die in den zwanziger Jahren entstandenen Tessinbilder zu seinen besten Werken. Er selber schrieb über seine erste Begegnung mit dieser Landschaft:

»Während meines Aufenthaltes in Zürich, nach der Gefangenschaft (1917), war ich mit Hermann Haller in den Tessin gefahren und erlebte erstmalig diese paradiesische Welt, die durchaus italienisch und dennoch völlig anders ist. Gegensätzliches vereint sich hier, üppigste Gartenheiterkeit mit strengster Formung aller wesentlichen Erscheinungen, Haus und Gelände.«

Nach dem Zweiten Weltkrieg verbrachte Carl Hofer regelmäßig die Sommermonate am Luganer See, und dort hat er, dessen Werk sonst hauptsächlich Gestalt und Antlitz des Menschen darstellte, sich ganz der Landschaft verschrieben.

Wieder auf der Hauptstraße fahren wir das langgestreckte Magliasina entlang (Ort und Fluß tragen den gleichen Namen) nach Ponte Tresa, das mit etwa zweitausend Einwohnern zum Zentrum des äußersten westlichen Ufers geworden ist. Von hier führt eine Straße nach Luino, die kürzeste Verbindung zwischen Lago Maggiore und Luganer See.

Das Malcantone

Ponte Tresa. Dies ist ein Ort zum Spazieren, kreuz und quer, hinauf und hinunter läuft ein Gewirr von Gassen und Treppen, manche so eng, daß sie nie ein Sonnenstrahl trifft und sanftgrünes Moos die Pflasterkiesel überzieht. Die Pfarrkirche *San Bernardino* im oberen Teil des Ortes ist innen wie außen ein buntes Stilgemisch. Diese Kirche hat so gar nichts von einem Museum an sich, sie sieht richtig ›gebraucht‹ aus, abgenützt vom vielen Beten, Taufen und Heiraten. Sie wirkt – ich finde kein anderes Wort – einfach gemütlich.

Ponte Tresa ist Ausgangspunkt für eines der landschaftlich reizvollsten Gebiete des Ceresio, das Malcantone. Wir brauchen nur den Tresafluß entlangzufahren, der hier auch die Grenze nach Italien bildet, und gelangen geradewegs in dieses Tal, das seinen üblen Namen (*mal cantone:* wüste Gegend) ganz zu Unrecht trägt.

Eigentlich führen zwei Straßen ins Malcantone; wir erreichen die Hauptroute über Sessa, man kann auch in Madonna del Piano nach Croglio abbiegen und kommt dann über Biogno und Beride bei Novaggio auf die Hauptroute. Die Straßen sind überall gut, und wer für den Ausflug nicht gerade ein sonniges Wochenende wählt, hat die Fahrbahn, zumindest ab Sessa, oft für sich allein. Doch ist es fast schade, diese herrliche Landschaft mit dem Auto zu durchbrausen, es ist ein Gebiet für Wanderer, aber eines schließt ja das andere nicht aus.

Sessa. Nach Ponte Tresa durchqueren wir Madonna del Piano und biegen dann in Molinazzo rechts ab. In sanften Kurven geht es nun durch dicht bewaldete Hänge bergauf und schon bald taucht die ockergelbe Kirche von Sessa vor uns auf.

Von außen ist die Pfarrkirche *San Martino* ziemlich reizlos, doch

der einschiffige Innenraum hat einiges zu bieten. Der goldleuch-
tende Hauptaltar will zuerst beachtet sein, sein Schnitzwerk aus der
Mitte des 17.Jahrhunderts zeigt deutlich den Übergang von der
Renaissance ins Barock. Im Zentrum des blau-goldenen, von vielen
Säulen gegliederten Altares ist ein letztes Abendmahl in bewegten
Figuren dargestellt. Dieses Werk ist im Detail nicht besonders kunstvoll, doch der Gesamteindruck aus einigen Metern Entfernung ist
großartig. Die geschnitzte Kanzel ist eine rustikal wirkende Arbeit
des Seicento; die beiden vorderen Seitenaltäre sind reich mit barok-
ken Stukkaturen verziert.

Mitten im Ort steht die Kirche *Sant' Orsola* mit einer wohlausge-
wogenen Renaissancefassade. Etwas weiter rechts öffnet sich die
Piazza Giovanni Rossi. Das alte Haus am Anfang hat ein Stuck-
relief, das im unteren Teil ein Bischofswappen zeigt. Vielleicht stand
hier jener legendäre Palast, den ein Adeliger aus der Familie der
Herren von Sessa erbaut haben soll, nachdem er zum Bischof von
Como geweiht worden war. Etwas weiter, an der Piazza Superiore,
gibt es ein paar schmucke alte Häuser, darunter das frühere Gerichtsgebäude mit zwei übereinanderliegenden Säulengalerien im
Innenhof. Auch einige alte Wappenfresken haben sich hier erhalten
und neben der oberen Galerie eine Madonna mit Kind.

Astano. Bis Sessa spürt man den von hier nach Luino zum Lago
Maggiore strömenden Verkehr, doch jetzt, auf unserem weiteren
Vorstoß ins Malcantone, wird es stiller. Durch Wein- und Obstgärten geht es über das Dörfchen Beredino mit ein paar prächtigen
alten Häusern nach Astano, das behaglich in dieses grüne fruchtbare
Land eingebettet liegt und doch schon etwas von einem Bergdorf
hat, mit seinen steilen Gassen zwischen eng zusammengedrängten
Häusern. Manche Reiseführer nennen noch eine mit Quadraturmalerei geschmückte ›Casa di Antico Negozio‹, doch dieses architektonische Schmuckstück wurde längst abgebrochen, wie mir Einheimische versicherten. Es gibt aber noch einige sehr alte Häuser zu
sehen, die vielleicht auch bald schon neuen Bauten weichen müssen.

In Astano ist Domenico Trezzini geboren, der im Auftrag Peters
des Großen an der Erbauung von St. Petersburg 1703 bis 1710 mit-

wirkte. Die kleine Pfarrkirche am Ortsende hat einen bunten Marmoraltar, wie man sie überall in der Lombardei findet. Der Blick vom Friedhof auf das grüne, hügelige Land ringsum ist bezaubernd. Nirgends schroffe kahle Felsen oder tiefe Schluchten, alles ist sanft, farbig und heiter. Daß dies auch für die Bewohner gilt, versichert ein bunter Prospekt, in dem es heißt: »Von äußerst gutem Klima ist das Malcantone sehr sonnig, windgeschützt, und in der Wesensart seiner Bewohner spiegelt sich das Milde seiner Jahreszeiten.« Schinz, dem nichts entging, hat auch auf die Bedeutung der Kastanienwälder hingewiesen:

»Ein anderes vorzügliches und wesentliches Lands-Produkt machen die Castanien aus. Von diesen findet man große Wälder; der Castanienbaum wachst in einer Höhe, wo der Nußbaum nicht mehr gedeyt und ist dem italienischen Bauer sein nützlichstes und liebstes. Er ernähret sich davon noch länger als von dem Getreid, und in den Jahren, wo dieses fehlt, oder theuer ist, können die Castanien ihn, wann sie wohl gerathen, diesen Verlust ersezen. Die Frucht genießt er frisch oder gedörrt – das Laub streuet er dem Viehe, aus dem Holz des Castanienbaumes macht er seine besten Weinfässer, sein dauerhaftes Bauholz, und aus den abgehenden unfruchtbaren Bäumen brennt er die allerbesten Kohlen …«

Heute scheinen die Bergbauern eher geneigt, dem durchreisenden Fremden ihre ›Castanien‹ für teures Geld zu verkaufen, als sich davon zu ernähren.

In abwechslungsreicher Berg- und Talfahrt geht es weiter nach Novaggio, das sich in anmutiger Lage über flache Hänge breitet. Von hier sieht man im Südwesten sogar ein Stückchen des Ceresio, dessen graublaue Fläche winzigweiße Segeltupfen beleben. Etwa ab hier folgt unsere Straße dem Tal der Magliasina, und nun beginnt – weitab vom Durchgangsverkehr – mit Astano und Novaggio die Reihe der stillen, erholsamen Orte des Malcantone.

Miglieglia. Durch schattige Laubwälder, die über unsere Straße manchmal ein grünes Dach wölben, kommen wir nach Miglieglia, das unterhalb des Monte Lema (1620 Meter) liegt, der von hier aus mit einer Seilbahn zu erreichen ist. Die sonst recht schmucklose Pfarrkirche des Ortes besitzt einen geschnitzten und vergoldeten Hauptaltar, der in Aufbau und Dekor dem zu Sessa sehr ähnelt und vielleicht aus der gleichen Werkstatt stammt.

Weit interessanter ist das Kirchlein *Santo Stefano*, das, auf einer Anhöhe gelegen, Miglieglia überragt. Ein paar Minuten Aufstieg durch eine prächtige Kastanienallee, und wir stehen vor einem der ältesten Sakralbauten des Tessin. Wer hinein will, tut gut daran, sich vorher unten im Ort bei der Signora Ronzani den Schlüssel zu holen; jeder wird Ihnen den Weg zu dieser Dame weisen. Es ist oft eine rechte Plage mit diesen Schlüsselbewahrern, die leider nicht immer gleich neben der jeweiligen Kirche wohnen. Santo Stefano wurde im 13. Jahrhundert erbaut und hat schöne Chorfresken aus dem Jahre 1511, die mit ihren feierlich-starren Figurengruppen – Christi Geburt, Kreuzigung, Zwölf Apostel – weit älter wirken. Neben der Kirche liegt der anmutigste Friedhof, den man sich denken kann: inmitten eines Kastanienwäldchens, das von Vögeln durchzwitschert wird, und dessen sattgrüne Baumkronen immer ein leiser kühler Hauch durchstreicht. Aus den graugrünen Flächen der bewaldeten Hügel ringsum leuchtet das warme Ziegelrot der Dächer. Dies ist gewiß einer der schönsten Plätze des Malcantone. Von hier aus sehen wir im Norden schon Breno liegen, unser nächstes Ziel.

Hatten die Orte bisher bei aller Ursprünglichkeit doch auch etwas von einer Sommerfrische, so spürt man davon in Breno *nichts mehr. Ein kräftiger Duft nach Mist, Heu und Holzrauch durchzieht den Ort, gackernde Hühner laufen einem vors Auto und Ristorante gibt es nur ein einziges. Das Volk der Katzen beherrscht den stillen Ort – wohin man auch geht, von irgendwo verfolgt ein bernsteingelbes Augenpaar unsere auf dem Kopfsteinpflaster laut hallenden Schritte. Von der kleinen Pfarrkirche aus hat man wieder einen schönen Blick auf das umliegende Land.*

Durch Fescoggia und Vezio geht es weiter nach Mugena, *das in sonniger Südlage vor sich hinträumt. Die kleine Pfarrkirche Santa Agata ist in einem heiteren ländlichen Barock ausgestattet; sie bedarf dringend einer Renovierung. Aus Mugena stammten der Kupferstecher Giacomo Mercoli (1745 bis 1825) und sein Sohn Michelangelo (1773 bis 1802), der als Maler tätig war.*

Unsere schöne Fahrt nähert sich jetzt ihrem Ende, doch da ist noch Arosio, *das auch einen kurzen Aufenthalt verdient, vor allem wegen seiner Pfarrkirche, San Michele, die im 12. Jahrhundert gegründet und 1640 bis 1647 erweitert und umgestaltet wurde. Durch eine Säulenvorhalle betreten wir den einschiffigen Innenraum, dessen reicher Freskenschmuck von Antonio da Tradate (Anfang des 16. Jahrhunderts) stammt und erst in neuerer Zeit freigelegt und wiederhergestellt wurde.*

Besonders gut erhalten ist die Kreuzigung beim Hauptaltar; sie wirkt bei aller Steifheit doch recht lebendig. Die ›Beweinung Christi‹ an der Wand dem Eingang gegenüber zeigt deutlich die flache unperspektivische, an älteren Vorbildern geschulte Manier dieses Meisters aus dem Varesotto. Er wird wie viele seiner Zunftgenossen durchs Land gezogen sein und hat Pinsel und Farben hervorgeholt, wo man es eben wünschte. Da entstand keine ›große Kunst‹, diese Meister übten ein Handwerk aus, wie Maurer, Küfer oder Zimmermann, und waren weit davon entfernt, als Künstler im heutigen Sinn aufzutreten. – Von der Straße unterhalb der Kirche sieht man im Südosten ein Stück des Sees mit einem Teil von Lugano unterhalb des Monte Brè.

In steilen Serpentinen geht es jetzt hinunter nach Gravesano, dem letzten Ort auf unserer Fahrt durch das heiter-schöne Malcantone. Von hier sind es nur noch sieben Kilometer bis Lugano; wir aber fahren von unserem Ausgangspunkt, Ponte Tresa, weiter nach Süden.

Von der Tresa bis Campione

AM ITALIENISCHEN UFER

Die Tresa ist hier der Grenzfluß, er teilt den Ort Ponte Tresa in zwei Hälften. Man wird sich daran gewöhnen müssen, daß die Grenze zwischen der Schweiz und Italien sich in seltsamen Rösselsprüngen über das Gebiet des Ceresio bewegt. Der erste italienische Ort ist *Lavena.* Hier könnte man glauben, der See sei zu Ende, aber es ist nur der Monte Caslano so nahe gerückt, daß gerade noch eine Rinne von etwa dreißig bis vierzig Metern für die Schiffsdurchfahrt bleibt. Lavena ist ein stiller, etwas verfallener Ort; von hier überblickt man das kleine Seebecken mit Ponte Tresa.

Nach Lavena treten die Ufer wieder zurück, und die Straße führt in vielen Kurven an steilen felsigen Hängen entlang nach Brusimpiano, einem verträumten Fischerdorf. Von dem kleinen Uferpark mit seinen schattigen Ahornplatanen sehen wir links das Bergland des Malcantone, dessen untere Hänge dicht besiedelt sind. Rechts am wieder recht nahe gerückten Ufer liegt Figino, das sich wie ein Keil in den dichten Wald hineinschiebt. Immer hart am Seeufer entlang fahren wir an den kleinen Orten Selva Piana, Mottarello und Le Cantine vorbei nach Süden. Drüben liegt Morcote, überragt von Madonna del Sasso mit ihren ernsten dunklen Wächtern, den alten Zypressen.

Der südlichste Ort des Luganer Sees, *Porto Ceresio*, liegt zu Füßen des Monte Grumello (690 Meter) und ist ein wichtiger Verkehrsknotenpunkt, da hier die Straße nach Varese abzweigt. Schöne Ausflüge führen nach Cuasso al Monte (5,5 Kilometer) und von dort über Cavagnano auf den Monte Piambello (1129 Meter) mit herrlichem Rundblick. Porto Ceresio liegt genau Morcote gegenüber, dessen gelbe Palazzi den Uferstreifen säumen, darüber erhebt sich grau und massig das Paleari-Castell, rechts am Hang sehen wir Vico-Morcote, den luftigen Ableger des Ortes am Ufer. Im Nordosten verwehrt uns das vorgelagerte Melide mit seiner Dammbrücke den Blick auf Lugano, dessen riesige Hafenwächter Monte Brè und San Salvatore aber gut zu erkennen sind.

Nach Porto Ceresio müssen wir wieder einmal die Grenze überschreiten. Da Land und Leute sich in nichts unterscheiden, wird man bei einer ersten Rundfahrt oft gar nicht mehr genau wissen, in welchem Staat man sich gerade befindet.

Um ganz sicherzugehen: Wir sind jetzt wieder in der Schweiz und kommen nach *Brusino-Arsizio*, das sich lang – wie sein Name – am Ufer erstreckt. An der Uferpromenade steht die Pfarrkirche San Michele mit einem schönen bunten Marmoraltar, den etliche schneeweiße Stuckengelchen zieren. Über Brusino-Arsizio erhebt sich der mächtige Monte San Giorgio, den man mit der Seilbahn etwa bis Serpiano und dann zu Fuß erklimmen kann. Dieser Berg ist eine der reichsten Lagerstätten fossiler Wirbeltiere. Schon 1863 und 1878 haben italienische Wissenschaftler dort gegraben, seit 1924 wird – mit Abständen – systematisch geforscht. Der Sockel des Monte San Giorgio besteht aus vulkanischen Ergußgesteinen der Perm, darüber Meeresablagerungen des Trias, die eine Zeitspanne von etwa dreißig Millionen Jahren umfassen. Da der Berg sich damals in Küstennähe eines Schelfmeeres befand, wurden hauptsächlich die Reste von im Wasser lebenden Sauriern gefunden wie etwa Placodontier, Sauropterygier und amphibische Echsen der Gattungen Tanystropheus, Askeptosaurus und Macrocnemus. Außerdem fanden sich viele Fischarten, Muscheln und Pflanzenreste. Mit modernsten Methoden der Erforschung, Bergung und Präparation haben Schweizer Gelehrte seit den fünfziger Jahren die Grabungen intensiviert.

Nach Brusino-Arsizio macht das Ufer einen scharfen Knick, und wir fahren jetzt in südöstlicher Richtung über Poiana nach Riva San Vitale.

RIVA SAN VITALE

Der Ort war vermutlich schon zur Römerzeit besiedelt, hat sich als ein Tor zum Süden im Mittelalter zur freien Gemeinde mit eigenen Statuten entwickelt, und im Februar 1798 ist gar eine richtige Republik daraus geworden. Vom scharfen Wind der Französischen Revolution war – etwas spät zwar – auch hierher ein Hauch gedrungen, der immerhin die Bürger zur Errichtung eines Freiheitsbaumes anregte. Und nicht genug damit, man entwarf eine Verfassung, schuf eine Nationalgarde und schickte gleich eine Delegation nach Mailand zwecks Kontaktaufnahme mit der Cisalpinischen Republik. Diese kuriose Stadt-Republik lebte genau sechzehn Tage, bis ihr ein Trüppchen Eidgenossen den Garaus machte. Immerhin, man hatte es gewagt ...

Den Ortsanfang beherrscht die Kuppel von *Santa Croce*, einem eigenwilligen Spätrenaissancebau in Form eines griechischen Kreuzes von 1582. Diese Kirche ließ Gian Andrea della Croce, päpstlicher Geheimschreiber, aus eigenen Mitteln errichten; die Pläne werden Tibaldi zugeschrieben, den Bau leitete Giovanni Antonio Piotta aus Vacallo im Mendrisiotto. Wer die Kirche besichtigen will, klopfe getrost an die Tür des Hauses gegenüber, wenn nicht schon der sagrestano von selber herbeigeeilt ist.

Bereits die geschnitzten Eingangstüren des Hauptportals mit den seltsamen Maskengesichtern wie auch die von Kuppel und Campanile überragte, durch Pilaster gegliederte Fassade verraten den vom Manierismus geprägten Spätstil. Über dem oktogonalen Mittelraum erhebt sich auf achteckigem Tambour die eiförmige Kuppel, deren Fresken fast unkenntlich geworden sind. Die typisch manieristischen, im Groteskstil gehaltenen Wandfresken werden den Brüdern Pozzi (1592) zugeschrieben. Die Gemälde in den beiden Seitenkapellen und am Altar schuf Camillo Procaccini (1551

bis 1629). Die beiden Bilder am Hauptaltar, links ›Die Schlacht an
der Milvischen Brücke‹, rechts ›Die Auffindung des Kreuzes durch
Helena‹, gehören zu Procaccinis besten Arbeiten.

*Die Ausstattung dieser seltsamen Kirche, mit den glatten Goldsäulen der
Altäre, den Sphinxen und maskenhaften Fratzen der Wandfresken wirkt
heidnisch und hat einen ganz eigenen Reiz. Nicht in einer christlichen Kirche glaubt man zu sein, sondern im Tempel einer geheimnisvollen Gottheit,
deren Mißbilligung wir übrigens auf seltsame Art zu spüren bekamen.*

*Während wir nämlich am Hauptaltar den Erläuterungen des freundlichen
Cicerone lauschten, hatte unser Töchterchen unbekümmert am Boden inmitten der Kirche zu spielen begonnen und dabei einen losen Stein hochgehoben.
Darunter entdeckte sie ein krebsähnliches Wesen, das sie sofort – als echtes
Kind unserer Zeit – für ein Plastiktier hielt und gleich anfaßte, um es aufzu-
heben. Das Spielzeug regte sich aber, worauf Susannchen es wieder fallen
ließ, herbeilief und uns davon erzählte. Böses ahnend ging ich mit ihr hin,
um das Tierchen in Augenschein zu nehmen, und fand einen mittelgroßen
Skorpion, der leise drohend mit seinem Stachel wackelte. Ungerührt und
ohne zu zögern, zertrat der sagrestano das Vieh. Es hatte tatsächlich wie ein
Juxartikel aus Kunststoff ausgesehen.*

Das Zentrum des Ortes beherrscht der ockergelbe *Palazzo Com-
munale* (16.Jahrhundert), früher Sitz der Familie della Croce. Hier
auf der Piazza fand 1798 jene denkwürdige Republikgründung
statt. Die nur wenig entfernte Pfarrkirche *San Vitale* (1756 bis 1759)
prunkt mit zwei kunstvollen Marmoraltären des 18.Jahrhunderts.
Den bedeutendsten Sakralbau des Ortes und den ältesten des ganzen Tessin, das Baptisterium, finden wir gleich daneben. Dieses
Baptisterium stammt aus dem 5. bis 6.Jahrhundert, wurde in den
Jahren 1953 bis 1955 gründlich restauriert und dabei von allen stilfremden Zutaten befreit. Der außen quadratische Bau ist von einer
elliptischen Kuppel auf achteckigem Tambour überdacht. Der Innenraum war ursprünglich in den Achsen durch flache Nischen, in
den Diagonalen durch Halbkreisnischen oktogonal gegliedert. Die
Nische am Ostende wurde später zu einer runden Apsis ausgebaut.
Unter dem Taufbecken aus dem 9.Jahrhundert befindet sich mitten
im Raum das ebenfalls achteckige frühchristliche Taufbassin, in
dessen Wasser die damals meist erwachsenen Täuflinge getaucht
wurden. Die ursprünglich flache Altarnische wurde im 16.Jahr-

hundert als O-förmige Apsis ausgebaut. Die von Mario Rossi behutsam freigelegten und konservierten Fresken stammen aus dem 11. bis 15.Jahrhundert, wobei die frühesten Malereien in ihrer byzantinischen Strenge mit den ornamentalen Gewandfalten am eindrucksvollsten sind. Der thronende Gottvater in der Rundnische links vom Eingang könnte einem der Mosaiken in Ravenna entstammen, wenn auch hier die Starre durch bewegte Gebärden gemildert ist.

Riva San Vitale unmittelbar benachbart ist Capolago, *das durch die darüber hinweg führende Autostrada nach Como recht unruhig geworden ist. Politische Unruhe kam schon Mitte des vorigen Jahrhunderts in das damals noch stille Dorf, als die ›Tipografia Elvetica‹ hier ihre politischen Flugschriften druckte, die dann während des Risorgimento die ganze Lombardei überschwemmten.*

Dem Ausblick von der kleinen Uferpromenade hat dies alles freilich nichts von seiner Schönheit genommen. Vor uns dehnt sich das ganze Becken des südöstlichen Seearmes, links liegt die Schwesterstadt Riva San Vitale, rechts ragt der spitze Kegel des Monte Santa Agata, zu seinen Füßen Maroggia, Melano und das höhergelegene Rovio.

Aus Capolago stammte Carlo Maderna (auch Maderno, 1556 bis 1629), der vor Bernini Roms führender Architekt gewesen war und mit seinen Bauten das römische Hochbarock einleitete. Seit 1603 beaufsichtigte er den Bau des Petersdoms und entwarf selbst das Langhaus, die Vorhalle und die Fassade.

Von Capolago führt eine Zahnradbahn auf den Monte Generoso *(1701 Meter), ein Ausflug, der – allerdings nur bei klarem Wetter – unbedingt anzuraten ist. In seinem Tessin-Buch beschreibt Stefano Franscini 1835 die damaligen Freuden einer Generoso-Besteigung:*

»Gerade zu Mendrisio und in den umliegenden Ortschaften beginnt der bequemste Fußweg, um auf den Gipfel zu steigen. Verreist man im Sommer nur zwey Uhr nach Mitternacht entweder zu Fuß oder auf einem Saumthier, so gelangt man noch frühmorgens in die Alpgegend. Daselbst fängt eine Aussicht nicht nur auf die Gegend von Mendrisio, sondern auch auf die von Como Varese und Mailand an, deren Schönheit mit Worten nicht auszudrücken ist.«

Nun, heute brauchen wir kein störrisches ›Saumthier‹ zu besteigen und müssen auch nicht schon bald nach Mitternacht aus den Federn. Die Fahrt in den gemütlichen roten Wägelchen dauert etwa fünfzig Minuten, geht an

schroffen Abgründen vorbei, durch feuchte Tunnels und kühle Wälder; man spürt, wie die Luft von Minute zu Minute frischer und klarer wird. Das letzte Stück zum Gipfel muß man, vorbei an der Kapelle, zu Fuß gehen.

Bei gutem Wetter überschaut man von hier aus im Süden die lombardische Tiefebene bis Mailand, manchmal sogar bis zu den Apenninen. Im Norden und Westen liegt der Ceresio vor uns, deutlich ist Lugano zwischen Monte Brè und Monte San Salvatore zu erkennen, weiter links Melide mit seiner Dammbrücke, darüber Carona, in Wälder und Wiesen gebettet. Bei klarer Sicht ist im Nordwesten ein Stückchen des Lago Maggiore zu erkennen. Die lange weiße Kette der Alpen rahmt dieses herrliche Bild, man glaubt, die Schneeluft der Gletscher bis hierher zu spüren. An den Hängen unterhalb des Gipfels turnen schwarze Bergziegen herum, manchmal kommen sogar weidende Kühe bis hier herauf. Das Rattern der Baumaschinen hat sie allerdings für einige Zeit vertrieben, denn auch hier wird gebaut, und inzwischen wird das große neue Hotel eröffnet sein. Aus der ›Bergeinsamkeit‹ läßt sich gut Kapital schlagen ...

AUSFLUG INS MENDRISIOTTO

Von Capolago ist es nur ein Katzensprung ins Mendrisiotto, das grüne, dichtbesiedelte Hügelland zwischen den Südspitzen des Ceresio und des Lario, des Comer Sees. Friederike Brun (1765 bis 1835), deren tiefempfundene Reiseberichte Ende des 18. Jahrhunderts entstanden – zur Zeit der ›empfindsamen Reisen‹ – beschreibt einen Ausflug nach ›Mendrisium‹ im September 1795:

»Wir verließen das glänzende Lugano nachmittags und erreichten mit der Abendröte Capo di Lago. Von hier fuhren wir in einer Stunde ungefähr nach Mendrisium. Es ist ein ruhiges grünes Tal, gleichsam des Sees Anfang, das uns umfängt. Der Weg geht leise bergahn und schwebt dann am Saum beschatteter Berge, an denen Reben nachlässig von Baum ranken; unter uns liegen frische Wiesentäler aus- und eingebuchtet, um der Berge Füße, und bald erblicken wir das stille Mendrisium. An einen Hügel gelehnt, von dem ein Kastanienwald herabschattet, zieht der kleine Flecken über die sinkenden Täler an die langen jenseitigen Berge hin.«

Mendrisio, mit etwa 6000 Einwohnern heute kein ›kleiner Flecken‹ mehr, hat dieser Gegend den Namen gegeben. Das malerische Städtchen ist in neuester Zeit mächtig gewachsen. Die Pfarrkirche *San*

Damiano im alten Ortskern wurde 1862 von Luigi Fontana (1812 bis 1877), einem Architekten aus dem nahegelegenen Muggio erbaut. Der schwere, von einer mächtigen Kuppel überwölbte Bau birgt noch einige Kostbarkeiten aus der alten abgebrochenen Pfarrkirche, so vor allem das geschnitzte und vergoldete Tabernakel (1670) und eine Madonnenfigur aus dem 15.Jahrhundert.

Durch die Via Rusca kommen wir in die Via del Ginnasio, an deren Ende die Kirche *San Giovanni Battista*, ein 1451 gegründetes, 1852 aufgehobenes Servitenkloster und das Oratorio der Madonna delle Grazie stehen. San Giovanni (1476) hat eine schöne, etwas strenge Fassade und ist im Innern im Prunkstil des späten Barock ausgeschmückt. Die herrlichen Stukkaturen schuf der einheimische Meister A. Catenazzi, die Altarbilder stammen von Francesco Torriani (1612 bis 1681) und seinem Sohn Innocenzo. Das frühere *Servitenkloster* hat einen mit Bogengängen geschmückten Innenhof, die angebaute Kapelle der Madonna delle Grazie ist von der Via Carlo Pasta, rechts um die Ecke, zu betreten, sie enthält einen schönen Barockaltar und Fresken aus dem 14.Jahrhundert im Stil Giottos.

Am Ende des Corso Bello erhebt sich die mächtige Fassade des *Palazzo Pollini*, erbaut um 1720, dessen schöne, mit Fresken und kunstvollen Holztäfelungen geschmückte Räume besichtigt werden können. Die Legende erzählt von einem adeligen Wüstling, der früher hier gewohnt haben soll und sich von Häschern hübsche Bauernmädchen einfangen ließ, die er dann bei entsetzlichen Orgien mißbrauchte. Wer sich weigerte, wurde umgebracht; angebliche Skelettfunde sollen dies bestätigen. Als sich eines Tages das empörte Volk lärmend vor dem Palazzo versammelte, sich sozusagen zur Protestdemonstration formierte, wurde der Lüstling, der seinen Kopf aus dem Fenster streckte, von einem aus der Menge geworfenen Stein tödlich getroffen.

Die nähere Umgebung von Mendrisio ist durchaus erkundenswert; da gibt es den Nachbarort *Rancate*, wo 1638 Carlo Fontana geboren wurde. Er lebte als Schüler und Nachfolger Berninis in Rom, wo er im Stil seines Lehrers viele Kirchen, Paläste und Brunnen erbaut oder von Bernini Begonnenes vollendet hatte. Dort

starb er 1714. Sehenswert ist auch das *Museum Johann Züst* mit seiner
Sammlung Tessiner Malerei des 17. bis 20.Jahrhunderts (geöffnet
März bis November von 9 bis 12 Uhr und von 14 bis 17 Uhr;
außer Montag).

Ein paar Kilometer weiter und wir sind in *Ligornetto*, dem Geburtsort des Bildhauers Vincenzo Vela (1820 bis 1891), dessen Werken
wir im Rathaus und im Stadtpark von Lugano schon begegnet sind.
Ligornetto hat seinem berühmten Sohn im ehemaligen Wohnhaus
des Künstlers und seiner Familie ein Museum errichtet, das die wichtigsten Arbeiten teils im Original, teils als Abguß enthält. Schon als
Vierzehnjähriger ging Vela nach Mailand, um sich ausbilden zu
lassen, wurde schnell bekannt und erhielt später eine Professur an
der Accademia Albertina in Turin. Seine Kunst stand zum Teil im
Dienst des Risorgimento, was ihm das Mißtrauen der österreichischen ›Kolonialherren‹ einbrachte. Wie so viele lombardische Künstler zog es ihn wieder in die Heimat zurück, und hier liegt er auch
begraben. Heute ist man geneigt, dem allzu Pathetischen oder Rühr-
seligen bestenfalls noch kunsthistorischen oder dekorativen Wert
zuzuerkennen – gewiß zu Recht – doch im Falle Velas bleiben immer noch die manchmal vorzüglichen Porträtwerke und einige
andere wirklich geglückte Arbeiten wie etwa die ›Desolazione‹ im
Stadtpark von Lugano.

Im Südosten von Mendrisio liegt *Morbio-Inferiore* mit seiner
schönen Wallfahrtskirche Madonna dei Miracoli (erbaut 1595 bis
1613), die reich mit Stuck verziert ist und zwei Gemälde von Giuseppe Antonio Petrini (1677 bis 1757), dem Meister aus Carona, besitzt, und zwar eine ›Rosenkranzmadonna‹ und den ›Tod des heiligen Joseph‹. Von dem höhergelegenen Morbio Superiore hat man
einen weiten Blick ins hügelige Varesotto.

Von Morbio nehmen wir den Weg zurück über *Castello San
Pietro*, einem lieblich zwischen Weinberge gebetteten Ort, mit der
schönen Barockkirche Sant' Eusebio, die 1678 bis 1685 von Agostino Silva (1628 bis 1706), einem Baumeister aus Morbio, errichtet
wurde. Von der Burg, deren Namen der Ort trägt, ist nichts mehr
geblieben als die kleine Kapelle San Pietro, die Bischof Bonifatius

von Como Mitte des 14. Jahrhunderts erbauen ließ. In ihrem Innern finden wir gut restaurierte Trecento-Fresken eines lombardischen Meisters. Diese ›Cappella Rossa‹ (Rote Kapelle) wurde im Jahrhundert ihrer Errichtung zum Ort einer schrecklichen Bluttat, ausgelöst durch einen Zwist der Familien Busioni und Rusca. Dem Giorgio Busioni wurden neun Brüder und die Mutter von den Rusca erschlagen. In seinem maßlosen Rachedurst drang er mit bewaffneten Knechten am Heiligen Abend des Jahres 1390 in die Kapelle des damals von den Rusca bewohnten Schlosses ein und erschlug die dort zur Mette versammelten Menschen samt dem Priester, es sollen an die hundert gewesen sein. Nach dieser Entsetzenstat konnte Busioni keine Ruhe mehr finden. Auf einer Sühnefahrt ins Heilige Land kam er um.

Über einen reizenden Brauch aus dieser Gegend berichtet Virgilio Chiesa:

»*Oberhalb Castel San Pietro, romantisch gelegen, das Kirchlein Madonna di Obino, zu dem eine breite Zypressenallee hinaufführt. Am Jahresfest dieser Madonna, die gewöhnlich zum ›Sassolino‹, zum Steinchen, genannt wird, kamen früher die jungen Männer der Umgegend, die ernste Absichten auf ein Mädchen hatten. Der junge Mann ließ die Prozession – welcher die Statue der Madonna vorangetragen wurde – an sich vorbeiziehen. Kam dann die Auserwählte vorbei, warf ihr der Bursche ein Steinchen zu, und sie zeigte dann durch ihr Verhalten, ob ihr der Antrag genehm war.*«

Mit einem Abstecher nach dem hochgelegenen *Salorino* wollen wir den Ausflug ins Mendrisiotto beschließen. Hier beginnt die Autostraße auf den Monte Generoso, die aber nur bis auf 1200 Meter führt; wer ganz hinauf will, muß es auf Schusters Rappen tun oder in die Zahnradbahn umsteigen. In herrlicher Lage thront San Zeno über dem Laveggio-Tal, eine schon 1330 erwähnte Kirche, die sich heute in prachtvoll barockem Kleid präsentiert, vor allem die leuchtenden Deckenfresken sind sehenswert.

Von Capolago geht es nun wieder nordwärts; wir halten uns an die parallel zur brausenden Autostrada verlaufende, bescheidenere Uferstraße und erreichen Melano.

Der Ort liegt abseits des Sees, rechts von der Straße. Von der alten Kirche steht nur noch der Turm, das übrige mußte der Straße weichen. Die neue Pfarrkirche ist ein bombastischer Neurenaissancebau, 1850 von Luigi Fontana über dem Grundriß eines lateinischen Kreuzes errichtet. Durch einen Portikus gelangt man in den gut gegliederten Innenraum, der außer reichlichem Säulenschmuck wenig zu bieten hat. Von Melanos stilvoller Piazza beginnen wir den Aufstieg zur Wallfahrtskirche *Santuario del Castelletto*. Den Schlüssel zum Santuario bekommt man im Pfarrhaus gegenüber der Kirche, wo ihn Don Annibale Pagnamenta, Melanos rühriger Seelenhirte und Heimatforscher, hütet. Von ihm wird später noch die Rede sein. Es ist mit dem Auto schwer zu erreichen; man müßte schon ein sehr geländegängiges Fahrzeug besitzen, um die engen, steilen Serpentinen zu bewältigen. Man wird den Wagen auch gar nicht vermissen, denn ein bequemer, schattiger Waldweg führt hinauf zum Santuario del Castelletto, das über den Resten einer Burg des 11. Jahrhunderts errichtet wurde und daher seinen gebräuchlichen Namen hat. Eigentlich heißt die Kirche ›Madonna del Pianto‹, also ›Maria von den Tränen‹. Daß hier in alten Zeiten eine Burg gestanden hat, ist nicht nur aus dem Namen der Kirche ersichtlich; denn dieses abgeflachte, jetzt mit Bänken bestandene Plateau war der ideale Platz für eine Veste. Die Kirche wurde von Pietro Polatta 1634 bis 1637 erbaut und trägt Stilmerkmale zwischen später Renaissance und frühem Barock. Unser Schlüssel öffnet übrigens nicht das Hauptportal, sondern die westliche Seitentüre. Der geschmackvolle Innenraum ist mit hellem Stuck und etwas zu bunten Fresken verziert. Am marmornen Hochaltar befindet sich das Gnadenbild der Madonna, ein abgelöstes Fresko aus dem 15. Jahrhundert. Es hat 1633 viermal geweint, wie mir der Pfarrer Don Annibale versicherte, der auch das Bild früher datiert, denn er glaubt, es habe sich ehemals an einer Turmmauer des abgebrochenen Schlosses befunden.

»La Mamma del cielo piange per i peccati della terra« – die Himmelsmutter *weint über die Sünden der Welt* – heißt es in einer vom Pfarrer verfaßten *Broschüre. Don Annibale hat in einem anderen Büchlein auch nachzuweisen*

versucht, daß es sich hier um das älteste Marienheiligtum des ganzen Tessin handelt. Seiner Herkunft nach gehört es gewiß zu den ältesten, da vermutlich schon 1335 hier die Madonna verehrt wurde. Die beiden Wände der Kirche sind mit Votivtafeln bedeckt, deren älteste aus dem Anfang des 17. Jahrhunderts stammen. Unter den rührend-dramatischen Darstellungen finden wir auch unseren Don Annibale wieder, der als junger Priester hier in der Kirche von der Leiter fiel, ohne großen Schaden zu nehmen.

Ehre, wem Ehre gebührt: Der unermüdliche und übrigens gut deutsch sprechende Pfarrer hat noch eine dritte Schrift verfaßt, vielleicht seine verdienstvollste. Sie heißt ›Folklore melanese‹ und ist eine Fundgrube für die Gebräuche und den Dialekt dieses Gebietes. Die folgenden Beispiele daraus mögen den starken Unterschied zwischen Dialekt und Schriftsprache deutlich machen: »*Omm visâa l'è mezz salvàa* – Un uomo avvisato è mezzo salvato – Ein Gewarnter ist halb gerettet«, oder *Bisögna mai giüra da nagott* – Non bisogna mai giurare su niente – Wegen nichts soll man nicht schwören«. Das zweite Beispiel zeigt die in diesem Dialekt so häufigen Umlaute, welche die italienische Schriftsprache nicht kennt. Don Annibale hat Hunderte dieser Sprüche geduldig gesammelt und damit einen gewiß nicht unwichtigen Beitrag zur Dialektforschung geleistet.

In dem ›Grotto del Santuario‹ neben der Kirche können sich die Wallfahrer an den Festtagen laben, die vielen Tische und Bänke im Freien laden zum Picknick. Von hier überblickt man den ganzen Südostarm des Ceresio von Capolago und Riva San Vitale im Süden bis Melide im Nordwesten. Vor uns erhebt sich der dicht bewaldete Monte San Giorgio, Grabhügel längst ausgestorbener Tiere, und hinter uns, im Rücken der Kirche, ragt der mächtige Monte Generoso.

Melanos Umgebung. *Von Melano erreicht man nach etwa zehn Minuten Bergfahrt das herrlich gelegene Rovio, einen stillen, friedlichen Ort, der sich an die steilen Hänge des Monte Generoso schmiegt. Auch im Sommer, wenn es unten drückend schwül geworden ist, spürt man hier oben die frische Bergluft, die schon die Römer zu schätzen wußten; dies beweist der hier gefundene Jupiteraltar. Der Lärm der Autostrada dringt nicht herauf. Rovios Pfarrkirche Sant' Agata, ursprünglich aus dem 16. Jahrhundert, hat jetzt ein barockes Gesicht, schön ist nur der marmorne Hauptaltar mit einem Relief von Pietro Mazzetti ›Das Martyrium der heiligen Agathe‹ (18. Jahrhundert). Das Gemälde am linken Seitenaltar, eine Kreuzigung, stammt von Giovanni Carlone (1614). Ein wenig oberhalb des Ortes liegt die kleine romanische Kirche San Vigilio mit jetzt restaurierten romanischen Apsisfresken. Streng und ernst, ein Weltenrichter, thront Christus über den Gestalten betender Heiliger. Diese herbe prunklose Malerei atmet noch den Geist des frühen Mittelalters.*

Fährt man weiter auf der Straße durch die Val Mara, so ist der nächste Ort Arogno, *ein Bergdorf, das uns mit einer prächtigen frühbarocken Kirche (1630) überrascht. Von hier ist es nicht weit nach* Lanzo d'Intelvi *und nur von dort geht es durch die Berge wieder hinunter zum See nach Osteno, denn bei Campione endet die Uferstraße. Die Hänge des Monte Caprino scheinen sich bisher dem Straßenbau widersetzt zu haben, die winzigen Orte Cantine di Caprino, Cantine di Gandria, Santa Margarita und Crotti sind nur per Schiff oder zu Fuß zu erreichen. Die Bezeichnung ›Cantine‹ weist auf die riesigen, in die Felsen gehauenen Weinkeller hin, die am kühlen schattigen Ufer unterhalb des Monte Caprino schon in alter Zeit angelegt wurden.*

Von Melano aus unterqueren wir die Autostrada und kommen nach Maroggia, *dem Heimatort der Bildhauersippe der Rodari, die aber hier leider nichts von ihren Arbeiten hinterlassen haben.*

Dieser Ort liegt wieder ganz am See, durch die engen alten Gassen geht man hinunter zur Pfarrkirche San Pietro (1640), die außer bescheidenem Barockdekor zwei recht gute Fresken aus dem Settecento im Chorraum aufweist. An der rechten Wand erinnert eine Gedenktafel an den hier geborenen Bildhauer Francesco Somaini (1795 bis 1855), der in Mailand zu Ehren kam. Von dem kleinen Uferpark vor der Kirche sehen wir gegenüber Melide. Etwas nördlich von Maroggia ragt mitten aus dem dicht bewaldeten Hang das runde Oratorio della Madonna, liebenswürdigerweise dem Borromini zugeschrieben, der ja aus dem Nachbarort Bissone stammt.

BISSONE

Geht man die von Platanen und Kastanien beschattete Uferpromenade entlang, so findet man in den arkadengeschmückten Häusern das Bild einer mittelalterlichen Stadt. Das war freilich nicht immer so, vieles hatten spätere Zeiten hinzugefügt, doch anläßlich des 150. Jubiläums der Zugehörigkeit des Tessins zur Schweiz faßten die Stadtväter den löblichen Beschluß, das alte Ortsbild wieder herzustellen. Mitte der fünfziger Jahre waren die Arbeiten dann abgeschlossen, die vor allem den zum See gerichteten Fassaden galten. »Nun hat Bissone wieder das Antlitz seiner großen Vergangenheit erhalten«, schrieb die ›Neue Zürcher Zeitung‹ im August 1956.

Beginnen wir da, wo noch der Lärm der Autostrada herüberdringt, die den Ort zum Glück verschont hat. Am Anfang steht das Kirchlein San Rocco mit seiner anmutigen statuengeschmückten Barockfassade. Das Bild am Hochaltar ist von Carpoforo Tencalla (1623 bis 1685), einem Sohn dieser Stadt; es zeigt die Madonna mit Heiligen über einer Ansicht von Bissone. Aber nicht nur auf Tencalla darf Bissone stolz sein: diese Stadt war die Wiege zahlreicher Künstler von europäischem Rang. Die Namen der neun bedeutendsten von ihnen finden wir auf einer Tafel am Rathaus.

Tencalla ist der einzige unter ihnen, dessen Werk in seiner Heimat nachgewiesen werden kann, die anderen – wie auch die Künstler des Intelvi-Tales – glänzten in vielen Städten Italiens und im Ausland, wie der schon früher erwähnte Baumeister Francesco Borromini (1599 bis 1667). Er war zuerst Schüler seines Verwandten Carlo Maderna in Rom. Dort schuf er später Bauten wie San Carlo (1638 bis 1641), eine der genialsten Raumkompositionen, die je geschaffen wurden, Sant'Ivo della Sapienza (1642 bis 1660), in der sein Stil den Höhepunkt erreichte, und das Collegio di Propaganda Fide, sein letztes, strenges Werk. Borromini konnte sich mit dem Ruhm von Lorenzo Bernini, dessen Mitarbeiter er längere Zeit, auch bei den Entwürfen zum Petersdom in Rom, gewesen war, nicht abfinden. Genial, aber einsam und überempfindlich, endete er möglicherweise durch Selbstmord.

Von den Gagini sind gleich fünf aufgeführt. Sie waren als Bildhauer und Architekten in ganz Italien tätig; so stammt das prächtige Renaissanceportal am Palazzo Doria in Genua von einem Pace Gagini (1450 bis 1502).

Den auf der Tafel erwähnten Carlo Maderna (1556 bis 1629) beansprucht ja eigentlich Capolago für sich, aber sein Namensvetter und wohl auch Blutsverwandter Stefano Maderna (1576 bis 1636) hat sicher zu Recht hier seinen Platz. Er war in Rom als Bildhauer tätig und schuf die berühmte Statue der heiligen Caecilie für die Kirche Santa Cecilia in Trastevere. Es heißt, daß Maderna bei der Öffnung des Sarges der Heiligen 1599 zugegen war und ihre Gestalt so in Marmor nachbildete, wie er sie gesehen hatte. Demnach muß der Leib der Märtyrerin ein lieblicher Anblick gewesen sein.

Wenn wir jetzt von San Carlo aus unter spitz- und rundbogigen
Arkaden weiterwandeln, müssen wir gleich beim zweiten Haus
etwas verweilen, denn dies ist die *Casa Tencalla*, ein alter Patrizier-
sitz, seit 1945 Heimatmuseum. Wir betreten die kleine Vorhalle
unter geschwärzter Balkendecke und steigen die Treppe rechts
hinauf in den ersten Raum mit alten Tessiner Möbeln, einem mächtigen Kamin, zwei Gemälden von Carpoforo Tencalla – dessen
Wiege vielleicht gerade hier stand – und einem Bild von Guglielmo
Cairo (1672). Durch ein Zwischenzimmer mit Gemälden und
Stichen geht es eine Treppe höher in das Schlafzimmer mit einem
behäbigen Bett in rustikalem Barock und einigen Madonnenbil-
dern. Eine schöne Holzdecke macht auch hier den Raum warm und
behaglich. Durch zwei Nebenzimmer gelangen wir in den Salon
mit prunkvollem Kamin, schönen Möbeln und einigen Bildern.
Eine Treppe – an den Wänden Stiche von Piranesi und Rossini –
führt hinab in den Speisesaal mit Gemälden von Bonaventura Bet-
tera (17. Jahrhundert) und Jacopo da Ponte (genannt Bassano 1510/18
bis 1592). In dem durch ein Gitter abgetrennten Raum hängt rechts
ein Familienporträt des Flamen Vincent Sellaer (tätig 1538 bis 1544)
und an der Frontwand eine Szene aus Torquato Tassos ›Befreitem
Jerusalem‹ von Orazio Fidani (Florenz, 1640). Im Erdgeschoß liegt
hinter einem Vorratsraum eine Küche voll funkelnden Kupferge-
geschirres mit einer alten Feuerstelle. Das übernächste Haus nach
der Casa Tencalla, die *Casa Verda*, ziert ein Wappen der Sanseverini
über zwei prächtigen, ziegelgefaßten Spitzbögen.

Am Rathaus mit der Künstlergedenktafel vorbei kommen wir
zur Pfarrkirche *San Carpoforo* mit ihrer Fassade von 1759. Das
Kircheninnere ist durch vier von grünmarmorierten Säulen ge-
stützten Bögen in drei Schiffe aufgeteilt und überrascht uns mit
spätbarockem Prunk in allen Spielarten. Eigenartig und selten ist
der polychrome Stuck des Schiffsgewölbes, mit Putti, Blumen,
Früchten und Girlanden überladen, als habe der barocke Künstler
die ganze Fruchtbarkeit seines Heimatlandes damit darstellen wollen. Die Deckenfresken über dem Hauptaltar werden Carpoforo
Tencalla zugeschrieben, die Stuckmadonna mit Jesus und Johannes
ist vermutlich ein Werk des Tommaso da Lugano. In der linken

Chorwand ist ein graues, mit Delphinen verziertes Steintabernakel eingelassen, eine kunstvolle Renaissancearbeit. Bemerkenswert sind auch die beiden Seitenaltäre mit schwarzen gedrehten Marmorsäulen.

CAMPIONE

Nun wäre also hinter Bissone – zumindest laut Karte – schon wieder eine Grenze zu überschreiten, denn Campione ist eine kleine italienische Enklave in der Schweiz. Unsere Karten stimmen, doch wir haben kein Zollhaus zu passieren, kein Paß muß gezückt, keine lästigen Fragen beantwortet werden: nur das Ortswappen von Campione – neben dem des italienischen Staates – mit Schnecke, Bischofsstab und Peitsche markiert die Grenze.

Bei dem Wort Campione denkt man – je nach Temperament – sofort an Spielcasino, Steuerflucht, hohe Preise, sorglos üppiges Leben in einem Zollparadies, und es fallen einem vielleicht die Namen berühmter Filmstars ein, die sich in diesem Paradies niedergelassen haben. »Obwohl die Gemeinde keine Steuern erhebt, sondern nur ein Wasserhahngeld, ist sie wohlhabend: Ihre Ausgaben bestreitet sie allein mit den Erträgen des Kasinos, das die höchsten Roulett- und Bakkaratumsätze Europas einspielt«, schrieb die Zeitschrift ›Der Spiegel‹ zum Thema Steuerflucht über Campione. Wer nun glaubt, dieser steuerfreie Ort hole sich das Geld einfach hintenrum über die ›Wasserhahngebühr‹, dem sei gesagt, daß die Jahressteuer pro Wasserhahn neun Mark beträgt. Also doch ein Paradies – und wie kam es dazu?

Es fing, wie so oft, schon mit den Römern an, die diesen von drei Seiten durch Berge und von der vierten durch den See geschützten Flecken sofort strategisch richtig einschätzten, dort eine Burg errichteten und diese wahrscheinlich ›campilionum‹ nannten. Dies alles ist freilich kaum belegt, doch Mitte des 8. Jahrhunderts tritt der Ort ins noch etwas schummrige Licht der Geschichte, als ein Mann namens Totone, dem der Flecken damals gehörte, diesen im Jahre 777 dem Abt der mailändischen Ambrosiuskirche übereignete. Der Bischofsstab im Wappen weist darauf hin und auch die Peitsche, die an die Bezwingung der Arianer durch den heiligen

Ambrosius erinnern soll. Wie andernorts am See, so stritten sich während des Mittelalters auch um Campione verschiedene Herren, doch ohne rechten Erfolg, wie es scheint. Als die Nordschweiz sich 1512 das Tessin aneignete, erhoben die Äbte von Sant' Ambrogio in Mailand Protest, denn ihnen gehörte Campione noch immer, und sie wollten keineswegs darauf verzichten. Es wurden Kompromisse gefunden, wie freies Durchgangsrecht und ähnliches; sonst blieb alles beim alten. Erst als 1797 Napoleon die Lombardei seiner Cisalpinischen Republik einverleibte, verlor auch Campione seine Eigenständigkeit, und 1815, beim Wiener Kongreß, reklamierten die Schweizer den Ort für sich, da er nun schon einmal mitten in der Schweiz lag. Daraus wurde aber nichts, Campione blieb italienisch – bis heute, und die Schweiz hat sich aus verschiedenen Gründen recht gut damit abgefunden. Übrigens gehört sogar ein Stückchen des Sees zu Campione und damit zu Italien. Da haben sich recht kuriose Gebräuche entwickelt. Will zum Beispiel einer der Carabinieri von Campione nach Italien, also eigentlich von Italien nach Italien, so muß er natürlich durch die Schweiz, und das geht zur nächsten Grenze nur per Schiff. Während also der Carabiniere durch Schweizer Gewässer fährt, muß er seine Waffen abliefern und kriegt sie dann an der italienischen Grenze wieder. Umgekehrt natürlich auch. Wir einfachen, unbewaffneten Bürger haben es zum Glück leichter.

Am Ortsanfang finden wir das *Santuario della Madonna dei Ghirli* (ghirli = Schwalben) in herrlicher Lage mit Terrassentreppen bis zum Seeufer. Eines gleich vorweg: Die Kirche ist fast immer geschlossen, den Schlüssel holt man im Pfarrhaus gegenüber der großen neuen Kirche. Dieses Heiligtum reicht vielleicht bis ins 11. Jahrhundert zurück, Umbauten erfolgten im 14. und 18. Jahrhundert. Die eigenwillige Barockfassade hat einen prunkvollen Vorbau, dessen Decke und Wände polychromer Stuck ziert. Im Innern des einschiffigen Baues finden wir an den beiden Wänden und über der Tür Fresken mit Szenen aus dem Leben Mariens und Johannes des Täufers. Diese Malereien aus dem Anfang des 14. Jahrhunderts schuf ein lombardischer Meister im Stil Giottos. Die Fresken in der Kuppel und an den Wänden darunter zeigen ebenfalls Szenen aus dem Marienleben und stammen von dem einheimischen Meister Isidoro Bianchi (1602 bis 1690). Die bemalten Stuckreliefs am Altar aus der Zeit um 1600 stellen die Kreuzigung und Heilige dar.

An der südlichen Außenmauer der Kirche unter einer Säulenhalle zeigt das Fresko links ein ›Weltgericht‹ von Franco und Filippo de Veris (Anfang 15. Jahrhundert), eine für diese frühe Zeit außerordentlich bewegte und lebendige Darstellung. Christus thront als Weltenrichter inmitten der Seligen, während zu seinen Füßen, auf ziegelrotem Grund gemalt, die Verdammten entsetzlichen, vom damaligen Strafvollzug inspirierten Qualen ausgeliefert sind, um dem noch lebenden Sünder und Betrachter zu zeigen, was ihn erwartet, falls er nicht rechtzeitig Buße tut. – Weiter rechts folgen eine kleine, brav gemalte Verkündigung (15. Jahrhundert), dann das große Fresko ›Adam und Eva‹, 1514 entstanden und dem Bramantino zugeschrieben. Das leider schlecht erhaltene Werk zeigt eine Landschaft mit Gebirge, See und verschiedenen Tieren. An einem Pfeiler gegenüber hat sich eine Trecento-Madonna erhalten.

Den schönsten Blick auf die Kirche der ›Schwalbenmadonna‹ hat man bei einer Schiffsfahrt vom See aus; wie ein kostbares Juwel leuchtet sie dann aus dem Grün der Baumgruppen und ihre helle, erlesen geformte Fassade spiegelt sich im sanft bewegten Wasser des Ceresio.

Das reichgewordene Campione konnte sich eine aufwendige neue Pfarrkirche leisten, die den Namen der alten, zu klein gewordenen übernahm: *San Zenone.* Der sehr geglückte moderne Bau ist einschiffig angelegt mit ovalem Grundriß und einem schlanken, freistehenden Campanile. Ein farbiges Glasfenster über der Eingangstür, ein modernes Bild in Mischtechnik an der linken Wand und ein Bronzerelief der Madonna rechts vor dem Altar sind der einzige Schmuck. Die frühere Pfarrkirche neben dem Rathaus wurde inzwischen profaniert und dient nun der Gemeindebibliothek und Ausstellungen. Nicht weit von ihr stoßen wir auf das Kirchlein San Pietro, erbaut 1526.

Campione ist ein Italiener in Schweizer Gewand: alles blitzsauber, gepflegt und modern, denn bis auf den winzigen alten Kern scheint der ganze Ort aus nagelneuen Hotels, Appartementhäusern und Villen zu bestehen. Von der schönen, großzügig angelegten Strandpromenade sieht man rechts hinüber nach Lugano, gegenüber ragt

der Monte San Salvatore, und zur Linken scheint mit der Dammbrücke von Melide der See zuende zu sein. Campione liegt genau
zu Füßen der Sighignola (1321 Meter), und der Ort hat sich, um
Platz zu gewinnen, schon recht weit die steilen Hänge hinaufgear-
beitet. Eine brandneue breite Straße mit einigen Tunnels verspricht
bequeme Höhenfahrt, doch die Sache endet plötzlich in einem Fußpfad. Das war 1970; Sie, verehrter Leser, werden vielleicht schon
ein Stückchen weiter hinauf fahren können. Eine Uferstraße nach
Norden gibt es nicht, wie schon gesagt, wir müssen also umkehren.
Aber ehe wir uns verabschieden, sollten wir noch der Maestri Campionesi gedenken.

Die Maestri Campionesi. Wer mag der erste dieser unendlichen Reihe
von Baumeistern, Stukkateuren, Bildhauern und Malern gewesen
sein, der hinauszog, um andere Städte zu schmücken? Auf das ewige
Wanderleben der Campionesen spielt schon die Schnecke im Wappen an, da diese immer wieder mit Sack und Pack, also gewisser-
maßen mit dem Haus auf dem Rücken, ihre Heimat verließen, um
irgendwo draußen ihr Handwerk oder ihre Kunst auszuüben. Auch
der Name der Madonna dei Ghirli soll daran erinnern, daß die
Campionesen wie Schwalben davonzogen und wiederkehrten.
Einer der ersten und bedeutendsten der Maestri war Marco da
Friscone, der im 12. Jahrhundert am Mailänder Dom arbeitete und,
da er Einfluß besaß, nach alter Art auch viele seiner Landsleute dort-
hin zog. Schinz hat auch diesen Brauch erwähnt:

»Wo der Vater, der Anverwandte sein Glück zu machen Gelegenheit ge-
funden, daselbsthin zieht er den Sohn, den jungen Freund nach und laßt ihn,
wenn er der Arbeit satt ist, an seine Stelle treten.«

Ein Matteo da Campione schuf die Marmorfassade, Kanzel und
Taufkapelle des Doms zu Monza 1360 bis 1390, ein Ugo da Cam-
pione erbaute die Kirche Sant'Agostino in Bergamo, einem Bonino
da Campione (tätig um 1360 bis 1380) verdanken wir das Denkmal
Cansignorios, Teil der weltberühmten Skaligergräber in Verona.
Und so geht es fort – man könnte ein ganzes Buch damit füllen.
Auch ein Zweig der Solari stammt aus Campione; Mitte des fünf-
zehnten Jahrhunderts finden wir Giovanni 1. Solari mit Söhnen und

Enkeln als Baumeister und Steinmetzen am Mailänder Dom, der also mehreren Künstlergenerationen aus Campione Brot und Arbeit gab. Es ist schier unfaßbar, was das verhältnismäßig kleine Gebiet zwischen Comer See und Luganer See in wenigen Jahrhunderten an Künstlern hervorbrachte: Maler, Bildhauer und Architekten, deren Werken wir in ganz Europa begegnen. Rudolf Schinz lobt 1786 die Welschen ob ihrer ›Cultur‹:

»Bei der geringsten Cultur, die sie erhalten, auch blos durch den Umgang mit cultivirtern Leuten gereizt bricht ihr Genie bald herfür; sie schwingen sich über das Mittelmäßige herauf und übertreffen ihre Lehrmeister, wenn sie Fleiß anwenden wollen, in weniger Zeit ...«

Für eine Zeit, da noch die *lanfogti* im Tessin regierten und die Welschen mancherorts wie ein wildes Kolonialvolk behandelt wurden, ist dies immerhin ein Kompliment, das der Autor übrigens fortsetzt, als er über ›Mahlerey‹ berichtet:

»Die Mahlerey hergegen gewähret manchem, der seine Anlagen dazu in der Fremde ausgebildet und es zu einem ziemlichen Grad der Geschicklichkeit bringt, außer Lands einen angemessenen Gewinn, im Land selbst ist auch Anlaaß ... etwas namhaftes zu verdienen; besonders in der Alfresko Mahlerey, worinn es fürtreffliche Künstler hat, deren Werke man in den Kirchen, Auszierung der Klöster und Garten-Gängen mit Vergnügen zu bemerken häufigen Anlaaß findet.«

Am Nordufer und in der Valsolda

Dem nordöstlichen Seearm mit seinem Hauptort Porlezza gilt der letzte Teil unserer Fahrt um den Ceresio. Das weglose Ufer unterhalb des Monte Caprino hat nach Campione die Weiterfahrt verwehrt, so bleibt also nur die Straße am Nordufer ab Lugano-Castagnola. Der erste Ort, den wir berühren, ist Gandria.

GANDRIA

Der vielgerühmte Ort hat keine kunsthistorischen Sehenswürdigkeiten vorzuweisen, er bietet sich uns selbst als Sehenswürdigkeit dar. Glitzernder Seespiegel und steil aufragende Zypressen, Blick auf ineinandergeschachtelte Dächer und drüben ein fast unbebautes

Ufer, darüber die steilen waldigen Hänge des Monte Caprino. Im Ort nur Treppen, Durchgänge, Mauern, Lauben und überall der Geruch nach gegrilltem Fisch; denn Gandria hat einen Ruf als kulinarisches Ausflugsziel. Dieses ans Steilufer geklebte Dorf läßt vergessen, wo man ist – man denkt an ein Positano *en miniature*, und der hier so blaue Ceresio wird zum Mittelmeer, wie auch die steilen Ufer gegenüber eher an die Buchten um Neapel erinnern.

Dort drüben im kühlen Schatten liegen die berühmten *cantine*, seit Jahrhunderten benutzte Weinkeller, tief im Felsen. Victor von Bonstetten, ein Gesandter aus der Nordschweiz, rühmte im Jahre 1800 in den ›Deutschen Briefen‹ den herrlichen Spaziergang von Lugano nach Castagnola und Gandria und vergißt auch die Felsenkeller nicht:

»Der See bildet gegenüber dem prächtigen Ufer von Lugano zwei tiefe Arme, die der Monte Caprino trennt. Auf der Ecke des Berges, wo sich die beiden Arme trennen, steht ein Dorf ohne Einwohner, dieses Dorf hat Gassen und viele Häuser (gemeint ist Cantine di Caprino), wo die Luganer ihren Wein und andere Sachen verwahren. Da sind die eigentlichen Kantinen oder Keller, die ihre Kühlung aus den tiefen Öffnungen des Berges empfangen, die einen immerwährenden Strom von kalter Luft aus sich fließen lassen.«

Wer in dieses Reich des Bacchus eindringen will, der muß es per Schiff tun, und von Gandria ist es nicht weit hinüber nach Cantine di Gandria. Doch sollte der Leser bedenken, daß auch Trunkenheit am Ruder zum strafwürdigen Delikt werden kann ...

Nach Gandria weitet sich das Seebecken, die Ufer sind hüben wie drüben hoch und steil geworden, und eine herrliche Bergkulisse rahmt diesen nordöstlichen Arm. Wieder einmal heißt es *dogana* und wieder einmal sind wir in Italien, und diesmal bleiben wir es auch. Hier beginnt das Gebiet der Gemeinde der Valsolda mit einem runden Dutzend Ortschaften. Dieser Teil des Ceresio hat eine seltsame Ähnlichkeit mit dem Comer See; zwar fehlt hier die Weite, alles ist kleiner, intimer, doch die engen steilen Ufer, die hier so häufigen Zypressen, die kleinen alten, vom Tourismus nicht allzu verformten Fischerdörfer – all dies erinnert an den Lario etwa zwischen Menaggio und Rezzonico. Es scheint fast, als habe die räumliche Nähe (von Porlezza nach Menaggio sind es nur zwölf Kilometer) diesem Teil des Luganer Sees auch etwas vom Wesen des großen Nachbarn mitgeteilt.

Noch eine Gemeinsamkeit wäre zu vermerken: Ist der östliche Arm des Comer Sees, der Lago di Lecco, mit Manzonis Hauptwerk, den ›Promessi Sposi‹ (Die Verlobten) verbunden, so gibt es für den östlichen Arm des Ceresio eine literarische Entsprechung: Antonio Fogazzaro mit seinem Hauptwerk ›Piccolo Mondo Antico‹, ›Kleine alte Welt‹, dessen Schauplatz wir uns jetzt nähern.

FOGAZZARO, DER DICHTER DER VALSOLDA

Gleich nach der Grenze und nach einigen sanften Kehren erreichen wir *Oria*, das man leicht übersehen kann, so eingeklemmt ist es zwischen Steilufer und Steilhang; doch es gehört zu den reizvollsten Orten in diesem italienischen Teil des Ceresio. Das ganze Dörfchen besteht nur aus steilen Treppen, alles ist efeuüberwachsen oder von Lauben überdacht, so daß man sich oft in einem angenehmen grünen Dämmer bewegt. Hart am Ufer, von Zypressen umkränzt, steht die kleine Pfarrkirche, daneben die *Casa Fogazzaro*, wo der Dichter einen Teil seiner Kindheit und später gerne die Sommermonate verbrachte. Lassen wir ihn selber beschreiben:

»Die Sonne versank hinter dem Gipfel des Monte Brè. Schnell verdunkelte der Schatten den Steilhang und die Häuser von Oria und warf veilchenblau und düster das Profil des Berges auf das leuchtende Grün der Wellen, die, wenn auch noch groß, so doch ohne Schaumkämme in dem müden Wind schräg nach Westen eilten. Die Villa Ribera versank als letzte in der Dunkelheit. An die steilen Weingärten des Gebirges gelehnt, in denen hie und da einige Oliven standen, lag sie an dem Pfad, der sich am See hinzieht, und zeigte dem bewegten Wasser eine bescheidene Front. Im Westen, nach dem Dorf zu, war sie durch einen kleinen hängenden Garten, angelegt in zwei Terrassen, begrenzt, und nach Osten, nach der Kirche hin, durch einen Altan auf Pfeilern, die ein Stück des Kirchplatzes umsäumten. Nach dieser Seite zu öffnete sich ein kleiner Hafen ...«

Dies schrieb Fogazzaro in ›Kleine alte Welt‹ vor nun etwa achtzig Jahren, und wie wir sehen, hat sich inzwischen nicht das geringste geändert. Die Casa Fogazzaro kann gegen Trinkgeld besich-

tigt werden. In dem kleinen Arbeitsraum steht noch der Schreib-
tisch des Dichters, an den Wänden hängen die Photographien
seiner Eltern, seiner Schwester und sein eigenes Bild, das ihn mit
etwa 60 Jahren zeigt. In der Vitrine daneben finden wir in- und
ausländische Editionen der Werke Fogazzaros. Von dem kleinen
stillen Terrassengarten sieht man drüben den Monte Pinzernone
(1175 Meter), der sich über einem fast unbesiedelten Ufer erhebt.

*Antonio Fogazzaro ist heute in Deutschland fast vergessen, aber hier
kann man die ›kleine Welt‹ des Dichters lieben lernen. Fogazzaros Eltern
stammten aus alten lombardischen Familien. Die Mutter kam aus der Valsolda, der Vater aus Vicenza, wo Antonio am 25. März 1842 geboren
wurde. Sechs Jahre später brachen in der ganzen Lombardei Aufstände gegen
die österreichische Herrschaft aus, auch Vicenza wurde belagert, und der
Vater brachte die Familie in die Heimat seiner Frau an den Luganer See.
Später kehrten sie nach Vicenza zurück und Antonio besuchte dort das
Gymnasium. 1859 kam es zur zweiten Erhebung gegen die Habsburger.
Einen Zeitabschnitt des sogenannten ›Risorgimento‹, nämlich die Jahre 1852
bis 1859, wählte Fogazzaro später für sein Hauptwerk, ›Kleine alte Welt‹.
Antonio Fogazzaro genoß eine ausgezeichnete, fortschrittlich-religiös ge-
färbte Schulbildung, er hat sich schon als Gymnasiast intensiv mit Chateau-
briand, Byron und Victor Hugo befaßt, und er lernte Deutsch, um Platen,
Lenau und Heine im Original lesen zu können.*

*Fogazzaro studierte die Rechte in Padua und Turin, praktizierte dann in
Mailand als Anwalt, gab aber nach seiner Verheiratung mit der Gräfin Val-
marana (1866) den Anwaltsberuf auf, um sich nur noch mit Literatur und
Musik zu beschäftigen. Nach der Einigung Italiens lebte das Ehepaar wieder in Vicenza, wo Fogazzaro als Stadtrat, Bürgermeister, Schulrat und
Bibliothekar seiner Stadt diente. 1897 wurde er zum Senator des Königreiches ernannt, eine Ehrung, die ihn mit Stolz erfüllte, die aber auch zwie-
spältigen Charakter hatte. Dazu muß man die lombardische Situation während des Risorgimento bedenken. Einesteils wollte man die Österreicher
endlich draußen haben, und jeder Patriot unterstützte Garibaldis Kampf mit
der Waffe, der Feder oder Geld: ein Kampf, der das vereinigte Königreich
Italien zum Ziel hatte. Dabei würde aber auch der Kirchenstaat fallen müssen, denn nur eine Hauptstadt war künftig denkbar: Rom. Samt und sonders
waren aber nun die Lombarden auch treue Katholiken; eine Abkehr vom
Glauben, vom Papst als ihrem geistlichen Oberherrn war nicht einmal dis-
kutabel. Doch es half nichts: Der Katholik mußte dem Patrioten Konzessio-*

nen machen. Der verehrte Religionsphilosoph Rosmini-Serbati wies da-
mals den Weg zu einer Kirchenreform. Die geistliche Macht der Kirche be-
stritt niemand, aber auf ihre weltliche sollte sie nun verzichten; dem Papst
blieb nur der Vatikan, den Pius IX. aus Protest nie mehr verließ.

Fogazzaros literarisches Schaffen begann mit der Verserzählung
›Miranda‹, einer von Byron, Heine und Goethe inspirierten Dichtung. 1881 folgte der Schauerroman ›Malombra‹, den man heute
einen ›Psychothriller‹ nennen würde, an ihm hat Fogazzaro während seines Aufenthaltes in Oria, am Seeufer sitzend, geschrieben.
Nach weiteren Erzählungen und Romanen erschien 1895 ›Kleine
alte Welt‹ und fand sofort – auch über Italien hinaus – Beachtung.
»Die Weltliteratur ist wieder um einen großen Meister der Erzäh-
lung reicher geworden«, schrieb 1903 der Kritiker Karl Muth.

In diesem Werk geht es vor allem um religiöse und menschliche
Probleme während der Zeit des Risorgimento, Schauplatz ist die
Valsolda am Luganer See. Mit Problematik, Zeit und Ort des Geschehens war der Dichter ja selbst eng verbunden, man könnte die
›Kleine alte Welt‹ eine verschleierte Autobiographie nennen. Der
moderne Leser wird die geschilderten religiösen Konflikte kaum
noch innerlich nachvollziehen können, selbst dem gläubigen Katholiken scheinen sie heute antiquiert. Landschaftsschilderungen sind
nur sparsam eingestreut, Fogazzaro ging es um den Menschen, wie
ja überhaupt die italienische Dichtung aller Zeiten niemals ein solch
inniges Befassen mit der Natur wie etwa die deutsche kannte. Interessieren können uns aber auch heute noch der historische Bezug
und die meisterhaft gezeichneten Charaktere. Das als Tetralogie
geplante Werk, dessen erster Teil die ›Kleine alte Welt‹ war,
führte Fogazzaro fort mit den Romanen ›Kleine neue Welt‹, ›Der
Heilige‹ und ›Leila‹. Die beiden letzten Romane wurden von der
Kirche aus heute nicht mehr verständlichen Gründen indiziert, was
den Katholiken Fogazzaro bitter enttäuschte. »Mißt man diese drei
Romane mit dem Maßstab von ›Kleine alte Welt‹, so bedeuten alle
drei entschieden einen Abstieg«, schreibt Hans Rheinfelder in seinem biographischen Nachwort zur deutschsprachigen Neuausgabe,
die unter dem Titel ›Entschwundene kleine Welt‹ erschien. – Antonio Fogazzaro ist am 7. März 1911 in Vicenza gestorben.

Der nächste Ort, Albogasio, ist etwas größer, doch nun müssen wir uns an die Berge halten, denn er klettert, im Gegensatz zu dem ans Ufer geschmiegten Oria, weit die steilen Hänge hinauf. Da das Auto hier nutzlos ist, läßt man es besser gleich am Ufer stehen und rüstet sich zu einem Fußmarsch. Die breiteste der engen Gassen führt hinauf zur Pfarrkirche Santa Maria, die sich auf einem Felsvorsprung über dem See erhebt und durch ihre Größe und schönen Proportionen überrascht. In ihrer heutigen Form entstammt sie dem 16. und 18. Jahrhundert. Der einschiffige Innenraum ist mit barocken Fresken und Stuck reich verziert. An der äußeren südlichen Apsiswand sind noch einige Fresken erhalten, welche die Wappen jener letzten Mailänder Bischöfe darstellen, die zugleich auch Herren der Valsolda waren. Vom Hauptportal der Kirche überblickt man das ganze Albogasio mit seinem oberen Ortsteil Superiore, den eine kleine Kirche überragt.

San Mamete *ist Sitz der Gemeindeverwaltung der Valsolda. Am Ortseingang überqueren wir das Flüßchen Soldo, dessen Tal – Val Solda – der ganzen Gegend seinen Namen gegeben hat.*

Von der Piazza Roma mit ihren schönen alten, arkadengeschmückten Häusern führt eine ›scaletta‹ hinauf zur Pfarrkirche Santi Mamete e Agapito, deren romanischer Campanile hoch in den Himmel ragt. Die erste rechte Seitenkapelle ist mit Fresken aus dem 17. Jahrhundert geschmückt, das Altarbild zeigt die Vermählung Mariens. Den zweiten linken Seitenaltar ziert schöner Barockstuck und eine Kreuzabnahme (18. Jahrhundert). Wie in Albogasio ist auch hier die südliche Außenmauer der Kirche mit Wappenfresken verziert. Von der Bootsanlegestelle schaut man hinüber nach Osteno, das am Ausgang des Intelvi-Tales liegt und wo – genau wie bei Campione – die Uferstraße vor dem Monte Caprino kapituliert und sich in die Berge schlägt.

AUSFLUG IN DIE VALSOLDA

Eines der anmutigsten Täler des Ceresio ist die Valsolda, eine fruchtbare liebliche Landschaft, reich an kunsthistorischen Schätzen. Nach San Mamete führt die Straße hinauf durch Weinbergterrassen, die nun tüchtige Spekulanten so nach und nach in ein modernes ›Paradies‹ für Villen und Ferienhäuser verwandeln. Ich möchte nicht mißverstanden werden: Ein schönes neues Haus mag sich recht gut in eine Landschaft fügen und sie schmücken, was aber hier in einem läppischen, verkorksten ›Schweizerhaus-Stil‹ aus dem Boden schießt, kann diese herrliche Gegend nur verschandeln.

Bei *Loggio*, dem ersten Ort des Tales, machen wir halt. Manche der alten Häuser sind mit Fresken geschmückt, wie etwa Nr. 2 der Via Galpiati, das zudem einen prachtvollen, mit Ornamenten verzierten Türstock besitzt. Wir durchqueren den Ort und steigen zur Pfarrkirche San Bartolomeo hinauf, die 1363 gegründet und 1642 erweitert wurde. Die Stuckarbeiten des bunt und fröhlich dekorierten barocken Innenraumes schuf Rinaldo Visetto (Ende des 17. Jahrhunderts), die jedes Fleckchen bedeckenden Fresken entstammen verschiedenen Epochen, und die barocken Deckengemälde malte Giampietro Pozzi mit seinem Sohn Giovanni, wie es in der Chronik heißt: »fast umsonst«. Das Gemälde in der Apsis, ›Martyrium des heiligen Bartholomäus‹, ist ein Werk von Tomaso Bellotti aus dem Jahre 1761.

Das große Fresko über der Eingangstür, ›Triumph der heiligen Eucharistie‹ (1690), ein sehr bewegtes, vielfiguriges Bild, ist ein Werk Giovanni Battista Pozzis, der wie alle anderen Mitglieder dieser weitverzweigten Malerfamilie aus der Valsolda stammt. Vom Kirchenvorplatz überschauen wir den ganzen Nordostarm des Sees, rechts oben hockt auf einer Felsnase das Dörfchen *Castello*, dessen Name darauf hinweist, daß der ganze Ort sich über den Resten einer Burg entwickelt hat

Wir fahren an dem Dörfchen Drano vorbei, überqueren den Soldo und kommen nach *Puria*, dem Geburtsort des Malers und größten lombardischen Renaissancearchitekten: Pellegrino Tibaldi. Die Kuppel seiner Heimatkirche Santa Maria Assunta wurde nach seinen Plänen erbaut, Fresken und Stuck der beiden Seitenkapellen entstammen dem Barock. Aber auch die schöne Fassade ist vielleicht vom Geist des großen Tibaldi inspiriert.

Tibaldi de'Pellegrini wurde 1527 (1532?) hier geboren; er orientierte sich, nach seinem Studium bei Ramenghi in Bologna, besonders an Vasari und Michelangelo. In Rom wirkte er an der Umgestaltung der Engelsburg und am Bau der Kirche Trinità dei Monti mit, in Bologna baute er die jetzige Universität und schmückte sie mit Fresken. 1570 wurde er in Mailand Dombaumeister. Als ihn Philipp II. 1586 nach Madrid berief, begann seine eigentliche, glanzvolle Karriere. Tibaldi schuf Fresken im Escorial und in der Bibliothek zu Madrid und war auch sonst ein vielbeschäftigter Mann. König Philipp war von diesem Künstler so angetan, daß er ihn zum Marchese von Valsolda machte und ihn fürstlich entlohnte. Ich muß bei all diesem Glanz an Michelangelo Buonarroti denken, den Tibaldi ja sehr hoch schätzte. Kein Papst, kein Fürst dachte daran, diesen genialen Bildhauer, Maler und Architekten zu adeln, und jeder weiß, wie schwer die hohen Herren sich von ihrem Geld trennten, wenn es galt, Michelangelo zu bezahlen. Fast scheint es ein ehernes Gesetz: die geringeren Meister sind so oft die größeren Lebenskünstler, die materiell Erfolgreicheren.

Unser Tibaldi jedenfalls kehrte nach neun Jahren, reich geworden und frisch geadelt, in seine Heimat zurück. In Mailand schuf er die neue Domfassade, baute den erzbischöflichen Palast und zahlreiche Kirchen. Daß er bei all dem auch die Malerei nicht vernachlässigte, bezeugen seine Bilder in vielen europäischen Museen. 1592 (1597?) starb er in Mailand.

Unsere Fahrt endet bei *Dasio*, das von einer großartigen, schroff gezackten Bergkette umgeben ist: im Nordwesten die ›Denti della Vecchia‹, Zähne der Alten, 1432 Meter, im Norden der ›Sasso di Mort‹, Todesfels, 1261 Meter, und im Osten der Monte Bronzone (1434 Meter) und der Monte dei Pizzoni (1303 Meter). Im Süden erhebt sich die Bergkette des Intelvi-Tales.

Dieser herrlich gelegene Ort besitzt auch eine sehenswerte Kirche, die ihren Renaissancecharakter innen und außen gut bewahren konnte. In zwei Nischen an der Fassade stehen altersgraue Heiligenfiguren des 14. Jahrhunderts. Das Kircheninnere ist in drei von flachen Kreuzrippengewölben überwölbte Schiffe geteilt. Die Fresken an der linken Wand mit Szenen aus dem Marienleben sind 1516 datiert und verraten einen gewissen nördlichen Einfluß; leider ist der Restaurator 1901 etwas grob zu Werke gegangen. Den Hochaltar schmückt ein geschnitzter und vergoldeter Tabernakel des Cinquecento. Die Marienkapelle am Ende des linken Seitenschiffes mit ihrem Barockdekor nimmt sich hier etwas fremd aus.

Von unserem Ausgangspunkt San Mamete geht es weiter nach *Cressogno*. In der südlichen Außenwand der Pfarrkirche San Nicola ist eine Bischofsstatuette aus dem 15. Jahrhundert eingelassen. Von hier aus sehen wir hinüber nach Osteno, darüber, am Einschnitt des Intelvitales, liegt Claino.

Vor Cima, dem nächsten Ort, erhebt sich über der Straße die Wallfahrtskirche *Nostra Signora della Caravina*. Die Kirche wurde auf Anregung des heiligen Carl Borromeo 1570 nach Plänen des Architekten Carlo Buzzi (gestorben 1658) errichtet und 1663 erneuert. Am prächtigen marmornen Hochaltar befindet sich das schon früher verehrte Bild der weinenden Madonna. Der reiche, aber nicht besonders wertvolle Freskenschmuck entstammt hauptsächlich dem 17. Jahrhundert, die neoklassizistische Fassade wurde 1866 vorgeblendet. Den am Ceresio sonst seltenen Ölbaum trifft man hier – eine weitere Gemeinsamkeit mit dem Comer See – wieder häufiger an; bei dieser Kirche stehen einige Prachtexemplare.

Cima hat auch wieder eine richtige Strandpromenade mit schattigen Bäumen und bequemen Bänken – eine Seltenheit in diesem engen und steilen Uferstück. Die Häuser zum See zeigen zum Teil recht schmucke Fassaden. Die Pfarrkirche Santa Maria wurde 1582 vom heiligen Carl Borromäus geweiht; sie ist mit Fresken aus dem frühen 18. Jahrhundert geschmückt.

PORLEZZA

An steilen, nackten Felswänden vorbei windet sich durch finstere Tunnels die Straße nach Porlezza, das mit seinen rund zweitausend Einwohnern der Hauptort dieses östlichen Seearmes ist. Es liegt am Delta der Flüsse Rezzo und Cuccio. Als Portus Retiae, also Tor Rätiens, wurde der Ort schon in der Römerzeit gegründet; im Mittelalter war er der Sitz eines Nonnenklosters. Was Como in zehnjährigem Krieg nicht gelungen war, schaffte der gewalttätige Medeghino in einem Sturmangriff: Die Eroberung – und die Verwüstung des Ortes. Von 1552 bis 1752 wurde Porlezza vom Hause d'Este beherrscht; danach fiel es an Österreich. Heute, wieder italienisch, ist Porlezza ein recht lebhafter Ort; das ›Tor Rätiens‹ bildet auch das Tor zum Comer See. Von hier strömt der Verkehr hinüber nach Menaggio und weiter über die Chiavenna zu den Pässen Splügen und Maloja.

San Vittore, Porlezzas in den Jahren 1634 bis 1640 errichtete Pfarrkirche, hat eine imposante klassizistische Fassade, deren Giebel von vier korinthischen Halbsäulen getragen wird. Im einschiffigen Innern gibt es einen prachtvoll geschnitzten Hauptaltar mit vier Heiligenfiguren aus dem 17. Jahrhundert. Der überreiche Stuckdekor, vor allem im Chor, trägt schon die Merkmale des Rokoko. Zwischen der zweiten und dritten rechten Seitenkapelle sehen wir unter Glas ein Marienfresko aus dem 15. Jahrhundert. Den Freskenschmuck der Kirche schufen 1692 Giovanni Battista Pozzi und seine Schüler. Die Ausschmückung des Chorraumes mit Szenen aus dem Leben des heiligen Viktor gilt als eigenhändiges Werk dieses Meisters aus der nahen Valsolda.

Die Barockkirche *Santa Vergine dei Miracoli* ist mit Werken von Giulio Quaglio und Pietro Antonio Pozzi ausgestattet. In einsamer Lage, am Hang des Monte Galbiga, steht die Ruine von *San Maurizio*, deren schöner Campanile mit den zwei Biforen noch gut erhalten ist.

Der Legende nach soll früher das Seeufer bis zu dieser Kirche gereicht haben, und hier soll auch das alte Porlezza gewesen sein. Man sagt, daß zur Strafe für die ungastliche Aufnahme des heiligen Mauritius, Ort und Kirche durch einen Bergsturz zerstört wurden. Man ist dieser Legende auf den Grund gegangen und hat festgestellt, daß hier im 17. Jahrhundert tatsächlich ein Bergsturz stattfand, der einen zu Porlezza gehörenden Weiler verschüttete und vielleicht auch die kleine Kirche zerstörte. Von der Schiffsstation überblicken wir den Seearm nach Südwesten, etwa bis Osteno, wo er dann einen Knick macht und der Monte Pinzernone die weitere Sicht versperrt.

Porlezza ist die Heimat zweier bedeutender Künstler, nämlich Guglielmos und Giacomos della Porta. Guglielmo della Porta (um 1500 bis 1577) war in Genua vermutlich Schüler von Perino del Vaga, ging dann später nach Rom, wo er unter dem Einfluß Michelangelos unter anderem das Grabmal Papst Pauls III. im Petersdom erbaute. In Genua hat er für die Kirchen San Lorenzo und San Giovanni viele Statuen und Reliefs geschaffen. Sein Bruder Giacomo della Porta (1539 bis 1602) begann als Bildhauer, arbeitete aber dann in Rom unter Vignola und Michelangelo als Architekt und erbaute dort die Kirchen Santa Caterina dei Funari, San Luigi dei Francesi, Santa Maria ai Monti sowie die Palazzi della

Sapienza, Marescotti und Gottofredi. 1573 ernannte ihn Papst
Gregor XIII. zum Baumeister von Sankt Peter, wo er mit Domenico
Fontana die Domkuppel, sein Meisterwerk, nach eigenen Plänen
vollendete. Wichtig ist auch sein Entwurf der Fassade von Il Gesù
in Rom (1573 bis 1584), die später zum Vorbild der Jesuitenkirchen
in Europa wurde.

OSTENO UND CLAINO

Von Porlezza fahren wir nun in südöstlicher Richtung, bis die
Straße nach etwa zwei Kilometern, dem Seeufer folgend, nach
Südwesten abbiegt. Von hier führt links ein schmaler Weg von
einigen hundert Metern zur verfallenen romanischen Kirche *San
Maurizio*, deren freistehenden schlanken Campanile wir schon von
weitem gesehen hatten. Das Gelände um die Kirche darf wegen
Einsturzgefahr nicht betreten werden; man kann nur hoffen, daß
der schöne alte Bau gerettet wird. Auf der Straße nach Osteno
berühren wir die *Grotte di Rescia*, kleine Höhlen mit Tropfstein-
bildung. Vor den Grotten rauscht ein Wasserfall die senkrechten
Felswände hinab.

Osteno. Abseits vom Lärm der mit Menschen überfluteten Touri-
stenorte liegt Osteno am Ausgang des die Berge von Argegno am
Comer See bis Laino durchziehenden Intelvi-Tales. Von der gepflegten kleinen Uferpromenade an der Piazza Cavour blickt man
hinüber in die Valsolda mit ihren hübschen kleinen Uferorten
Oria, Albogasio, San Mamete, Cressogno und ganz rechts Cima,
alles Namen, die für Leser der Romane Fogazzaros einen vertrauten Klang besitzen. Etwa gegenüber, wo die Straße in die Valsolda
hinaufführt, ist schon der ganze Uferhang mit Apartmenthäusern
und Ferienvillen bedeckt. Von der oberen Valsolda sehen wir links
die zusammengedrängten Häuser von Castello, rechts liegt Puria,
darüber Dasio. Spaziert man die nun schmaler werdende Straße von
Osteno westwärts, so erreicht man nach einer Steigung die Kapelle
San Rocco mit Cinquecento-Fresken. Hundert Meter weiter ist
die Fahrstraße zu Ende, denn das Steilufer unterhalb des Monte

Caprino ist nicht befahrbar. Um nach Campione zu gelangen, muß man den Weg in Richtung Claino durch das untere Intelvi-Tal nehmen. Für Wanderer aber gibt es hier viele Möglichkeiten zu ruhigen, nicht allzu schweren Touren.

Auf dem Weg von der Uferpromenade zur Pfarrkirche gelangen wir zur kleinen Piazza Matteotti, in deren Hintergrund ein Haus steht, das mit reizvollen Jugendstilfresken geschmückt ist.

Die hochgelegene Pfarrkirche *Santi Pietro e Paolo* beherrscht mit ihrem Campanile den ganzen Ort. Schon äußerlich ist der Kirche anzumerken, wie oft an ihr herumgebaut wurde; im Innern haben drei Stilepochen ihre deutlichen Spuren hinterlassen. Die Innenstruktur des dreischiffigen Raumes ist gotisch; die Kreuzgewölbe sind unter der barocken Bemalung gut zu erkennen, auch die vier Seitenaltäre und der Chorraum sind vom Barock geprägt.

Die beiden Fresken links und rechts vom Hauptaltar ›Martyrium der Heiligen Petrus und Paulus‹ schuf 1743 ein Intelvital-Meister, Domenico Quaglio (1723 bis 1765), ein beachtliches Werk des damals Zwanzigjährigen. Am Apsisaltar des linken Seitenschiffes finden wir eine wundervolle Madonnenskulptur von dem hier geborenen Bildhauer Andrea Bregno (1421 bis 1500). Hände, Gesicht und Faltenwurf der Kleidung sind unendlich zart ausgearbeitet, was bei dem feinen weißen Marmor besonders zur Geltung kommt. Auch die Figuren von Joseph und Anna zu beiden Seiten der Madonna sind ausgezeichnete Arbeiten dieses Meisters, der aus einer weitverzweigten, hauptsächlich im venezianischen Raum tätigen Bildhauerfamilie stammt.

Am rechten Apsisaltar finden wir außer einer schönen bemalten Holzskulptur des Erzengels Michael noch das eindrucksvolle Cinquecento-Fresko eines Jüngsten Gerichts mit verzweifelten Seelen, die schaudernd zur Hölle hinabfahren; über ihnen thront Christus im Kreise der Seligen, dazu posaunen die Engel aus den Gewölbelünetten. Das Kruzifix am zweiten rechten Seitenaltar ist eine gute Schnitzarbeit des 16. Jahrhunderts aus dunklem Holz. Den ersten rechten Seitenaltar schmücken lebensgroße barocke Stuckfiguren der Heiligen Apollonia und Agathe, gegenüber im linken Seitenschiff sehen wir zwei allegorische Figuren als Pendants.

Claino. Über Osteno gelegen, gehört Claino zu dessen Pfarrei und Gemeinde und bildet den Abschluß des Intelvitales. Von der Via Parrocchiale aus betritt man die Kirche *San Vincenzo*, deren Innenraum in Form eines lateinischen Kreuzes angelegt ist; Apsis, Kuppel und Seitenaltäre sind mit Barockstuck und -fresken geschmückt. Dem Eingang gegenüber sehen wir das auf 1492 datierte, leider aber sehr schlecht erhaltene Fresko einer Pietà. Darüber hängt das Tafelbild einer Madonna mit zwei Heiligen aus der Zeit um 1500. Leider hat man dieses schöne Bild so verkommen lassen, daß es es jetzt wohl kaum noch zu retten ist; denn die Farbe blättert ab und das Holz ist gesprungen. Rechts vom Eingang wird unter Glas das vielfigurige Terrakotta-Basrelief ›Geburt Christi‹ aufbewahrt. Es wurde von dem hier geborenen Marcantonio Prestinari (erwähnt 1570 bis 1621) geschaffen, der 1605 bis 1621 am Mailänder Dom arbeitete. San Vincenzo ist so nahtlos in den Komplex der Wohnhäuser eingefügt, daß man ihren Turm nur von der Via Carlo e Damiano Antonini aus sieht.

DER COMER SEE

*Ich kenne keine Gegend, die so wie diese
sichtlich vom Himmel gesegnet ist ...*
FRANZ LISZT

Der See

Auch der Comer See verdankt seine Entstehung den gewaltigen Gletschern der Eiszeit. Nach dem Gardasee und dem Lago Maggiore ist er mit 146 Quadratkilometern Oberfläche der drittgrößte aller italienischen Seen.

Der Lago di Como erstreckt sich in nordsüdlicher Richtung, flankiert von den Bergketten der Luganer und Bergamasker Alpen. Bei einer mittleren Höhe von 198 Metern über dem Meer ist der See 46 Kilometer lang. Bei Fiumelatte hat er mit viereinhalb Kilometern seine breiteste Stelle, die schmalste mit sechshundertfünfzig Metern zwischen Careno und Torrigia. Bei Bellagio teilt sich der See in zwei Arme, deren südöstlicher nach seinem Hauptort Lago di Lecco benannt ist. Die Adda mündet an der Nordspitze in den See und verläßt ihn wieder bei Lecco. Die tiefste Stelle wurde mit 410 Metern zwischen Argegno und Nesso gemessen. Umrahmt wird der Comer See von einer gewaltigen Bergkulisse, darunter einige Zweitausender, wie die Grigna (2410 Meter) am Lago di Lecco, der Legnone (2610 Meter) am Ostufer und der Bregagno (2107 Meter) am Westufer.

Fast fünfundzwanzig verschiedene Fischarten tummeln sich in diesem mächtigen Wasserbecken, am häufigsten finden sich Barsche, Forellen und Hechte. – Das Klima des Sees entspricht etwa dem des Lago Maggiore, ist also nahezu subtropisch. Die Flora zeigt eine verwirrende Pracht und Vielfalt; die Parkanlagen am Comer See gehören zu den schönsten Europas. Liebhaber prachtvoller Baumriesen kommen hier auf ihre Kosten; so trifft man auf Musterexemplare von Pinien, Zypressen, Magnolien, Zedern, Feigenbäumen, Myrten, Rhododendren, Kamelien und nicht zuletzt Ölbäumen, die am Lago Maggiore noch kaum vorkommen.

In nahezu allen europäischen Reiseführern, alten und neuen, wird der Lago di Como als schönster der italienischen Seen gepriesen. Über Schönheit läßt sich streiten, der Leser mag selber entscheiden. In der ›Georgica‹ des Vergil finden wir seine früheste Erwähnung im Zwischenkapitel vom ›Preis Italiens‹:

So viel herrliche Städte, so viele prachtvolle Bauten
Und Bergseen so viel, getürmt auf ragende Felsen,
So viel Ströme, die hin sich ziehn unter uralten Mauern.
Denk ich des Meers, das im Ost, und des, das im Westen das Land spült,
Denk ich der mächtigen Seen? Des Comer Sees, des von Garda,
Der wie ein Meer anrauscht mit den dröhnend schwellenden Fluten.

Natürlich spricht Vergil nicht vom ›Comer See‹, denn bei den Römern hieß dieses Gewässer Lacus Larius, und noch heute wird er manchmal der ›Lario‹ genannt. – Auch bei Sueton, dem Wortreichen, finden wir den See erwähnt; freilich nicht seiner Schönheiten wegen. Sueton berichtet in seiner Lebensbeschreibung Caesars von den Schwierigkeiten des Diktators mit dem Senator Marcellus, der Caesar gerne gestürzt gesehen hätte und allerlei Intrigen spann:

> »Aber damit nicht zufrieden, Caesar seiner Provinzen und jenes Vorrechts zu berauben, beantragte Marcellus auch, daß man den Kolonisten, die Caesar aufgrund des Vatinischen Gesetzes in Como angesiedelt hatte, das römische Bürgerrecht wieder abspräche ...«

Wobei wir mitten in der Geschichte wären, die für den Lario ja eigentlich erst mit den Römern begann. Die Zeit verliert sich im Dunkel, wenn auch die Spuren frühester Besiedlung recht deutlich sind. Grabungsfunde in Como, Brunate, San Fermo, Civiglio, besonders aber aus der Gegend um die Cà Morta lassen auf lebhafte Besiedlung etwa vom ersten vorchristlichen Jahrtausend an schließen. Über Art und Herkunft der vorgeschichtlichen Bevölkerung ist man sich bis heute nicht einig geworden; jedenfalls ist die Zuwanderung von Etruskern und gallischen Insubrern während des 7. bis 4. Jahrhunderts vor Christus wahrscheinlich.

Anfang des zweiten vorchristlichen Jahrhunderts kamen die Römer und begannen Geschichte zu machen, gründlich und übersichtlich, wie wir das von ihnen gewöhnt sind. Diese Geschichte betraf zunächst nur das strategisch wichtige Gebiet in und um Como; wir werden im folgenden ausführlich darauf zurückkommen.

Zuerst aber möchte ich noch die ausführlichste und liebevollste Lobpreisung des Lario, die uns aus alter Zeit überliefert ist, anführen. Sie stammt von Paulus Diaconus, der zu den faszinierendsten Gestalten des frühesten Mittelalters gehört. Zwischen 720 und 725 im Friaul aus edlem Geschlecht geboren, lebte Paulus am Königshof der Langobarden, bei deren letztem Herrscher, Desiderius, er Kanzler war. 781 schrieb er seine ›Historia Romana‹, 783 rief ihn Karl der Große an seinen Hof, wo er eine glänzende Rolle im Kreis der Dichter und Gelehrten spielte. Wann Paulus ins Kloster Monte Cassino eingetreten war, weiß man nicht; jedenfalls kehrte er 787 dort-hin zurück. Hier schrieb er sein Hauptwerk, die ›Historia Lango-bardorum‹, die leider unvollendet blieb. Das Todesjahr des Paulus Diaconus kennen wir nicht, man darf es wohl um 790 ansetzen.

Paulus hat als erster den Lario nicht aus historischen Gründen, sondern um seiner Schönheit willen geschildert, und fast sind wir geneigt, anzunehmen, der fromme und gelehrte Mann sei in den See verliebt gewesen:

> *Womit soll ich dein Lob beginnen, gewaltiger Larius?*
> *Wie deine reichen Gaben schildern?*
> *Du hast gebogene Hörner, gleich dem Scheitel des Stiers,*
> *und ihnen verdankst du den Namen.*
> *Du bringst uns große Geschenke, bist reich an heiligen Stätten,*
> *und schmückest die fürstlichen Tafeln.*
> *Der Frühling ziert dich mit grünem Kleid,*
> *Du besiegst die Fröste, der Frühling herrscht ewig.*
> *Deine Ufer umgürten Olivenwälder, die immer grünen,*
> *und purpurn schimmern die Äpfel aus bunten Gärten,*
> *leuchten rot aus Lorbeergesträuch.*
> *Es duften die Blüten der Myrte, es duftet der Pfirsich,*
> *und sie alle noch übertrifft die Zitrone.*
> *Vor dir verblaßt der finstere Avernus und auch der See von Epyrus,*
> *selbst der Fucinus mit seinen gläsernen Wellen*
> *und der mächtige Lucrinus müssen dir weichen.*
> *Wäre Jesus auf dir geschritten, du würdest alle Seen übertreffen,*
> *lägest du in Galiläa, du überträfest alle Gewässer.*
> *Hüte dich also, den Schiffen zu schaden,*
> *und hüte dich, mit deinen Fluten uns zu verderben.*
> *Meidest du dies, so singt jeder dein Lob,*
> *und du wirst uns immer liebenswert sein.*
> *Lob und Ehre Dir, dreifaltiger Gott, in alle Ewigkeit,*
> *der du so Wunderbares schufst, dir sei Lob und Ehre.*
> *Der du diese Verse liest, ich bitte dich, sprich:*
> *›Sei Paulus gnädig, Erlöser‹*
> *und dich, Leser, bitt' ich, verachte ihn nicht.*

Geographische Kenntnisse, Schönheitssinn und Frömmigkeit, aber auch Naivität finden wir in diesem zu Herzen gehenden Gedicht, das, trotz seines christlichen Schlusses, noch etwas vom heidnisch-antiken Preis der Natur in sich trägt.

Der Comer See läßt sich in drei Hauptteile gliedern: Der dichtbesiedelte urban-hektische Südarm von Como bis Lenno; dann das Mittelstück mit der Tremezzina, einer Landschaft, die sich an manchen Punkten ins feierlich-erhabene steigert und doch auch lieblich zu nennen ist. Schließlich der Norden von Acquaseria bis Sorico, wo die mächtigen Zweitausender sich im weiten stillen Becken des Sees spiegeln; hier hat der Mensch sich die Natur noch kaum gefügig gemacht. Villen und Parks fehlen fast ganz, Laub- und Nadelwälder prägen diese großartige, aber mit dem übrigen See verglichen eher karge Landschaft. Hippolyte Taine, der nach seiner langen Italienfahrt eindrucks- und reisemüde zuletzt noch den Comer See besuchte, empfand und beschrieb diese Verschiedenartigkeit:

»Gegen Bellagio bilden Myrten, Zitronenbäume und Blumenbeete weiße oder purpurne Sträuße zwischen den beiden blauen Armen des Sees. Aber nach Norden zu wird das Land groß und streng, die Berge richten sich auf und werden kahl, die starren Brüche des Urfelsens, die ausgezackten schneebedeckten Kämme und die langen Schluchten, in denen alte Schneelachen schlummern, zacken die einförmige Kuppel des Himmels. ... In den ungastlichen Schluchten gibt es kein Laub und keine Lebensspur, man hört auf, sich auf der bewohnten Erde zu fühlen, man ist in der mineralen Welt, welche dem Menschen vorausging, auf einem nackten Planeten, dessen einzige Gäste Luft, Fels und Wasser sind.«

Taine ist wie immer ein bißchen pathetisch geworden, und mit den Zitronenbäumen am Ufer hat er etwas übertrieben – trotzdem wird man auf einer Bootsfahrt in den nördlichen Teil des Sees ähnliches empfinden.

Da der südöstliche Arm des Sees einen eigenen Namen, Lago di Lecco, trägt, so soll ihm auch ein eigenes Kapitel gewidmet werden.

Die einzige Insel des Lario, die Comacina, liegt nahe dem Westufer in der Höhe von Sala. Nicht weit davon, in Lenno, stand die Villa Comoedia des Konsuls, Tribuns und Auguren Gajus Plinius Caecilius Secundus, allgemein Plinius der Jüngere genannt (61 bis 113 nach Christus). Dieser frühe Villenbesitzer schrieb vor neunzehn Jahrhunderten an seinen Freund Caninus, der vermutlich in der Gegend der heutigen Villa dell'Olmo wohnte:

»Betreibst du Studien oder Fischfang oder all dies zugleich? Das kann man ja alles an unserem Comer See tun: der See bietet Fische, die ihn um-

kränzenden Waldungen Wild, und die tiefe Abgeschiedenheit gibt lebhafte
Anregung zu Studien.«

Mit der ›tiefen Abgeschiedenheit‹, das muß leider gesagt werden,
ist es vorbei. Erholsame Stille wird man an den Ufern des Sees von
Como bis Menaggio nicht finden. Aber dieses Stück ist schließlich
nur ein Teil des Sees; der Norden und weite Gebiete des Ostufers
sind auch heute noch Orte der Ruhe. – Am interessantesten ist der
Lario natürlich dort, wo es am lautesten hergeht: im Süden, in
Como, das dem Lacus Larius seinen heutigen Namen gegeben hat.
Dort soll unsere Reise beginnen.

Como

DIE GESCHICHTE DER STADT

Die datierbare Geschichte der Stadt beginnt mit den Römern, die im Jahre
196 vor Christus unter Claudius Marcellus den Ort einnahmen, befestigten,
ausbauten und etwa dreißig Jahre später der Cisalpinischen Provinz einglie-
derten. Die folgende Zeit der ewigen Kleinkriege mit feindlichen, meist
rätischen Stämmen, verhinderte zunächst jeden Aufschwung, der erst mit dem
Jahre 89 vor Christus einsetzte, als Como unter Pompejus Strabo wieder auf-
gebaut wurde und seine Einwohner das römische Staatsbürgerrecht erhielten.
Der Ort durfte sich jetzt ›Novum Comum‹, also ›neues Como‹, nennen und
wurde von Caesar – Sueton erwähnt es – sehr begünstigt. Er sandte fünftau-
send Neusiedler dorthin, darunter waren fünfhundert edle Griechen, deren
Sprache, wie wir noch sehen werden, in manchem Ortsnamen fortlebt. Wir
wissen sonst aus der römischen Zeit nicht viel, genaueres berichten nur die
beiden Plinii, die hier geboren wurden und zeitweise auch hier lebten. So
wissen wir, daß zur Zeit des Kaisers Trajan die Stadt von zwei Duumvirn
regiert wurde, die vom Volk – später vom Senat – gewählt wurden.

Die Stadt blühte auf, Handel und Handwerk gediehen, Straßen wurden
angelegt. Eine der ältesten, die Via Regia, führte von Mailand über Como
nach Chiavenna und von dort zu den Pässen. Als ›Via Regina‹ – eine Ver-
ballhornung des alten Namens – werden wir ihr noch oft begegnen.

Und wieder sinkt die Stadt in geschichtliches Dunkel – auf ihre Weise
mag sie auch an den Thron- und Nachfolgestreitigkeiten der Metropole Rom
teilgenommen haben. Aus der Zeit des sich ausbreitenden Christentums sind
uns die Namen der ersten Bischöfe überliefert, wie etwa die des heiligen Felix

und des heiligen Abondius, der als Legat Leos des Großen am Konzil von Konstantinopel teilnahm.

Die Stürme der Völkerwanderung scheinen Como, das dem arianischen Glauben anhing, verschont zu haben; bei den Kämpfen gegen die Ostgoten stand es mit Mailand auf Seiten der Byzantiner. Unter den Langobarden verfiel und verarmte die Stadt und blühte erst unter dem mächtigen Zepter der Königin Theodelinde wieder auf. Damals wurden die alten Römerstraßen wieder instandgesetzt, und aus der Via Regia wurde zu Recht eine ›Via Regina‹.

Authari, König der Langobarden, hatte Theodelinde, eine bayerische Herzogstochter, zur Gemahlin erwählt. Als Authari 590, nur ein Jahr nach seiner Hochzeit, starb, hatte sie die Gunst ihres Volkes in solchem Maße gewonnen, daß die langobardischen Edlen es ihr freistellten, einen neuen Gemahl zu wählen; wer es auch sei, sie wollten ihn als ihren König anerkennen. Theodelinde wählte Agilulf, den Herzog von Turin, der auf diese Weise ohne eigenes Zutun eine Königskrone und die Hand einer schönen, noch jungen Frau gewann. Die Königin, die in eifrigem Briefwechsel mit Papst Gregor I. stand, brachte ihren Gemahl und nach und nach das halbe Langobardenreich dazu, den römisch-katholischen Glauben anzunehmen; ein halbes Jahrhundert später, unter König Grimoald, war dann der arianische Glaube erloschen.

Theodelinde stiftete 595 den Dom zu Monza, wo sie über dem Portal in einem Relief mit ihrem zweiten Gemahl Agilulf und ihrem Sohn Adaluald dargestellt ist. Die Königin reicht dem heiligen Johannes Weihgeschenke, und, es ist kaum zu glauben, ein Teil dieser Gaben befindet sich noch heute im Domschatz zu Monza. – Als Theodelinde 628 starb, waren dem Langobardenreich noch anderthalb Jahrhundert vergönnt, bis es 774 an Thronfolgestreitigkeiten und Adelsfehden, unter kräftiger Nachhilfe Karls des Großen, zugrundeging. Dieser Kaiser förderte jedoch Como, das sich ihm klugerweise kampflos ergeben hatte.

Mit Anfang des 10. Jahrhunderts begannen Feudalherren die Geschichte der Stadt zu bestimmen: Bischöfe, Grafen, kaiserliche Kanzler. In diesen wechselnden Zeitläuften erstarkten die Gemeinden; sie gaben sich Statuten, wählten Stadtherrn, ertrotzten Privilegien. Como blühte auf, Handel und Handwerk belebten und durchpulsten von ihm aus die Ufer des Lario. Dann aber, 1118, begann der endlose blutige Streit der Stadt mit Mailand, das die Entwicklung Comos argwöhnisch verfolgt hatte. Como schlug sich auf die Seite des Heiligen Römischen Reiches Deutscher Nation, so daß der jeweilige Kaiser immer einen treuen Verbündeten hatte, wenn es galt, das ewig

*unruhige Mailand zu bekriegen. Heinrich VI. und Friedrich II. wußten das
zu schätzen und – zu belohnen.*

*Wie seine Vorgänger, so hatte auch Friedrich II. seine liebe Not mit den
lombardischen Städten, die meist auf Seiten des Papstes standen, wodurch
sie diesem Kaiser, den zwei Päpste bannten und als Ketzer verfluchten,
feindlich gegenüberstanden. Denn Kaiser Friedrichs Lieblingsidee war ein
Zentralstaat, und dieser ließ sich ohne die Unterwerfung der lombardischen
Städte nicht verwirklichen. Hätte der Kaiser einmal den Norden und den
Süden sicher in der Hand, so säße der Papst in der Mitte, gefangen wie in
einer Mausefalle, und müßte sich mit der geistlichen Macht begnügen, wie
Friedrich es oft genug von seinem Hauptwidersacher, Gregor IX., forderte.
So brachte Friedrich sein halbes Leben damit hin, die Lombarden zu be-
kriegen, doch nie gelang ihm ihre völlige Unterwerfung.*

*Wäre sie geglückt, ein faszinierender Gedanke, auf den Georgina
Masson in ihrem Buch über Friedrich II. näher eingeht, als sie einen der
oberitalienischen Feldzüge des Kaisers, der damals seinem Ziel recht nahe
war, schildert:*

*»Denn darum ging es jetzt; wenn es Friedrich gelungen wäre, diese sechs
Städte zu erobern, hätte Italien ihm gehört, und die weltliche Macht der
Kurie wäre zu Ende gewesen. Nach der Unterwerfung der Lombardei hätte
der Kaiser Italien zu einem vereinigten Königreich nach dem fortschritt-
lichen Vorbild Siziliens zusammenzuschweißen vermocht ... Unter seiner
klugen Führung hätte Italien eine der großen europäischen Mächte werden
können, anstelle der vielen Kleinstaaten, die sich bis zum 19. Jahrhundert
hielten.«*

*So aber kam es, daß sechshundert Jahre später Garibaldi noch immer
um das gleiche Ziel kämpfen mußte, und auch einer der Hauptgegner war
noch der gleiche: der Papst. Eines allerdings hatte Garibaldi Kaiser Friedrich voraus: die Lombarden standen auf seiner Seite. Friedrich II. war
nicht nur politisch – seiner Epoche zu weit voraus gewesen.*

*Mit dem Tod des großen Staufers begann für Como eine schlimme Zeit.
Wie in anderen Städten Italiens bildeten sich die Parteien der Guelfen und
Ghibellinen, und jetzt ließ sich so manche alte Familienfehde unter dem
Vorwand ›für oder gegen den Kaiser‹ bereinigen.*

*Für die großen Geschlechter aber ging es ums Ganze, um Como selbst,
das vor allem die Visconti und die Rusca mit wechselndem Glück einander
abzujagen versuchten. Etwa ab 1340 konnten sich die Visconti behaupten,
bis nach einem furchtbaren Bürgerkrieg 1408 mit dem grausamen und rach-
süchtigen Franchino II. wieder die Rusca das Steuer in die Hand nahmen.*

Seinem Nachfolger, Loterio II., jagten es die Visconti dann aufs neue ab, und diesmal endgültig. Como hatte furchtbar unter diesen Kriegen zu leiden, diese Zeit war sein ›Saeculum obscurum‹. Die gemäßigte Herrschaft der Visconti und später der Sforza brachte dann eine neue Blüte; Como konnte sogar innere Selbstverwaltung durchsetzen, mit Magistrat, Zünften und Kollegien. Recht und Ordnung herrschten – eine Ordnung, die leider zerfiel, als die Franzosen das Herzogtum Mailand, und damit Como, eroberten. Jetzt regierte ein französischer Statthalter, der im Laufe der nächsten Jahrzehnte allerdings mehrmals den Sforza weichen mußte. Mit dem Tod des letzten Sforza, Francesco II., fiel das Herzogtum Mailand und mit ihm Como an die spanischen Habsburger, die 1714 von den spanischen Bourbonen abgelöst wurden. Aber ehe es soweit war, kam es 1630 zur Katastrophe: Mißwirtschaft, Ausbeutung, plündernde Soldaten, Hochwassereinbrüche und schließlich die Pest hatten Como zu einer gespenstischen, entvölkerten Ruine werden lassen; nur noch sechstausend Einwohner lebten in der einst sechzehntausend Bürger zählenden Stadt. Viele Familien hatten die Flucht ergriffen, um sich anderswo eine neue Heimat zu suchen, so etwa die Cotta in Stuttgart oder die Brentano in Frankfurt am Main. Bald schon gelangten diese italienischen Namen in Deutschland zu Ruhm und Glanz.

Während des Spanischen Erbfolgekrieges ließ Prinz Eugen von Savoyen 1706 Como für das Reich besetzen; nach den Verträgen von Utrecht und Rastatt fiel 1715 das Herzogtum Mailand an die österreichischen Habsburger. Jetzt ging es wieder aufwärts. Ob unter eigener oder fremder Herrschaft: ein städtisches Gemeinwesen kann nur im Frieden gedeihen, und Frieden bescherte das Haus Habsburg Como für fast ein Jahrhundert, bis 1796.

Kaiser Karl VI. (1714 bis 1740) kümmerte sich um alles: Steuern, Zölle, Grundbesitz, Fischerei, Landwirtschaft, Straßen, Flußregulierungen – es gab nichts, was seine Beamten nicht ›erfaßten‹, und wo sie einen Mangel aufdeckten, wurde Abhilfe geschaffen. Adeligen Müßiggängern wurde der Grundbesitz einfach genommen, falls sie sich nicht entschließen konnten, ihn zu nutzen – etwas noch nie Dagewesenes. Unter der häuslichen Maria Theresia wurde besonders die Wollverarbeitung gefördert, auch die alteingesessene Seidenindustrie nahm einen neuen Aufschwung.

Kaiser Josef II. hatte stets die Wohlfahrt seiner Völker – und natürlich des Hauses Habsburg – im Sinn, doch den großen Reichtum der Kirche hielt er für nicht vereinbar mit dem Geist des Christentums. So hatten es besonders die Klöster unter dem reformfreudigen Herrscher nicht leicht, zu Hun-

derten wurden sie säkularisiert und ihr Besitz enteignet. Die eiserne Konse-
quenz, mit der der Kaiser die Standesvorrechte von Adel und Klerus be-
schnitt, schuf ihm im eher konservativen Como viele Feinde. Wäre Josef
nicht römisch-deutscher Kaiser, sondern Franzose gewesen, hätte er viel-
leicht zu den Häuptern der Revolution gehört, deren spätere Reformen er
in vielem vorwegnahm, Reformen, die seine konservativen Nachfolger
Leopold II. und Franz II. wieder abschwächten oder aufhoben.

1796 bis 1815 herrschten die Franzosen in der Lombardei; Como stellte
22 Abgeordnete, darunter den Physiker Alessandro Volta. Unter Napoleon
war Como wieder auf sechzehntausend Einwohner angewachsen, die meisten
der von uns heute so bewunderten Paläste, Villen und Parkanlagen ent-
standen zu dieser Zeit, dazu Theater, Bibliotheken, Gymnasien. Das Zeit-
alter der Aufklärung hatte begonnen.

Wie wenig man dennoch die Franzosen schätzte, bewies der Jubel, mit
dem Como 1815 die Österreicher empfing, nachdem der korsische Aben-
teurer entmachtet und verbannt worden war. Doch dieser Jubel legte sich
bald, Österreich traf nicht mehr die alten Zustände an, der Geist der Revo-
lution – vor zwanzig Jahren erwacht – beseelte die neue Generation. Be-
sonders der junge Adel tat sich hervor, Geheimbünde schossen aus dem
Boden, strahlende Paläste an den üppigen Ufern des Lario wurden zu
Stätten dunkler Verschwörung.

Am 18. März 1848 stürmten die aufständischen Patrioten in Como die
österreichischen Kasernen, am 5. August kam Garibaldi in die Stadt, aber
noch war es nicht soweit. Die Österreicher konnten sich noch 10 Jahre be-
haupten, doch der Preis war hoch: Kämpfe, Verschwörungen, Verrat,
Prozesse, Hinrichtungen. Der geniale Cavour einigte die zersplitterten
Kräfte des Risorgimento und am 27. Mai 1859 kam es zu dem Treffen von
San Fermo. Garibaldi besiegte die österreichische Übermacht und zog unter
unglaublichem Jubel in Como ein. Ein Jahr später wurde die Stadt dem ita-
lienischen Königreich angegliedert.

Den beiden großen Kriegen dieses Jahrhunderts zahlte auch Como seinen
Blutzoll, doch die Stadt selbst blieb unversehrt.

Como hatte nie Schwierigkeiten, sich auszudehnen, denn der Weg
nach Süden, ins weite grüne Land der Brianza, ist frei, während im
Norden der See, im Westen und Osten die Berge Grenzen setzen.
Comos unvergleichliche Lage zwischen Bergen, See und flachem
Land zeigt sich am deutlichsten in der Vogelschau, wie etwa von
Brunate aus, dem luftigen Wochenendziel vieler Comasken.

Seinen gewaltigen Aufschwung in den letzten hundert Jahren verdankt Como nicht zuletzt der Nähe Mailands. Wie die Münchner an den Starnberger See, so strömen die Mailänder an ›ihren‹ nur eine halbe Autostunde entfernten Comer See. Ja, die Mailänder …!
Sind Comos Straßen an den Wochenenden hoffnungslos verstopft, braucht man für die fünf Kilometer von Cernobbio nach Como an Sonntagabenden drei Stunden, kriegt man an schönen Maitagen keinen Platz mehr in den Cafés auf der Piazza Cavour, steigen die Grundstückspreise ins Unermeßliche, und so fort, so wird jeder Comasker Ihnen gleich den Grund nennen: ›I Milanesi‹!

Dieses *i milanesi* hört man auch in Moltrasio, in Argegno oder an der Tremezzina, und je nach dem Stand des Auskunftgebenden klingt es neidisch, resignierend, respektvoll oder gar haßerfüllt, manchmal kann man auch alles zugleich heraushören.

Ja, die Mailänder! Sie haben dem See seine Ruhe geraubt, sie treiben die Preise hoch und die Kellner in den Ausflugsgaststätten zur Verzweiflung – aber man braucht sie. Eines nämlich wird niemand abstreiten: Ein nicht unerheblicher Teil des in Mailand verdienten Geldes fließt an den Lario, und nicht erst in letzter Zeit. Dieses Geld kann vom Arbeiter stammen, der hier mit seiner Familie das Wochenende verbringt, oder vom Millionär, der in seiner Villa über Cadenabbia hier den Sommer verlebt. Inzwischen hat Como es auf 85000 Einwohner gebracht, und Jahr für Jahr werden es mehr. Aber obwohl es auf dem Weg zur Großstadt ist, hat es nichts von seinem Charme verloren. Bei allem Lärm und aller Betriebsamkeit ist noch keine Hektik zu spüren; für einen Kaffee, für ein Gespräch, für einen Blick auf den See hat man immer Zeit und Gelegenheit.

DER DOM UND DIE MAESTRI COMACINI

Liegt die Stadt auch an der Südspitze des Sees, so ist sie doch sein strahlender Mittelpunkt, sein lautpochendes Herz. Das Herz der Stadt wiederum ist die Piazza Cavour, verkehrsüberflutet und den Hafen mit modernen Bauten einrahmend. Auf alten Stichen sieht das freilich anders aus; da säumten noch behagliche *alberghi* die Hafenmole, und in einem von ihnen, dem ›Albergo dell'Angelo‹, wurde 1837 Franz Liszt eine Tochter geboren, Cosima, später Hans von Bülows Frau, den sie dann um Richard Wagners willen verließ.

Herrlich ist der Blick über den See nach Norden auf die grünen, dichtbebauten Hügel des Westufers und die steilen, bewaldeten Hänge des Ostufers unterhalb von Brunate, die sich weit in den See hineinschieben und den Ausblick nach Norden versperren.

Von der Piazza Cavour zum Dom sind es nur zehn Minuten zu Fuß. Dieser Dom gehört zu den schönsten Kirchen Oberitaliens; er ist einer der letzten großen Sakralbauten der italienischen Gotik. Taine, obwohl reisemüde am Ende seiner langen Italienfahrt und voll Sehnsucht nach dem heimatlichen Frankreich, war hingerissen von dem Bau und raffte sich noch einmal zu einer ausführlichen Beschreibung auf, die er mit dem Ausruf beginnt:

»Man mag sich immer geschworen haben, keine Kunstwerke mehr zu sehen – in Italien gibt es überall welche – und diese kleine Stadt hat solch einen schönen Dom!«

Mit der ›kleinen Stadt‹ ist es heute freilich vorbei, doch die atemberaubende Schönheit dieses Gotteshauses ist geblieben. Steht man auf dem Domplatz und betrachtet die helle reichgeschmückte Fassade, so ist der erste Eindruck der einer absoluten Harmonie, und dieser Eindruck bleibt, wenn man die Kirche langsam umwandert: nichts, auch nicht die späteren Zutaten, stören den Gleichklang dieses Baues – und es war nicht wenig, was im Laufe des 15. und Anfang des 16. Jahrhunderts dazukam.

Ehe wir mit der Besichtigung des Domes beginnen, sollten wir der ›*Maestri Comacini*‹ gedenken, der durch Jahrhunderte berühmten lombardischen Steinmetzen und Architekten; denn sie haben auch dieses Bauwerk errichtet und ausgestattet. Die Tradition dieser Meister reicht sehr weit zurück; schon während der Langobardenzeit zogen sie als Maurer und Steinmetzen durch Italien, während der romanischen Epoche, im 12. und 13. Jahrhundert, lassen sich ihre Spuren durch ganz Europa verfolgen, sogar in Schweden, Serbien und Rußland wurden ihre Werke nachgewiesen. Der große Langobardenkönig Luitprand (712 bis 744) erwähnt in einem Edikt die ›Magistri cummacini‹. Dieser Name leitet sich nicht von ›Meister aus Como‹ ab, sondern vom lateinischen ›Magistri cum machinis‹. Wie dem auch sei, die Künstler des Intelvi-Tales setzten bis zum Ende des 19. Jahrhunderts diese Tradition fort; als Maler, Bildhauer und Architekten waren sie in ganz Europa tätig. Wir werden den Intelvi-Meistern später ein eigenes Kapitel widmen, das recht eigentlich schon hier beginnt, denn der erste Baumeister des Domes, Lorenzo degli Spazzi, stammte aus Laino d'Intelvi.

Anstelle der romanischen Basilika Santa Maria Maggiore wurde mit Unterstützung Gian Galleazzo Viscontis 1396 der neue Bau begonnen. Die ursprünglichen Pläne von Lorenzo degli Spazzi wurden später verändert, auch setzten sich im Laufe der Bautätigkeit während der folgenden Jahrhunderte andere Stilrichtungen durch. Nach Lorenzo führten 1426 Pietro da Breggia und ab 1455 Fiorino da Bontà und Luchino Scarabota das Werk fort.

Mit diesen Meistern sind freilich nur die wichtigsten genannt, einiger anderer werden wir uns beim Gang durch die Kirche erinnern. Noch in diesem Jahrhundert wurde am Dom gebaut, 1935 stellte Frigerio die Kuppel nach einem Brand im alten Stil wieder her.

Die 1457 begonnene gotische Fassade erhielt reichen Renaissanceschmuck. Die Steinfiguren der beiden Plinii, links und rechts vom Portal, sind dafür das beste Beispiel. Diese von den Brüdern Rodari um 1513 geschaffenen Skulpturen zeugen mit ihren edlen, scharfgeschnittenen Gesichtern von der bildnerischen Auffassung der Renaissance. Die rechte Figur zeigt Plinius den Älteren, die linke seinen Neffen und Adoptivsohn Plinius den Jüngeren. Der Stolz der Stadt auf ihre illustren Söhne hat die beiden Heiden an der Domfassade fast zu Heiligen erhöht.

Die durch Lisenen dreigeteilte Fassade verdankt ihren reichen Skulpturenschmuck hauptsächlich der Künstlerfamilie der Rodari, voran Tommaso Rodari. Außer den Figuren der Plinii stammen von ihnen auch die Anbetung der drei Könige in der Lünette des Mittelportals, die Madonna mit vier Heiligen über dem gleichen Portal, die Skulpturen in den Lünetten der Seitenportale und die Nischenfiguren über und neben der Fensterrose. Den Rodari wird auch das Portal an der rechten Seitenwand und das reich geschmückte ›Froschportal‹ (nach einem leider zerstörten, steinernen Frosch genannt) an der linken Seitenwand zugeschrieben. Die Apsis und das Querschiff entwarf 1519 Cristoforo Solario (nachweisbar 1489 bis 1527), doch dauerte die Fertigstellung bis 1669, also rund hundertfünfzig Jahre. Man hat sich Zeit gelassen; vielleicht ist deshalb alles so schön geworden. Die schlanke achteckige Kuppel schuf 1731 bis 1744 Filippo Juvara (1678 bis 1736), der größte italienische Architekt des 18. Jahrhunderts.

Das Innere des Domes wird von zwei Stilen geprägt. Pietro da Breggia (erwähnt 1426 bis 1453) entwarf die drei durch zehn Kreuzpfeiler getrennten Schiffe mit ihren flachen gotischen Kreuzrippengewölben, deren Kappen delikat ausgemalt sind, überwiegend in Blau und Gold.

Kuppel, Apsis und Querschiffgewölbe aber prunken im Stil der Renaissance und sind aufs prächtigste mit achteckigen, vergoldeten Kassetten geschmückt, was bei der steilen, zuckerhutförmigen Kuppel eine perspektivische Verzeichnung von besonderem Reiz ergibt. In Gestalt der beiden Löwen, die die Weihwasserbecken tragen, begegnet uns gleich am Eingang ein Relikt aus den ältesten Tagen der Kirche. Die beiden froschmäuligen Ungeheuer stützten einst das Vordach der früheren romanischen Basilika.

Wenden wir uns jetzt dem rechten Seitenschiff zu, um der Reihe nach dessen Schätze zu bewundern. Das Marmorpolyptychon, ›Maria mit dem Kind‹, von Heiligen umgeben, ist ein Werk der Schule des Amuzio da Lurago, datiert 1482. Den Gedenkstein für den Kardinal Tolomeo Gallio schuf 1861 Luigi Agliati (1816 bis 1863). Am Altar der heiligen Lucia können wir ein Marmorpolyptychon von Tommaso Rodari (erwähnt 1484 bis 1526) bewundern; es zeigt Passionsszenen und eine Maria mit vier Heiligen. Dann stoßen wir auf ein reliefgeschmücktes Innenportal. Es gibt uns Gelegenheit, eine Rodari-Arbeit aus nächster Nähe zu betrachten; besonders günstig fällt das Licht auf die ausdrucksvolle Figur des heiligen Sebastian.

Nun folgt der Sarkophag des Bischofs Bonifatius von Modena (1347), dessen Marmor wie altes Elfenbein schimmert. Darüber fällt uns ein Kenotaph für einen Arzt, Gian Paolo della Torre (gestorben 1556), auf. Den Altar des heiligen Abondius schmückt eine vergoldete Holzschnitzarbeit aus dem Anfang des 16. Jahrhunderts mit Szenen aus dem Leben des Heiligen. Die ›Flucht nach Ägypten‹ von Gaudenzio Ferrari, die rechts davon hängt, ist ein trotz aller Bewegung ruhiges Bild. Zur Linken des Altars finden wir Bernardino Luinis ›Anbetung der Könige‹. In diesem Gemälde drängt sich das ganze Geschehen in der unteren Bildhälfte zusammen; der obere Teil wirkt dagegen zu leer. Luinis mangelnde Kompositionskunst steht auch hier wieder seiner glänzenden Meisterschaft im Detail gegenüber. Diesen beiden Bildern der bedeutendsten lombardischen Meister des Cinquecento fehlt jede Leuchtkraft, da sie in Tempera gemalt sind. Am nächsten Altar wird dieser Unterschied deutlich: Hier finden wir das in Öl gemalte Stifterbild der ›Muttergottes mit dem Kinde‹, ein herrliches Werk Luinis trotz der spannungslosen Komposition mit den rührend in einer Linie auf Wolkenflöckchen stehenden Engeln. Auf der Predella sind Szenen aus dem Leben des heiligen Hieronymus dargestellt.

Eine Marmorskulptur des heiligen Isidor zwischen Ochsen soll uns nicht weiter aufhalten; wir biegen jetzt in das rechte Querschiff ein, das ganz von einem prachtvollen Barockaltar beherrscht wird. Dieses von Francesco Maria Richini (1583 bis 1658) entworfene Prunkstück mit seinen vier gedrehten Säulen aus schwarzem Marmor wird von zwei Holzstatuen flankiert: David und Salomon, ein Werk des Francesco Rusca aus dem 16. Jahrhundert. – Aus der Deckenwölbung dieses Raumes leuchtet uns die feine Goldstuckarbeit von Francesco Silva (1560 bis 1641) entgegen. Vom rechten Querschiff gelangen wir in die ›Sakristei der Kaplane‹; die Deckenfresken des Morazzone stellen die ›Krönung Mariens‹ dar.

Wieder im Schiff, erblicken wir den Hauptaltar, 1728 in Rom geschaffen, ein Werk von nobler Schönheit. Seine kostbaren Details sind erst aus nächster Nähe recht zu erkennen und zu würdigen. Das Chorgestühl ist früheren Datums, es stammt von den Brüdern Lucini (1610); den vergoldeten Bischofsstuhl entwarf der in Como so viel beschäftigte Federico Frigerio (1873 bis 1959).

Wir gehen nun durch das Hauptschiff zurück und bewundern dabei die herrlichen Gobelins aus toskanischen und flandrischen Manufakturen. Über uns, zu beiden Seiten, die prunkvolle Orgel, in der Form noch ein Werk der Renaissance, im Dekor schon Barock. Unter dem linken Flügel der Orgel ist eine beiderseitig von Giovanni Malacrida (erwähnt 1489 bis 1499) bemalte Prunkfahne aufgestellt; ihre Themen sind der ›heilige Abondius‹ und die ›Kreuzigung‹. Am linken Seitenportal steht das reliefgeschmückte Taufbecken (1592), das von einer auf acht korinthischen Säulen ruhenden Flachkuppel überdacht wird.

Den ersten Altar des linken Seitenschiffes schmückt eine ›Muttergottes mit Kind und zwei Heiligen‹ von Andrea Passeri (erwähnt 1487 bis 1511). Vor diesem, von silbernen Votivherzen umgebenen Bild wird fast immer gebetet, und an brennenden Opferkerzen hat die Madonna keinen Mangel.

Über dem zweiten, der heiligen Apollonia geweihten Altar finden wir ein Relief ›Jungfrau Maria mit Kind und Heiligen‹, darüber eine ›Betende Jungfrau mit musizierenden Engeln‹, eine gute Arbeit von Tommaso Rodari, von dem auch die Reliefs am Altar stammen. Zur Rechten dieses Altars fällt eine Büste des Papstes Innozenz XI. aus dem 17. Jahrhundert auf; Innozenz genießt als Sohn Comos hier besondere Verehrung. Links sehen wir eine Büste des Bischofs Carlo Rovelli, ein Werk Luigi Agliatis (1816 bis 1863).

Wenn wir jetzt weiter gehen, können wir das ›Froschportal‹ von innen betrachten; auch diese Seite wurde von den Rodari reich mit Reliefs und Skulpturen geschmückt. Vorbei am Sarkophag des Bischofs Giovanni degli Avogadri, über dem zwei dem Historiker Benedetto Giovio (1471 bis 1545) gewidmete Urnen angebracht sind, kommen wir zum dritten Altar des linken Seitenschiffes mit einer leider recht schwachen Darstellung des ›Heiligen Joseph mit Jesusknaben‹ von Pompeo Marchesi (1789 bis 1858). Rechts davon hängt eine ›Anbetung der Hirten‹ von Luini. Diesmal blikken die Engel in geschlossener Phalanx auf die Szene hinab. Am Gesicht der Madonna ist deutlich der Einfluß Leonardos zu erkennen. Links vom Altar eine ›Vermählung Mariens‹ von Gaudenzio Ferrari, etwas steif und gewiß keine seiner besten Arbeiten. Auch diese beiden Gemälde sind in Tempera ausgeführt.

Am vierten Altar stehen wir einem großartigen Relief von Tommaso Rodari aus dem Jahre 1498 gegenüber, einer ›Beweinung Christi‹. In dieser ungeheuer bewegten, figurenreichen Szene hat Rodari jede bildnerische Starrheit überwunden und eines seiner besten Werke geschaffen. Links davon eine Büste Pius' IX. von Josef Bayer (1816 bis 1895); rechts das Grab des Arztes Zanino Cigalino (1562).

Das linke Querschiff, in das wir jetzt gelangen, ist mit zahlreichen guten Skulpturen geschmückt. Hauptanziehungspunkt in der von Carlo Buzzo (erwähnt 1638 bis 1658) entworfenen Kapelle ist eine holzgeschnitzte, bemalte Kreuzigungsgruppe eines anonymen Meisters um 1500. Die Statuen des Jesaias und Elias zu beiden Seiten des Altars von Raimondo Ferrabosco (17. Jahrhundert) sind dagegen etwas schwach geraten. Bei den kleinen Statuen unterhalb des Fensters fällt ein heiliger Sebastian auf; er wird Cristoforo Solario, der auch die Apsis entworfen hat, zugeschrieben. Von hier aus, zwischen den Statuen der vier Tugenden hindurch, kommt man in die ›Sakristei der Kanoniker‹ mit ihrem schönen Deckenfresko von Giovanni Antonio Licinio (gestorben 1515).

Ehe wir jetzt den Dom verlassen, betrachten wir noch die farbenpräch-

tige Fensterrose in der Westfassade, ein Werk der Künstlerfamilie della
Porta aus dem Jahre 1488, die einzige alte Glasmalerei des Domes.

Als ich mich der Domfassade draußen noch einmal zuwandte, entdeckte
ich zu meinem Entzücken genau über dem steinernen Haupt Plinius' des
Jüngeren ein saftiggrünes Büschel Unkraut, das mitten aus dem vor Alter
dunklen Marmor hervorsproß: eine Huldigung der Natur an den großen
Gelehrten.

DIE STADT

Zwischen Dom und ›Torre‹ (1215) eingeklemmt steht der zierliche
Broletto, das ehemalige Rathaus. Dieses frühgotische, mit seiner
schwarz-weißen Fassade an toskanische Vorbilder erinnernde Bauwerk wurde 1215 begonnen und dann – leider – des Domes wegen
verkürzt, wobei mit dem äußersten rechten Bogen auch die Harmonie des schönen Gebäudes verlorenging. Dieses Opfer von etwa
acht Metern Fassade und einer marmornen Freitreppe wurde dem
Neubau des Domes gebracht, der über einer älteren kleineren Kirche
errichtet wurde. Der schmucke kleine Balkon ist eine Zutat des
15. Jahrhunderts; spätere Anbauten wurden zum Glück wieder entfernt. Dadurch ist der Broletto, trotz der Veränderung seiner Proportionen, zu den schönsten Bauten Comos zu zählen.

Der klobige Turm, der den Broletto abschließt, dient seit einem
halben Jahrtausend dem Dom als Glockenturm; damit erklärt sich
das Fehlen eines Campanile, das aufmerksamen Lesern bei der Beschreibung des Domes vielleicht schon aufgefallen ist. In den zwanziger Jahren unseres Jahrhunderts ist der baufällig gewordene ›Torre‹
bis zur Höhe des Broletto abgetragen worden, wurde aber in seiner
alten Form wieder aufgebaut.

Links vom Dom, an der Piazza Grimaldi, steht die Kirche *San*
Giacomo Apostolo, einst Comos größtes Gotteshaus. Der Bau wurde
später um die Hälfte verkürzt und 1685 mit einer neuen Fassade versehen. Zur Zeit ist er wieder einmal in gründlicher Restaurierung
begriffen; bei meinem Besuch blickten die schönen, Carlo Carloni
(1685 bis 1775) zugeschriebenen Apsisfresken ins Leere, da der ganze
Chorraum bis auf einen einfachen Altartisch ausgeräumt war.

Der *Bischöfliche Palast* schließt mit seiner in dunklem Ocker leuchtenden Fassade den Platz ab. Er stammt in seiner Anlage aus der Zeit des Bischofs Alberich (11. Jahrhundert), wurde aber so oft umgebaut, daß man sich in dem Stilwirrwarr kaum noch auskannte. 1931 nahm sich der Architekt Frigerio seiner an und gab ihm, auf Stilelemente des venezianischen Cinquecento zurückgreifend, seine heutige Form. Im jedermann zugänglichen Innenhof des Palastes werden Reste von Skulpturen aus dem Dom aufbewahrt.

Die enge Via Grimaldi führt uns auf die *Piazza Roma*, deren Mitte ein gotischer Palazzo mit grauer Fassade und vier Zwillingsfenstern ziert. Ein paar Schritte weiter duckt sich bescheiden und vergessen im Hintergrund das Kirchlein *San Provino*, das meistens abgeschlossen ist. Es ist vorromanischen Ursprungs, außer verschiedenen Fresken birgt es ein Madonnenbild aus der Luini-Schule.

Von der Via Rodari gehen wir nun zurück, an der Apsis des Domes vorbei, über die Piazza Verdi zum *Teatro Sociale*. Mit seinem Vorbau auf sechs korinthischen Säulen ein Werk des Klassizismus, wurde es 1811 bis 1813 von Giuseppe Cusi über den Resten einer alten Rusca-Burg errichtet. Wenn wir jetzt an der Südseite des Domes entlang unter den Arkaden hindurch schlendern, stoßen wir auf die *Via Vittorio Emanuele*, die am Domplatz beginnt.

Diese Straße mit ihren eleganten Geschäften und vielen Palazzi wurde zur Lieblingspromenade der Comasken; für den Autoverkehr ist sie gesperrt. Wir kreuzen die Via Rusca, wo wir den *Palazzo Rusca* (Nr. 25 bis 29) bewundern können. Er stammt in seiner heutigen Form aus dem 16. Jahrhundert; man hat ihn kürzlich renoviert. Ein paar Kreuzungen weiter liegt rechts an der Via Vittorio Emanuele der *Palazzo Municipale*, das Rathaus also, der ehemalige Palazzo Porta-Cernezzi (1616), dessen großartiger, mit Arkaden geschmückter Innenhof einen Besuch wert ist.

Dem Rathaus gegenüber erhebt sich eine der schönsten Kirchen Comos, die *Basilika San Fedele*, die wir nun durch ein archaisch anmutendes Portal mit verwitterten Reliefs betreten. Der Überlieferung zufolge soll hier die frühchristliche Kirche Sant'Eufemia über den Resten eines heidnischen Tempels gestanden haben. Wegen ihres eigenartigen Grundrisses hat diese Kirche Forscher und

Gelehrte lange beschäftigt. Verschiedene, einander oft widerspre-
chende Hypothesen wurden aufgestellt. Teils glaubte man byzantinische oder mailändische Einflüsse festzustellen, teils wurde eine
Verbindung zu Kölner Dombaumeistern vermutet, weil sie dem
Typus der Kölner Dreikonchen-Kirchen so nahe steht. Wie dem
auch sei: dieser höchst eigenwillige Kirchenbau verdient unsere besondere Aufmerksamkeit.

Die romanische Basilika wurde in der ersten Hälfte des 12. Jahrhunderts vollendet und in den folgenden Jahrhunderten laufend umgebaut. Was heute daraus geworden ist, läßt sich von außen schwer
überschauen, da die Kirche, zwischen Häusern eingezwängt, von
keiner Seite gut zu sehen ist. Die Fassade betrachtet man am besten
von der Piazza San Fedele. An der Via Vittorio Emanuele liegt die
polygonale Apsis, die besonders beachtenswert ist. Direkt unter der
Dachtraufe zieht sich rund um ihren Außenbau eine elegante Log-
gia mit schlanken Säulen in der Art einer Zwerggalerie. Das ist eine
charakteristische Lösung; Professor Nikolaus Pevsner bezeichnet die
Zwerggalerie geradezu als »Leitmotiv dieses lombardisch-rheini-
schen Steinmetzstils«.

*Nicht weniger interessant ist der dreischiffige Innenraum. Die beiden
Seitenschiffe sind durch eine Galerie in zwei Geschosse unterteilt, das
Mittelschiff mit seinem Tonnengewölbe verleiht dem Kircheninnern eine
gewisse Schwergewichtigkeit, die aber nicht drückend wirkt. Das Querschiff folgt dem Grundriß der früheren Kirche Sant' Eufemia. Die polygonale Apsis mit ihren leuchtenden Fresken von Guglielmo Beltrami
(17. Jahrhundert), das Martyrium des heiligen Fidelis darstellend, bildet
einen großartigen Kontrast zu dem steinernen Grau der Chorwände. Herrliche, leider nur zum Teil erhaltene Fresken aus dem 14. Jahrhundert
finden wir im linken Querschiff beim Altar, den eine ›Himmelfahrt Mariens‹
von Carpano und Carresano (1613) schmückt.*

Durch das Hauptportal kommen wir auf die Piazza San Fedele
mit schmucken alten Häusern verschiedener Epochen. Wahrscheinlich befand sich hier das antike Forum. Von hier aus sind es nur
wenige Schritte durch die Via Natta zum Palazzo Natta (Nr. 12),
einem wuchtigen Renaissance-Palast, der Ende des 16. Jahrhunderts,
vermutlich nach Plänen Pellegrinis, errichtet wurde.

Da es in der Via Vittorio Emanuele noch einiges zu entdecken gibt,

gehen wir, um uns Umwege zu ersparen, durch die Basilika San
Fedele zurück auf Comos Prachtboulevard, der mit der *Piazza
Medaglie d'Oro Comsche* endet. Hier stehen die Palazzi Giovio und
Olginati, jetzt beide unter dem Begriff *Musei Civici* zusammenge-
schlossen.

Die Museen. Im Hof des *Palazzo Giovio*, jetzt *Museo Archeologico
Artistico Paolo Giovio*, finden wir einen hübschen, kleinen, treppen-
geschmückten Garten. Hier sind antike heidnische und christliche
Sarkophage und Grabtafeln aufgestellt. In einem Raum links vom
Eingang sehen wir verschiedene römische Ausgrabungsfunde, dar-
unter Mosaiken und eine schöne Augustusbüste, die den Kaiser mit
Stirnbinde als Pontifex Maximus, also obersten Priester, darstellt.

Das Museum beherbergt neben seinen reichen archäologischen
Sammlungen von der vorgeschichtlichen Zeit bis zur Antike auch
Gemälde, Graphik, Keramik, Münzen und vieles andere.

*Da derzeit eine Reorganisation im Gange ist, kann ich nur den von mir
1971 angetroffenen Zustand schildern: Im Treppenhaus werden Marmor-
reliefs von der Antike bis zur Renaissance gezeigt, darunter einige wundervolle Medaillons aus dem Cinquecento. Im ersten Saal überrascht die Mumie
einer ägyptischen Priesterin aus der dreiundzwanzigsten Dynastie mit
einem schönen grünen Jadeskarabäus auf der vertrockneten Brust. In den
Schaukästen sind ägyptische Grabfigürchen, römische Kleinskulpturen
und Münzen ausgestellt. Der nächste Raum trägt den Namen des Archäologen Luigi Perrone, der seine beachtliche Sammlung dem Museum vermacht hat. Sehr schön sind einige griechische Vasen aus dem 4. Jahrhundert
vor Christus. Die Räume rechts vom Treppenaufgang enthalten prähistorische Funde, meist aus den ergiebigeren Gebieten der Cà Morta und von
Golasecca. In einem der hinteren Räume steht ein berühmter Zeremonien-
wagen aus dem 5. vorchristlichen Jahrhundert, der 1928 in einem Grab
gefunden worden ist. Ein guter Teil der fein ausgeführten Bronzebeschläge
hatte sich erhalten und wurde einer hölzernen Nachbildung des Wagens
aufgearbeitet.*

*Im ersten Raum links vom Treppenhaus hängen Gemälde von Gian
Battista Rodriguez (18. Jahrhundert) mit Szenen aus dem Leben des Ge-
schichtsschreibers Benedetto Giovio, der 1536 den Palast wiederherstellen
ließ. Wie sein Bruder Paolo, von dem wir noch hören werden, war auch er
ein eifriger Kunstsammler. Rodriguez hat außer diesen Gemälden zusam-*

1 San Martino in Caveno, Comer See

Romanische Brücke im Verzascatal 2, 3
→

4 Madonna del Ponte in Brissago, Lago Maggiore

10 *Villa dell'Olmo in Tremezzo, Comer See*

Blick von Ronco zu den Brissago-Inseln, Lago Maggiore 16
›*Amor und Psyche*‹, *nach Canova, Villa Carlotta, Comer See* 17

→

men mit *Carlo Innocenzo Carloni* den Freskenschmuck des Palastes geschaffen.

Vom *Palazzo Giovio* gelangen wir, ohne erst wieder auf die Straße zu
müssen, direkt in den angebauten *Palazzo Olginati*, der das *Risorgimento-
Museum* ›Giuseppe Garibaldi‹ beherbergt. Hier stieß ich als erstes auf eine
weißlederne Kniehose Napoleons, die dieser laut beiliegendem Zertifikat
in der Schlacht von Marengo getragen hat. Sie sieht aus, als sei sie für einen
achtjährigen Jungen gemacht. Uniformen, Waffen, Orden, Aufrufe und
Gemälde erinnern an die gerade für die Lombardei so ruhmreiche Zeit des
Risorgimento.

In der *Sala Duomo* finden wir ein Holzmodell des Domes und Entwurfs-
skizzen der verschiedenen Baumeister. Die *Sala Rovelli* birgt ein besonders
kostbares Stück: das berühmte zeitgenössische Bildnis des *Christoph Kolumbus* oder *Cristoforo Colombo*, wie er bei den Italienern heißt, von einem
bis heute nicht identifizierten Maler. Es ist das einzige zu Lebzeiten des
großen Entdeckers gemalte Porträt und zeigt ihn als etwa Fünfzigjährigen, mit
schütterem Haar, müden Augen und einem von Enttäuschungen gezeichneten Mund. Manches weist auf *Sebastiano del Piombo* als Schöpfer des
Bildnisses hin.

Daneben finden wir die Porträts vieler italienischer Fürsten, wie das des
›Pater Partriae‹, *Cosimo de' Medici*, oder das des Bischofs von Nocera, *Paolo
Giovio*, dessen Bruder Benedetto wir bereits begegnet sind. Paolo wurde *1483*
in Como geboren, wo er auch, nachdem er in Padua und Pavia Medizin und
Philosophie studiert hatte, praktizierte. Von Como ging er als Arzt nach
Mailand, und *1517* nach Rom, wo Papst Clemens VII. ihn zum Bischof von
Nocera ernannte. Dieser Kirchenfürst, Politiker, Arzt und Gelehrte war ein
ebenso besessener Kunstsammler wie sein Bruder, und wie dieser auch Ge-
schichtsschreiber. Als sein Hauptwerk gilt ein ›Historiarum sui temporis
libri XLV‹, worin er die Ereignisse der Jahre *1494* bis *1547* aus seiner Sicht
schildert. Paolo Giovio starb *1552* in Florenz.

In der *Sala Manzi* sind Trachten und Kostüme des 18. Jahrhunderts sowie weitere Porträts zu sehen. In der *Sala Olginati* werden Besitztümer der
1931 erloschenen Familie Olginati ausgestellt, die diesen Palast der Stadt
vermachte. Auch die *Sala de Orchi* enthält Erinnerungsstücke an diese Familie. Ein herrliches Missale von *1378* und ein Wappenbuch von *1593* nebst
anderen alten Dokumenten finden wir in der *Sala Masier*; vor allem aber ist
dieser Raum dem Andenken Benedetto Odescalchis geweiht, der als Innozenz XI. *1676* den päpstlichen Stuhl bestieg und diesem wie wenige seiner
Vorgänger zur Zierde gereichte. Die bescheidenen Erinnerungsstücke, wie

*etwa ein handgeschriebener Brief, eine päpstliche Heiratserlaubnis oder das
von Innozenz in der Todesstunde benutzte Tuch sollen uns das Leben eines
großen Menschen ins Gedächtnis rufen.*

*Am 19. Mai 1611 wurde Benedetto Odescalchi in Como geboren. Eigent-
lich wollte der junge Adelige Offizier werden, wandte sich aber vom Schwert
zur Feder, studierte in Neapel Rechtswissenschaften und fühlte sich bald zum
Priester berufen. Der korrupte, geizige, völlig von seiner Mätresse, der Pa-
pessa, beherrschte Innozenz x. nahm den erst Vierundzwanzigjährigen in
das Kardinalkollegium auf, weil ihn, wie man sagt, die guten Charakter-
eigenschaften des jungen Mannes beeindruckten. Schon als Bischof von Novara erwarb sich Benedetto den Ruf eines ›Vaters der Armen‹; später, nach
seiner Wahl zum Papst, gab er seiner Sippe sofort zu verstehen, daß sie
nichts von ihm zu erwarten hätte, was in einer Zeit ausgedehntester Nepo-
tenwirtschaft durchaus ungewöhnlich war.*

*Sparsam, redlich und freundlich zu jedermann, wurde Innozenz XI. bei
den Römern, die anderes gewohnt waren, nicht gerade populär. Sein Haupt-
ziel war die Bekämpfung der machtvoll nach Westen drängenden Türken,
sein Hauptgegner war Ludwig XIV. von Frankreich, der die Türken aus
mancherlei Gründen unterstützte. Jeder Verschwendung abhold, brachte er
die Finanzen des Kirchenstaates in Ordnung, war aber niemals sparsam,
wenn es galt, den Armen zu helfen. So wurde auf sein Geheiß der von Fontana errichtete Lateranspalast in ein Armenhaus umgewandelt. Als Innozenz
am 12. August 1689 nach zwölfjährigem Pontifikat starb, betrauerte ihn die
ganze christliche Welt. 1956, unter Pius XII. wurde er seliggesprochen.*

*Ein anderer Teil der Sala Masier dient der Erinnerung an den Dichter und
Gelehrten Cesare Cantù (1807 bis 1895), der mit seinem Roman ›Margherita
Pusterla‹ auch in Deutschland Beachtung fand und mit seiner ›Storia Univer-
sale‹, in fünfunddreißig Bänden, das umfangreichste Geschichtswerk in italienischer Sprache schrieb.*

*In einem Schaukasten erinnert das handschriftliche Manuskript des ›Ap-
pressamento alla Morte‹ an Giacomo Leopardi (1798 bis 1837), den düsteren
Lyriker, der unter Italiens Knechtschaft nicht weniger als unter seiner unheilbaren Schwindsucht litt, die ihn als Neununddreißigjährigen dahinraffte.
Wir zählen diesen Dichter heute zu den Wegbereitern der modernen Lyrik:*

> *Nichts lebt, das würdig wäre
> deiner Regungen und keinen Seufzer
> verdient die Erde. Nur Schmerz
> und Überdruß ist unser Sein,
> und Kot die Welt – nichts anderes!*

Wer der Museen noch nicht müde ist, kann gleich ein weiteres besuchen und braucht dazu nur über die Straße zu gehen. Das *Museo della Seta* ist einem seit Jahrtausenden begehrten Luxusartikel gewidmet – der Seide. Obwohl der Maulbeerbaum in der Lombardei fast verschwunden ist und kein Züchter mehr die kostbare Raupe umhegt, gehört Como noch immer zu den größten Seidenstoffproduzenten der Welt. Heute führt man den Rohstoff aus den östlichen Ländern ein, etwa tausend Tonnen Rohseidengarn im Jahr. In rund dreihundert Betrieben mit über dreißigtausend meist weiblichen Arbeitern werden Seidenstoffe, allerdings auch schon Kunstfaserfabrikate, gewebt, gefärbt und bedruckt. Für eine Stadt mit nur 85000 Einwohnern sind das eindrucksvolle Zahlen. Dahinter steht eine lange, ehrwürdige Tradition.

Ein Pietro Boldone aus Bellano brachte 1510 den ersten Webstuhl nach Como; in Venedig hatte er das Handwerk des Seidenwebens gründlich erlernt. Zu dieser Zeit hatte die Seidenweberei in manchen italienischen Städten bereits eine mehr als zweihundertjährige Geschichte, und im 16. Jahrhundert begann der Export in alle europäischen Länder. Erst Mitte des vorigen Jahrhunderts begann Como die führende Rolle in der italienischen Seidenfabrikation zu spielen, deren Zentrum es bis heute geblieben ist. – Das kleine Museum bemüht sich, diese Entwicklung anhand von Beispielen aufzuzeigen.

Die Tortürme. Von den Museen führt die Via Giovio zur Via Cesare Cantù, an deren Ende wir die vierzig Meter hohe Torre di Porta Vittoria aufragen sehen. Mit der Torre di San Vitale im Osten und der Torre di Porta Nuova im Westen gehört dieser Turm zu den drei verbliebenen Tortürmen der alten Stadtmauer, etwa aus der Zeit um 1300.

Durch die *Porta Vittoria* zog 1092 Kaiser Heinrich IV. auf einer seiner endlosen Kriegsfahrten in die Stadt ein. Canossa lag damals schon fünfzehn Jahre zurück, doch Heinrich hat Gregor VII. und dessen Nachfolgern diese Demütigung niemals verziehen. Gregors Gegenpapst, Clemens III., war Heinrichs Günstling, doch wurde er von der Kirche nicht anerkannt. Den letzten Schlag erhielt der Kaiser, als er erleben mußte, daß sich sein Lieblingssohn, Konrad, zum

Gegenkönig wählen ließ. Heinrich starb 1106 unter dem päpstlichen Bann, der erst fünf Jahre nach seinem Tod von ihm genommen wurde.

Vielleicht war auch Heinrichs Enkel, Kaiser Friedrich Barbarossa, an jenem 29. Mai 1176 mit seinem riesigen Heer durch die Porta Vittoria gezogen, als er von Como aus den Truppen der vereinigten lombardischen Städte entgegenmarschierte, um auf dieser nun fünften Italienfahrt seinen hartnäckigsten und gefährlichsten Gegner endgültig zu unterwerfen. Die Schlacht bei Legnano an diesem Maitag wurde zur schlimmsten Niederlage im kampfreichen Leben Barbarossas. Friedrichs Heer wurde fast völlig vernichtet, er selbst hatte, als sein Pferd tödlich getroffen zusammenbrach, zu Fuß die Flucht ergriffen und konnte sich unerkannt nach Pavia durchschlagen. Man glaubte, Barbarossa sei gefallen, und die Kaiserin hatte bereits Witwentracht angelegt, als ihr Gemahl vier Tage später unversehrt wieder auftauchte. Friedrich mußte sich nun zu Verhandlungen mit Papst Alexander III. bequemen, die schließlich am 1. August 1177 in Venedig zu einem sechsjährigen Waffenstillstand führten, aus dem 1183 in Konstanz dann der Friedensvertrag wurde.

Noch bis Anfang des 19. Jahrhunderts hieß dieser geschichtsträchtige Wehrturm ›Porta di Milano‹. Ganz in seiner Nähe stand einst die römische ›porta praetoria‹, deren Reste bei Ausgrabungen unter dem Technischen Institut gefunden wurden.

Gleich neben der Porta Vittoria erhebt sich die mächtige klassizistische Fassade der Kirche *Santa Cecilia*, deren acht antike Säulen einst zu einem römischen Bau, vielleicht dem Palast des Calpurnius Fabatus, gehörten. Die Anfänge dieser Kirche liegen im 13. Jahrhundert, Ende des 16. Jahrhunderts wurde sie erweitert. Noch später wurde der einschiffige Innenraum des lichten, freundlichen Gotteshauses in prunkvollem Hochbarock ausgestattet. Der Stuck stammt von einem Intelvi-Meister, Giovanni Battista Barberini (erwähnt um 1666), und das wundervolle, in zarten Pastelltönen gehaltene Deckenfresko ›Der Triumph des Kreuzes‹ von Andrea Lanzani (1639 bis 1712). Die Gemälde in den acht Bogennischen stellen Szenen aus dem Marienleben dar, sie wurden von verschiedenen lombardischen Meistern geschaffen. Das Bild der Verkündigung in der Mitte der linken Wand ist typisch für barocke Manier: niemals hätte ein früherer Meister in diese doch so ernste Szene ein spielendes Kätzchen gesetzt, das den einen Blumenstrauß haltenden Putto weit mehr interessiert als der Verkündigungsengel, von dem sich der Kleine gleichgültig abwendet. Ein solches Detail sagt viel über den Geist einer Zeit aus.

In dem ehemaligen Kloster neben der Kirche befinden sich heute das Gymnasium ›Alessandro Volta‹ und, im Obergeschoß, die Gemeindebibliothek. 1663 gegründet, besitzt sie unter ihren hundertsiebzigtausend Bänden viele Kostbarkeiten.

Nicht so bequem von der Piazza Cavour aus zu erreichen ist die *Basilica di Sant'Abbondio*. Doch hätte man Como nicht ganz gesehen, ohne sie besucht zu haben. Man fährt am besten den Lungo Lario entlang, der später Viale Fratelli Rosselli heißt, und biegt von hier links, also in nördlicher Richtung, in die Via Recchi ein. Diese Straße wechselt mehrmals ihren Namen und nennt sich dort, wo die Via Sant'Abbondio rechts abzweigt, Viale Delano. Hier, an der altehrwürdigen Via Regina, ruht der graue Klotz der Basilika zwischen seinen beiden typisch lombardischen Türmen. An dieser Stelle stand im 5.Jahrhundert die von Bischof Agrippinus gegründete Kirche Pietro e Paolo, die zu Anfang des 9.Jahrhunderts vom heiligen Abondius geweiht wurde, dann seinen Namen trug und Kathedralkirche blieb, bis 1013 mit dem Bau von Santa Maria Maggiore, der Vorgängerin des heutigen Doms, der Bischof seinen Sitz in das Innere Comos verlegte. 1095 weihte Papst Urban II. die inzwischen völlig umgebaute Kirche. Erst zwei Jahre vorher hatte der glücklose Urban den päpstlichen Thron zu Rom einnehmen können, den elf Jahre lang der Gegenpapst Klemens III. mit Unterstützung Kaiser Heinrichs IV. besetzt hielt, gegen den schon Urbans Vorgänger gekämpft hatten.

Nun wurde nahezu achthundert Jahre lang an der Basilika gebaut und umgebaut; im 16.Jahrhundert trug man sogar den linken Turm ab. Erst unser Jahrhundert erbarmte sich des ehrwürdigen Bauwerkes, und in den dreißiger Jahren war der alte Zustand getreulich wieder hergestellt. Dieses frühe Werk der Maestri Comacini zeigt unter anderem burgundische und normannische Stilelemente, besonders bemerkenswert ist das dreifach gestaffelte flache Satteldach des fünfschiffigen Baues. Man sieht der Kirche die intensive Restaurierung an, doch akzeptiert man sie gerne, da sie jedes stilfremde Beiwerk beseitigt hat. Streng und hoheitsvoll heben sich die beiden Türme links und rechts der Vierung vom Grün der dahinter aufragenden Hügel ab.

Nicht weniger streng, fast feierlich, sieht es im Innern aus. Hohe ziegelgemauerte Säulen trennen das Mittelschiff mit seiner dunklen Balkendecke von den vier Seitenschiffen. Bedeutendster Schmuck sind die vorzüglich erhaltenen Apsisfresken aus dem 14. Jahrhundert, die vor allem das Leben Christi darstellen und Meistern der umbrisch-sienesischen Schule zugeschrieben werden. Die äußerst bewegt gehaltenen Szenen sind von feiner Zeichnung und gedämpftem Kolorit. Früher mögen die Farben leuchtender gewesen sein, doch ist es ohnehin ein Glücksfall, daß eine derart umfassende Freskenfolge aus dieser Zeit so gut erhalten blieb. Besonders die rechts unten gut sichtbaren Szenen von der Kreuzabnahme und Grablegung sind in ihrer Tragik erschütternd dargestellt.

Bis auf die zwei Gemälde neben dem Eingang ist die Kirche ohne weiteren Bildschmuck, der hier auch fehl am Platze wäre. Die ›Himmelfahrt Mariens‹ links wird Cerano (1576 bis 1633), das rechte Bild ›Wunder des heiligen Abondius‹ einem der beiden Recchi (17. Jahrhundert) zugeschrieben. Auch über der Tür im Sängerchor finden sich noch Fresken, die aber von unten kaum zu erkennen sind.

Das frühere Benediktinerkloster neben der Kirche ist seit 1834 bischöfliches Seminar.

Mit dem Besuch von Sant'Abbondio läßt sich leicht ein Ausflug zur Basilica di San Carpoforo und zum ›Baradello‹ verbinden. Wir folgen der Via Regina weiter stadtauswärts, biegen in die Via Teresa Rimoldi ein und fahren nach Überqueren der Bahnlinie rechts die steile Via Castel Baradello hinauf. Das letzte Stück muß man zu Fuß gehen, doch das sind nur ein paar Schritte.

Der *Baradello* ist ein Wahrzeichen Comos; daran muß man denken, wenn man sich seinen eher bescheidenen Resten nähert. Das unter Kaiser Friedrich Barbarossa errichtete Kastell wurde um 1300 von den Visconti zu einer wehrhaften Burganlage erweitert und 1527 von den Spaniern zerstört. In dem verbliebenen, fünfunddreißig Meter hohen Turm ließ Ottone Visconti seinen 1277 bei Desio geschlagenen Gegner Napo Torriani neunzehn Monate lang in einem eisernen Käfig schmachten, bis er an Hunger und Kälte starb. Im Norden sehen wir auf Como und ein Stück des Sees, den Nordwesten beherrscht der Monte Bisbino, vom Nordosten grüßt Brunate aus luftigen Höhen. Hinter uns im Süden dehnen sich grüne Ebenen und lassen hinter einer gewaltigen Dunstglocke das gar nicht ferne Mailand ahnen.

Wieder auf der Via Teresa Rimoldi erreichen wir in wenigen Minuten die *Basilica di San Carpoforo*, deren Betreten nur mit Hilfe einer herausgeklingelten freundlichen Nonne über den Hof eines Mädchenpensionats möglich ist.

Die Überlieferung berichtet von einer Kirche des 4.Jahrhunderts über den Resten eines Merkurtempels. Die heutige Kirche stammt im wesentlichen aus der Mitte des 11.Jahrhunderts, der Campanile entstand etwas später. Dieses Frühwerk der Comasker Romanik zeigt noch deutliche Einflüsse sächsischer Bauformen. Ein Hauptportal hat es hier anscheinend nie gegeben, der Innenraum teilt sich in drei Schiffe mit erhöhtem Chor. In der Krypta ruhen die Gebeine des heiligen Felix, dem die erste Gründung der Kirche zugeschrieben wird. Bis auf einige Fresken in den Seitenschiffen weist die Kirche keinen Schmuck auf.

Auf der Rückfahrt in die Stadt können wir noch das *Santuario della Sant' Annunciata* besuchen. Dieser mächtige Bau mit seiner neoklassizistischen Fassade (1864 von Luigi Fontana) steht an der Stelle einer alten Verkündigungskirche, die, 1236 erbaut, im 16.Jahrhundert erweitert und umgestaltet wurde. Ein von Pilgern hierhergebrachtes wundertätiges Kruzifix gab der Kirche den Beinamen ›del Crocifisso‹. In dem einzigen weiträumigen Schiff gehen Renaissance und Barock auf noble Art fast nahtlos ineinander über. Die Fresken in der Herz-Jesu-Kapelle links stammen von einem Marazzoneschüler, den prächtigen Stuck schuf der Intelvi-Meister Gian Battista Barberini (gestorben 1666). Gewölbe- und Kuppelfresken sind Arbeiten der letzten beiden Jahrhunderte. Rechts in der Kapelle zur Unbefleckten Empfängnis waren wieder Barockmeister aus dem Intelvital am Werk: Fresken und Stuck aus dem Anfang des 18.Jahrhunderts stammen von den Brüdern Carlo Innocenzo und Diego Carlone.

Das einzige Beispiel von Zisterzienser-Gotik in Como finden wir
am östlichen Stadtrand bei der Piazza Amendola. Hier steht die im
14. Jahrhundert von Einsiedlermönchen gegründete Kirche *Sant'
Agostino*. Der Bau wurde im Laufe der Jahrhunderte erweitert, 1773
umgebaut und schließlich 1957 gründlich restauriert. Durch das
reliefverzierte romanische Portal betreten wir den überraschend
weiten Innenraum, den sechs von Pfeilern getragene Spitzbögen in
drei Schiffe teilen. Das Mittelschiff ist von einer Holzdecke überdacht, die Seitenschiffe haben Netzgewölbe. Von den sechs linken
Seitenkapellen sind die vier mittleren reich mit barockem Stuck
verziert, in der zweiten Kapelle hängen vier Bilder mit Szenen aus
dem Marienleben von Morazzone aus den Jahren 1611 bis 1612; die
Fresken stammen von Schülern des Meisters. Die Fresken in der
fünften Kapelle werden Daniele Crespi zugeschrieben. Über dem
Triumphbogen und an der Apsiswand sind Freskenreste aus dem
14. und 15. Jahrhundert zu sehen. Das Gemälde an der rechten Wand,
›Madonna mit Kind und den Heiligen Rochus und Sebastian‹ stammt
von Simone Peterzano (Ende 16. Jahrhundert).

Mit vier weniger bedeutenden Kirchen wollen wir vorläufig von
den Sakralbauten Comos Abschied nehmen. Die Kirche *San Bartolomeo* an der Via Milano ist romanischen Ursprungs und wurde im
18. und Anfang des 20. Jahrhunderts umgebaut und ausgestattet. Von
den Gemälden wird ein ›Martyrium des heiligen Bartholomäus‹
Palma dem Älteren (1480 bis 1528) zugeschrieben, während die
›Himmelfahrt Mariens‹ als ein Werk Giulio Cesare Procaccinis (1570
bis 1625) gilt.

San Donnino an der Via Giovio wurde Ende des 16. Jahrhunderts
erbaut. Außer schönem Barockstuck finden wir in dieser Kirche eine
›Himmelfahrt Mariens‹ von Fiamminghino (1575 bis 1640) in der
zweiten rechten Seitenkapelle und eine dem Jacopo Bassano (1512
bis 1592) zugeschriebene ›Geburt Christi‹ in der ersten linken Seitenkapelle. Comos Stolz, der Physiker Alessandro Volta, wurde in dieser Kirche getauft. Von ihr aus ist es nicht weit zu seinem Geburtshaus in der Via Volta Nr. 62. Von der Via Volta biegen wir nach
rechts in die Via Lambertenghi ein und stoßen auf die *Kirche del Gesù*
(Jesuskirche), die mit dem dazugehörigen Konvent aus dem 16. Jahr-

hundert stammt. Im Innern der Kirche prunkt barocker Goldstuck, die Fresken schuf Giovanni Antonio Petrini (1677 bis 1758). Wieder die Via Volta in Richtung auf den See entlanggehend, kommen wir schließlich zur Kirche *Sant'Eusebio*, die Ende des 16. Jahrhunderts auf den Resten eines mittelalterlichen Sakralbaues errichtet wurde. Bis auf den Stuck von drei Seitenkapellen und einigen, Carlo Carlone zugeschriebenen Fresken wurde die Kirche erst in neuerer Zeit ausgeschmückt.

Die Via Volta endet an der *Piazza Volta* mit dem von Pompeo Marchesi 1838 errichteten Denkmal des Gelehrten. Hier steht also der große Volta, antikisch gewandet, auf seinem Podest und blickt mit mildem Ernst auf die schönen Paläste des Platzes, der seinen Namen trägt. Jetzt ist es an der Zeit, uns mit diesem Mann zu befassen, den seine Vaterstadt so vielfach geehrt hat, dem sie sogar, antikem Vorbild *en miniature* nacheifernd, einen Tempel errichtete. Von der Piazza Volta sind es nur ein paar Minuten zu diesem *Tempio Voltiano*, der am Ende eines reizenden kleinen Parks, von sauber gestutzten Bäumen umringt, das Seeufer ziert.

So häßlich, wie man es oft liest, kann ich das 1927 errichtete Tempelchen nicht finden. Sein Architekt, der mit allen Stilen vertraute Federico Frigerio, hat sich hier klassizistischer Formen bedient, die er allerdings etwas schwerfällig handhabt. Von antiker Anmut ist bei dem quadratischen, von einer Mittelkuppel überwölbten Bau in der Tat wenig zu spüren. Durch einen Portikus mit vier korinthischen Säulen betreten wir diese Weihestätte der Wissenschaft. Die kassettierte Kuppel ruht auf Marmorsäulen. Gleich fällt der Blick auf eine dem Eingang gegenüber aufgestellte Marmorbüste des Erfinders, den man auch einen Entdecker nennen könnte: denn Volta hat ja nichts Neues geschaffen, er hat lediglich in der Natur längst vorhandene Kräfte aufgespürt und der Menschheit dienstbar gemacht.

Am 18. Februar 1745 in Como geboren, war Alessandro Volta schon als Zwanzigjähriger Professor am Städtischen Gymnasium. Fünf Jahre später lehrte er an der Universität Pavia, die ihn als Einunddreißigjährigen zum Rektor ernannte. Volta erfand 1775 den Elektrophor (das heißt Elektrizi-

tätsträger), eine Art Ladegerät, und 1777 das Elektroskop. Daneben experimentierte er mit allem, was Chemie und Physik damals zu bieten hatten, besonders mit Gasen und Dämpfen. Seine wichtigste Erfindung machte er 1800 mit der elektrischen Batterie; er tat damit den entscheidenden Schritt, der zum ersten kontinuierlichen und kontrollierbaren elektrischen Strom führte. Diese ›Voltasäule‹ revolutionierte Theorie und Praxis der Elektrizität. Darum auch hat man ihm zu Ehren die Einheit der elektromotorischen Kraft ›Volt‹ genannt.

Selbst Napoleon hat an Voltas Forschungen regen Anteil genommen; die Szene, wie Volta dem Kaiser seine Batterie erklärte, wurde oft dargestellt. Als der damalige Erste Konsul den Erfinder fragte, durch welche Kraft seine elektrische Säule denn nun eigentlich funktioniere, antwortete Volta wahrheitsgemäß: »Verzeihen Sie meine Unwissenheit, aber ich weiß nicht, was Elektrizität ist, noch auf Grund wessen der Apparat funktioniert.« Nicht unerwähnt bleiben soll, daß Volta von einer Reise durch Savoyen einige Körbe voll Saatkartoffeln mitbrachte und seinen Landsleuten den Anbau empfahl, um die ständige Hungersnot zu lindern. Er starb, bereits zu Lebzeiten in ganz Europa geehrt, am 5. März 1827 in Como.

In den Schaukästen an den Wänden des Tempels finden wir Zeugnisse von Voltas vielfältigen Forschungen, darunter auch die ersten von ihm entwickelten Batterien, die ›Voltasäule‹ und die ›Tassenkrone‹. In der oberen Galerie sind Schriftstücke, Porträts, Medaillen und andere Dokumente aus Voltas Leben und Zeit ausgestellt. Wir verlassen nun diesen Tempel der Wissenschaft und spazieren am See entlang stadtauswärts, einem der anmutigsten Ziele entgegen, die das ohnehin nicht arme Como zu bieten hat.

VILLA DELL'OLMO

An Gefallenendenkmal, Sportstadion und Jachthafen vorbei, beginnt zur Linken eine Reihe herrlicher Villen, an deren Ende als Abschluß und Höhepunkt sich die lichte Fassade der Villa dell'Olmo erhebt. Hätte ich einen Namen für sie zu finden, ich wüßte nur einen: ›Villa Bellissima‹. So aber hat man sie nach einer längst entschwundenen riesigen Ulme benannt, und dabei ist es bis heute geblieben. Klassizistisches Empfinden hat sich an diesem Palast in reinster Form vollendet – womit wir das richtige Attribut schon gefunden haben: formvollendet.

Fünf jonische Säulen gliedern und beleben die mit Büsten griechischer Philosophen geschmückte Fassade und die Linie dieser Säulen setzt sich in den Statuen fort, die das prächtige gekrönte Wappen der Visconti bewachen. Sie waren die letzten Besitzer dieses herrlichen Baues, und so finden wir überall den geschuppten menschenverschlingenden Wurm. Er schmiegt sich zweifach an den steinernen Wappenschild und er taucht in dem reizenden Brunnen wieder auf, wo mutwillige nackte Bübchen das mürrische Untier an einem Seil herumzerren. Einer der Burschen hat sich sogar rittlings auf den schuppigen Leib geschwungen und versucht nun das Gleichgewicht zu halten, während ein anderer liebevoll einen Delphin an sich drückt. Diese geglückte Brunnenanlage schuf der Mailänder Gerolamo Oldofredi (1840 bis 1905). Den kleinen gepflegten Park trennt eine Steinbalustrade vom Seeufer.

Von hier haben wir einen köstlichen Blick auf Como mit der sich vornehm über die Dächer erhebenden schlanken Domkuppel. Gegenüber krönt das luftige Brunate den grünen Hügel, vom Westufer grüßen Cernobbio, Carate-Urio und Moltrasio, vom Ostufer die weit verstreute Gemeinde von Blevio. Es ist recht unwahrscheinlich, daß die schönheitsdurstigen Römer diesen Platz unbebaut ließen; man glaubt, das Haus von Caninius Rufus, einem Freund Plinius' des Jüngeren, habe hier gestanden.

Sicher weiß man von einem mittelalterlichen Kloster Santa Maria di Vico, das 1618 in den Besitz der Franziskaner gelangte, die es vergrößerten. 1664 kam der ganze Komplex durch Tausch in den Besitz der Odescalchi, die es weiter und weiter vererbten, bis auf Innocenzo Odescalchi, der 1780 den Entschluß faßte, hier sich und seinem Geschlecht zum Ruhme und seinen Nachbarn zum Staunen einen Palast zu errichten. Simone Cantoni (1736 bis 1818), ein Baumeister aus dem Mendrisiotto, überarbeitete die Pläne von Innocenzo Regazzoni (1738 bis 1811), der, ursprünglich beauftragt, den Bau aus verschiedenen Gründen nicht ausführen konnte.

1797, nach fünfzehnjähriger Bauzeit, war die Villa vollendet, gerade rechtzeitig für einen Besuch Napoleons, der am 17. Juli 1797 seine Gemahlin Joséphine hier traf.

1824 kam der Besitz an den Marchese Giorgio Raimondi, und jetzt erlebte die Villa dell'Olmo eine glanzvolle Zeit. Die Königinnen von Sizilien und Sardinien waren zu Gast, und am 25. August 1838 landete Kaiser Ferdinand I. mit seiner Gemahlin Maria Anna in dem kleinen Privathafen. Dies hinderte den Marchese Raimondi nicht, sich 1848 auf die Seite der Aufständischen zu schlagen, was ihm allerhand Schwierigkeiten eintrug, denn er mußte in die Schweiz flüchten. Die vorläufig noch siegreichen Österreicher machten seinen Palast zur Kaserne und scheuten sich nicht, einige der Prunksäle in Pferdeställe zu verwandeln. Als jedoch im Mai 1859 Garibaldi siegend einzog, konnte ihn Giorgio Raimondi in seiner – inzwischen ausgemisteten – Villa empfangen.

Und hier begann auch die tragikomische Liebesgeschichte zwischen Garibaldi und des Marchese Raimondi schöner Tochter Giuseppina. Als Garibaldi nach der für ihn so siegreichen Schlacht bei San Fermo mit seinen Truppen nach Como zog, kam ihnen eine Kutsche entgegen, der eine hübsche junge Frau entstieg, die den General dringend zu sprechen wünschte. »Was für schöne Kundschafter der Feind uns da schickt«, bemerkte einer von Garibaldis Leuten. Jung und schön war sie allerdings, die achtzehnjährige Marchesa Giuseppina Raimondi, die sich jetzt mit Garibaldi an einen Tisch der Trattoria in Robarello zurückzog. Sie sei von den Patrioten Comos gesandt, um die Befehle des Generals entgegenzunehmen. Daraufhin schrieb Garibaldi einen Brief mit der Aufforderung, die Stadt solle versuchen, bis zu seinem Eintreffen standzuhalten. Garibaldi unterhielt sich dann mit dem jungen Mädchen und erfuhr, welche glühenden Anhänger er in ihr und ihrem Vater besaß. Dieses Gespräch schlug die ersten Funken aus dem alten Haudegen, Funken, die bald einen gewaltigen Brand entfachten.

Ein paar Tage später ruderte der damals bereits zweiundfünfzig Jahre alte General mit der blutjungen Giuseppina auf dem See. Er schwadronierte von seinen Abenteuern in Amerika und gab sich ansonsten schüchtern wie ein kleiner Junge. Doch Garibaldi mußte weiter, für Liebeleien war jetzt keine Zeit. Ein paar Wochen später schrieb er aus Modena: »... ich liebe Sie und ich möchte sehen, wer sich Ihnen nähern kann, ohne Sie zu lieben ... ... so ist es nun ... ich

liebe Sie ...« Der lange, schwülstige Brief schloß mit den Worten:
»... sagen Sie mir nicht, daß ich Ihnen gleichgültig bin! Es würde
mich in Verzweiflung stürzen.«

Als keine Antwort kam, nahm Garibaldi die etwas vernachlässigte
Korrespondenz mit seiner Geliebten und späteren Biographin Spe-
ranza von Schwartz wieder auf: »Wann immer Sie eintreffen, werde
ich glücklich sein, Ihnen die Hand zu küssen ...« Erst am 28. November 1859 kam dann der entscheidende Brief von Giuseppina: »Ich
liebe Dich, mache mich zu Deiner Frau ...« Zutiefst getroffen und
ohne jemand ein Wort zu sagen, reiste der alte Krieger nach Fino
Marnasco, in die Nähe Comos, wo die Raimondi eine weitere Villa
besaßen. Noch wußte der Vater Giuseppinas nichts von der Geschichte, als er Garibaldi freudig empfing. Der General wollte seiner
Giuseppina zeigen, wie jung und frisch er sich noch fühlte und unternahm mit ihr wilde Ritte. Bei einem dieser Ausflüge ging ihm sein
Pferd durch und Giuseppina durfte ihren Helden mit gebrochener
Kniescheibe achtzehn Tage lang pflegen. In dieser Zeit verlobten
sie sich heimlich und beschlossen, am 15. Januar 1860 zu heiraten.
Schließlich gab auch der Marchese seinen Segen, und der endgültige
Hochzeitstermin wurde auf den 24. Januar gelegt. Als dann das Paar
in der Privatkapelle zu Fino Mornasco im engsten Kreis getraut
wurde, drückte draußen ein Unbekannter dem General einen Zettel
in die Hand, auf dem stand, daß Giuseppina schwanger war.

Garibaldi zerrte seine Frischangetraute in ein Zimmer und schrie:
»Sie sind eine Hure!« Giuseppina antwortete eisig: »Ich glaubte mich
für einen Helden geopfert zu haben, doch Sie sind nichts weiter als
ein brutaler Soldat!« Diese Ehe hat nur ein paar Minuten gedauert,
Garibaldi sah Giuseppina niemals wieder. Das mit der Schwanger-
schaft stimmte schon: Gigio Caroli, ein junger reicher Nichtstuer,
hatte Giuseppina verführt. Erst zwanzig Jahre später, am 14. Januar
1880, wurde nach vielen Schwierigkeiten ihre nie vollzogene Ehe
für ungültig erklärt. Zwölf Tage nach der Scheidung heiratete Garibaldi seine langjährige Geliebte Francesca Armosino, die ihm schon
zwei Kinder geboren hatte. Zweieinhalb Jahre später, am 2. Juni
1882, starb er auf der Insel Caprera, trotz seines wilden Kirchen-
hasses von seinen Landsleuten wie ein Heiliger verehrt.

Dem leidgeprüften Marchese Raimondi aber war inzwischen das
Geld ausgegangen, und er verkaufte die Villa dell'Olmo 1879 an
Guido Visconti di Modrone, der sie renovieren und einige Räume
neu ausschmücken ließ. Seinen Erben nahm 1924 die Stadt Como
alle Sorgen ab. Seitdem ist der Park öffentlich zugänglich, und die
Villa dient jetzt Kongressen, Ausstellungen und Theatervorführun-
gen.

*Das Innere der Villa steht dem Äußeren in nichts nach. Die dem Stil vene-
zianischer Adelspaläste nachempfundene Eingangshalle erstreckt sich über
drei Geschosse – ein imposanter Entwurf.*

Von hier aus betritt man den Großen Bankettsaal, *dessen prunkvoll-
überladenes Empire mit nahezu barocker Fülle aufwartet. Vierzehn Stuckreliefs an den Wänden symbolisieren die italienischen Provinzen. Sie und
die acht Götterstatuen – vier davon auf der Galerie – wurden von Francesco
Carabelli (1737 bis 1798) geschaffen. – Zwischen Pluto und Neptun
blickt uns der in Como allgegenwärtige Volta an. Sphingen, Adler, Girlanden und Medaillons vervollständigen den Prunk eines Empire, das hier mit
allen seinen Stilmerkmalen auftritt. Die Deckenfresken mit Szenen aus der
griechischen Mythologie malte 1789 Domenico Pozzi (1742 bis 1796).*

Im Bacchussaal *sind die Wände mit Episoden aus dem Leben dieses
liebenswerten Gottes geschmückt; dazwischen finden sich auch hier wieder
Darstellungen einiger seiner olympischen ›Kollegen‹, diesmal al fresco.
Durch den Dianasaal mit einem kostbaren Intarsienparkett gelangen wir in
den Garibaldisaal, den früheren Gästesalon. Von den hier aufgestellten,
zum Teil originalen Empiremöbeln hätte ich mir den Schreibsekretär mit
wundervoller Einlegearbeit am liebsten mitgenommen. – Vor Garibaldi haben
die Königin von Neapel, Kaiser Ferdinand und Napoleon I. diesen Raum
mit ihrer erlauchten Anwesenheit beehrt.*

Der Kleine Bankettsaal, *auch* Hochzeitssaal *genannt, wird durch
Halbsäulen mit Stuckkapitellen gegliedert. Der Raum hat seinen Namen
von dem Deckenfresko erhalten, auf dem eine olympische Hochzeit dargestellt ist; es wird Andrea Appiani (1754 bis 1817) zugeschrieben. Diese
Hochzeitsdarstellung war als Allegorie auf die Vereinigung des Napoleonischen Frankreich mit der Cisalpinischen Republik gedacht.*

Das Kleine Theater, *ein Zimmertheater, ein sehr intimer Raum, war
ursprünglich für dreißig Gäste gedacht – jetzt hat man hundertundzwei
Sessel hineingepfercht; zwanzig davon stehen auf der winzigen Galerie.
Dennoch – die raffinierte Akustik und perfekte Ausstattung steigern den*

Konzert- oder Theatergenuß; mit Vorliebe führt man hier die verspielten Kammeropern des Settecento auf.

Die Familienkapelle ist so winzig, daß ich mir einfach nicht vorstellen kann, wer dort außer dem Priester noch Platz gehabt haben soll. Es war wohl keine sehr fromme Zeit; man huldigte lieber den antiken Göttern, sogar in der sonst so klerikalen Lombardei. Dafür aber ist der Raum hoch, so hoch, daß eine noch weniger fromme Zeit dadurch – zum Einbau eines Lifts inspiriert wurde. Erst 1962 hat man diesen Greuel wieder beseitigt. Der Musiksaal hat eine herrliche, mit Stuck und Fresken verzierte Decke: sie ist ein Werk von Domenico Pozzi und seinen Brüdern Carlo und Giuseppe, die übrigens fast den gesamten Stuck in der Villa ausführten.

Über eine große Prunktreppe gelangt man in die oberen Stockwerke, deren Ausstattung weniger bedeutend ist und die meistens als Ausstellungs- oder Lagerräume dienen. Bemerkenswert sind vielleicht noch der Saal des Olymp *mit Fresken von Pozzi und der* Saal der Visconti *mit Fresken von Ernesto Fontana (1837 bis 1918), einem zu Lebzeiten wohl sehr überschätzten Künstler.*

Leider ist die Villa, von Ausstellungen und Veranstaltungen abgesehen, im allgemeinen nicht zugänglich.

Wer die Villa dell'Olmo mit dem Auto besucht hat, dem ist vielleicht am Anfang der Via Borgo eine recht anmutige barocke Kirchenfassade aufgefallen. *San Giorgio in Borgovico* stammt schon aus dem 11.Jahrhundert, doch ihre heutige Form erhielt sie Ende des 17.Jahrhunderts. – Die Fassade wurde sogar erst 1709 nach Plänen von Agostino Silva (1628 bis 1706) errichtet; der Innenraum ist durch Säulenreihen in drei Schiffe unterteilt. Die Fresken im Querschiff, ›Sankt Georg tötet den Drachen‹ stammen von Gian Paolo Recchi (1600 bis 1686); auch die Ausschmückung der beiden Kapellen vor dem Querschiff entstand im 17.Jahrhundert. Zwei Gemälde mit Szenen aus dem Marienleben werden Schülern des Morazzone zugeschrieben.

BRUNATE

Sollten Sie mich, verehrter Leser, fragen, welcher Ausflug in die Umgebung Comos der lohnendste sei, so würde ich, ohne zu überlegen, antworten: Hinauf nach Brunate!

Was Fiesole für Florenz, ist Brunate für Como – beliebtes Ausflugsziel an Wochenenden für Einheimische aus nah und fern, woraus sich ganz von selbst die Warnung ergibt, Brunate an diesen Tagen zu meiden; denn da sind Parkplätze rar und die schönen Terrassengaststätten überfüllt.

Die Autofahrt dauert auf der Straße etwa zwanzig Minuten; zu Fuß sind es, je nach Schrittgeschwindigkeit, zwei bis drei Stunden, und mit der Seilbahn von der Piazza Funicolare am Lungolaria Trieste erreicht man es in nur sechs Minuten. Ausblicke während der kurvenreichen Fahrt gibt es genug; die umfassendste Sicht hat man aber ganz oben, von der Terrasse des Voltaturmes. Auch hier scheint es ohne Volta nicht zu gehen – dieser leidenschaftlichen Verehrung berühmter Landsleute sind wir in Italien ja schon öfter begegnet. Das letzte Stück der Straße wird ungemütlich eng, so daß sich die Autos hier oft gegenüberstehen wie unentschlossene Kampfhähne; einer muß dann zurückweichen. Oben angekommen, parkt man am besten bei den Restaurants; das letzte Stück zum Voltaturm geht man dann zu Fuß. Wenn wir das Aussichtsplateau abschreiten, bietet sich uns die umfassendste Vogelschau auf Como und Umgebung.

Die Sicht auf die Stadt ist etwas durch Bäume behindert, man erkennt gerade noch einen Teil der Piazza Cavour, etwas weiter die Villa dell'Olmo, die noch aus dieser Höhe sehr nobel aussieht. Mit dem im Westen flach hingelagerten Chiasso erblicken wir ein gutes Stück von der Schweiz, deren Grenze genau über den Monte Bisbino verläuft. Hinter Chiasso, fast zu einem dunklen Block verschmolzen, sehen wir Mottarone und Campo dei Fiori, überragt von den gewaltigen Schneehäuptern der Monte Rosa-Gruppe, die sich gerne hoheitsvoll wie Wüstenscheichs mit weißen Schleiern aus Wolkengespinst verhüllen.

Wie der Leib einer Riesenschlange liegt der See zu unseren Füßen, und an sonnigen Tagen, bei leichtem Wind, wirkt die Oberfläche des Sees tatsächlich wie glatte, grausilberne, leicht geschuppte Schlangenhaut.

Im Nordwesten, über die unteren Hänge des Monte Bisbino verstreut, liegt Rovenna, das sich am Ufer in Cernobbio fortsetzt. Von hier oben aus wird deutlich, wie ungeheuer dicht diese Landschaft um Como besiedelt ist; Ort schmiegt sich an Ort, manchmal durch dunkel bewaldete Flächen und sanfte Erhebungen unterbrochen. Zum Glück ist dieses Gebiet von Großindustrie weitgehend verschont geblieben, so daß die zwei oder drei rauchenden Schlote das Bild eher beleben.

Die Italiener von Rom bis Mailand sind leidenschaftliche Picknickfreunde, und so kann man an sonnigen Feiertagen auch hier, unterhalb des Voltaturmes, ganze Sippen vom Urahn bis zum quäkenden Säugling auf die Wiese hingelagert sehen, essend, schwatzend und endlose Male »Gino, vieni qui!« oder »Nina, vieni qui!« rufend, wobei niemand erwartet, daß die umherwuselnden Sprößlinge darauf reagieren; dieser Ruf soll einfach die Freude und den Stolz ausdrücken, daß man eine Nina oder einen Gino hat.

Der Ort Brunate liegt weit über die grünen Hänge verteilt und scheint nur aus Villen, Hotels und Restaurants zu bestehen. Doch gibt es auch ein altes, enges Brunate – die Straße führt mitten hindurch – mit unzähligen Treppen und Treppchen, wo man von Autos unbehelligt aufs angenehmste immer im Schatten herumspazieren kann.

Die Pfarrkirche liegt im oberen Ortsteil und hat schöne Fresken von Gian Paolo Recchi. Ein Gedenkstein vor der Kirche erinnert an Elisabetta Pedraglio, Voltas Amme, bei deren Mann, einem Barometermacher, der kleine Alessandro seine ersten wissenschaftlichen Impulse empfangen haben soll. Wer weiß, vielleicht stimmt es sogar ...

Weitere Ausflüge von Como? Nun, wir haben den ganzen Lario vor uns liegen und ich lade Sie ein, mit mir Ort für Ort nordwärts zu wandern. Da wäre freilich noch der Süden, Comos grünes sanft-hügeliges Hinterland, das sich in der weiten flachen Poebene verliert.

Wer die Landkarte betrachtet, wird bemerken, daß die Straße von Como nach Lecco von einer Kette kleinerer Seen gesäumt wird. Wir werden ihnen später auf der Fahrt nach Lecco einen kurzen Besuch abstatten. Wie wäre es mit Monza, wo in der Schatzkammer des Domes die eiserne Langobardenkrone liegt, die sich so viele große Fürsten aufs Haupt setzen ließen? Oder ein Abstecher nach Mailand? Die Lombardei ist groß ... Doch unser Buch hat seine Grenzen, und diese Grenzen sollen die Ufer der drei lombardischen

Seen bleiben, wenn wir uns auch hin und wieder den Luxus eines kleinen
Abstechers gönnen.

So kehren wir jetzt dem lauten emsigen Como den Rücken und richten
unseren Blick nach Norden, um das Westufer, das schönste und abwechs-
lungsreichste der Seeufer, zu durchforschen.

Das südliche Westufer bis Argegno

CERNOBBIO

Villen und Parks begleiten uns auf der kurzen Fahrt nach Cernobbio,
und stände da nicht der Ortsname, so könnte man meinen, dies sei
ein Vorort Comos; denn Cernobbio ist längst in den Sog seines
großen Nachbarn geraten, von dem es nur noch der Name, aber
keine Landschaft mehr trennt. In seiner ›Kartause von Parma‹ läßt
Stendhal die Herzogin Sanseverina sich ihrer Jugend am Comer See
erinnern, an den sie nun als Witwe wieder zurückkehrt:

»Der Comer See, sprach sie zu sich, ist nicht wie der Genfer See um-
geben von wohlumfriedetem und aufs beste bebautem Land, das an Geld
und Geschäft gemahnt ... Alles ist vornehm und sanft, alles erinnert an
Liebe und nichts an die Häßlichkeiten der Zivilisation.«

Glückliche Herzogin, glücklicher Stendhal! Viel erinnert jetzt an
die Häßlichkeiten der Zivilisation, und wer in Cernobbio ein bißchen
Ruhe finden will, muß hoch hinauf in die Berge steigen oder sich
zur Strandpromenade hinunter begeben, die zum Glück eine Sack-
gasse geworden ist, so daß man sich hier wenigstens in Ruhe des
Blicks auf den See hinaus erfreuen kann. Gegenüber liegen die weitverstreuten Häuser Blevios zu Füßen des Monte Boletto (1236
Meter).

Schauen wir auf das eigene Ufer, so erhebt sich da majestätisch
die Villa d'Este, dahinter der auf einer Landzunge in den See ragende
Park der Villa del Pizzo, dessen Grün durch die schwarzen Striche
der Zypressen leuchtet. Das heute schon fast städtisch anmutende
Cernobbio war schon im frühen Mittelalter als Coenobium bekannt
und wurde Ende des 12. Jahrhunderts freie Kommune. Das latei-
nische *coenobium* bedeutet Kloster, und der Überlieferung nach soll

es hier eine der frühen Kluniazensergründungen und mehrere Nonnenklöster gegeben haben.

Die älteste Kirche, *San Vincenzo*, liegt im alten Ortskern in der Nähe des Hafens und hat eine ziegelrote, nicht sehr reizvolle Barockfassade. Während der Restaurierungsarbeiten kamen schöne Fresken ans Licht, darunter Werke aus der Tiepolo-Schule. Die jetzige Pfarrkirche, *San Redentore*, ist ein neuer Bau im lombardischen Stil.

Sehr zu empfehlen ist ein Ausflug in das hochgelegene Dörfchen *Rovenna*, das zur Gemeinde Cernobbio gehört. Vorbei an dem originellen Feinschmeckerlokal ›Terzo Crotto‹, das sich unter schattigen Bäumen an einen Felshang schmiegt, geht es in steilen Kurven hinauf, und es dauert schon ein Weilchen, bis man ganz oben ist; dafür wird der Blick auf den Lario mit jeder Kurve gewaltiger. Rovenna ist gar nicht klein; man kann sich in seinen vielen Gassen richtig verlaufen, und mit Erstaunen stellte ich fest, daß hier üppige Zitronenbäume gedeihen. Aber es dauerte eine ganze Weile bis ich bei der Trattoria Bellavista ein Aussichtsplätzchen fand. Zu meinen Füßen lag Cernobbio, in der Ferne schimmerten die Dächer Comos, dessen Lärm man bis hier herauf hörte: ein dumpfes beharrliches Brausen, unterbrochen von Autohupen, Kirchenglocken und dem sägenden Geräusch der Motorräder. Still mögen sie einmal gewesen sein, die Ufer des Lario, jetzt kann man das von ihnen kaum mehr behaupten – wenigstens nicht in Comos Umgebung

Für einen Blick in nördlicher Richtung steigt man am besten schon vor dem Ort aus dem Wagen: Gegenüber auf einer Landzunge liegt Torno, rechts davon Perlasca und Blevio.

Zwei Einheimische, die ich ganz harmlos nach den Namen der Orte am anderen Ufer fragte, gerieten darüber in einen so schweren Streit, daß sie mich völlig vergaßen und mein Weggehen kaum bemerkten. Als ich wieder in den Wagen stieg, standen sie noch immer da und stritten, lächelten mir aber freundlich zu. Vielleicht überlegten sie dabei, woher sie mich kannten ...

Die Pfarrkirche San Michele wurde in ihrer heutigen Form 1785 geweiht. Fresken und Stuck stammten von Giovanni Battista Barberini (gestorben 1666); auch der holzgeschnitzte und teilweise vergoldete Altar wurde nach seinen Entwürfen ausgeführt. Auf halber

Höhe zwischen Rovenna und Cernobbio liegt das Dörfchen *Casnedo* mit der Barockkirche San Nicola. Hinter Rovenna führt die Straße weiter in vielen Serpentinen hinauf zum Monte Bisbino (1325 Meter); von dort hat man eine herrliche Aussicht.

VILLA D'ESTE

Cernobbios Glanz- und Prunkstück ist die Villa d'Este. Errichtet wurde sie 1570 von Pellegrino Tibaldi, dessen eleganten Bauten wir schon öfter begegnet sind und noch begegnen werden. Bauherr war der gelehrte Kardinal Tolomeo Gallio, der die Villa auf dem Grund eines früheren Nonnenklosters anlegen ließ und sie nach dem dort vorüberfließenden Bergbach ›Villa del Gàrrovo‹ nannte. Tolomeo Gallio (1525 bis 1607) wurde in Cernobbio geboren. Der gewandte, geistreiche Mann war Sekretär Pius IV. Medici, der ihn auch zum Kardinal ernannte. Unter Gregor XIII. wurde er Staatssekretär.

Im Laufe der Jahrhunderte wechselte die Villa häufig ihren Besitzer, doch still war es hier nie. Man feierte die Feste, wie sie fielen; 1615 kam sogar der Sultan von Marokko zu Besuch mit einem bunten Hofstaat von Haremsdamen, Dienern und – Affen!

Der napoleonische General Domenico Pino verkaufte die Villa dann an Karoline von Braunschweig, deren unglückliche Ehe mit dem englischen Thronfolger und späteren König Georg IV. in einem Skandal endete, der ganz Europa beschäftigen sollte. Karoline Amalie Elisabeth von Braunschweig wurde 1768 geboren und heiratete 1795 den Prinzen von Wales, ihren Vetter. Die beiden aufgezwungene Ehe war von vornherein zum Scheitern verurteilt. Georg, schon vorher ein Spieler und Lebemann, änderte sich auch jetzt nicht. Vor seiner Ehe mit Karoline war er heimlich der bildhübschen, aber nicht standesgemäßen, zweimal verwitweten und zu allem Überfluß auch noch katholischen Mrs Fitzherbert angetraut gewesen, von der er sich nur unter der Bedingung getrennt hatte, daß das Parlament Gelder zur Bezahlung aller seiner Schulden bewilligte – und die waren gewaltig. Aber auch nach der offiziellen Eheschließung mit Karoline führte er sein altes Leben weiter, und bald hielt es die junge Frau am britischen Hof nicht mehr aus. Im August 1814 verließ sie

England, obwohl sie ihre 1796 geborene Tochter zurücklassen mußte. Nun führte sie ein unstetes Wanderleben durch ganz Europa und den vorderen Orient, bis sie 1815 die Villa am See erwarb. Sie benannte sie in Villa d'Este um, da sie glaubte, einen gewissen Guelfo d'Este unter ihren Vorfahren zu haben.

Karoline ließ die Villa im Stil ihrer Zeit umbauen und erweitern. Hier lebte sie fünf Jahre lang, und es wird wohl die glücklichste Zeit ihres Lebens gewesen sein. Sie umgab sich wie eine regierende Fürstin mit einem glänzenden Hofstaat; auch der Geliebte und Günstling fehlte nicht. Der Glückliche hieß Bartolomeo Bergami; er wurde von seiner Herrin geadelt und durfte an ihrer Seite rauschende Feste feiern, die Gäste aus ganz Europa anlockten.

Die schöne Zeit endete schnell: Georg, bereits seit Jahren Prinzregent, bestieg 1820 den englischen Thron, den er sich jedoch mit seiner Gemahlin zu teilen weigerte; er strebte nach endgültiger Trennung. Karoline war nicht bereit, sich Titel und Krone streitig machen zu lassen; sie reiste im Juni 1820 nach London, wo das Volk sie umjubelte, da Georg IV. sich längst viele Sympathien verscherzt hatte. Der König setzte jetzt den berühmten Ehebruchsprozeß in Gang, der jedoch zu Gunsten Karolinens endete, was ein helles Licht auf die Richter wirft, die sich nicht scheuten, gegen ihren Monarchen zu entscheiden. Der königliche Rang mußte Karoline zuerkannt werden, doch gekrönt wurde sie nie. Von fortwährenden Intrigen und Demütigungen gebrochen, starb sie bereits im folgenden Jahr, am 7. August 1821, fern ihrer herrlichen Villa am Comer See, deren sie wohl wehmütig gedacht haben mag, als sie in dem ihr so verhaßten Land vor ihren Richtern stand.

Jetzt war es still geworden in Haus und Park der Villa d'Este, und als 1833 ein Baron Ciani sie erwarb, wurde sie sogar ein Ort der Verschwörung, denn dieser lombardische Patriot konspirierte hier mit Gleichgesinnten gegen die Habsburger, deren Statthalter, Erzherzog Rainer, gleich nebenan in der Villa del Pizzo residierte.

Villa und Park belebten sich noch einmal, als 1868 die Zarinmutter Maria Feodorowna einzog, Feste feierte und in dem kleinen Theater Marionettenspiele aufführen ließ. Doch schon nach zwei Jahren kehrte erneut Stille ein, bis dann 1873 aus der Villa d'Este ein Luxushotel wurde, das inzwischen viele illustre Gäste gesehen hat. Das war eine glückliche Lösung für die Villa, denn nun wird sie gehegt und gepflegt. Ihr der Seeseite zugewandtes Gesicht zeigt keine Runzeln, makellos präsentiert sich ihre klassizistische Fassade, zu der die eisernen Balkone allerdings nicht passen wollen. Aber die Gäste wünschen nun einmal ›Zimmer mit Balkon‹ …

Dem Empiremobiliar ist man im Innern treugeblieben; eine gedämpfte Atmosphäre herrscht in diesen heiligen Hallen des Tourismus. Ich durfte nur das Erdgeschoß besuchen, da die oberen Stockwerke den Gästen vorbehalten sind, zu denen ich leider nicht gehörte. Aber was ich unten fand, war prächtig genug.

Acht mächtige Doppelsäulen zieren die Eingangshalle, dazu der ganze Empire–Dekor: Vasen, Girlanden, Statuen in Nischen … Viel Originales ist sonst nicht mehr vorhanden: ein paar Spiegel, einige Bilder, schöne, vielarmige Kerzenleuchter – wie oft mag die Villa ihr Mobiliar gewechselt haben?

Das unvermeidliche Napoleonzimmer ist noch ganz im Stil der Zeit eingerichtet, mit seinen heroischen Deckenfresken, den schön geschnitzten und vergoldeten Türen, den herrlichen Seidentapeten und dem kleinen Marmorkamin. Wenigstens dieser Raum und auch ein köstlicher kleiner Salon mit safrangelben Möbeln haben sich aus den Zeiten der Karoline von Braunschweig erhalten.

Etwas weiter nördlich liegen Park und Gebäude der *Villa del' Pizzo;* der riesige Besitz wird jetzt von der Autostraße durchschnitten. Zweigeteilt war das Anwesen schon früher, denn da gab es eine ›Villa Pizzo Superiore‹ am Berg und eine ›Inferiore‹ am See. Die untere Villa heißt jetzt ›Pusterla‹ und die obere ›Cambiaghi‹. Die ursprüngliche Anlage aus dem 15.Jahrhundert wurde Anfang des 19.Jahrhunderts wesentlich erweitert, damals Erzherzog Rainers von Österreich Residenz. Der würzig nach Zypressenharz duftende Park der unteren Villa zieht sich am Ufer entlang weit nach Norden. Die jetzigen Besitzer brauchen für lange Spaziergänge den eigenen Grund nicht zu verlassen. Zypressen von solcher Pracht und Fülle trifft man auch am Lario nicht jeden Tag.

Wir haben uns schon ein gutes Stück von Cernobbio entfernt, und es ist jetzt nicht mehr weit nach Moltrasio.

Zwei Straßen umschließen den Ort. Um den immer stärker werdenden Verkehr zu entlasten, wurde von Moltrasio bis Laglio eine Höhenstraße angelegt, so daß die alte, enge Via Regina wieder ein bißchen ruhiger geworden ist. Von dieser Höhenstraße aus sieht man zwar nur auf die Dächer der daruntergelegenen Orte, dafür aber leuchtet der Lario herauf, während man unten zwar am See entlangfährt, aber, eingeschlossen zwischen Häuserzeilen, so gut wie gar nichts von ihm sieht.

Um aber Moltrasio und die drei nächsten Orte zu besuchen, müssen wir uns an die Via Regina halten, auch wenn es ein bißchen eng hergeht. Moltrasio liegt am Fuß des Monte Bisbino (1325 Meter) und zieht sich ein gutes Stück die steilen Hänge hinauf. Hier oben liegt auch die Pfarrkirche *San Martino;* es lohnt sich, zu ihr emporzuklimmen. Der schon 1207 erwähnte Bau hat einen romanischen Campanile und wurde Ende des 15. Jahrhunderts umgebaut. Die gar nicht große, einschiffige Kirche wurde später in einem zarten, feinen Barock ausgestattet; besonders den Hauptaltar muß man aus der Nähe betrachten. Er zeigt kostbare Inkrustationen aus Marmor und grünem ägyptischen Onyx. Rechts vom Eingang hängt ein Camillo Procaccini zugeschriebenes Bild ›Heiliger Antonius mit Jesusknaben‹. Das Polyptychon ›Geburt Christi‹ in der ersten rechten Seitenkapelle stammt von Luigi Donati (erwähnt 1491 bis 1510). Die sehr feinen Stuckarbeiten in der zweiten linken Seitenkapelle hat Giuseppe Bianchi (erwähnt 1598 bis 1606) ausgeführt, die Malereien Gian Paolo Recchi (1605 bis 1686). Fresken und Altarbild der zweiten rechten Seitenkapelle werden dem Fiammenghino zugeschrieben.

Etwas unterhalb der Kirche liegt die riesige *Villa Passalacqua*, erbaut von dem Tessiner Architekten Francesco Soave (1743 bis 1806). Der heute ziemlich verfallene Bau hat früher die berühmte Gemälde- und Skulpturensammlung des Grafen Passalacqua beherbergt, die jetzt in alle Winde zerstreut ist.

Zum Glück hat die Villa 1970 einen reichen Liebhaber gefunden: den 1914 geborenen Anglo-Ungarn und ehemaligen Schuhfabrikanten Oscar Kiss Maerth, der sich vom nüchternen Geschäftsmann zum Philosophen

und Amateur-Anthropologen wandelte und ein vielgelesenes Buch mit dem
seltsamen Titel ›Der Anfang war das Ende – der Mensch entstand durch
Kannibalismus‹ veröffentlichte. In diesem Werk vertritt Kiss Maerth die
These »Intelligenz ist eßbar« und behauptet, die affenähnlichen Vorfahren
des Menschen hätten das Gehirn erlegter Artgenossen verzehrt und dadurch
die Entwicklung der eigenen Intelligenz unnatürlich beschleunigt. Durch Tier-
versuche in den USA glaubt Kiss Maerth seine These bestätigt; denn dabei
wurde tatsächlich festgestellt, daß die Gehirne dressierter Tiere, wenn man sie
an undressierte Artgenossen verfüttert, bei diesen einen überraschenden Intelli-
genzzuwachs bewirkten, so, als seien sie auch dressiert worden. Das künst-
lich überdimensionierte, ›erkrankte« Gehirn bezeichnet Kiss Maerth als
unsere »Erbsünde« und damit als Ursache des künftigen Untergangs der
Menschheit. Abkehr vom Materiellen, Besinnung auf das Geistige, Wider-
stand gegen den Teufelskreis des Konsumzwanges – diese Erneuerung
müsse von Europa ausgehen und nur sie könne den Untergang verhindern.

Die bisher so vernachlässigte Villa Passalacqua soll nun gründlich restau-
riert und künftig zum Begegnungsort für Menschen werden, die sich Sorgen
um die Zukunft machen und im gemeinsamen Gespräch einen neuen Weg
finden wollen. Den herrlichen Park der Villa hält Maerth für »die ideale
Umgebung zur Besinnung«. Man kann nur hoffen, daß Maerths Plan Früchte
tragen wird, so bescheiden sie auch sein mögen.

Nicht weit von der Passalacqua erhebt sich das alte Kirchlein *Sant'*
Agata mit seinem typisch lombardischen Campanile; es ist jetzt in
Privatbesitz und kann leider nicht besichtigt werden.

Unten an der Straße steht die schmucke und sehr gepflegte *Villa*
Erker-Hocevar (früher ›Villa Salterio‹). Zwischen 1829 und 1830 hat
sich hier der Komponist Vincenzo Bellini (1801 bis 1835) oft aufgehalten, und das nicht nur der schönen Gegend wegen. Giuditta
Turina, die schöne und noch dazu intelligente Hausherrin, hatte es
ihm angetan. Bellini verbrachte dort Tage, »die so schön waren, daß
es der Mund nicht sagen und die Feder nicht beschreiben kann«.
Trotz seiner (übrigens verheirateten) Giuditta fand der Komponist
Zeit, die Musik zu den Opern ›La Sonnabula‹ und ›La Straniera‹ zu
schreiben. Da die Italiener ihre Opernkomponisten ohnehin für über-
irdische Wesen halten, nimmt es nicht wunder, daß man von Bellini
sagte, er habe Giuditta Pasta – eine damals hochberühmte Sängerin –
aus ihrer Villa am anderen Ufer in Blevio seine Melodien singen
hören.

In der *Villa Ghisio* (früher ›Erminia‹) wohnte lange die blonde Herzogin von Plaisance, eine Tochter des napoleonischen Generals Berthier. Die wunderschöne, kapriziöse Frau war mit dem Fürsten Emilio Belgioioso mitten aus einem Fest in ihrem Pariser Palais an den Comer See geflohen. Seinetwegen hatte sie ihren Gatten und ihre Tochter verlassen, und volle acht Jahre lebte sie mit ihm in der Villa Pliniana bei Torno, bis sie sich plötzlich von ihm trennte und sich hierher zurückzog. Einsam starb sie in Moltrasio am 23. Juli 1878. Wie oft mag sie wohl hinübergeblickt haben zur ›Pliniana‹ am anderen Ufer, die an klaren Tagen gut zu sehen ist?

Moltrasio steckt voller Geschichten, tragischen und grausigen, wahren und vielleicht nicht ganz so wahren. Eine wahre und tragische haben wir gerade gehört, eine gruselige und ein bißchen unglaubhafte will ich noch erzählen. Es ist die Sage von der schönen Ghita, lang, lang ist's her ...

Dieses hübsche junge Mädchen wanderte eines Nachmittags nach Cernobbio, um Verwandte zu besuchen. Wie das so geht: man verplauderte sich, und die schöne Ghita wurde zum Abendessen eingeladen. Inzwischen war es dunkel geworden, Ghita dachte an ihre Mutter, die allein zuhause war und ließ sich nicht dazu überreden, in Cernobbio zu übernachten. Der Mond scheine ja so hell, meinte sie und machte sich – nicht ganz ohne Furcht – auf den langen, einsamen Heimweg, der damals noch recht gefährlich am steilen Ufer entlang führte. Und dann geschah es: eine finstere Gestalt versperrte ihr den Weg, zwei Hände umklammerten ihren Leib, eine schreckliche Fratze starrte sie an. Was der Unhold wollte, war klar, doch Ghita verteidigte tapfer ihre Unschuld und rief in höchster Not die himmlischen Mächte an, die sich ausnahmsweise nicht lange bitten ließen und den Bösewicht mit einem Stoß die Felsen hinab und in den See beförderten. Der Angreifer hielt aber Ghita so fest umklammert, daß sie mitstürzte, doch wunderbarerweise blieb sie in den Zweigen eines Busches hängen. Die Mutter des Mädchens hatte sich inzwischen voll Sorge mit Freunden auf die Suche gemacht und hörte nun die Hilferufe ihrer Tochter. Ghita wurde gerettet, doch die Seele des Unholds war auf ewig dazu verdammt, als flackerndes Irrlicht dort herumzuspuken, und viele nächtliche Wanderer haben mit Grausen davon berichtet. Inzwischen hat sich die arme Seele vermutlich in die Hölle verkrochen, denn zwischen knatternden und stinkenden Motorfahrzeugen herumzuspuken, ohne beachtet zu werden, das kann der Teufel nicht einmal der ärmsten Seele zumuten!

Die schönsten Bergwanderungen lassen sich von Moltrasio aus unterneh-
men, wie etwa nach Garzegallo, Bugone oder Monti di Lenno, in dessen
Nähe die Tropfsteinhöhle ›Zocca d'Ass‹ zu besichtigen ist.

Jetzt geht es weiter nach Urio und Carate. Die beiden Orte sind längst
zu einem einzigen verschmolzen, auf den meisten Karten findet man die
Bezeichnung Carate-Urio.

CARATE–URIO

Man leitet den Namen vom keltischen ›Car‹ ab, das bedeutet ›Stein‹.
Mit Carate war ein steiniger Platz gemeint, und so ist es in der Tat:
es gibt hier viele Steinbrüche, die seit dem 16. Jahrhundert genutzt
werden.

Die beiden steilen Ufer sind recht nahe zusammengerückt, der
See ist hier kaum noch einen Kilometer breit, seine Farbe ist zu tief-
dunklem Jadegrün geworden, was ihm ein ernstes, fast tragisches
Aussehen verleiht. Die Häuser stehen so dicht gedrängt am See, daß
man Mühe hat, einen Durch- und Ausblick zu finden. Der steil zum
See fallende Hang hat die Architekten und Bauherren nicht abge-
schreckt; auch hier gibt es viele schöne Villen, darunter *Castel d'Urio*,
die um 1650 auf den Resten einer alten Burg errichtet wurde. Herzog Francesco Melzi d'Eril baute sie im 19. Jahrhundert aus und soll
hier ein sehr flottes Leben geführt haben. Noch heute spricht man
von seinen glanzvollen Festen, die der Herzog mit kostspieligen
Feuerwerken und ›Seeschlachten‹ bereicherte, um seinen Gästen,
dem lombardischen Adel, etwas Besonderes zu bieten. Jetzt dient die
Villa als Kongreßgebäude, Hotelfachschule und Erholungsheim. –
Die *Villa Fuoco* bewohnte zeitweise die Tänzerin Maria Brambilla
(1830 bis 1916), die sich ›Sofia Fuoco‹, Feuer, nannte.

Die am See gelegene Pfarrkirche *Santi Apostoli Giacomo e Filippo*
wurde 1537 erbaut und besitzt neben einigen wenig bedeutenden
Gemälden eine schön geschnitzte Barockmadonna am zweiten Seitenaltar.

Ein steiler Weg mit vierzehn barocken Kreuzwegkapellen führt
hinauf zum *Santuario di Santa Marta*. Dieses Kirchlein wurde um das
Jahr 1000 gegründet, von Papst Urban II. (1088 bis 1099) geweiht

und später mehrfach umgebaut. Die gründliche Restaurierung im Jahre 1969 hat auch den romanischen Campanile in seiner alten Schönheit wiedererstehen lassen. Der leider nicht zugängliche Innenraum soll primitiv-bäuerliche Fresken aus dem 15.Jahrhundert enthalten.

Die zu Urio gehörende Pfarrkirche *Santi Quirico e Giulitta* ist romanischen Ursprungs, besaß früher zwei Glockentürme und wurde in der Renaissancezeit umgebaut. Das Gemälde ›Kreuzigung Christi‹ wird Bartolomeo Montagna (1438 bis 1523) zugeschrieben.

Durch das kleine Laglio mit seiner heiteren Barockkirche San Giorgio kommen wir nach Torriggia, das zur Gemeinde Laglio gehört. Am Ortsanfang entdeckt man staunend die dem Professor Josef Frank errichtete zwanzig Meter hohe Granitpyramide. Josef Frank, 1771 in Baden geboren, war Professor der Medizin und hatte sich zu seiner Zeit durch verschiedene Fachbücher einen Namen gemacht. Italiensüchtig, wie so viele Zeitgenossen Goethes, die auf das berühmte Gedicht, »Kennst Du das Land ...« gerne mit ›ja!‹ geantwortet hätten, und scharenweise ›empfindsame‹ Bildungsreisen in den gelobten und geliebten Süden unternahmen, italiensüchtig und dem Lario verfallen, lebte auch Josef Frank lange Zeit in Como, wo er 1842 starb. Sein beträchtliches Vermögen hinterließ er den Armen der Universität Pavia und aus Como gebürtigen Studenten. Auch über sein Grabmal hatte er testamentarisch verfügt, und so wurde ihm zwischen Laglio und Torriggia diese – wohl vom Cestiusgrabmal inspirierte – Pyramide errichtet. Hier findet man auch ein stilles Plätzchen, um in Ruhe auf den See zu schauen. Gegenüber zwischen Weinbergen hingelagert die kleinen Orte Quarzano und Pognana – greifbar nahe, denn wir kommen jetzt zur schmalsten Stelle des Sees, der zwischen Torriggia und dem links von Quarzano liegenden Careno nur noch 650 Meter breit ist.

Auch hier gibt es eine interessante Höhle zu besichtigen, den ›Buco dell'Orso‹, Bärenhöhle, in etwa sechshundert Meter Höhe. 1850 wurden hier die Knochenreste eines gewaltigen Bären gefunden, der von der Schnauze bis zum Schwanz etwa drei Meter gemessen haben soll.

Nach Torriggia weitet sich das Seebecken wieder, und plötzlich spürt man, wie ruhig es hier geworden ist; wir haben den Bannkreis Comos endgültig verlassen. Vor Brienno vereinigt sich die Panoramastraße wieder mit der alten Via Regina.

Dem kleinen Brienno hat es immer an Platz gefehlt, um sich auszudehnen; der Ort drängt sich zwischen steilen unbebaubaren Hängen
und dem See auf einem schmalen Uferstreifen zusammen und hat es
deshalb auch nur auf ein halbes Tausend Einwohner gebracht.

Die kleine Pfarrkirche *Santi Nazaro e Celso* steht hart am Ufer.
Das Altarbild von Andrea de Passeri (erwähnt 1487 bis 1511) ist
schlecht zu sehen, weil die grellbunten ›modernen‹ Fenster das Licht
verfärben und zerstreuen. Schade, denn das 1508 gemalte Bild soll
zu de Passeris besten Werken gehören. Die Fresken links und rechts
vom Altar sind ein Werk Giampaolo Recchis aus dem Jahre 1687.
Rechts ist die Taufe des heiligen Nazaro dargestellt, links sein und
des heiligen Celso Martyrium. In dieser Kirche wurden früher Erinnerungsstücke an Kaiser Friedrich Barbarossa aufbewahrt und wie
Reliquien verehrt; denn man hatte es dem Staufer nicht vergessen,
daß er das verhaßte Mailand in die Knie gezwungen und so den kleinen, mit Como verbündeten Gemeinden ruhige und friedliche Zeiten verschafft hatte.

Von der Kirche kann man zu den alten Fischerhäusern hinunter-
gehen, deren Fundamente zum Teil im Wasser stehen. Ein Gewirr
enger düsterer Durchgänge verbindet die ineinandergeschachtelten
Häuser, bis man dann nach einigem Herumirren wieder oben an
der Straße herauskommt und das Spiel hügelaufwärts von neuem
beginnen kann. Es scheint, daß der Touristenstrom bis jetzt hier vor-
beigerauscht ist, und so konnte der Ort sich sein altes Gesicht bewahren.

An Brienno sollte man nicht vorbeifahren, denn in ihm findet man
noch eines der wenigen Beispiele dafür, wie es früher am Lario ausgesehen hat. Auch *trattorie* der alten Art sind hier noch anzutreffen,
und die herrlichen Comer-See-Fische schmecken da am besten, wenn
sie frisch vom See in einer kleinen verräucherten Küche liebevoll
von der *Padrona* zubereitet werden. Gerne serviert man hier den
köstlichen Agone, einen Fisch, der fangfrisch verwendet werden
muß, weil er schnell den Geschmack verliert. Man bereitet ihn mit
Mehl bestäubt und in Öl gebacken oder auf dem Rost gegrillt und

reicht ihn mit einem Stück Weißbrot, einer Scheibe Zitrone und einem der erdigtrockenen einheimischen Weine, die man leider nur noch selten antrifft, weil es einfacher und billiger ist, sich aus den Großkellereien Veronas irgendeinen ›Valpolicella‹ liefern zu lassen.

Argegno. In vielen Windungen führt die Straße weiter nach Argegno. Die Landschaft ähnelt hier sehr der des Lago Maggiore, etwa zwischen Cannero und Pallanza. Die Punta Balbianello schiebt sich jetzt vor uns weit in den See hinaus und scheint mit der Landspitze von Bellagio zu verwachsen, so daß der Eindruck entsteht, hier sei der Lario schon zu Ende. In Argegno, das heilsame Mineralquellen besitzt, gibt es sogar etwas wie eine Strandpromenade, zwar nur einige Meter lang, doch ein guter Platz, um in Ruhe die Aussicht zu genießen, ohne Angst haben zu müssen, dabei totgefahren zu werden. Vor uns ragt steil und grün der Monte San Primo (1686) Meter auf, links zu seinen Füßen liegt Lezzeno, rechts Nesso, kleine Orte an einem kargen, von steilen Hängen überragten Uferstreifen. Obwohl Argegno außer Mineralwasser wenig zu bieten hat, ist es ein wichtiger Knotenpunkt, denn hier beginnt die Straße durch das Intelvi-Tal zum Luganer See.

Die Val d'Intelvi

Die Bedeutung und Eigenart dieses Tales ist so einzigartig, die Ausstrahlung der dort ansässig gewesenen Künstlerfamilien auf ganz Europa so gewaltig, daß ich näher darauf eingehen möchte. Meines Wissens hat noch niemand den Versuch unternommen, die kunsthistorischen Zusammenhänge ausführlich darzustellen; es wäre an der Zeit, diese Lücke zu füllen. Der Stoff ist so umfangreich, daß hier bestenfalls eine Skizze angelegt werden kann, deren gründliche Ausführung leicht ein eigenes Buch füllen würde.

Zuerst aber wollen wir ganz unhistorisch und unbefangen wandern. Mit den engen schroffen Tälern des Tessin hat die Val d'Intelvi nichts gemein, alles ist hell und licht, die sanften Hänge sind dichtbesiedelt.

Über Muronico und Dizzasco, vorbei an der kleinen turmlosen Kirche Madonna del Restello, kommen wir nach *Castiglione*, dem ersten größeren Ort. Im oberen Teil liegt die Kirche Santo Stefano, reich geschmückt mit Stuck und Fresken in heiterem Barock, mit Werken der einheimischen Meister Carlone, Quaglio und Ferretti. Gleich danach sind wir in *San Fedele*, einem gepflegten Luftkurort.

Die Pfarrkirche Sant' Antonio hat ein romanisches Portal, das Innere des niedrigen, einschiffigen Baues aber strahlt in barocker Pracht. Das lange, schmucklose Querschiff wird durch je zwei Säulen abgegrenzt.

Nach San Fedele zweigt rechts eine schmale Straße ab, die nach *Laino* führt. Aus diesem abgeschiedenen Ort kam Lorenzo degli Spazzi (tätig 1389 bis 1396), Baumeister an den Domen zu Como und Mailand. An der alten Pfarrkirche San Lorenzo finden sich romanische Reste, der barocke Stuck stammt von Giovanni Battista Barberini (tätig um 1689), die Fresken schufen Giulio Quaglio und Carlo Scotti. Das in der Nähe gelegene Kirchlein San Vittore wurde ebenfalls von Barberini und Quaglio ausgeschmückt.

Über *Pellio* geht es weiter, aber was rechts heraufleuchtet ist nicht mehr der Lario, wir fahren jetzt schon hinab zum Luganer See. Bald nach Pellio gabelt sich die Straße. Ehe wir links nach Lanzo weiterfahren, können wir einen Abstecher in Richtung Ramponio machen, um von da dem stillen Bergdörfchen *Verna* einen Besuch abzustatten. Bei der kleinen Kirche Sant' Ambrogio endet die befahrbare Straße; von hier aus schaut man geradewegs auf den italienischen Ostarm des Luganer Sees mit Porlezza. Verna ist ein idealer Ausgangspunkt für einsame Bergwanderungen. – Auf dem Weg nach Lanzo biegt die Straße rechts nach *Scaria* ab. Die Pfarrkirche Santa Maria wurde von Carlo und Diego Carlone mit Fresken und Stuck ausgestattet.

Auch *Lanzo*, der Hauptort des Tales, versucht sich die Sehnsucht der geplagten Städter nach etwas Ruhe und guter Luft nutzbar zu machen. Von hier aus ist man in einer halben Stunde unten am Lago di Lugano. Bis zum Aussichtspunkt *Sighignola* (1318 Meter), den zu besuchen ich unbedingt empfehle, sind es von Lanzo aus fünf Kilometer Bergfahrt. Einen schöneren Blick auf den Luganer See gibt es nirgends, ausgenommen vom Monte Generoso. Fast senkrecht unter uns läuft das schmale Band der Straßenbrücke von Bissone nach Melide. Im Süden sehen wir Riva San Vitale und Capolago,

im Südwesten Porto Ceresio, im Westen Ponte Tresa mit einem
talergroßen Stückchen See. Im Nordwesten breit und behäbig hingelagert Lugano zwischen seinen Hausbergen Monte Brè (rechts)
und Monte San Salvatore (links). Ein gedämpftes Brausen dringt
aus dem Häusergewirr Luganos herauf, als gebe die Stadt ein be-
hagliches Schnurren von sich, weil sie ein so schönes Plätzchen hat
in der Sonne und am See. An klaren Tagen ist sogar ein Stück des
Lago Maggiore zu sehen, etwa in der Höhe von Luino.

Jetzt will ich versuchen, die wichtigsten Künstlerfamilien dieses
ungewöhnlichen Tales mit ihren bedeutendsten Meistern vorzu-
stellen.

Die Intelveser Künstlerfamilien

Um zu verstehen, wie es dazu kam, daß aus dem engen Bergtal jahrhunderte-
lang Künstler in alle Welt ausschwärmten, müssen wir einen kurzen Blick
auf seine Geschichte werfen. Spuren frühester Besiedlung haben sich aus
der Stein- und Bronzezeit gefunden, in den Ortsnamen Caslè und Castig-
lione ist die Erinnerung an prähistorische ›castellieri‹, also Wallbefestigun-
gen, enthalten. Im äußersten Norden des Tales, auf dem Monte Caslè,
wurden 1952 Reste einer zwei Meter starken Ringmauer freigelegt, die
ein Terrain von etwa sechzehntausend Quadratmetern umschloß. Man stieß
bei Grabungen innerhalb des Walles auf Fundamentmauern, Abfallreste
und Keramikscherben, die in das Ende der Bronzezeit datiert wurden. Im
zweiten vorchristlichen Jahrhundert eroberten die Römer das relativ dicht-
besiedelte Gebiet; aus dieser Zeit wurden Grabsteine, Vasen und Bronze-
münzen gefunden.

Sehr früh schon ist das Christentum hier angenommen worden; eine
Grabplatte aus Laino von 556 gibt Auskunft darüber: »Hier ruht in Frie-
den der Diener Christi Marcellianus, verehrenswürdiger Diener der heiligen
mailändischen Kirche, der 55 Jahre lebte in diesem Jahrhundert, bestattet am
26. April des 15. Jahres nach dem Konsulat des berühmten Basilius, in der
4. Indiktion. Er selbst, durch seinen Eifer und seine Mühe, gründete mit
nicht geringen Kosten diese Burg.« ›Diese Burg‹ stand auf einem steilen
Felsen bei Laino, dort wurde auch 1908 ein Sarg mit primitivem Schmuck
gefunden, Grabstätte eines nichtrömischen Ureinwohners.

Diesem alten Kulturboden entwuchsen die ›Magistri Intelvesi‹, deren
Wirkung bis in das Ende des 19. Jahrhunderts reicht und deren Anfänge
bis ins 11. und 12. Jahrhundert zurückgehen, da in verschiedenen Ländern

Norditaliens die ›Magistri Antelami‹ (das ist ihr alter Name) als Maurer, Zimmerleute und Steinmetzen an der lebhaften Bautätigkeit ihrer Zeit teilhatten. Vor allem in Genua hatten sie fast das ganze Bauwesen jener Epoche in die Hand bekommen, und noch um 1500 nannte man dort das Bauhandwerk die ›Kunst der Magistri Antelami‹. Der Zeitsitte entsprechend blieb der persönliche Name oft im Dunkel: ein Meister aus dem Intelvi-Tal zu sein, war genug. Erst die Renaissance förderte das individuelle Bewußtsein, und damals etwa werden sich die Intelvi-Meister die Frage gestellt haben, warum man die Kirchen und Paläste nur erbauen und nicht auch gleich ausschmücken sollte. Die Malerei – das war ja schließlich auch nur ein Handwerk wie jedes andere und ließ sich genauso wie die anderen erlernen, was bis zu einem bestimmten Grad ja auch richtig ist. Die Zeit der beweihräucherten und angestaunten Künstler war noch fern.

Jetzt erst lernen wir die Namen unserer Meister kennen, und es waren nicht wenige, die vor allem während des Barock ihre Kunst in alle Lande trugen. Hugo Lerch schreibt dazu in ›Ostbairische Grenzmarken. Passauer Jahrbuch VIII, 1966‹: »Was wir hier in Passau und in ganz Österreich und Süddeutschland haben, ist nicht römischer, venezianischer oder florentinischer Barock, sondern der Barock der italienischen Voralpengegenden und hier wieder ist es insbesondere der Barock der Comasker Gegend, kurz gesagt, der Intelvibarock.«

Die Herkunft der Intelvi-Meister ist im wesentlichen auf fünf Ortschaften beschränkt, Bergdörfer, deren Söhne ein Jahrtausend lang in ganz Europa bauten, malten und bildhauerten. Aber immer wieder, mit wenigen Ausnahmen, kehrten sie im Alter in die Heimat zurück und schickten dann ihre Söhne hinaus, um Namen und Handwerk fortzusetzen. Diese fünf Künstlerdörfer sind: Laino, Pellio, Scaria, Lanzo, Verna, und wir werden in ihnen den weitverzweigten Künstlersippen ein wenig nachspüren.

Laino. Am reichsten war wohl Laino gesegnet, das allein schon sechs der wichtigsten Künstlerdynastien hervorbrachte. Man muß allerdings bedenken, daß in Laino die Taufkirche des ganzen Tales stand, wodurch so mancher in einem anderen Winkel der Val d'Intelvi Geborene später nach dem Taufregister als aus Laino stammend in die Kunstgeschichte einging. Dies zu entwirren, ist heute kaum noch möglich, und so bleibt eben Laino der von den Musen besonders begünstigte Ort.

FERRABOSCO. *Bedeutendstes Glied der Familie war Pietro Ferrabosco (1513 bis nach 1588), der als Hofmaler Kaiser Ferdinands I. in Wien mehrere Räume der Hofburg ausmalte und an deren Umbau mitwirkte. Von 1552 bis 1555 finden wir ihn als Bauleiter am Belvedere in Prag, 1556 wurde er vom Kaiser geadelt und nannte sich nun Pietro Ferrabosco di Lagno de Laino. Nachdem er verschiedene Aufgaben in Preßburg und auch in sächsischen Städten durchgeführt hatte, bat er 1588 um seine Entlassung, wahrscheinlich, um sein Leben in seiner Heimat zu beschließen. Deshalb kennen wir von ihm – wie von vielen Intelvi-Meistern – nicht das Todesjahr, sondern nur das Datum seiner letzten Tätigkeit.*

FRISONI. *Hier interessiert vor allem Donato Giuseppe Frisoni (1683 bis 1735), der kurz in Prag, Stuttgart und im Kloster Weingarten arbeitete, hauptsächlich aber in Ludwigsburg, wo er für Herzog Eberhard Ludwig von Württemberg die Residenz erbaute. Seine Begünstigung italienischer Künstler machte ihn so verhaßt, daß er nach dem Tode des Herzogs verleumdet, angeklagt und inhaftiert wurde. Er konnte sich zwar entlasten, ist aber drei Monate nach seinem Freispruch gestorben.*

QUAGLIO *(auch Qualio, Quaglia, Qualia). Der erste bedeutende Künstler dieser Sippe war Giulio Quaglio der Ältere (geboren 1601, Todesdatum unbekannt). Er arbeitete im Stil Tintorettos und malte zahlreiche Kirchen in Italien und Österreich aus. Kaiser Leopold schätzte diesen Künstler so sehr, daß er ihm den persönlichen Adel verlieh. Sein Sohn (?), Giulio Quaglio der Jüngere (1667/68 in Laino geboren), arbeitete ebenfalls in Österreich und in Venetien; er starb 1751 in Laino.*

Nun aber begannen sie aus der Reihe zu tanzen, die Quaglio; sie taten etwas, was keine der anderen Künstlersippen getan hatte: sie kehrten ihrer Heimat, der Val d'Intelvi, den Rücken. Das begann mit einem Giuseppe Quaglio, 1747 noch in Laino geboren, der in Mannheim, Frankfurt, Schwetzingen und Ludwigsburg Theatermaler war und 1828 in München, wo seine zahlreichen Söhne geboren waren, starb. Die Söhne traten alle brav in Vaters Fußstapfen und wurden richtige Bayern.

Da war zum Beispiel Angelo I Quaglio (1784 bis 1815), Hoftheaterbaumeister und -maler, wie auch sein Bruder Domenico II (1787 bis 1837), der ab 1833 im Auftrag des bayerischen Kronprinzen Maximilian und späteren Königs Max II. das Schloß Hohenschwangau restaurierte und ausmalte. Erschöpft und überarbeitet starb er 1837 in Hohenschwangau, kurz nach Vollendung des Auftrags. Simon Quaglio (1795 bis 1878), ebenfalls ein Bruder, machte eine glänzende Karriere als Architekt und Theaterdekorateur in München. Sein Sohn Angelo II Quaglio (1829 bis 1890)

führte das Werk fort; er war es, der die berühmt-berüchtigten Separatvor-
stellungen, vor allem von Wagner-Opern, für den Märchenkönig Ludwig II.
ausstattete. Sein Sohn Franz, geboren 1844, malte kleine noble Pferdebil-
der und starb 1920 in Wasserburg am Inn.

RETI. *1620 bis 1635 erscheint ein Andreas Reti in Klosterneuburg, wo*
er als Baumeister und Stukkateur am Bau des Stiftes mitwirkte; doch wich-
tiger ist wohl Paolo Reti (1691 bis 1748), der zusammen mit Donato Giu-
seppe Frisoni in Württemberg als herzoglicher Baumeister arbeitete und mit
diesem zusammen 1733 verhaftet und auf der Veste Hohenurach eingeker-
kert wurde, bis Herzog Karl Alexander ihn 1735 freiließ. Nach dessen
Tod erneut angeklagt, entzog er sich einem zweiten Prozeß durch die
Flucht. Verarmt und verbittert ist er bald darauf gestorben.

SCOTTI. *Ein Pietro Scotti war zusammen mit Carlo Carlone in Württem-*
berg unter Herzog Eberhard Ludwig (1676 bis 1733) Hofmaler. Ihm
folgte sein Sohn Bartolomeo Scotti (geboren 1727), dessen Bruder Giosué
Scotti (gestorben 1785) als Theatermaler in Stuttgart tätig war und 1784 in
die Dienste der Zarin Katharina II. trat.

SPAZZI. *Diese Sippe arbeitete als Maurer, Baumeister und Bildhauer vor*
allem in Österreich, wo der Name manchmal in Spazier, Spatz oder Spätz
abgewandelt wurde. Wir treffen die Spazzi aber auch in Deutschland, Böh-
men, Ungarn und nicht zuletzt im Heimatland Italien, wo ein Lorenzo
degli Spazzi schon 1389 bis 1396 in der Dombauhütte zu Mailand und ab
1396 am Dom zu Como arbeitete.

Pellio. Dieses Dorf war nicht so reich gesegnet. Hier interessieren
vor allem die LURAGHI mit ihrem bedeutendsten Vertreter Carlo
Lurago, der als Baumeister und Stukkateur in Prag arbeitete und das
Palais Lobkowitz auf dem Hradschin erbaute. 1668 bis 1683 leitete
er, unter Mitarbeit seiner Landsleute Giovanni Battista Carlone,
Francesco della Torre und Carpoforo Tencalla, dem wir in Bissone
schon begegnet sind, den Wiederaufbau des Passauer Doms, der
1662 einem Brand zum Opfer gefallen war.

Scaria kann mit zwei bedeutenden und außerordentlich weitverzweigten Familien aufwarten, den Aglio und den Carlone.

AGLIO *(auch Allio). Domenico d'Aglio (gest. 1563) war kaiserlicher*
Baumeister und entwarf die Pläne zum Wiederaufbau des 1535 durch Brand
fast völlig zerstörten Klagenfurt. Er war auch in Wien und in Marburg an

der Drau tätig und errichtete in den Jahren 1557 bis 1565 das steirische Ständehaus in Graz im Stil lombardischer Palazzi. 1588 wurde er vom Kaiser geadelt. – Donato Felice d'Aglio (etwa 1690 bis 1780) war ein Schüler des großen Fischer von Erlach; er erbaute in Wien zwischen 1720 und 1730 die Salesianerinnen-Kirche. 1730 begann er das Riesenprojekt des Stiftes Klosterneuburg, dessen Bau, nach dem Beispiel des Eskorial geplant, bald nach dem Tode des kaiserlichen Auftraggebers 1740 eingestellt wurde. Nur etwa ein Viertel der geplanten Anlage ist zur Ausführung gekommen. Paolo d'Aglio arbeitete von 1678 bis 1686 als Stukkateur am Passauer Dom und später noch in verschiedenen anderen österreichischen Städten. Ein Giovanni Battista d'Aglio war Mitte des 18. Jahrhunderts in Niederbayern als Stukkateur tätig und hat dort viele kleine und große Kirchen ausgeschmückt.

CARLONE (auch Carloni). Mit etwa fünfzig bekannten Vertretern finden wir die Carloni als Maler, Baumeister und Stukkateure in ganz Europa. Carlo Antonio Carlone (gestorben 1708) erbaute 1676 die Liebfrauenkapelle in Kremsmünster und wirkte 1680 am Wiederaufbau des Doms zu Passau mit, wo er in der Stiftskirche Sankt Nikola begraben liegt. Der Bedeutendste dieser Familie aber war Carlo Carlone (1686 bis 1775), der in Venedig und Rom studierte und zahlreiche Kirchen und Paläste, vor allem in Como, Wien und Ansbach, mit Fresken dekorierte, während Diego Carlone, vielleicht sein Bruder, häufig am gleichen Ort mit ihm als Stukkateur arbeitete.

Lanzo. Aus Lanzo kam Cipriano Biasini (1580 bis 1636), der 1616 die Pfarrkirche Sankt Veit in Krems erbaute und 1623 am Bau der Göttweiger Stiftskirche in der Wachau beteiligt war.

CARNEVALE (auch Canevale, Canevali). Auch die Carnevale sind über halb Europa verstreut. Domenico I Carnevale ist 1631 als Stukkateur in Prag nachweisbar; auch an der Loretokapelle in Prag hat er mitgearbeitet. Domenico II ist wahrscheinlich sein Sohn; er wurde 1683 als königlich-böhmischer Hofbaumeister in Prag geführt und war einer der Baumeister des Klosters Strahow; auch ein Giangiacomo dieses Namens wird später in Prag als Hofbaumeister erwähnt. Marcantonio Canevale, der am 28. September 1652 in Lanzo geboren wurde, führte zusammen mit Silvester Carlone den Bau der Stadtseite des Klosters Strahow durch; und für den Reichsgrafen Ferdinand von Gallas hat er die Kreuzkirche in Reichenberg in Böhmen erbaut; 1719 bis 1722 errichtete er die Johannes-Kirche auf dem Berg Macowa, sein letztes Werk. Thieme-Becker nennt allein dreizehn Carnevale; Mitglieder der Familie waren in Süddeutschland, wahrscheinlich auch in Spanien tätig.

Verna. Aus Verna stammen die SOLARI mit dem alle überragenden Barockbaumeister Santino Solari (1576 bis 1646). Dieser geniale Architekt war seit 1612 in Salzburg als fürsterzbischöflicher Hof- und Dombaumeister tätig. 1613 bis 1619 errichtete er dort das Lust- schloß Hellbrunn, 1631 den Lodronpalast und in den Jahren 1614 bis 1628 schuf er sein Hauptwerk, den Dom zu Salzburg, eine Basilika mit Kuppel und Zweiturmfassade im Westen.

Von Hunderten in der Kunstgeschichte bekannten Intelvi-Mei- stern konnten in diesem Rahmen nur einige herausgehoben werden, doch auch diese Namen zeigen schon, wie weitgespannt durch Län- der und Zeiten das Wirken dieser Männer war. Sie sind nie Neuerer gewesen, diese Spazzi, Quaglio oder Carloni; sie übernahmen vom Vater das Handwerk eines Malers, Baumeisters oder Bildhauers und werkten auf die alte, erprobte Weise fort, so daß der geistliche oder fürstliche Auftraggeber oft gar nicht bemerkt haben mag, daß die Vornamen dieser Carloni oder Solari wechselten, daß statt des Vaters nun der Sohn, Neffe oder Enkel tätig war. Das 19. Jahrhundert hat sie verschlungen. Im Zeitalter der Industrie, der weihevollen Künst- lervergötterung war kein Platz mehr für sie, die sich immer Hand- werker, nie Künstler genannt hatten; am längsten haben sich wohl die Quaglio gehalten.

Nein, sie waren keine Revolutionäre, keine berühmte ›Schule‹ trägt ihren Namen, doch sie schmückten Europa mit ihren Bauten, Bildern und Statuen; wir sollten ihre Namen nicht vergessen.

Die Insel Comacina und Ossuccio

Von Argegno weiter nordwärts auf der Uferstraße durchqueren wir die klei- nen Orte Colonno und Sala und sind dann bei Spurano auf gleicher Höhe mit der dichtbewaldeten Comacina, der einzigen Insel des Lario. Man mag beim Anblick dieses heute so friedlichen Eilands gar nicht an seine blutige Geschichte denken, eine Geschichte, die mit dem Jahr 1169 endete. Seitdem wurde die Insel gemieden und nie wieder richtig besiedelt. Wo jetzt Bäume, Sträucher und Wiesen die Uferhänge bedecken, erhoben sich früher die Türme stolzer Kirchen, deren Glocken eine große Gemeinde zum Gebet riefen. Heute guckt nur noch das kleine geduckte Kirchlein San Giovanni schüch- tern zwischen dem Gesträuch hervor.

Diese Insel übte seit je auf Historiker und Heimatforscher einen geheimnisvollen Reiz aus, doch erst in den letzten Jahrzehnten wurde systematisch geforscht und gegraben, und was man seit je vermutet hatte, bestätigte sich nun: Die Comacina hatte ein reiches Gemeinwesen umfaßt, zu dem auch einige Orte auf dem Festland gehörten, nämlich: Colonno, Sala, Ossuccio, Campo und das am anderen Ufer gelegene Lezzeno. Allein auf der Comacina hat es wenigstens neun Kirchen gegeben, wovon nur das kleine, später erbaute San Giovanni die Zeiten überdauert hat. Was geschah aber nun bis 1169 auf dieser seltsamen Insel?

Die datierbare Geschichte setzt etwa 535 ein, mit dem Beginn des Krieges der Goten gegen Byzanz. Die Comacina schlug sich auf die Seite der Oströmer, welche die Insel als strategisch bedeutend für die Überwachung des Sees befestigten. Nach Kriegsende residierte dann der magister militum *(Militärstatthalter) Francione im Namen des oströmischen Kaisers auf der Insel und hielt sich dort zwanzig Jahre lang, bis er nach sechsmonatiger Belagerung den Soldaten des Langobardenkönigs Authari weichen mußte, die ihm ehrenvollen Abzug gewährten. Paulus Diaconus berichtet uns darüber in seiner ›Historia Langobardorum‹: »Die Langobarden aber hatten auf der Insel Comacina den Statthalter Francione überfallen, der seit zwanzig Jahren – und noch immer – auf seiten des Narses [byzantinischer Feldherr] stand. Francione, der nach sechsmonatiger Belagerung die Insel den Langobarden übergab, wurde vom König freigelassen und wandte sich mit seiner Frau und allem Besitz nach Ravenna.«*

Während der zwanzigjährigen Herrschaft Franciones – und auch später – kamen immer wieder reiche Flüchtlinge auf die befestigte Insel und brachten ihre Schätze dort in Sicherheit, was der Comacina den Beinamen ›Chrysopolis‹, also ›goldene Stadt‹, einbrachte. Daraus wurde die Vulgärform ›Crisopoli‹, die fromme Historiker des 17. Jahrhunderts in ›Christopoli‹, ›Stadt Christi‹, umwandelten.

Macht und Reichtum der Inselbewohner mehrten sich in der Folgezeit so sehr, daß ihr Einfluß sich schließlich auf etliche Orte des Festlandes erstreckte. Anscheinend bildete sich auch die typische hochmittelalterliche Gemeindeverwaltung mit eigenen Gesetzen und gewählten Konsuln. Friedlich waren die Zeiten allerdings selten, man kämpfte einmal mit Como gegen Mailand oder Gravedona, einmal mit Gravedona, Menaggio oder Bellagio gegen Como,

*wie es sich eben ergab. Dieses kriegerische Herumlavieren führte schließlich
zur Katastrophe. 1119 erlitten die Truppen der Insel ihre erste schwere Niederlage gegen Como und verloren dabei ihre gesamte Flotte von etwa hundert
Schiffen; der Festlandort Campo wurde dabei zerstört. 1124 belagerte Como
mit Gravedona die Insel und nach einem Jahr erbitterter Kämpfe kam es zur
zweiten Niederlage. Zwei Jahre später rächten sich die Comaciner blutig, als
sie zusammen mit Mailänder Truppen im August 1127 Como einnahmen,
plünderten und zerstörten.*

*Noch ein halbes Jahrhundert durften sich die Inselbewohner ihres Sieges
freuen, dann kam im Winter 1169 das schreckliche Ende. Kaiser Friedrich
Barbarossa war es nach und nach gelungen, die Insel zu isolieren, mit der Eroberung Mailands 1158 fiel ihr mächtigster Bundesgenosse, und nun war für
Como die langersehnte Zeit der Rache gekommen. Das letzte von der Insel-
gemeinde ausgefertigte Dokument datiert vom Februar 1169. Wenig später
wurde das Inselkastell erobert und dann unbarmherzig und systematisch die
ganze Comacina einschließlich ihrer Kirchen verwüstet; bei diesem Massa-
ker kamen die meisten Einwohner um. Die Überlebenden zerstreuten sich in
den Orten entlang der Küste; eine Gruppe davon ließ sich am Festland der
Insel gegenüber nieder und nannte den neugegründeten Ort zur Erinnerung
an die verlorene Heimat ›Isola‹.*

*Seit jener Zeit blieb die Insel so gut wie unbewohnt, wenn auch nie ohne
Besitzer. Im Mai 1914 schließlich kam die Comacina an König Albert von
Belgien, der sie dann während eines tristen regnerischen Tages besichtigte
und daraufhin jedes Interesse an ihr verlor. Er schenkte sie dem italienischen
Staat mit der Auflage, einen Ferienplatz für Künstler daraus zu machen.
Dabei ist es bis heute geblieben, ein versöhnlicher Ausklang.*

Man spürt beim Betreten der Insel sofort, daß dies alter Kulturboden ist: Mauerreste lugen zwischen den Büschen und Bäumen
hervor, Eidechsen huschen über die verwitterten Fundamente von
Sant'Eufemia neben dem Kirchlein San Giovanni. Wohin man auch
tritt, man spürt Stein unter den Füßen, da und dort tut sich eine
Öffnung auf. Was mag hier verborgen sein, was mag man noch
finden? Gleichgültige Ausflügler trampeln jetzt über die geborste-
nen Mauern und hinterlassen eine traurige Spur von Zigaretten-
schachteln, Glasscherben und Zeitungsfetzen.

Von der Nordostspitze der Insel sieht man drüben die Villa Balbianello zwischen dunklen Zypressen gelb hervorleuchten. Auch sie

wird einmal in Trümmer fallen, man kann nur hoffen, daß sie es von alleine tut. Geht man an der Südostseite der Comacina entlang, so blickt man auf die Dächer kleiner Häuser, die von Künstlern bewohnt werden – getreu dem Vermächtnis des belgischen Königs. Kein schönerer Zweck, so finde ich, läßt sich denken; die Comacina wäre sonst in diesem Jahrhundert sicherlich der Profitgier flinker Hoteliers zum Opfer gefallen, die auch, wie man leider oft beobachten kann, um den Preis der Vernichtung einer Landschaft ihre Geschäfte machen.

Ein gnädiger Rasenteppich bedeckt nun schon seit Jahrhunderten den grausigen Ort der Zerstörung. Gänseblümchen, Butterblumen und Stiefmütterchen, uns recht heimisch vertraut, blühen still zwischen Oliven und Lorbeer. Das nordwestliche Ufer fällt in Terrassen ab, man kann sich gut vorstellen, wie hier bis dicht an den See die Häuserzeilen standen. Von hier sieht man eine Burg am Hang über Spurano, die aus den Zeiten Barbarossas stammen soll und vor kurzem von einem privaten Besitzer restauriert wurde.

OSSUCCIO

Zur besseren Orientierung des Lesers möchte ich darauf hinweisen, daß die auf genauen Karten eingezeichneten und auch hier zum Teil schon erwähnten Orte Ospedaletto, Spurano und Isola als eigene Gemeinden längst nicht mehr existieren. Diese drei Genannten gehören heute mit einigen anderen höher gelegenen zur Gemeinde von Ossuccio, einem Ort, der bis 1169 mit der Comacina verbunden war, und dessen Schicksal auch danach noch wechselhaft genug verlief. 1416 wurde er von den Truppen der Rusca, damals den Herren von Como, zerstört und erobert; 1494 kam das Gebiet an die Sanseverini. Zu den ewigen Streitigkeiten der verschiedenen Lehnsherren kam die immer wieder zuschlagende Geißel der Seuchen; im Dorf Garzola soll die Pest einmal nur zwei Einwohner verschont haben. Ein Massengrab mit Opfern des Schwarzen Todes wurde 1939 in Ospedaletto bei der Kirche Santa Maria Maddalena gefunden. So betrachtet, ist das Mittelalter wahrhaftig finster gewesen: Kriege, Seuchen, Armut – ein schauerlicher Reigen.

Das ganze Gebiet von Ossuccio besitzt kleine alte Kirchen aus romanischer Zeit; besonders auffallend ist San Giacomo in *Spurano*, dessen eigenartiger, sich nach oben zu verbreiternder Campanile unmittelbar an der Straße steht. Der Bau entstammt dem 11. Jahrhundert, die eigenartige Glockenstube wurde Anfang des 15. Jahrhunderts im gotischen Stil aufgesetzt. Zu dieser Kirche gehörte früher ein christliches Hospiz, das dem Dorf seinen Namen gab. Die Fresken im oberen Teil der linken Innenwand mit Szenen aus der Passionsgeschichte werden zu den ältesten Malereien im Gebiet des Lario gerechnet und stammen vielleicht sogar aus der Entstehungszeit der Kirche.

Die Pfarrkirche Sant'Eufemia e Santo Vincenzo in *Isola* erhielt ihren Namen zur Erinnerung an die 1169 auf der Comacina zerstörte Basilika. Der Bau in Isola entstand im 13. Jahrhundert und wurde immer wieder erweitert und verändert. Im gleichen Dorf steht auch die Villa Balbiana. Sie wird Tibaldi zugeschrieben, ob zu Recht, läßt sich nach den vielen Umbauten wohl kaum noch feststellen. Im 16. Jahrhundert für Paolo Giovio, den Bischof von Nocera, erbaut, wurde sie 1787 von Kardinal Angelo Durini erworben. Durini ist hier am 28. April 1796 gestorben. Einer der späteren Besitzer richtete eine Zeitlang eine Weberei in der Villa ein, doch der jetzige Hausherr ließ den Bau sorgfältig restaurieren.

Das eigentliche Ossuccio liegt etwas höher, seine Pfarrkirche ist romanischen Ursprungs und enthält einige Freskenreste aus dem 13. und 14. Jahrhundert. Von dort führt die Straße weiter hinauf zur Wallfahrtskirche *Madonna del Soccorso* oder Maria Nothelferin, in 419 Meter Höhe gelegen. Vierzehn Kapellen säumen die Straße zur Kirche; sie wurden zwischen 1635 und 1714 erbaut und von Francesco Torriano (1612 bis 1681), Giampaolo Recchi (1605 bis 1686) und anderen mit Fresken geschmückt. Die meisten der lebensgroßen Stucksskulpturen schuf Agostino Silva (1628 bis 1706) aus Morbio Inferiore.

Vermutlich gab es hier, in herrlicher Lage über dem See, schon in heidnischer Zeit eine, vielleicht Ceres geweihte Kultstätte, die dann das Christentum übernahm. Vielleicht stand hier sogar der Cerestempel, den Plinius der Jüngere auf seine Kosten durch den Architekten Mustius verschönern ließ. Der jetzige Bau wurde 1537 errichtet, die Vorhalle stammt von 1590; die baulustige Barockzeit tat das ihre dazu.

Wallfahrer vieler Jahrhunderte schmückten das Heiligtum mit zum Teil sehr reizvollen Votivbildern.

Hoch über dem Val Perlana (810 Meter) liegt die Kirche *San Benedetto al Monte Oltirone*. Der dreischiffige, rein romanische Bau wurde 1083 vollendet und gehörte zu einem Benediktinerkloster, von dem noch Spuren erhalten sind.

Das nördliche Westufer bis Sorico

Weiter auf der alten Via Regina kommen wir in das Gebiet der Gemeinde von Lenno, zu dem die Ortsteile Campo, Casanova, Molgisio und Villa gehören.

LENNO

Der Ort wurde von griechischen Kolonisten gegründet, die Julius Caesar dort ansiedelte. Sie kamen vielleicht von der Insel Lemnos und gaben ihrer Siedlung den gleichen Namen.

Die Pfarrkirche *Santo Stefano* ist romanischen, möglicherweise sogar frühchristlichen Ursprungs und wurde im 16. Jahrhundert neu errichtet. Die Krypta stammt noch aus dem 12. Jahrhundert, die barocke Fassade von 1698.

Wie alt dieser Boden ist, bewies mir der freundliche und hilfsbereite Pfarrer, mit dem ich durch ein Fallgitter in die Krypta hinunterstieg. Die Wände dort bestehen zum Teil aus antikem Mauerwerk, das – wie man vermutet – zu den Thermen der Villa Tragoedia des Plinius gehörte, deren ungefährer Standort in Lenno damit gefunden wäre. Auch der alte, urkundlich belegte Name dieses Ortsteils, ›Villa‹ scheint diese Vermutung zu bestätigen. Es werden auch immer wieder antike Reste aus dem Wasser gefischt; so fand man kürzlich ein herrliches Marmorkapitell, dessen Größe auf ein bedeutendes Bauwerk hinweist. Das achteckige Baptisterium neben der Kirche stammt aus dem 12. Jahrhundert.

Ein schöner Fußweg führt hinauf zum *Kloster Acquafredda* (329 Meter), das inmitten großer, alter Zypressen auf den See hinabblickt. Im 12. Jahrhundert gegründet, wurde das Kloster während des 17. und 18. Jahrhunderts völlig umgebaut. Es wird heute von

Franziskanern bewirtschaftet. Die mit dem alten Zisterzienserkloster 1153 gleichzeitig erbaute Kirche wurde ebenfalls im 17. und 18. Jahrhundert umgebaut und ausgeschmückt. Das anmutige Gemälde einer ›Verkündigung‹ in der rechten Seitenkapelle schuf 1621 Fiammenghino.

Die Villa Durini. Der schönste Ausflug aber, den Lenno und vielleicht der ganze Lario zu bieten haben, führt in einem Weg von etwa zwanzig Minuten zur Villa Durini (auch Villa Arconati) an dem weit in den See vorstoßenden Dosso di Lavedo.

Kardinal Angelo Durini erwarb 1787 das hier gelegene Franziskanerkloster und verwandelte es in einen Herrschaftssitz, den er nach seinem großen Palast in Isola ›Balbionello‹, also das ›kleine Balbiano‹ nannte. Nach oftmaligem Besitzwechsel gehört das herrliche Anwesen heute einer amerikanischen Familie. Der Park ist mittwochs gegen Trinkgeld zu besichtigen, das Gebäude leider nicht. Der freundliche Gärtner wird Ihnen aber mit der Akribie eines Gelehrten die das Anwesen betreffenden Daten und die lateinischen Namen aller Pflanzen nennen.

In dieser Villa begann in den zwanziger Jahren des 19. Jahrhunderts ein frühes Kapitel des Risorgimento, als Graf Porro Lambertenghi sich hier mit Freunden gegen die Österreicher verschwor. Hauslehrer bei den Lambertenghi und Mitverschworener war der Dichter Silvio Pellico (1789 bis 1854), der seit 1818 den ›Conciliatore‹, eine revolutionäre Zeitschrift, herausgab, die aber schon zwei Jahre später von den Österreichern verboten wurde. Byron, August Wilhelm Schlegel und Madame de Staël waren während dieser Zeit in der Villa zu Gast.

Schließlich wurde Pellico verhaftet und zum Tode verurteilt, doch dann zu fünfzehn Jahren Kerker auf dem berüchtigten Spielberg bei Brünn ›begnadigt‹. Wie die Österreicher damals mit ihren politischen Gefangenen umgingen, hat Pellico in ›Le mie prigioni‹ erschütternd geschildert. Nach acht Jahren aus der Haft entlassen, kehrte er 1830 krank und gebrochen in seine Heimat zurück, wo er 1854 in Turin als Bibliothekar des Marchese Varolo starb.

Am Gebäude der Villa hat sich seither wenig verändert, auch die kleine Privatkapelle des Kardinals Durini ist noch zu sehen, vor der die Statue des heiligen Franziskus mit ausgestreckten Händen segnend Wacht hält. Es gibt auch einen winzigen Privathafen, in dessen Mauern, wie auch in der Außenseite der Kapelle, sich die einzigen Reste des früheren Klosters erhalten haben.

Von hier sehen wir im Südwesten die Isola di Comacina, im Nordosten Varenna, davor die Landzunge von Bellagio, etwa gegenüber Lezzeno, die ›längste‹ Gemeinde am Comer See, weiter links das kleine San Giovanni, dann die Villa Melzi mit ihrem weiten Park und schließlich die hellen Häuserhaufen von Bellagio. Das eigene Ufer überschauen wir im Norden von Cadenabbia bis Azzano. Da die Hauptstraße weit hinter uns im Westen verläuft, hört man hier keinen Laut; still ziehen draußen auf dem See die Schiffe vorbei, nur von den überfüllten Ausflugsdampfern hört man manchmal ganz ferne Musik oder Stimmen. Weniger lieblich empfand Stendhal auf einer Bootsfahrt diesen Teil des Sees:

»Wir konnten das Kap Balbianin nur unter großen Schwierigkeiten umschiffen und die Damen bekamen Angst. Diese rauhe zerklüftete Landschaft erinnert an schottische Seen ...«

MEZZEGRA

Ab Lenno beginnt der berühmte Küstenstrich der ›Tremezzina‹, dieser von Natur und Klima besonders begünstigte, lieblichste Teil des Lario, den Stendhal während einer Seerundfahrt erlebte und schilderte:

»Endlich lagen uns vor Augen der wundervolle Strand von Tremezzina und die bezaubernden kleinen Täler, die, gegen Norden von hohen Bergen geschützt, sich eines Klimas erfreuen, das dem von Rom gleicht. Jene Mailänder, die unter der Kälte leiden, verbringen hier den Winter. Eine Vielzahl von Palästen ist in das Grün der Hügel eingestreut und spiegelt sich im See wider.«

Mezzegra, die nächste Gemeinde, umschließt die Orte Azzano (am Seeufer), Bonzanigo und Giulino. Von Azzano führt die Straße durch den Ortsteil Giulino hinauf nach Mezzegra und endet direkt vor der Pfarrkirche *Sant'Abbondio*. Diese Kirche wurde in ihrer heutigen Form 1690 bis 1724 erbaut, der helle freundliche Innenraum ist im Stil des späten Barock ausgestattet. Hauptaltar,

Kanzel und Seitenaltäre sind in vielfarbigen Marmorinkrustationen ausgeführt. Das prachtvolle Deckenfresko, auf dem die nackten Putti nur so durcheinanderpurzeln, schuf 1716 Giulio Quaglio (1668 bis 1751); es stellt den Triumph des heiligen Abondius dar. Vom alten vorbarocken Kirchenbau ist noch ein Teil erhalten, dort steht ein herrlich geschnitzter und vergoldeter Altar, entstanden um 1700, rechts daneben hängt ein Madonnenbildnis rätselhaften Aussehens und schwieriger Zeitbestimmung. Es wird gegen 1600 datiert und wurde von den einen der flämischen, von anderen der spanischen Schule zugeschrieben. Die Kirche besitzt eine Prunkfahne mit dem Wappen der Familie Brentano, die aus Mezzegra stammt und deren deutscher Zweig mit Bettina und Clemens Brentano zu literarischem Ruhm kam; das Geschwisterpaar wurde zum Inbegriff der Heidelberger Romantik.

Übrigens befinden wir uns in Mezzegra auf historisch bedeutsamem Boden; einige Straßenkehren unterhalb der Kirche, im Ortsteil Giulino, wurde am 28. April 1945 Benito Mussolini mit seiner Geliebten Clara Petacci von Partisanen erschossen. An dieser Stelle befand sich ein Gedenkkreuz für Clara Petacci (Mussolini wird nicht erwähnt), das am Tage meines Besuchs, besser in der Vornacht, abgebrochen worden war. »I Communisti«, sagte der Pfarrer nur kurz und verächtlich und schien seiner Behauptung ganz sicher. Hätte man auch für Mussolini eine Inschrift angebracht, so würden sich dort vermutlich Faschisten und Kommunisten Straßenkämpfe liefern; denn für die einen wäre dies eine Wallfahrtsstätte, für die anderen ein Stein des Anstoßes, den es schleunigst zu entfernen gälte. – Auf diese traurige Weise beschäftigen Diktatoren noch jahrzehntelang die Nachwelt.

Als 1945 die Alliierten immer weiter vorrückten, flüchtete Mussolini im April von seiner Schattenresidenz am Gardasee nach Mailand. Hier schmiedete der Diktator mit den Resten der faschistischen Prominenz fruchtlose Pläne; schließlich entschloß man sich, mit den Partisanen zu verhandeln, und der Erzbischof von Mailand, Kardinal Schuster, vermittelte ein Treffen. Als Mussolini dabei erfuhr, daß Deutschland die Kapitulation erwäge, lief er wutentbrannt hinaus und fuhr unter deutschem Begleitschutz nach Como. Da die Stadt von Partisanen wimmelte, brach man am 26. April um drei Uhr morgens wieder auf und fuhr nach Menaggio. Noch wies Mussolini den Vorschlag, in die Schweiz zu fliehen, empört zurück. Augenzeugen berichten, daß der Diktator abgemagert, müde und hoffnungslos war und wie ein Gespenst aussah. Bei Musso geriet der Konvoi in eine Straßensperre der Parti-

sanen, die erst nach langwierigen Verhandlungen und unter der Bedingung, die Fahrzeuge durchsuchen zu dürfen, den Weg freigaben. Der deutsche Begleitschutz wollte den Duce durchschmuggeln, und so wurde Mussolini mit Stahlhelm und Militärmantel verkleidet. In Dongo aber erkannte man ihn, und er wurde festgenommen; alle anderen faschistischen Funktionäre waren schon vorher verhaftet worden.

Mussolini bat den Partisanenführer Pedro, Clara Petacci zu grüßen und ihr zu sagen, sie möge ihn vergessen. Es gelang aber seiner Geliebten, am Abend in Dongo mit ihm zusammenzutreffen und sie blieb von nun an bei ihm. Mit einem dicken Kopfverband unkenntlich gemacht, brachten die Partisanen den Duce und seine Geliebte nach Bonzanigo bei Mezzegra, wo sie im Haus von Giacomo de Maria die Nacht verbrachten. Die Besitzer haben alles unverändert gelassen: die gebrauchte Bettwäsche, den Staub des armseligen Zimmers, die trüben Fensterscheiben, ja sogar das zum Abendessen benutzte Geschirr und die Handtücher von der Morgentoilette. Eine etwas unappetitliche Methode, Geschichte zu konservieren.

In Mailand wurde inzwischen von der Partisanenführung beschlossen, den Duce und seine Anhänger zu erschießen. Togliatti, der Kommunistenführer, rühmte sich später, persönlich den Befehl zur Hinrichtung gegeben zu haben. Walter Audisio, unter dem Decknamen ›Oberst Valerio‹, wurde mit diesem ›Sonderauftrag‹ betraut. Am 28. April gegen vier Uhr nachmittags erschien er bei Mussolini, gab vor, ihn retten zu wollen und führte den Duce mit Clara Petacci zu seinem Auto. Der Mussolini-Biograph Ivon Kirkpatrick berichtet dazu:

»Vor Villa Belmonte, einem stattlichen Haus hinter einer niedrigen Steinmauer, hielt der Fahrer plötzlich an. Mussolini und seine Geliebte mußten aussteigen und links vom Tor vor die Mauer treten. Ehe sie überhaupt wußten, was ihnen geschah, wurden sie aus nächster Nähe von Maschinengewehrgarben niedergemäht.« Oberst Valerio fuhr sofort weiter nach Dongo und ließ die dort gefangengehaltenen fünfzehn faschistischen Würdenträger zur Kaimauer treiben und erschießen. So endeten Mussolini, seine letzten Anhänger und das faschistische Italien.

TREMEZZO

Nun zeigt sich der Lario von seiner allerschönsten Seite; Tremezzo hat diesem lieblichen Uferstrich seinen Namen gegeben, der übrigens ›in der Hälfte‹ bedeutet, womit der halbe Weg zwischen Como im Süden und Sorico im Norden gemeint ist. Hier an der Tremezzina entfaltet der Comer See seinen ganzen Zauber, hier verausgabt er sich, und man kommt ihm nur mit Superlativen bei.

So finden wir hier den schönsten Ausblick, das reizvollste Hinterland, die prächtigsten Villen, das ausgeglichenste Klima – in dieses Stück Land kann man sich verlieben, und viele sind auch seinem Zauber erlegen, haben sich hier niedergelassen und mit herrlichen Bauten und weiten Parks dieses reiche Ufer geschmückt, das man den ›Garten der Lombardei‹ nennt.

Gleich am Ortsanfang von Tremezzo – im Ortsteil Bolvedro – erhebt sich inmitten eines liebevoll gepflegten Parks die *Villa La Quiete*, jetzt im Besitz der Gräfin Sola, und deshalb auch manchmal unter dem Namen ›Villa Sola‹ aufgeführt. Graf Galeazzo Serbelloni, Marschall der spanischen Krone, ließ den Bau 1786 im Louis-Seize-Stil errichten. Die Fassade ist dem Klassizismus nicht mehr fern; die Pläne stammen von einem Architekten namens Brentano.

Durch Erbschaft kam die Villa schließlich an die Grafen Sola, und man muß gestehen, daß die jetzige Besitzerin alles tut, um diesen schönen Bau mit seinem Park instandzuhalten.

Obwohl das Innere der Villa nicht besichtigt werden kann, möchte ich doch einige Stücke der kostbaren Einrichtung erwähnen. Die Eingangshalle ist mit architektonischen Fresken verziert, von Thorvaldsen stammt eine prächtige, mit Reliefs geschmückte Zieramphore. Mit venezianischen Prunkmöbeln des 18. Jahrhunderts ist die ›Stanza da Gioco‹ eingerichtet; Bilder von Alesssandro Magnasco (1681 bis 1767) und eine Jacopo Sansovino (1486 bis 1570) zugeschriebene Marmorstatue des Merkur schmücken den Treppenaufgang zum ersten Stock.

Im ›Ballsaal‹ hängt eine ›Lukretia‹ von Bramantino (1455 bis 1530); das herrliche Deckenfresko könnte ein Künstler des Intelvi-Tales, vielleicht einer der Quaglios, geschaffen haben. Auch in dieser Villa fehlt das obligatorische ›Napoleonzimmer‹ nicht. Der Kaiser schlief dort, als er Gast des Herzogs Serbelloni war. Zwei Miniaturen Napoleons und Joséphines erinnern an die erlauchten Gäste, dazu noch eine kleine, von Canova geschaffene Marmorbüste des jungen Napoleon. Drei kleinformatige, erlesene Frauenbildnisse von Clouet (1522 bis 1572), Giovanni Antonio Boltraffio (1467 bis 1516) und Giovanni Bellini (1428 bis 1516) hängen neben dem Bett.

Im zweiten Stock befindet sich die Hauskapelle und in einem der Räume der Thron des Herzogs von Modena. Im gleichen Stockwerk finden wir auch das ›Parini-Zimmer‹; in der kleinen Bibliothek steht eine Büste des Dichters. Der Abbate Giuseppe Parini (1729 bis 1799) lebte hier als Hauslehrer der Söhne des Herzogs Gian Galeazzo Serbelloni. In langen satirischen Gedichten geißelte der Lyriker den verrotteten Mailänder Adel; er kam nur ungeschoren davon, weil ihn ein Mitglied der von ihm verhöhnten Kaste, Conte Firmiano, beschützte, förderte und ihm sogar eine Professur verschaffte. Im ausgehenden 18. Jahrhundert waren die Werke des dichtenden Priesters sehr geschätzt. Es bleibt noch zu erwähnen, daß die Villa ›La Quiete‹ eine kostbare, auf mehrere Zimmer verteilte Sammlung von Meißner- und Sèvres-Porzellan besitzt.

Tremezzo hat viele Namen. Susino, Rogaro, Pozzuolo, Balogno, Volesio, Viano, Intignano – sie alle gehören zur Gemeinde Tremezzo. Nicht nur viele Namen, auch viele Gesichter hat dieser Landstrich, von dem eine alte Reisebeschreibung sagt, »Griante ist von einer versteckten Schönheit«.

Einer der reizvollsten Orte der Gemeinde ist das hochgelegene *Rogaro*, dessen pittoresk verschachtelte Häuser fast alle aus dem 17. und 18. Jahrhundert stammen. Ich erschrak, als ich aus diesem grauen Steingewirr Radiomusik hörte – das will einfach nicht zusammenpassen. Freilich kann niemand von den Einwohnern dieses alten Bergdorfes verlangen, ihre Lebensweise einem romantischen Bild anzupassen. Sieht man von Radio und Fernsehen einmal ab, so wird hier ja ohnehin noch das alte Leben gelebt. Ich sah Männer gefüllte Wassereimer an Stangen quer über die Schultern tragen, sah Frauen, das mit einer Sichel am steilen Hang geschnittene Gras hochgetürmt auf Holzkraxen mühsam heranschleppen – vielleicht um die Ziege im Stall damit zu füttern. Der Gebrauch von Räderfahrzeugen irgendwelcher Art ist hier nicht möglich. Glückliches Rogaro – man sagt das so leicht hin und möchte dann doch nicht in feuchten alten Häusern leben und Lasten auf seinem Rücken heranschleppen.

An der ›Piazza d'Oratorio‹, die etwa die Größe eines Wohnzimmers hat, steht das alte Kirchlein Santo Stefano, in dem die Holzskulptur einer ›Schwarzen Madonna‹ bewahrt wird. Diese soll während der Reformation von katholischen Schweizern hierher gerettet worden sein.

Für Höhlenforscher sind die Berge der Tremezzina recht fündig, und für Gipfelstürmer gibt es den Fußweg über Intignano auf den Monte Crocione (1641 Meter).

VILLA CARLOTTA

Zur Gemeindeverwaltung des höhergelegenen Ortes Griante gehören die am See liegenden ›Dörfer‹ Cadenabbia und Maiolica. Ich habe die Anführungszeichen mit gutem Grund gebraucht, denn vom dörflichen Charakter dieser mit den prunkvollsten Villen bebauten Orte ist nichts mehr geblieben.

Wir betreten Griante durch ein prächtiges Tor: Gleich nach Tremezzo erhebt sich über der Straße die Villa Carlotta. Mag sie auch nicht die schönste aller Lario-Villen sein, so ist sie doch die bekannteste. Diesen Ruhm hat sie weniger ihrem Aussehen als der Skulpturensammlung und dem Park zu verdanken.

Die Villa wurde 1745 vom Marchese Giorgio Clerici errichtet und von seinem Neffen Antonio ausgebaut. 1795 ging sie in den Besitz der Grafen Sommariva über, die sie 1856 an die Prinzessin Marianne von Preußen verkauften. Deren Tochter Charlotte erhielt sie dann als Geschenk zu ihrer Hochzeit mit dem Prinzen Georg von Sachsen-Meiningen, und ihr verdankt sie auch ihren heutigen Namen. Wenn die Skulpturensammlung und die prunkvollen Empire-Möbel hauptsächlich von den Sommariva stammen, so widmeten sich die Sachsen-Meiningen vor allem dem Park.

Immer die zwar anspruchslose, doch durchaus ansprechende Fassade vor Augen, beginnen wir von einem reizenden Brunnen aus den Aufstieg über viele Treppen und Terrassen, und betreten durch eine Vorhalle den Hauptsaal mit der Skulpturensammlung.

Wichtigstes Werk ist dort der leider etwas zu hoch angebrachte Wandfries ›Triumphaler Einzug Alexanders des Großen in Babylon‹, den Berthel Thorvaldsen von 1811 bis 1812 zuerst im Auftrag Napoleons für den Thronsaal im Quirinal zu Rom in Gips geschaffen hatte, und den er dann für den Grafen Sommariva und für diesen Raum 1817 bis 1818 in Marmor ausführte. Wenig bekannt ist, daß eine Gipsabformung dieses Frieses sich im Foyer des Herkules-Saales in München befindet.

Zu Lebzeiten Rodins und Maillols ist es Mode gewesen, Thorwaldsen zu belächeln, für Zeitgenossen von Henry Moore und Archi-
penko scheint es gar keinen Weg mehr zu diesem Künstler zu geben.
Man sollte es sich aber nicht zu leicht machen. Thorwaldsen muß
in seiner Zeit gesehen werden, einer Epoche, da das klassische Form-
ideal als das einzig diskutable galt; und man muß darüber hinaus
die Werke gleichzeitig Schaffender betrachten, um zu spüren, wie
hoch er über diesen stand, Canova vielleicht ausgenommen. Thorvaldsen blieb immer er selbst, seine Hand ist noch im nebensäch-
lichsten Detail erkennbar.

*Von Antonio Canova (1757 bis 1822) stammt der Palamedes, ein allzu
glatter Jünglingskörper, eine dekorative Statue – mehr nicht. Anders seine
›Büßende Magdalena‹, die man im Profil betrachten sollte; ihre Linie ist
edel und fließend. Canovas weltberühmte Skulptur ›Der Kuß‹ – eigentlich
›Amor und Psyche‹ – beherrscht das Stirnende des Saales. Man sollte um die
Skulptur langsam herumgehen, sie wirkt von allen Seiten anders und schön.
Diese ausgezeichnete Kopie schuf Adamo Tadolini (1789 bis 1868), ein
Schüler Canovas; das Original befindet sich in Leningrad. Links davon
ein Frauenkopf Canovas; in der Mitte des Saales ›Mars und Venus‹ von
Luigi Acquisti (1745 bis 1823), der auch die Büste des Grafen Sommariva
schuf. Von Luigi Bienaimé (1795 bis 1878) stammt der ›Amor mit Tau-
ben‹. Die zwei Büsten ›Faun‹ und ›Nymphe‹ an der rechten Wand fertigte
Camillo Pacetti (1757 bis 1826); der Kopf des ›Paris‹ ist ein Werk von
Pietro Fontana (1787 bis 1858).*

*Rechts, in der Sala dei Gessi, also im ›Gipssaal‹, finden wir eine ›Ter-
psychore‹ aus Gips von Canova, leider durch Metallnägel entstellt, des
weiteren Gipsreliefs von Acquisti und Pacetti, eine Alabasterbüste Napoleons
von van der Lint, sowie prunkvolle Empire-Uhren. Das marmorne Basrelief am Kamin, ›Die Hochzeit des Bacchus‹, stammt von Thorwaldsen.*

*In der Sala Gioconda Albertolli, dem Schlafzimmer der Prinzessin
Charlotte, finden wir eine Kopie nach Tizians ›Venus von Urbino‹; ein
Gemälde von Eliseo Sala (1813 bis 1879), ›Emilio Sommariva als Kind‹,
dazu herrliche Empire-Möbel.*

*In der Saletta Sommariva sehen wir Ansichten der Villa Sommariva –
das war der frühere Name der Villa Carlotta – von Giuseppe Bisi (19. Jahrhundert) und Jean Joseph Bidault (1758 bis 1846). Links vom Hauptsaal befindet sich die ›Sala Francesco Hayez‹ mit Werken dieses Malers (1791 bis
1882).*

Die Sala Pogliaghi verdankt ihren Namen den Deckenfresken von Luigi Pogliaghi (1857 bis 1950); in der Sala del Migliara gibt es schlechte Bilder und gute Möbel.

Auch die Sala Andrea Appiani ist nach den Fresken eines Malers benannt; an der Decke eine Apotheose Napoleons, der ziemlich grämlich dreinschaut, an der Wand die vier Haupttugenden. Sie alle schuf Andrea Appiani (1754 bis 1817), ein vielbeschäftigter Maler der Napoleonzeit, den der Kaiser so sehr schätzte, daß er ihm – wie es heißt – als einzigem zu einem Porträt saß, das wir in der Villa Melzi sehen werden. Unter Glas kann man Miniaturmodelle von antiken Tempeln und Statuen in vielfarbigem Marmor bewundern.

Für den *Park* sollte man sich mindestens eine Stunde Zeit lassen; mit denen der Villen Melzi, Giulia und Serbelloni gehört er zu den vier schönsten Gartenanlagen des Lario und erfreut sich besonderer klimatischer Gunst, was statistisch erwiesen ist. So hat man festgestellt, daß die Monate November bis Februar hier im Durchschnitt wärmer sind als in Mailand, das ja viel südlicher liegt. Dessen mittlere Wintertemperatur beträgt 7,6 Grad, während im Park der Villa Carlotta 8 Grad festgestellt wurden. Dazu kommt, daß dieser Garten auch von oben reichlich begossen wird, reichlicher sogar als das nahe Gebiet von Como, wo im Jahresdurchschnitt 1300 Millimeter Regen fallen, während es hier 1660 Millimeter sind. Da dieser Regen meist in kurzen heftigen Güssen fällt, bleibt genug Zeit für ausreichende Sonnenbestrahlung, so daß ein ideales, subtropisches Klima herrscht, das auch exotische Arten gedeihen läßt.

Schon Ende März bis Anfang April entfaltet die Kamelie ihren roten und weißen Blütenzauber, assistiert von der gelbblühenden Akazie, allgemein, aber fälschlich, Mimose genannt. Etwas später folgen Azalee und Rhododendron, die den Park mit roten Wogen überschwemmen und das wenig verwöhnte Auge des Nordländers entzücken. Die unterhalb der Villa angepflanzten Orangen und Zitronen überraschen schon im April mit reifen Früchten. Nicht weniger als diese farbige Pracht beeindrucken die mächtigen Nadelbäume, von denen der Park siebzig Arten aufweist, und die hier so gut gedeihenden Fächerpalmen – eigentlich Hanfpalmen – die ursprünglich aus Japan stammen. Erst im Juli bis August entfaltet die Sommermagnolie ihre weißen, kokosnußgroßen Blüten, die dann betörend aus den dunkelgrünen, lackglänzenden Blättern hervorduften.

Zum Hochadel der Bäume zählen Kampferbaum und Myrte, deren Ahnenreihe bis ins menschenleere Tertiär zurückreicht. Dazwischen ragen die schlanken dunklen Säulen der Zypressen, blüht der magnolienverwandte Tulpenbaum, schimmert der grausilberne Stamm des riesigen Eucalyptus amygdalina, auch Pfefferminzbaum genannt.

Vieles gäbe es da noch aufzuzählen, doch damit mögen sich Berufs- und Liebhaberbotaniker beschäftigen; wir Laien erfreuen uns ganz schlicht mit Augen und Geruchssinn dieses Paradiesgartens, dessen Reiz durch den schönen Ausblick noch gesteigert wird. Genau gegenüber liegt San Giovanni mit der hellstrahlenden Fassade der Villa Trotti; links davon Park und Villa Melzi; dann Bellagio, überragt vom ockergelben Komplex der Villa Serbelloni in ihrem gewaltigen Hügelpark, und im Hintergrund hoch und fern die silbernen Zacken der beiden Grigne.

CADENABBIA

Erst hinter der Villa Carlotta gelangen wir in das eigentliche Cadenabbia, dessen Name sich von ›Ca' de nauli‹, ›Haus der Schiffer‹, herleiten soll, und tatsächlich ist es ja so eine Art Piräus für das höhergelegene Griante. Der ganze Ort scheint nur aus Villen zu bestehen, hinter deren endlosen, die Straße säumenden Parkmauern steif und starr schwarzgrüne Zypressenriesen Wacht halten und mit ihrem herben Duft die milde Luft durchtränken: Villa an Villa – Park an Park.

Die ›Villa Giuseppina‹ ertrinkt fast in der schwellenden Üppigkeit ihres Gartens, der für seine uralten Oliven bekannt ist. Daneben die vornehme, säulengeschmückte ›Villa Maria‹, flankiert von zwei riesigen nadelspitzen Zypressen. Auf den Resten einer alten Burg wurde die ›Villa Ronconi‹ errichtet, was den Erbauer veranlaßte, ihr die Form eines Kastells zu geben und sie reichlich mit Türmchen und Zinnen zu schmücken.

In der *Villa Margherita* – sie gehört schon zum Ortsteil Maiolica –

schrieb Giuseppe Verdi Teile seiner ›La Traviata‹; Liszt saß hier am Klavier, Ponchielli und Rubinstein waren zu Gast. Der jetzige Besitzer – mir schien, als sei Don Calógero aus Lampedusas Roman wieder lebendig geworden – hat mehr für seinen Garten als die Geschichte der Villa übrig; immerhin führte er mich zu einem altehrwürdigen Klavier, dessen Deckel er krachend zurückschlug, und bemerkte stolz: »Darauf spielte Verdi!«

Unterhalb der Straße gehört ein kleiner Strandpark zur Villa Margherita, und Don Calógero wußte zu erzählen, daß Konrad Adenauer sich in Begleitung seiner Tochter gerne dort aufhielt. Adenauer wohnte meist in der höhergelegenen Villa *La Collina*, wo er bekanntlich die Reize des Bocciaspieles entdeckte, das daraufhin auch bei uns heimisch und, wie das vom Kanzler beim Spiel getragene kecke Hütchen, recht populär wurde. Hier hat Oskar Kokoschka im Frühjahr 1966 den Kanzler gemalt, wovon der Künstler in seinen Memoiren erzählt:

»Wir fuhren einen steilen Weg unter dichten Bäumen hinauf, und in einem leichten Frühlingsregen erwartete uns oben der greise Altbundeskanzler. Den Hut in der Hand, öffnete er meiner Frau den Wagenschlag und lobte, daß sie die steilen Kurven geschafft habe, ohne reversieren zu müssen. In der Villa angekommen, überlegte man sogleich, welcher der Räume für die Arbeit geeignet wäre. Große Fenster hatte nur das Speisezimmer, und Adenauer beschloß auch sofort, es räumen zu lassen, obwohl er täglich Gäste hatte.«

Nachdem diese Probleme geklärt waren, wurde gleich am nächsten Morgen mit dem Porträt begonnen, wozu Kokoschka einen Lehnstuhl hatte aufstellen lassen, um den Neunzigjährigen nicht zu ermüden. Kokoschka berichtet:

»Zwei bis drei Stunden täglich für mich zu stehen – er war immerhin schon über neunzig Jahre alt – das, dachte ich, wäre zuviel für ihn. Er verwies mich schmunzelnd: Schließlich säße auch ich nicht beim Malen, und wir gehörten beide einer Generation an, die nicht altert. So war es mir auch recht, ihn aufrecht stehend zu malen, wie er uns im Park begrüßt hatte und wie sich seine Erscheinung mir sogleich als geistiges Bild eingeprägt hatte.«

Von hier führt die Straße hinauf zum Hauptort *Griante*, der die schönste Lage hat, die man sich denken kann: Die Häuser sind locker

an flache Hänge hingestreut, ein Halbkreis von Bergen umhüllt den
Ort wie ein Mantel, schützt ihn vor rauhen Winden und sorgt für
mildes gleichmäßiges Klima. In seiner ›Kartause von Parma‹ hat
Stendhal das Schloß des Marquis von Dongo nach Griante verlegt,
dessen Lage er »einmalig auf dieser Welt« nennt.

Die Pfarrkirche *Santi Naborre e Felice* wurde im 18. Jahrhundert
über einem älteren Bau errichtet, der seinerseits auf den Resten eines
antiken Tempels gestanden haben soll. Den rechten Seitenaltar
schmückt eine ›Himmelfahrt Mariens‹ des Tizianschülers Alessandro
Maganza (1556 bis 1630). Das ansprechend gemalte ›Letzte Abendmahl‹ im linken Querschiff stammt aus dem 18. Jahrhundert.

Durch den alten Ortsteil mit einer unglaublich engen Straße
kommt man zum Kirchlein San Martino aus dem 16. Jahrhundert
in schöner Lage am Hang. Das Auto läßt man besser im Ort, denn
die Straße wird später so eng, daß auch kleine Fahrzeuge stecken
bleiben. Dagegen führt uns die breite Uferstraße in wenigen sanften
Kurven nach Menaggio.

MENAGGIO

Der Ort liegt am flachen Delta des Menagginoflusses und war schon in
vorgeschichtlicher Zeit besiedelt. Auch die Römer bemächtigten sich dieses
strategisch so bedeutenden Platzes; denn von hier führt die kürzeste Straße
hinüber zum Luganer See. Der Grabstein des Lucius Minutius ist ein schönes
Zeugnis aus dieser Zeit. Im Mittelalter wurde der Ort befestigt, was sich
dann bei den Kriegen gegen Como als hilfreich erwies. Die Männer Menag-
gios müssen in alten Zeiten rechte Haudegen gewesen sein, denn Kaiser
Otto I. befreite in einem Dekret vom 25. August 962 sie und die Insel
Comacina von verschiedenen Steuern zum Dank für die tapfere Unter-
stützung beim Kampf gegen Berengar II. 1523 zerstörten die Graubündner
das Kastell, von dem noch heute Reste zu sehen sind.

Das milde Klima und die verkehrsgünstige Lage haben Menaggio
heute zum beliebtesten Ferienplatz im mittleren Teil des Lario gemacht. Als Winston Churchill im Juni 1945 hierherkam, war er von
der Stadt so angetan, daß er sie malte.

»Hier regiert der Frühling auf ewig ...« schrieb Paolo Bertarelli
in seinem Buch über Menaggio. Einige Orte am Comer See sind

durch griechische Umsiedler gegründet worden, und so hat ein findiger Lokalhistoriker den Namen Menaggio in kühnem Schluß auf das griechische Verbum *menein* zurückgeführt, das im Lateinischen zu *manere* und im Italienischen zu *rimanere*, das heißt *bleiben*, geworden ist. Emphatisch folgert daraus der Lokalhistoriker: »Wer in der Tat möchte nicht verbleiben an diesem Lieblingsort der Natur.« Nicht weniger begeistert preist 1645 der schon zitierte Bertarelli das gesunde Klima: »Hier unter einem immer klaren Himmel lebt man viele Jahrzehnte mit blühendem Antlitz und kraftvoll gesundem Körper.« Machen wir uns also, von diesen Lobessprüchen geleitet, auf den Weg. Die Uferpromenade, Viale Benedetto Castelli, gesäumt von Platanen, Palmen und Zypressen, umschließt den Ort im Halbkreis. Von hier hat man einen umfassenden Blick auf die Landzunge von Bellagio und das Ostufer des Lario mit seinen Zweitausendern; im Norden den Legnone (2609 Meter), im Südosten die Grigna Settendrionale (2410 Meter). Diese Promenade endet an der Brücke über den Menaggino, und man kann es gar nicht glauben, daß dieses bescheidene Wässerchen im Lauf der Jahrtausende das gewaltige Schwemmdelta schaffen konnte, auf dem nun Menaggio steht.

Kehren wir ins Zentrum des Ortes zurück. An der Piazza Garibaldi sehen wir am Eingang des ›Café del Pess‹ einen Stein mit den Wappen des Gian Galeazzo Visconti (1347 bis 1402) und der Stadt Cremona. Dort standen das alte Gerichtsgebäude und die Taufkapelle San Giovanni, einer der ältesten Sakralbauten am See, die jetzt mit dem Nordteil des Cafés verschmolzen ist.

Weitere Zeugnisse aus alten Zeiten finden wir nicht weit von hier an der Mauer der Kirche Santo Crocifisso in der Via Calvi. Unter dem Stadtwappen ist der schon erwähnte Gedenkstein aus der Zeit des Vespasian vom Grab des römischen Tribunen Lucius Minutius eingelassen, darunter erinnert eine Inschrift an Paolo Francesco, Chirurgus Heinrichs II. von Frankreich.

Die Via Calvi führt direkt zur Pfarrkirche *Santo Stefano*, die im 17.Jahrhundert auf den Fundamenten einer frühchristlichen Kirche errichtet wurde. Dem dreischiffigen Innenraum verleiht die barocke Stuckverzierung in Weiß und Gold ein freundliches Aussehen.

Die von einer Glaskuppel überdachte Apsis ist mit einem Fresko von Luigi Tagliaferri, ›Martyrium des heiligen Stefanus‹, ausgemalt. Links vom klassizistischen Hauptaltar ist auf einem großen Gemälde des 18. Jahrhunderts das Attentat auf den heiligen Carl Borromäus dargestellt. Da taumelt ein bleicher Mörder mit schreckverzerrtem Gesicht vor der hohen Gestalt des Heiligen zurück. Er hatte es sich wohl einfacher vorgestellt, einen Gottesmann umzubringen. Jedenfalls ging der Schuß daneben, der Anschlag mißlang. Das Gemälde rechts zeigt die wunderbare Szene, als eine Hostie sich vom Tisch erhob. Das Bild des Erzengels Michael in der zweiten Seitenkapelle rechts stammt aus dem 18. Jahrhundert. Das Gemälde ›Maria mit Kind‹ in der Madonnenkapelle des linken Seitenschiffes ist eine spätere Kopie nach einem Original von Luini, das jetzt im Louvre in Paris hängt.

Am Beginn des ›Parco di Rimembranza‹, beim Kriegerdenkmal, finden wir das 1772 aufgrund eines während einer Choleraepidemie gemachten Gelübdes erbaute Kirchlein San Rocco, eine weitere kleine Kirche an der Via Castellino di Castello. San Carlo wurde 1614 von Cinzio Calvi errichtet, der lange Jahre im Dienste Philipps II. von Spanien stand und an der Seeschlacht von Lepanto teilgenommen hatte. Die Statue in der Apsis zeigt den heiligen Carl im Kardinalsornat.

Damit haben wir noch längst nicht das ganze Menaggio gesehen; wir wenden uns also vom Ufer ab und begeben uns in die ›obere Etage‹ des Ortes, nach *Loveno*, das vor allem wegen seiner schönen Villen sehenswert ist.

Die Villa Belfaggio ist durch die häufigen Aufenthalte Adenauers bekannt geworden; die Villa Calabi war früher im Besitz des Maler-Dichters Massimo d'Azeglio, der sie mit eigenen Fresken nach Szenen aus seinen Romanen schmückte. Die Villa Scanavina geht auf das 14. Jahrhundert zurück und war lange im Besitz der Adelsfamilie Bolza.

Am bedeutendsten aber dürfte die *Villa Vigoni* – früher Villa Mylius – sein. Der klassizistische Bau wurde Ende des 18. Jahrhunderts errichtet, die schlichte Fassade ist mit Marmorbüsten geschmückt.

Heinrich Mylius, geboren 1769 in Frankfurt am Main, erwarb den Besitz Anfang des 19. Jahrhunderts und ließ durch den Mailänder Archi-

tekten Besia einige Veränderungen vornehmen und den Gartenpavillon errichten. Mylius wurde in Mailand zum erfolgreichen Geschäftsmann, gründete eine Bank und baute eine Seidenspinnerei auf. Zudem war er ein hochgebildeter Mann, der an den geistigen Strömungen seiner Zeit lebhaften Anteil nahm. Er korrespondierte mit Mendelssohn, Wieland, Herder und Schiller und stand mit vielen italienischen Künstlern und Dichtern – darunter auch Manzoni – in engem Kontakt. Seine Frau, Friederike Schmauss, sympathisierte mit dem Sturm und Drang. Goethe nannte sie ›die Mylia‹ und schenkte ihr die erste Gesamtausgabe seiner Werke mit handschriftlicher Widmung. Als Napoleon seinen Stiefsohn Eugène Beauharnais, der gerade zum Vizekönig von Italien avanciert war, 1806 mit der Prinzessin Augusta Amalia von Bayern vermählte, wurde ›die Mylia‹ Hofdame der jungen Frau.

Julius Mylius, der einzige Sohn des Ehepaares, nahm eine Italienerin zur Frau, starb aber bald danach. Seine Witwe Luisa heiratete in zweiter Ehe ein Mitglied der Familie Vigoni, und ihre Nachkommen sind noch immer im Besitz der Villa.

Heinrich Mylius verwendete nach dem Tod des einzigen Sohnes einen großen Teil seines Vermögens für Stiftungen und Wohltätigkeitsorganisationen. Die von ihm in Mailand gegründete ›Società d'Incoraggiamento d'Arti e Mestieri‹ existiert noch heute. Heinrich Mylius starb 1854, drei Jahre nach seiner Frau Friederike.

Im Park sehen wir eine Marmorskulptur der Luisa Vigoni mit ihren Kindern von Giosuè Argenti (1819 bis 1901). Der sanft ansteigende Weg führt weiter zu dem gelben Gartenpavillon, für dessen Innenraum der mit Mylius befreundete Thorwaldsen das Marmorrelief ›Die Gerechtigkeit‹ schuf. Justitia ist geflügelt dargestellt, auf einem von zwei Pferden gezogenen Streitwagen. Ihm folgen zwei Genien, die mit ihren Attributen, Schwert und Füllhorn, Strafe und Belohnung symbolisieren. Darüber in einem Medaillon das Selbstporträt des Bildhauers.

Die Reliefgruppe an der Wand gegenüber schuf 1832 der ebenfalls mit Mylius befreundete Pompeo Marchesi (1789 bis 1858). Das Werk stellt den jungen todkranken Julius Mylius dar, der auf dem Sterbebett seine Verlobte Luisa heiratet. Ebenfalls von Marchesi stammen die beiden Büsten von Vater und Sohn Mylius. Der schön angelegte Park zieht sich noch ein gutes Stück den flachen Hang hinauf.

Lovenos barocke *Pfarrkirche* besitzt ein Gemälde aus der Schule von Gaudenzio Ferrari ›Madonna der sieben Schmerzen‹; es ist das Altarbild des ersten rechten Seitenaltars. Im zweiten linken Seitenaltar steht eine schöne Madonnenfigur, deren Sockel über Schöpfer und Entstehungsort Auskunft gibt: Vienna Austriae MDCCXXXVII Lorenzo Matielli f. Wie mag die Skulptur hierhergekommen sein? Lorenzo Mattielli wurde 1688 in Vicenza geboren. Er schuf in den Jahren 1728 bis 1729 die Kolossalgruppen der ›Taten des Herkules‹ an der Fassade der Wiener Hofburg; später lebte er in Dresden, wo er viele Kirchen und Paläste mit Skulpturen schmückte und 1748 starb.

Von Loveno führt die Straße über Logo und Calveseglio hinauf nach Plesio, einem Ort in bezaubernder Lage fast senkrecht über dem See und zu Füßen des Monte Grona (1728 Meter), an dessen felsigen Hängen über dem Ort die Mineralquelle Chiarella entspringt. In der Pfarrkirche San Fedele finden wir verschiedene barocke Fresken und Gemälde und am zweiten Seitenaltar links eine Madonnenskulptur des 18. Jahrhunderts.

AUSFLUG IN DIE VAL CAVARGNA

Wenige Steigungen und nur dreizehn Kilometer Länge machen die Straße durch die Val Menaggio zur kürzesten und bequemsten Verbindung zwischen Comer und Luganer See und damit zwischen Italien und der Schweiz.

Die Straße ist auch der Ausgangspunkt für Abstecher ins Val Sanagra – von Grandola aus – vor allem aber in die Val Cavargna, beginnend bei Carlazzo, dann weiter über Cusino, in dessen Kirche, San Giovanni, verschiedene von alten Häusern abgelöste Fresken gesammelt und dadurch gerettet wurden. Durch weite Kastanien- und Buchenwälder geht es nach San Bartolomeo, dessen neue Pfarrkirche noch einen alten Campanile von 1626 besitzt; auch viele Fresken und Gemälde aus dem alten Bau sind in die neue Kirche übernommen worden.

San Nazzaro, der nächste Ort, liegt schon auf etwa 1000 m Höhe, und dann sind wir in Cavargna, dem Hauptort des Tales. Im Rücken des Ortes liegt der sogenannte ›Sacro Bosco‹, der als lebenswichtiger Lawinenschutz streng gehütete ›heilige Wald‹. Nach Cavargna macht die steil und eng gewordene Straße wenig Vergnügen. Wir fahren jetzt südwärts ins Rezzotal hinab und kommen nach Buggiolo, einem echten Gebirgsdorf und idealen Ausgangspunkt für verschiedene Bergtouren. Von hier kommen wir auch nach Seghebbia (1150 Meter), dem höchstgelegenen Ort der Val Cavargna. Über Corrido und Vesetto führt dann die Straße hinab nach Porlezza.

NOBIALLO

Hinter Menaggio ist die Straße am Seeufer zwischen steil aufragenden blanken Felsen und steil abfallender Küste eingezwängt. So hat dann auch der nächste Ort, das kleine Nobiallo, nicht viel Platz zur Ausdehnung gehabt, kann dafür aber mit einer Rarität aufwarten. Durch die schmale Via alla Parrocchia kommen wir zur Pfarrkirche *Santi Bartolomeo e Nicola* mit einem schlanken romanischen Turm – und dieser Turm ist schief, nicht weniger schief als der zu Pisa, nur eben niedriger und weniger bekannt. Der Campanile ist rechts an die Kirche angebaut, so daß sein Neigungswinkel recht augenfällig ist. Links vom Altar hängt das gute Stifterbild einer Pietà aus dem 17. Jahrhundert.

Bei Nobiallo hat das Seebecken sich stark geweitet; im dunklen Wasser spiegelt sich der Monte Croce (1799 Meter) überragt von den allgegenwärtigen Schneezinnen der Grigna. Danach sehen wir am Hang die Kirche *Madonna della Pace*, die 1660 zum Gedenken an den ›Pyrenäischen Frieden‹ zwischen Frankreich und Spanien errichtet wurde. Das darin aufbewahrte Basrelief ›Madonna mit Kind‹ aus dem Jahre 1484 soll einst wunderbare Tränen vergossen haben. Oberhalb der Kirche führte früher ein gefährlicher Fußpfad vorbei, der während Napoleons Italienfeldzug 1799 vielen polnischen Soldaten das Leben kostete, als sie abstürzten und ertranken.

Das liebliche Gebiet der Tremezzina haben wir nun endgültig hinter uns gelassen; der vor uns liegende nördliche Teil des Lario zeigt ein strengeres Gesicht. Nicht Villengärten mit exotischer Flora, sondern die dem Nordländer vertrauten Laubwälder beherrschen die jetzt weit voneinander abgerückten Ufer, deren westliches der Bregagno (2107 Meter) und deren östliches der Legnone (2609 Meter) überragt. Daß der Fremdenverkehr hier keine bedeutende Rolle mehr spielt, spüren wir schon in *Acquaseria*, einem kleinen Ort mit Seide und Wolle verarbeitender Industrie.

Mehrere kleine Orte an den Hängen und am Ufer umfaßt das Gemeindegebiet von Rezzonico. Hier am Ufer wurde übrigens der römische Grabstein gefunden, den wir jetzt in Menaggio an der Außenwand der Kirche Santo Crocifisso sehen können.

Gleich am Ortsanfang steht die Pfarrkirche *Santa Maria*, die auch diesem Ortsteil seinen Namen gab. Von dem ursprünglich romanischen Bau hat sich nur noch der Campanile erhalten, in ihrer jetzigen Form stammt die Kirche aus dem 15. Jahrhundert. Der einschiffige Innenraum hat eine gewölbte, mit Kassetten bemalte Decke und besitzt Wandmalereien aus verschiedenen Epochen.

Das Fresko über dem Portal, ›Die Seeschlacht bei Lepanto‹, schuf 1686 Girolamo Scaglia. Rechts im Bild kniet Papst Pius V. und zeigt unverhohlene Freude, während die Madonna von einer Wolke aus wohlgefällig herabblickt. Diese Niederlage gönnte man den Türken von Herzen. Die Fresken im Chor aus dem Jahre 1564 stammen von Michelangelo Carminati.

Nun erst kommen wir in das eigentliche Rezzonico, das sein mittelalterliches Gesicht fast unverändert bewahrt hat. In den engen Gassen zwischen großstädtisch hohen Häusern wandelt man wie in tiefen schattigen Schluchten. Von der mächtigen mittelalterlichen Burg des alten Grafengeschlechtes, *Della Torre di Rezzonico*, haben sich noch ein Turm und mächtige zinnenbewehrte Mauern erhalten. Das Kastell ist heute in privatem Besitz, wir müssen also außerhalb der Mauern bleiben. Am besten läßt sich der ganze Komplex vom Ufer aus betrachten.

Dem venezianischen Zweig dieses Geschlechtes entstammte Papst Clemens XIII., der als Carlo Rezzonico am 7. März 1693 in der Markusstadt geboren wurde. Zunächst Bischof von Padua, 1737 Kardinal geworden, bestieg Carlo Rezzonico am 6. Juli 1758 als Clemens XIII. den päpstlichen Thron. Das fast elfjährige Pontifikat dieses aufrechten, aber nicht sehr starken Papstes stand unter dem Unstern der Jesuitenfrage. Halb Europa verlangte von Clemens das Verbot des Ordens, doch er weigerte sich standhaft, in der festen Überzeugung, der Kirche sonst unermeßlichen Schaden zuzufügen. »Er hat das Papsttum durch Leiden, nicht durch Taten groß gemacht«, schreibt Hans Kühner in seinem ›Lexikon der Päpste‹. Überfordert und

vielfach angefeindet, erlag Clemens am 2.Februar 1769 einem Herzschlag.
Canova schuf sein Grabmal im Petersdom; sein von Raphael Mengs ge-
maltes Porträt in der Ambrosiana zu Mailand bezeichnete Goethe als das
herrlichste Bild dieses Meisters.

Clemens ernannte 1763 Johann Joachim Winckelmann zum päpstlichen
Kommissar für Altertümer und ermöglichte so dem Gelehrten die Arbeit an
seiner ›Geschichte der Kunst des Altertums‹, die den Grund zur wissen-
schaftlichen Archäologie legte. Ruhigere Zeiten hätten in diesem Papst
einen verständnisvollen Förderer von Kunst und Wissenschaft gesehen.

Auch die Gallio entstammen diesem Ort; ihrem hervorragendsten Mit-
glied, dem Kardinal Tolomeo Gallio, sind wir als dem Erbauer der Villa
d'Este schon begegnet.

Einen schönen Rundblick über den See hat man vom Strand
unterhalb des Kastells. Im Süden teilt sich der See an der Landzunge
von Bellagio, und bei klarem Wetter ist ein gutes Stück des süd-
östlich verlaufenden Lago di Lecco zu erkennen. Gegenüber auf dem
flachen bewaldeten Schwemmdelta des Varrone liegt Dervio, rechts
davon das zypressenreiche Bellano zu Füßen des Monte Croce di
Muggio (1799 Meter). Frische grüne Laubwälder säumen das unbesiedelte Ufer bis Cremia, dessen Hauptteil jenseits der Straße an
den Hängen des Monte Bregagno liegt.

Der Ortsteil am Ufer hat seinen Namen von der früheren Pfarrkirche *San Vito*. Das altersgraue Kirchlein besitzt zwei Türme, wovon der kleinere aus dem 11., der größere aus dem 12.Jahrhundert
stammt. Das leider durch unsachgemäße Restaurierung verdorbene
Madonnenbild am Altar wird dem Borgognone (1445 bis 1523) zugeschrieben, die Fresken an der rechten Chorwand sind lombardische Schule um 1500.

Zwischen Weinbergen und Obstgärten führt die Straße hinauf
nach dem Ortsteil Vignola, der sich mit vielen neuen Häusern in
letzter Zeit stark ausgedehnt hat. Die Pfarrkirche *San Michele* ist nur
zu Fuß zu erreichen; in köstlicher Stille blickt sie auf den See hinab.
Durch eine kleine Vorhalle betreten wir den einschiffigen barocken
Innenraum. Das Bildnis des Erzengels Michael über dem marmornen Hauptaltar wird meist als eine Kopie nach Veronese bezeichnet,
andere nennen es ein Werk aus der Schule des Meisters. Das gold-
strahlende Polyptychon neben der linken Eingangstüre ›Madonna,

Pietà und Heilige‹ wird der Schule des Borgognone zugeschrieben. Das Gemälde ›Die Schlüsselübergabe‹ am zweiten rechten Seiten-altar stammt von Bernardino Campi (1522 bis 1595), einem Meister aus Cremona.

PIANELLO

Immer mächtiger beherrscht nun die gewaltige Bergkette der Alpen den nördlichen Horizont. San Martino, die Pfarrkirche des kleinen ländlich anmutenden Pianello, steht nahe am Ufer. Die Kirche wurde 1534 um-gebaut und gehörte früher zu einer Besitzung des Klosters San Carpoforo in Como. Einen Teil des reichen Freskenschmucks schuf um 1640 Isidoro da Campione. Rechts beim Eingang hängt ein Triptychon aus der Zeit um 1500, ›Madonna mit Heiligen‹. An den Bischofsstab des Heiligen zur Rechten ist ein Teufelchen gekettet, dessen Gesicht jemand voll Abscheu zerkratzt hat, vielleicht in der fromm-naiven Meinung, den Teufel damit zu ärgern. An der rechten Wand finden wir auf einem Bild das Thema des Freskos in Rezzonico wieder: Die Seeschlacht bei Lepanto. Maria hält diesmal den Rosenkranz über die frommen Streiter, während Christus und ein Engel wacker auf die ungläubigen Türken mit dreinschlagen.

MUSSO

Der Ort ist seit altersher berühmt wegen seiner Marmorbrüche, die auch für den Dom von Como den typischen grauweißen Stein geliefert haben. Hoch über dem Ort, auf dem ›Sasso di Musso‹ stand im Mittelalter eine heute fast spurlos verschwundene Burg, die 1522 bis 1532 von dem gewalttätigen Medeghino besetzt und ausgebaut wurde. Obwohl Francesco II. Sforza seiner Gewaltherrschaft über einen Teil des Sees dann ein Ende machte, brachte dieser gefürchtete Condottiere – er hieß eigentlich Gian Giacomo Medici und war ein Bruder Pius' IV. – es zu Ruhm und Ehren. Kaiser Karl V., den er bei der Eroberung Sienas unterstützt hatte, gab ihm ein Lehen, und noch heute erinnert das prächtige Denkmal von Leone Leoni im Mailänder Dom an diesen Abenteurer.

Von dem wehrhaften Kastell ist nur noch das 1662 renovierte Kirchlein Sant'Eufemia geblieben. Die Legende erzählt, daß die heilige Eufemia vom gegenüberliegenden Ufer trockenen Fußes hierherflüchtete, indem sie die Fluten des Lario mit einer Säge teilte.

Die Pfarrkirche San Biagio wurde 1387 auf den Resten einer alten Kirche errichtet und 1507 umgebaut. Sie hat einen freistehenden Campanile von 1730. Das Innere ist durch Säulenreihen in drei Schiffe geteilt und wird von einer gegiebelten Holzdecke überdacht. Hinter dem Hauptaltar hängt ein Gemälde aus dem 17. Jahrhundert mit den Heiligen Nazzaro und Celso. Von der Kirchenrückseite haben wir einen freien Blick auf das nun schon gut sichtbare Nordende des Sees. Am etwas nach Osten gekrümmten Westufer sehen wir Gravedona, Domaso und die Taleinschnitte des Val Dongana und des Val Domaso. Gegenüber auf einem bewaldeten Hügel liegt Olgiasca, rechts daneben Dorio.

DONGO

Dongo zählt mit rund dreieinhalb tausend Einwohnern zu den größten Orten des nördlichen Seeteils und gehörte früher mit Gravedona und Sorico zu den *tre pievi*, den drei großen, das Nordende des Sees beherrschenden Gemeinden. Seit dem 15. Jahrhundert wurden hier die im Val Dongano geschürften Eisenerze verhüttet. Obwohl diese Gruben schon Ende des 17. Jahrhunderts erschöpft waren, stellt die eisenverarbeitende Industrie bis heute den wichtigsten Erwerbszweig dar und besitzt an der Mündung des Albano sogar einen eigenen Hafen.

Im Palazzo Manzi, dem jetzigen *Rathaus*, hatten die faschistischen Würdenträger ihre letzten Stunden verbracht. Dieses von Pietro Gilardoni erbaute klassizistische Palais verbirgt hinter seiner schlichten Fassade einige prunkvolle mit Stuck und Fresken reich verzierte Innenräume.

Nicht weit von hier steht die 1716 über einem romanischen Bau errichtete Pfarrkirche *Santo Stefano*, äußerlich von unschöner Gestalt, doch im dreischiffigen Innenraum verschwenderisch mit Fresken und Stuck geschmückt. Die zweite rechte Seitenkapelle hat 1742 Giulio Quaglio ausgemalt, die Cinquecento-Fresken in den beiden Seitenchören stammen noch vom alten Teil der Kirche. Stuck und Statuen des Barock schufen Carlo Scotti und Stefano Salterio, das schöne Taufbecken stammt aus dem 15. Jahrhundert.

Die Via Lamberzoni führt zur Kirche *Santa Maria in Martinico*, einem schon 1299 erwähnten Gotteshaus, dem nun die Restauratoren seine ehrwürdige romanische Gestalt wiedergegeben haben. Der steinerne Löwe an der Apsisaußenwand und die Relieffragmente am vorderen Portal sollen zum Teil aus vorromanischer Zeit stammen. Die Kirche besitzt ein herrliches Silberkruzifix, das zu den besten Werken des Goldschmiedes Francesco di Gregorio aus Gravedona zählt und 1513 entstand.

Wir überqueren den Bergbach Albano und kommen zum Sanktuarium *Maria delle Lacrime*, auch ›Madonna del Fiume‹, also ›Madonna vom Fluß‹, genannt. Die Kirche verdankt ihre Entstehung einem Wunder. Am 6. September 1553 begann das Madonnenbild in einer Kapelle am Flußufer Tränen zu vergießen, die man dem Schmerz Marias über die Kirchenspaltung zuschrieb. Sühnehalber wurde nun dieses Sanktuarium errichtet, an dessen Hauptaltar sich das wundertätige Madonnenbild – ein abgelöstes Fresko – befindet und merkwürdig neu aussieht. Am zweiten Seitenaltar links sehen wir eine Abendmahlgruppe in lebensgroßen holzgeschnitzten Figuren von Diego Giurato, entstanden um 1650. Vom selben Künstler stammt die Kreuzigungsgruppe am zweiten rechten Seitenaltar. Der Kirche wurde 1607 bis 1614 noch ein Franziskanerkonvent angefügt. Einer der alten Patrizierfamilien Dongos entstammt die Schriftstellerin Anna Vertua.

Die Val Dongana. Dieses Tal wurde nicht nach seinem Fluß Albano, sondern nach seinem Ausgangspunkt Dongo benannt. In Stazzona, dem Hauptort, ist die Pfarrkirche San Giuliano wegen ihrer Barockfresken sehenswert. Die Apsis hat 1672 Gian Paolo Recchi ausgemalt, die Fresken an der rechten Seitenkapelle vor dem Chor schuf 1619 Fiammenghino.

Über Germasino kommen wir nach Garzeno, wo die befestigte Straße endet, die früher als Verbindungsweg zum Jorio-Paß große Bedeutung hatte. San Pietro, die Pfarrkirche von Garzeno, ist seit 1172 erwähnt und wurde im 15. und 17. Jahrhundert umgebaut. Sie besitzt alte Votivgaben und Fiammenghino zugeschriebene Chorfresken.

Der Ort bietet vielfältige Ausflugs- und Wandermöglichkeiten, wie etwa nach Brenzeglio (979 m), dem höchstgelegenen Ort des Tales, oder auf die Berge Cortafon (1688 Meter) und Marmontana (2316 Meter).

Consiglio di Rumo. *Der Ort liegt auf den flachen Hängen über der Straße, die sich nach Dongo vom See entfernt, dessen flache, grüne Ufer an Marschland erinnern. Heute mit Gravedona zusammengewachsen, bildet*

Consiglio aber noch eine eigene Gemeinde. Die einschiffige Pfarrkirche San Gregorio ist in neuerer Zeit erweitert und modernisiert worden, nur der Chorraum mit seinen – Isidoro Bianchi (1602 bis 1690) zugeschriebenen – Deckenfresken hat sein barockes Gesicht bewahrt. An den Wänden wurden Fresken des späten Quattrocento freigelegt, darunter eine Madonna mit Kind.

Weiter oben liegt das Dörfchen Brenzio, *das aber besser über Dongo und Stazzona zu erreichen ist. Seine 1533 erbaute Kirche San Giovanni Battista besitzt in der Johanneskapelle Fresken von Fiammenghino (1628), während die Malereien in Chor und Apsis von Isidoro Bianchi stammen.*

GRAVEDONA

Ganz ohne Übergang folgt Gravedona, ehemals Hauptort der *tre pievi* und nach Menaggio der größte Ort am Westufer der nördlichen Seehälfte, des ›Alto Lario‹.

Schon die Gallier hatten sich hier angesiedelt, der Ortsname wird von ›dunum‹, befestigter Platz, hergeleitet. Bereits im 10. Jahrhundert erhob sich hier ein wehrhaftes Kastell, das 1169 – wahrscheinlich von den Comaskern – zerstört, später wiederaufgebaut und dann um 1590 von Kardinal Tolomeo Gallio zur prunkvollen Residenz erweitert wurde. Die frühere Burgkirche ist jetzt zum Rathaus geworden. »Allen verzeihe ich, nur nicht den verdammten Gravedonern«, soll Kaiser Friedrich Barbarossa nach einem Feldzug in der ewig aufsässigen Lombardei gesagt haben. Sein Ärger hatte guten Grund, denn die Legende will wissen, daß einige kühne Gravedoner ihm seine Krone gestohlen hatten, die der Sage nach noch immer in der Kirche Santa Maria del Tiglio versteckt ist. Wie mag der wahre Kern dieser abenteuerlichen Geschichte wohl aussehen? Es ist unwahrscheinlich, daß einfache Soldaten sich solch eines sakrosankten und von mystischer Verehrung umgebenen Gegenstandes bemächtigt haben sollen. Gewiß hat der Kaiser eine seiner Kronen für Repräsentationszwecke mitgeführt, doch wird sie wohlverwahrt und scharf bewacht gewesen sein. Möglich wäre freilich, daß den kühnen Gravedonern etwas von den Preziosen des kaiserlichen Trosses in die Hände fiel, und da mag vielleicht ein goldener Reif daruntergewesen sein, den die Stadtchronik vor Stolz und Siegesfreude dann gleich zur kaiserlichen Krone erklärt hat.

Gravedona ist eine reizvolle alte Stadt, die trotz ihrer schönen Lage nicht zu sehr vom Fremdenverkehr berührt wird. Man heißt den Gast willkommen, doch man umwirbt ihn nicht. Das *alte Gravedona* muß man in den versteckten engen Straßen suchen, etwa in der

Via del Fossato, an der Piazza Motta, in der Via Carate oder am Molo Vecchio. In der Via Sale ist noch der untere Teil einer Hausfassade aus dem 13. Jahrhundert in schwarzem und weißem Marmor zu bewundern, und so manches Haus ist mit alten Fresken – meistens die Madonna darstellend – verziert.

Die ehrwürdigsten Zeugnisse der Vergangenheit aber finden wir im südlichen Teil der Stadt in der Nähe des Seeufers. Es sind die inzwischen gründlich restaurierten Kirchen Santa Maria del Tiglio – das heißt ›Maria zur Linde‹ – und San Vincenzo.

Santa Maria del Tiglio soll nach alter Überlieferung von Theodelinde, Gemahlin des Langobardenkönigs Authari, gegründet worden sein und diente der Stadt lange Zeit als Taufkirche. 1952 bis 1953 wurde der Grundriß des alten Baues freigelegt, wobei man Reste eines antiken Mosaikbodens fand. Das frühchristliche Gotteshaus war quadratisch mit drei Apsiden angelegt; das Taufbecken stand in der Mitte.

Ihre heutige Form erhielt die Kirche im 12. Jahrhundert. Der in der oberen Hälfte oktogonale, mit dem Giebeldach verbundene Turm bildet das Mittelstück der einfachen Fassade und hat mehrere Umbauten erfahren. Der vornehm-feierliche Innenraum wird von einem überlebensgroßen romanischen Kruzifix beherrscht, das über dem einfachen Altartisch schwebt. Christus scheint mit weit ausgebreiteten Armen die ganze Kirche segnend zu umfassen. Die Freskenfragmente an den Wänden stammen aus verschiedenen Stilepochen des 13. bis 16. Jahrhunderts.

Die Nachbarkirche *San Vincenzo* wurde 1072 als dreischiffige Basilika über einer frühchristlichen Grabstätte errichtet und später im Barockstil völlig umgebaut. Ein im Pfarrarchiv aufbewahrtes Dokument von 931 spricht von zahlreichen Priestern und Diakonen der schon damals groß und reich gewordenen Pfarrei. Vom romanischen Bau haben sich noch Teile an der unteren Fassade, am rechten Portal und an den Seitenmauern, sowie die alte Krypta erhalten. Spuren aus frühchristlicher Zeit finden wir neben dem Eingang in einer Grabinschrift des Jahres 503. Der barocke Freskenschmuck stammt von Carlo Scotti aus Laino, später noch ergänzt durch Arbeiten des 19. Jahrhunderts von Luigi Tagliaferri.

Grau und massig beherrscht der *Palazzo Gallio* Stadt und See.

Er wurde um 1590 als ›Villa di Delizia‹ von Kardinal Gallio nach
Plänen Pellegrinis über den Resten der alten Burg auf dem ›Sasso
di Gravedona‹ erbaut. Die vier wuchtigen Ecktürme verleihen dem
Bau ein wehrhaftes Aussehen, doch ist ihm bei näherer Betrachtung,
vor allem der Seefassade, eine noble, etwas wuchtige Eleganz nicht
abzusprechen.

Wie schön Gravedona liegt und wie weit es sich erstreckt, sieht
man am besten von der Kirche *Santa Maria delle Grazie*, die von
einer Anhöhe auf Stadt und See hinabschaut. Das an die Kirche angebaute ehemalige Augustinerkloster ist jetzt in privatem Besitz,
genauer gesagt: ist zum Bauernhof geworden. Im Klosterhof mit
Säulengang gackern die Hühner, und wo einst die Mönche in Gebet
oder Gespräch auf- und abwandelten, jagt die Katze zwischen Gerümpel nach Mäusen. Kirche und Konvent wurden 1467 gegründet
und waren bis 1722 im Besitz des Ordens. Auf welchem Weg dieser
ganze Komplex – noch dazu in der frommen Lombardei – zum
Privatbesitz wurde, war nicht zu erfahren.

Wer nun glaubt, daß er in dem zum Bauernhof gewordenen Kloster auch
den Schlüssel zur Kirche bekommt, dem wird zu seinem Erstaunen erklärt,
daß dieser unten in der Stadt in der Via Sale Nr. 26 zu haben ist. Womit frei-
lich nicht gesagt ist, daß man ihn dort ohne weiteres erhält. Einmal ist der
Custode ausgegangen, dann wieder sitzt er gerade beim Essen oder er hat eine
wichtige Verabredung. Dabei ist die außen ganz schmucklose Kirche wirklich
einen Besuch wert. Sie gilt neben Sant’ Agostino in Como als die bedeutendste
gotische Klosterkirche im Gebiet des Lario. Der lichte, einschiffige Innen-
raum schließt mit drei Apsiden ab und ist mit einer Holzbalkendecke über-
dacht. Zahlreiche Fresken lombardischer Meister des 15. und 16. Jahrhun-
derts sowie ein geschnitzter und vergoldeter Hochaltar schmücken die Kirche.

Von dieser Höhe wirken die beiden Kirchen San Vincenzo und
Santa Maria del Tiglio wie ein einziger grauer Block. Gegenüber.
etwas südlich, hockt das Dörfchen Olgiasca auf seinem grünen
Hügel; im Nordosten am Ende des Sees liegt Colico. Steigt man von
hier ein Stückchen hinab, so stößt man auf die Kirche *Santi Gusmo*
e Matteo, deren etwas klobiger Campanile schon von oben zwischen
alten Platanen sichtbar war. Die Kirche stammt aus dem 13. Jahrhundert, wurde aber dann im 16. und 17. Jahrhundert so umgebaut
und erweitert, daß man ihre Längsachse um 180 Grad drehte. Gio-

vanni Mauro della Rovere, genannt Fiammenghino (1575 bis 1640), hat 1616 die Wand über dem Altar mit einem herrlichen Fresko, ›Glorie der Märtyrer‹, geschmückt.

PEGLIO

Ein reizvoller Ausflug ins Hinterland von Gravedona führt in das 605 Meter hoch gelegene Bergdorf Peglio. Bei unserer Höhenfahrt entdecken wir links von der Straße auf einem kleinen Hügel ein verlassenes Dörfchen. Vier winzige graue Häuschen mit leeren Fensterhöhlen scharen sich um eine Miniaturkirche. Das Ganze macht einen unsagbar traurigen und verlassenen Eindruck. Etwa auf halbem Weg nach Peglio zweigt eine Straße links ab nach dem Bergdorf Dosso del Liro.

Peglio ist ein halb verfallenes, malerisches Bergdorf, das man, abgesehen von der Durchgangsstraße nur zu Fuß begehen kann. Hier soll Fiammenghino von 1615 bis 1626 versteckt gelebt haben, um der Strafe für einen von ihm begangenen Mord zu entgehen.

Der Custode der Pfarrkirche Sant'Eusebio *war eine Frau, die von Kindern umwimmelt in einer Küche des 16. Jahrhunderts wirtschaftete. Das Herdfeuer brannte unter einem offenen Kamin direkt auf dem Steinboden, darüber baumelte ein eiserner Kessel an einer wuchtigen Kette. Mir war, als sei ich mit der ›Zeitmaschine‹ fünfhundert Jahre rückwärts gereist. Das Fernsehgerät in der Ecke störte diese Illusion etwas, aber es schien tatsächlich der einzige moderne Gegenstand in diesem Haus zu sein.*

Beim Betreten von Sant' Eusebio *(1607 erbaut) können wir feststellen, daß Fiammenghino die Zeit im Exil nicht untätig verbracht hat. Links von dem holzgeschnitzten goldgefaßten Altar (1635) sehen wir das eindrucksvolle ›Weltgericht‹, ein Hauptwerk des Künstlers, auf dem die unglücklichen Verdammten im Höllenfeuer den sadistischen Quälereien bocksfüßiger und behaarter Teufel ausgeliefert sind. Auch die Fresken und Gemälde in den Seitenkapellen und an der Orgel sind von Fiammenghino. Die Fresken in der ersten rechten Seitenkapelle mit Szenen aus dem Leben des heiligen Karl sollen jedoch nach neuester Forschung 1625 von Alberto Manzino gemalt worden sein. Auf einem Fresko in der Taufkapelle hat Fiammenghino sich selbst in einem weißen Gewand ganz rechts im Bild dargestellt, daneben seine bäuerliche Geliebte nebst ihren und vermutlich auch seinen Kindern. Vielleicht wollte er mit dieser Kirchenmalerei seinen Mord sühnen; denn es ist nicht sehr wahrscheinlich, daß diese arme Gemeinde den berühmten Künstler für seine Bemühungen bezahlt hat. In der Sakristei hängt ein liebliches*

Madonnenbild im Stil Luinis. Auch das Beinhaus vor der Kirche ist mit Fresken ausgemalt, die aus dem 18. Jahrhundert stammen.

Von Peglio führt die Straße weiter hinauf nach Livo, einem Dorf in 665 Meter Höhe. Nahe der barocken Pfarrkirche steht die alte Kirche San Giacomo aus dem 15. Jahrhundert mit reichem, 1953 restauriertem Freskenschmuck aus dem Anfang des 16. Jahrhunderts und einem Glasfenster aus derselben Zeit. Livio ist der Ausgangspunkt für Bergwanderungen auf den Monte Cavregasco (2536 Meter), den Pizzo Campanile (2459 Meter) und zur Michele-Chiesa-Hütte (1790 Meter).

DOMASO

Domaso liegt wieder am See. Seine vorwiegend barock ausgestattete einschiffige Pfarrkirche *San Bartolomeo* wurde 1247 erstmals erwähnt und wurde mehrmals umgebaut. Am dritten Seitenaltar rechts sehen wir hinter Glas das Fresko einer ernstblickenden Madonna, die in der rechten Hand eine Blume trägt und mit der linken das stehende Kind umfaßt. Diese Darstellung aus dem Anfang des 16. Jahrhunderts hat etwas feierlich Festliches. Das Fresko rechts vom Hauptaltar zeigt das Martyrium des heiligen Bartholomäus und wurde 1758 von Cesare Ligari (1716 bis 1778) gemalt. – Das Morazzone zugeschriebene Gemälde ›Madonna mit den Heiligen Petrus und Paulus‹ ist leider schlecht erhalten. – Die Skulpturengruppe einer Grablegung Christi über dem rechten Seitenportal stammt aus der Mitte des 16. Jahrhunderts und wird der Rodari-Werkstatt zugeschrieben.

Etwas unterhalb der Pfarrkirche finden wir zwischen alten Häusern eingezwängt die aus unbehauenen Steinen erbaute Kirche San Giovanni aus dem 15. Jahrhundert. Der Bau ist heute Privatbesitz und mit Gerümpel vollgestopft.

Wir verlassen Domaso durch den Ortsteil Vercana. Der See ist jetzt recht schmal geworden, die Häuser an seinem Nordende sind schon deutlich zu erkennen. Auf dem rings von hohen Bergen umschlossenen Land wird zwar noch etwas Wein gebaut, doch die übrige Vegetation trägt durchwegs nördlichen Charakter. Nicht weit ist es zum nächsten Ort, dem kleinen Gera Lario.

Gleich an der Ortseinfahrt links erhebt sich die Pfarrkirche *San Vincenzo*. Bei der gründlichen Restaurierung in den Jahren 1964 bis 1965 wurde unter den romanischen Fundamenten ein römisches Mosaik aus dem 2. Jahrhundert ans Licht gebracht. Am Portal ist links der römische Grabstein des Lucius Duantius Valentinus eingelassen, den die Eltern ihrem anscheinend frühverstorbenen ›dulcissimus filio‹ setzten. Daß die Kirche über den Resten einer römischen Villa errichtet wurde, ist durch das Bodenmosaik und verschiedene Funde eindeutig bewiesen.

In San Vincenzo sehen wir das glänzende Beispiel einer geglückten Restaurierung, die in erster Linie dem Pfarrer Don Luigi Bianchi zu verdanken ist. Don Luigi war es gelungen, Archäologen, Historiker und auch staatliche Stellen für seine Kirche zu interessieren, und schließlich wurde gute und gründliche Arbeit geleistet. Wer darüber mehr wissen will, dem empfehle ich, das bei Don Luigi erhältliche Büchlein ›Il San Vincenzo‹ zu erwerben, das allerdings nur in italienischer Sprache erschienen ist.

Das einschiffige Innere der Kirche ist fast ausnahmslos mit Werken der Renaissance ausgestattet. Rechts vom Eingang blickt man in den restaurierten Apsisraum der früheren romanischen Kirche, unter dessen roh gepflastertem Boden das römische Mosaik freigelegt wurde. Neben diesem schwarzweißen Bodenmosaik mit seinen exakt geometrischen Mustern wirkt der primitive Steinboden aus romanischer Zeit wie ein Rückfall in die Barbarei. Die Fresken am Triumphbogen und in der Apsis stammen von unbekannten lombardischen Meistern des Cinquecento, das Polyptychon am Altar besteht aus zehn einzelnen Tafeln, die prunkvoll gerahmt sind. Acht Heilige gruppieren sich um die Madonna und den gekreuzigten Christus. Das 1547 datierte Bild wird nun Andrea de Passeris aus Torno zugeschrieben. Unbekannt sind bis jetzt die Schöpfer des holzgeschnitzten Polyptychons rechts vom Altar: ›Kruzifix mit fünf Heiligen‹, wie auch des Gemäldes links vom Altar.

Das schönste Fresko aber finden wir am ersten rechten Seitenaltar, eine thronende, von Engeln gekrönte Madonna mit Kind, von einem unbekannten Meister des 16. Jahrhunderts. Die Gesichtszüge der Madonna haben mich spontan an Botticellis Frauenantlitze erinnert, besonders was die

Mundpartie betrifft, doch wird dies wohl ein Zufall sein, obwohl man freilich nicht ausschließen kann, daß ein lombardischer Maler sich in Florenz von Meister Sandro anregen ließ.

Gera ist ein beschauliches kleines Fischerdorf mit engen Gassen, die alle nach etwa zwanzig Metern scharf ansteigen und zu Treppen werden. Im Zentrum des Ortes steht das von den Einheimischen kurz ›La Chiesetta‹ genannte *Santuario dei Pescatori d'Italia*, also Sanktuarium der Fischer Italiens. In der sonst ganz modernisierten Kirche blieben nur die auf 1725 datierten Fresken an den Chorwänden erhalten.

Unmittelbar auf Gera folgt Sorico, das letzte im Bunde der früheren *tre pievi*.

SORICO

Der Ort hat sich erst im 15. Jahrhundert aus dem von den Römern auf der Anhöhe ›Pian di Spagna‹ gegründeten und heute verschwundenen Dorf Olonio entwickelt. Diese frühere Siedlung war oft umkämpft, da hier die Straße zum Splügenpaß vorbeiführte.

Soricos Pfarrkirche *Santo Stefano* wurde 1447 – bald nach Gründung des Ortes – erbaut und 1703 durch den Architekten Giorgio Giulini im Stil des Barock umgestaltet. Vom alten Bau blieb nur der Campanile, ein Teil der Apsiden und das Portal. Das kostbar gerahmte Triptychon ›Madonna mit Kind und zwei Heiligen‹ hinter dem Hauptaltar stammt von einem lombardischen Meister des 16. Jahrhunderts. Die Madonna bietet dem Kinde die Brust, doch dieses wendet sich dem Beschauer mit großen ernsten Augen zu.

Etwas oberhalb des Ortes liegt die kleine Kirche *San Miro*. Die Legende berichtet, daß der heilige Miro, von Canzo in der Valassina, seinem angeblichen Geburtsort, kommend, den See auf seinem Mantel überquerte und hier an Land ging. Der in dieser Kirche begrabene Heilige wird am ganzen Comer See je nach Bedarf als Regenbringer oder -abwender verehrt, wovon die bei Bittgängen geopferten Votivgaben Zeugnis ablegen. Neben vielen Cinquecento-Fresken besitzt die Kirche ein Altarbild des Fiammenghino, ›Madonna mit dem heiligen Miro und dem heiligen Michael‹, datiert 1615.

Sorico ist der nördlichste Punkt des Lario, doch war dies nicht immer so. Wenn wir weiter nach Norden fahren, so überqueren wir den Fluß Mera und erreichen bei Verceia *den kleinen, drei Kilometer langen und zwei Kilometer breiten* Lago di Mezzola, *und noch im Mittelalter war dieser mit dem Lario verbunden und bildete damals dessen Nordende. Jetzt ist er zu einem reizlosen Binnensee geworden, wird aber seines Fischreichtums wegen von Anglern gerne aufgesucht.*

In Verceias kleiner Pfarrkirche San Fedele hängt an der rechten Wand ein Stifterbild des heiligen Fidelis aus dem Jahr 1625. Im linken Seitenaltar steht eine hübsche goldfunkelnde Madonnenstatue mit einem lieblichen Gesicht, ein Werk aus dem 18. Jahrhundert.

Wir fahren weiter nach Norden und kommen über Campo Mezzola nach Novate, *wo dieser See endet. Hier an seiner Nordspitze, zwischen verlassenen Granitbrüchen, liegt eine nur per Schiff zu erreichende Kapelle, ebenfalls San Fedele genannt. Sie zählt zu den ältesten Sakralbauten im Gebiet des Lario und stammt aus der Zeit um die Jahrtausendwende. Der quadratische Bau hat eine Apsis nach Osten, der Eingang liegt seitlich, da die Vorderfront mit dem Felsen verbunden ist. In dieser Kirche befand sich das Grab des heiligen Fidelis, von dem es heißt, er sei ein römischer Legionär gewesen und habe hier das Martyrium erlitten. Im Jahre 965 wurden seine Gebeine dann nach Como in die Kirche Sant'Eufemia überführt, die man zu diesem Anlaß wiederaufgebaut und in San Fedele umbenannt hatte. Von Novate führt die Straße weiter über Chiavenna zum Maloja-Paß.*

Das Ostufer von Blevio bis Bellagio

BLEVIO

Von Como in Richtung Norden fahrend passieren wir die Landspitze von Geno, wo bei der gleichnamigen, 1850 erbauten Villa – jetzt ein Restaurant – das Städtische Strandbad liegt.

Die kurvenreiche enge Straße führt uns nach Blevio, das sich am steilen Hang ober- und unterhalb der Straße hinzieht. Vom alten Ort ist nicht mehr viel zu finden, das ganze Blevio scheint nur aus Villen des 19. Jahrhunderts zu bestehen. Weniger durch die manchmal etwas verschrobene Bauart, als durch ihre berühmten Besitzer und Besucher sind einige davon bedeutsam.

So lebte die damals in ganz Europa berühmte Sängerin Giuditta Pasta in der *Villa Ferranti*, wo auch der Komponist Bellini gerne gesehen war, der für seine Lieblingsinterpretin die Opern ›Norma‹

und ›La Sonnabula‹ komponiert hatte. Giuditta Pasta wurde 1798 in Saronno geboren und studierte im Konservatorium zu Mailand Gesang. 1822 wurde sie bei ihrem Auftreten in Verona sofort als große Begabung erkannt, erhielt einen Ruf nach Paris und bereiste von dort aus ganz Europa. Es war eine Reise von Triumph zu Triumph. Mit zweiundvierzig Jahren, auf der Höhe ihres Ruhms, zog sich die Sängerin nach Blevio zurück, wo sie 1865 starb.

In der Villa Malpensata – jetzt *Villa Belvedere* – waren Manzoni und Giulio Carcano zu Gast; die Schauspielerin Adelaide Ristori bewohnte den neugotischen Prunkbau der *Villa Borletti* und die Tänzerin Maria Taglioni (gestorben 1884) lebte in der nach ihr benannten *Villa Taglioni*. Die Nähe von Como, der herrliche Blick hinüber nach Cernobbio und das hochgelegene Rovenna sowie das milde ausgeglichene Klima haben Blevio schon früh zum beliebten Refugium der Wohlhabenden gemacht.

Eine endlose *scalinetta* führt hinab zum Ufer, wo die alte Pfarrkirche *Santi Gordiano e Epimaco* steht und nun langsam verfällt, da man 1967 oben an der Straße eine neue Kirche errichtet hat, in die man zwei der wertvollsten Gemälde aus dem alten Bau übernahm, und zwar ›Die Heimsuchung‹ von Carlo Nuvolone (1608 bis 1661) und eine ›Geburt Christi‹ aus der Schule des Morazzone. Die neue Kirche besitzt weder Turm noch Glocke; das etwas heisere Geläute schallt hier vom Tonband über große Lautsprecher durch den Ort – eine Lösung, die wohl nicht jeden begeistern mag.

Bald hinter Blevio liegt am See die *Villa Taverna*, Ende des 18. Jahrhunderts erbaut und später umgestaltet. Der schöne dreigliedrige Bau hat die Form eines zum See offenen Rechtecks und gehört schon zu Perlasca, einem Ortsteil von Torno, das wir nun erreichen.

TORNO

Als Turnum von den Römern gegründet, war es auch in frühchristlicher Zeit besiedelt, was ein Grabstein des 6. Jahrhunderts beweist. Im Mittelalter blühte der Ort als freie Gemeinde rasch auf, nicht zuletzt durch die 1226 erfolgte Klostergründung des Humiliatenordens, der hier Tuchverarbeitung und Wandteppichweberei einführte. Diese von Como neidvoll verfolgte Ent-

wicklung führte zu rivalisierenden Kämpfen, bis schließlich 1522 in einer entscheidenden Schlacht die Truppen Comos den Ort verwüsteten. Torno, das damals etwa fünftausend Einwohner zählte, wurde darauf von vielen der Überlebenden verlassen und verlor an Bedeutung. Eine Gruppe der aus Torno Geflüchteten überfiel das gegenüberliegende und am Streit völlig unbeteiligte Moltrasio und ›rächte‹ sich so an einem Schuldlosen. Seit dieser Zeit soll kein Mann in Moltrasio ein Mädchen aus Torno geheiratet haben – bis in unsere Tage.

Durch die für Autos gesperrte Via Plinio kommen wir zum Hafen und zur Pfarrkirche *Santa Tecla*. Die Kirche stammt aus romanischer Zeit und wurde zuletzt im 17. Jahrhundert umgebaut; den Turm hat man 1893 wiederhergestellt. Die Giebelfassade mit Rosette und skulpturengeschmücktem Renaissanceportal stammt von 1480. Ein flaches Tonnengewölbe überdacht den einschiffigen Innenraum. Die rechte Wand der ersten linken Seitenkapelle schmückt ein Fresko, eine ›Passion Christi‹ von Bartolomeo Benzi aus dem Jahre 1502; darüber das Steinrelief einer Madonna aus dem 15. Jahrhundert, die – was selten ist – das Kind im rechten Arm hält. Über dieser Skulptur hängt das Gemälde ›Maria mit Jesus- und Johannesknaben‹, ein anmutiges Werk florentinischer Schule des 15. Jahrhunderts, das Einflüsse von Verrocchio und Lorenzo di Credi zeigt.

Noch Ende des vorigen Jahrhunderts stand die Kirche fast unmittelbar am Wasser; inzwischen wurden Hafen und Kirchenvorplatz vergrößert und ausgebaut. Von hier sehen wir am anderen Ufer die Häuserreihen der längst ineinandergewachsenen Gemeinden von Moltrasio und Carate-Urio.

San Giovanni. Diese Kirche, die wir etwa fünfhundert Meter weiter an der Hauptstraße erreichen, gehört noch zu Torno. Der vor kurzem restaurierte Bau stammt aus dem 12. Jahrhundert und wurde Ende des 15. Jahrhunderts erweitert. Die Fassade des Baus mit Rosette und reich verziertem Renaissanceportal ist durch den in die rechte Hälfte eingefügten hohen und schlanken Glockenturm unterbrochen. *Den überraschend weiten Innenraum überspannen fünf Halbkreisbögen aus schwarzen und weißen Steinen; der offene Dachstuhl wird von einer dunklen Balkendecke geschlossen. Ein mit Fresken des 15. Jahrhunderts ge-*

schmückter Lettner trennt den barock ausgestatteten Chorraum vom Schiff.
Am rechten Nebenaltar hängt eine ›Kreuzabnahme‹ des 16. Jahrhunderts,
unterhalb der Kanzel ist ein Fresko ›Madonna mit Kind und einem Heiligen‹ des 15. Jahrhunderts erhalten geblieben. Die zahlreichen Gemälde des 17. und 18. Jahrhunderts an beiden Wänden sind wenig bedeutend. Am linken Eingang sehen wir den von ihm selbst geschaffenen Grabstein des 1869 in Torno verstorbenen Bildhauers Giuseppe Croff. Er war in Mailand tätig und schuf 1838 im Auftrag des österreichischen Kaisers zu dessen Krönung eine Skulptur, die im Belvedere aufgestellt wurde. 1855 übernahm Croff die Skulpturenausstattung des Teatro Sociale in Como; auch für den Mailänder Dom führte er verschiedene Arbeiten aus.
Der Gesamteindruck dieser Kirche, die übrigens einen asymmetrischen Grundriß hat, ist überwältigend, besonders wenn man den Raum vom Eingang aus betrachtet. Der reiche Barockdekor im Chorraum wirkt allerdings wie ein Stilbruch im Gegensatz zu dem vom späten Quattrocento geprägten Langhaus.

San Giovanni hat für Torno und seine Umgebung große religiöse Bedeutung, denn hinter dem Hochaltar werden kostbare Reliquien in einer mit sieben Schlössern gesicherten Metallkassette verwahrt. Die sieben dazugehörigen Schlüssel werden von den sieben ältesten Familien Tornos gehütet. Am 28. Dezember, dem ›Tag der unschuldigen Kinder‹, sowie am Karfreitag und am Johannistag ziehen die sieben Schlüsselbewahrer in feierlicher Prozession zur Kirche, um die Kassette aufzuschließen, wonach die Reliquien zur Verehrung ausgestellt werden. Es wird erzählt, daß ein deutscher Bischof auf seiner Rückkehr vom Heiligen Land mit den von dort mitgebrachten Reliquien in Como ein Schiff bestieg, um nach Norden zu fahren und in seine rheinische Diözese zurückzukehren. Da geriet sein Schiff in einen Sturm, der es bei Torno an Land warf, worauf der Bischof am nächsten Morgen die Weiterreise versuchte, doch abermals durch ein plötzliches Unwetter aufgehalten wurde. Jetzt begriff er die himmlische Weisung und ließ die Reliquien, einen Nagel vom Kreuze Christi und ein Knöchlein von einem der in Bethlehem ermordeten Kinder, in Torno zurück. Sogleich konnte er bei heiterem Wetter weiterreisen.

Die Pliniana. Unterhalb der Kirche San Giovanni führt ein Fußweg von etwa vierzig Minuten zur berühmten *Villa Pliniana;* man kann

aber auch nach etwa anderthalb Kilometern in Richtung Careno
bei dem gelben Pförtnerhaus halten, um von dort hinunterzusteigen.
Die Villa ist nur etwa von Mitte August bis Mitte Oktober bei Anwesenheit der Besitzerin zugänglich. Die Pliniana wurde um 1575
im Auftrag des Grafen Giovanni Anguissola vermutlich nach Plänen
Pellegrinis erbaut. Der Graf war 1547 an der Ermordung von Pier
Luigi Farnese, dem Herrscher von Piacenza, beteiligt gewesen und
mußte deshalb nach Como fliehen. Dort ernannte ihn Kaiser Karl v.
zum Statthalter. Nach des Grafen Tod wechselte das Haus mehrere
Male seinen Besitzer; heute ist es Eigentum der gräflichen Familie
Valperga.

In weltabgeschiedener Einsamkeit steht die Villa am Seeufer, das
Rauschen der schon in der Antike bekannten Kaskade ist der einzige
Laut. Diese Quelle entspringt an einem Felsen oberhalb der Villa,
stürzt aus etwa achtzig Metern Höhe herab und fließt schäumend
und tosend durch einen Kanal unterhalb des Innenhofes in den See.
Diese sogenannte intermittierende Quelle führt in regelmäßigen
Abständen mehr oder weniger Wasser, was durch eine Siphon-
wirkung im Innern des Felsens erklärt wird. Schon die beiden Plinii
und später Leonardo da Vinci haben sich mit diesem Phänomen befaßt und es beschrieben. In einem Brief (XXX, 1–11) an seinen Freund
Licinius hat Plinius der Jüngere die Quelle genau geschildert:

»Ich habe dir aus meiner Heimat, statt eines kleinen Geschenks, eine Frage
mitgebracht, die deiner hohen Gelehrsamkeit in ganz besonderem Grade
würdig ist. Es entspringt eine Quelle auf einem Berge, welche über Felsen
herabrinnt und von einem kleinen, künstlich angelegten Speiseplatz aufge-
nommen wird. Hier ein wenig verweilend, ergießt sie sich in den Larischen
See. Sie hat eine wunderbare Natur: dreimal in jedem Tage steigt und fällt
sie bei regelmäßig zu- und abnehmendem Wasser. Man sieht dies ganz
deutlich und kann mit größtem Vergnügen diese Beobachtung machen. Man
lagert sich daneben und hält seine Mahlzeit; man nimmt aus der Quelle
selbst – denn sie ist sehr frisch – seinen Trunk; indessen nimmt sie in be-
stimmten abgemessenen Zwischenräumen ab und zu. Legt man einen Ring
oder sonst etwas in das Trockene, so wird er nach und nach bespült und end-
lich ganz zugedeckt; dann kommt er wieder zum Vorschein und wird all-
mählich verlassen; setzt man die Beobachtung fort, so kann man dieses zum
zweiten- und drittenmal sehen. – Ist es irgend eine verborgene Luft, welche die

Mündung und den Schlund der Quelle bald öffnet, bald schließt, je nachdem sie hineindringt oder hinausgestoßen wird? Dies sehen wir auch bei Flaschen und anderen derartigen Gefäßen, welche keine weite und ganz freie Öffnung haben. Denn auch bei diesen gerät, selbst wenn man sie schief und abwärts hält, durch einen gewissen Widerstand der Luft zurückgehalten, wie unter wiederholtem Schluchzen das, was man ausgießt, ins Stocken. Oder hat die Quelle die gleiche Natur wie der Ozean? Und steigt und fällt dieses kleine Wasser abwechselungsweise nach denselben Gesetzen, wie bei jenem Flut und Ebbe eintritt? Oder ist, wie bei den Flüssen, welche in das Meer münden und durch widrige Winde und die entgegendringende Flut zurückgestaut werden, etwas vorhanden, was den Ausfluß dieser Quelle zeitweise zurücktreibt? Oder haben die verborgenen Adern ein gewisses Maß, so daß, während der Abfluß sich wieder sammelt, die Strömung geringer und träger ist, nach geschehener Ansammlung aber wieder rascher und reichlicher hervortritt? Oder ist irgendeine verborgene und unsichtbare Waage da, welche, wann sie leer ist, den Quell in die Höhe und hinaus treibt, (dagegen,) wann sie sich füllt, ihn aufhält und verstopft? Forsche du – denn du bist der Mann dazu – nach den Ursachen, die ein solches Wunder bewirken! Mir ist es genug, diese Erscheinung deutlich beschrieben zu haben. Lebe wohl!«

Dieses Zitat, wie auch die Beschreibung des älteren Plinius, sind an den Wänden des Innenhofs auf zwei Tafeln in lateinischer und italienischer Sprache festgehalten.

Ihre abgeschiedene Lage und die seltsame Quelle haben der Pliniana viele illustre Gäste beschert, darunter Shelley, Byron, Stendhal, Volta, Napoleon, Bellini und Rossini, von dem gesagt wird, daß er hier in sechs Tagen die Musik seines ›Tankred‹ niederschrieb. Stendhal berichtet über seinen Besuch in der Pliniana am 18. Juli 1817:

»Heute morgen um fünf Uhr verließen wir Como in einer Barke mit blauweißem Sonnensegel. Wir haben die Villa der Prinzessin von Wales (die Villa d'Este) und die Pliniana mit ihrer wechselnd sprudelnden Quelle besucht; das Schreiben des Plinius ist in Marmor geschnitten. An dieser Stelle wird der See düster und wild, die Berge stürzen nahezu senkrecht ins Wasser.«

Acht Jahre lang bewohnte die Herzogin von Plaisance mit dem Fürsten Belgioioso diesen einsamen Palast am See, bis sie plötzlich mit dem Geliebten brach und sich gegenüber in der Villa Ghisio in Moltrasio niederließ.

Unter dem reichen Schatz an wertvollen Möbeln und Kunstwerken im

Innern der Villa befindet sich auch ein Kinderbildnis der Cristina Belgioioso, von Francesco Hayez (1791 bis 1882) gemalt. Sie gelangte später als Schriftstellerin und glühende Patriotin zu einigem Ruhm. Cristina Belgioioso, Fürstin von Trivulzio, wie ihr voller Name lautete, wurde 1808 in Mailand geboren und befaßte sich schon in jungen Jahren leidenschaftlich mit Politik. 1848 schloß sie sich der nationalen Erhebung an und rüstete auf eigene Kosten ein Freikorps aus. 1850 emigrierte sie nach Frankreich und schrieb dort ihre ›Souvenirs d'Exile‹, die in ganz Europa verbreitet waren. 1857 kehrte sie nach Mailand zurück, gründete die Zeitschrift ›Italia‹, und hier ist sie 1871 gestorben. Das Gemälde des Mädchens Cristina ist aber auch wegen seines Schöpfers beachtenswert, denn Francesco Hayez gehört zu den bedeutendsten Porträtisten seiner Zeit; seine Bildnisse vermitteln uns eine lebhafte Vorstellung von der Risorgimento-Gesellschaft Piemonts und der Lombardei.

ZUR SCHMALSTEN STELLE DES SEES

Die Gemeinde Faggeto del Lario *umfaßt die höher gelegenen Orte Molino, Lemna und Palanzo. Von Molina, dessen frühere Pfarrkirche Santa Margherita noch einen schlanken romanischen Campanile besitzt, kann man den Monte Boletto (1236 Meter) besteigen; Lemna ist Ausgangspunkt für den Gipfel des Monte Bolettone (1317 Meter). Palanzo, der höchstgelegene Ort, besaß früher ein wehrhaftes Kastell, von dem noch die Turmruine zu sehen ist. Bei der schön gelegenen Kirche Madonna delle Lacrime beginnt der Aufstieg zum Monte Palanzone (1437 Meter).*

Der Ort Pognana *besteht aus vielen, über die Hänge verstreuten Weilern. Er war bereits in römischer Zeit besiedelt. An seinem Seeufer steht die ursprünglich romanische, im 15. Jahrhundert umgebaute Kirche San Miro. 1964 wurde sie restauriert, wobei man an der linken Außenmauer primitive, frühromanische Fresken freilegte, Sankt Christophorus mit zwei Engeln darstellend. Auch an den Innenwänden sind Fresken früherer Epochen zu finden, darunter zwei Madonnenbilder und der Kirchenpatron San Miro. – Die höhergelegene Kirche San Rocco stammt ebenfalls aus der Romanik, an ihrer Restaurierung wurde 1971 gearbeitet.*

Als nächsten Ort erreichen wir Careno. *Damit befinden wir uns an der schmalsten Stelle des Lario, dessen Ufer hier, zwischen Careno und Torriggia, nur noch 650 Meter voneinander entfernt sind.*

Hart an der Straße steht die 1665 erbaute Pfarrkirche Santa Maria Assunta, die man über ein Gewirr von steilen Treppen erreichen kann, das den ganzen Ort kreuz und quer durchzieht. Die Chorfresken zu beiden Seiten des Hauptaltares, ›Geburt Mariens‹ und ›Tod Mariens‹, werden Giampaolo Recchi (1605 bis 1686) zugeschrieben, den schönen Barockstuck schufen die Brüder Silva.

Vom Kirchplatz sieht man links unten am Hafen die frühere Pfarrkirche San Martino aus dem 12. Jahrhundert, gegenüber, greifbar nahe, liegt Torriggia, im Nordwesten Brienno. Das malerische, bäuerlich anmutende Careno scheint sich seit Jahrhunderten nicht verändert zu haben. Da jeder Verkehr auf Rädern unmöglich ist, sieht man hier die Menschen schwere Heu- oder Holzlasten zu ihren Häusern tragen – Häuser, die auf abenteuerliche Art ineinander verschachtelt sind. Da der ganze Ort nur aus winkligen Treppen besteht, muß man, etwa auf dem Weg zum Hafen, sehr darauf achten, die richtige zu erwischen; denn nicht wenige dieser ›scaline‹ enden plötzlich vor einem Wohnraum, einer Küche oder einem Stall.

Oberhalb von Careno liegt die ›Grotta Masera‹, eine weit in das Berginnere verlaufende Höhle, die erst teilweise erforscht wurde.

NESSO

Der Ort war schon im Mittelalter das Zentrum einer mehrere Dörfer umfassenden Gemeinde, zu der auch Careno gehört. Von der 1531 durch Francesco II. Sforza zerstörten Burg haben sich im alten Ortsteil noch Reste einer Mauer und dreier Türme erhalten. Mitten im Ort bietet sich uns ein großartiges Naturschauspiel, der ›Orrido di Nesso‹.

Der Bergfluß Nosé vereinigt sich hier mit mehreren Quellen, zwängt sich tosend und schäumend durch eine enge Klamm, bildet jenseits der Brücke einen Fall und strömt dann beruhigt und friedlich in den See.

Unterhalb der Straße liegt die 1095 von Papst Urban II. geweihte und 1632 umgebaute Pfarrkirche *Santi Pietro e Paolo*. Dieser in einen endlosen Streit mit Kaiser Heinrich IV. verwickelte Papst mußte sich nach seiner Wahl noch mit dem Gegenpapst Klemens III. auseinandersetzen, erfuhr aber die Genugtuung, daß Konrad, der Sohn des Kaisers, zu ihm überlief und sich 1092 in Mailand von ihm zum König krönen ließ. Urban war es, der im November 1095 auf der Synode von Clermont zum ersten Kreuzzug aufrief, und es wird wohl auf dem Weg dorthin gewesen sein, als er die Kirche von

Nesso weihte. Er durfte noch die Eroberung von Jerusalem durch
Gottfried von Bouillon erleben, und ist zwei Wochen später am
29. Juli 1099 nach elfjährigem Pontifikat gestorben. Der einschiffige
Innenraum ist barock ausgestattet; typisch für den Geist dieser Zeit
sind die Architekturmalerei und die beiden blinden Türen im Chorraum.

Wie Careno hat auch Nesso sich sein altes Aussehen bewahrt;
weder ein modernes Hotel noch ein chrom- und glasfunkelnder
Supermarkt verunzieren den malerischen Ort.

*Die Straße hinauf zum Piano del Tivano (977 Meter) berührt mehrere
zur Gemeinde von Nesso gehörende Dörfer. Zuerst passieren wir* Vico, *in
dessen Kirche Santa Maria am Altar ein Stifter-Polyptychon, ›Maria mit
Heiligen‹, von Bartolomeo Benzi aus dem Jahre 1500 hängt.*

*Zelbio, der nächste Ort, ist lieblich zwischen Wälder und Wiesen einge-
bettet. Von hier stammt die Familie Stoppani, deren berühmtester Sproß,
der Geologe und Schriftsteller Antonio Stoppani, allerdings in Lecco geboren
wurde. Die Pfarrkirche San Paolo besitzt am Hochaltar ein Gemälde von
Carlo Carlone (1686 bis 1775).*

*Von hier zweigt die Straße nach Veleso ab, das in schöner freier Lage auf
den See hinabblickt.*

Unsere Höhenfahrt endet beim Piano del Tivano, *einem grünen wiesen-
reichen Hochplateau, das mit Villen und Hotels zur beliebten Sommerfrische
geworden ist und neuerdings auch von Wintersportlern besucht wird. Funde
aus römischer Zeit beweisen, daß man auch schon vor zweitausend Jahren
diesen schönen Platz zu schätzen wußte.*

LEZZENO

Nach Nesso erreichen wir Lezzeno, die ›längste‹ Gemeinde des
Comer Sees. Der Uferstreifen mit den Ortsteilen Sormazzana, Pes-
cau, Bagnana, Sossana, Villa und Casate erstreckt sich über rund
sieben Kilometer, dazu kommen noch elf weitere, höhergelegene
Siedlungen. Im Mittelalter gehörte Lezzeno zur Pfarrei der Insel
Comacina, bis deren Zerstörung im Jahre 1169 neue Verhältnisse
schuf. Mit fast zweitausend Einwohnern ist Lezzeno heute nach Bellagio die größte Gemeinde in diesem Teil des Ostufers. Der hier
wieder spürbare Fremdenverkehr, eine Schiffswerft und die Nähe

Bellagios haben den Ort aufblühen lassen; die vielen Bauten aus neuerer Zeit sind ein sichtbarer Beweis.

Etwa in der Mitte dieses so langgestreckten Ortes steht an der Straße die Pfarrkirche *Santi Quirico e Giulitta*, 1520 aus einem älteren Bau hervorgegangen und im frühen 18. Jahrhundert barock ausgeschmückt. Den einschiffigen Innenraum beherrscht das große, den ganzen Chorraum füllende Fresko ›Martyrium und Glorie der heiligen Giulitta und des heiligen Quirico‹, wohl eines der besten Werke des Giulio Quaglio aus dem Jahre 1712. Auf dem Gemälde gegenüber der geschnitzten Barockorgel sehen wir eine Darstellung des heiligen Emidius, Märtyrers und Bischofs von Como, umgeben von drei kecken Putti, deren einer sich die Mitra des Heiligen aufs Haupt stülpt, während ein anderer den Bischofsstab respektlos wie einen Besen schultert. Im Barock versah man die vier Seitenkapellen mit gutem Stuck; Orgel wie Kanzel sind meisterhafte Schnitzwerke derselben Epoche. Links vom Eingang, über dem Taufbecken, hängt ein abgelöstes und restauriertes Fresko des 15. Jahrhunderts, ›Madonna mit Kind und zwei Heiligen‹.

Neben der Pfarrkirche steht die kleine Kapelle ›Madonna del Ceppo‹, im 15. Jahrhundert erbaut, später erweitert und 1868 mit Fassadenfresken von Giuseppe Ferrari geschmückt.

Vom Ufer aus sehen wir genau gegenüber die grüne, mit Wiesen und Baumgruppen bedeckte Comacina, einst geistliches und weltliches Zentrum für viele Orte an beiden Ufern. Nach Lezzeno befinden wir uns auf gleicher Höhe mit der Villa Durini an der Spitze der dicht bewaldeten Punta di Balbianello. Das Ufer ist nun wieder steil geworden, fast glaubt man sich an die Küstenstraße bei Amalfi oder Positano versetzt. Etwa einen halben Kilometer nach dem Ortsende weist eine Tafel auf die *Grotta dei Bulberi* hin. Diese nur mit dem Schiff zu erreichende Grotte zeigt in den späten Mittagsstunden – allerdings nur bei Sonnenschein – grünlich schillernde Lichteffekte.

Während vom anderen Ufer die berühmten Villen der Tremezzina aus tiefgrünen üppigen Gärten herüberschimmern wird das diesseitige Ufer jetzt kahl. Zwischen spärlichem Gras und vereinzelten Sträuchern beherrscht der nackte Fels die steilen, unbewohnten Hänge ober- und unterhalb der Straße. Da und dort steht ein Grüppchen dunkler ernster Zypressen, und manchmal bringen ein paar helle Birken mit silbern blinkendem Laub etwas freundliche Abwechslung. Dieser ›riviera dei grosgalli‹ genannte Uferstreifen hat einen herben Reiz und mutet nach dem bisher Geschauten seltsam fremd an. Der Lago Maggiore zeigt am Ostufer nach Arolo ein sehr ähnliches Gesicht. Nimmt man sich die Karte vor und verbindet mit einem Lineal über den Luganersee hinweg diese beiden Gebiete, so stellt man fest, daß diese erstaunlicherweise exakt auf gleicher Höhe liegen. Übrigens gibt es auch am äußeren Ostufer des Luganersees zwischen Campione und Osteno solche steinigen, steil abfallenden Hänge. Vielleicht haben die Geologen eine Erklärung für dieses Phänomen.

Plötzlich, ein gelungener Überraschungseffekt, folgt dann der Übergang in das fruchtbare, blühende, villenreiche Gebiet von Bellagio, das sich schon beim Vorort San Giovanni ankündigt.

Bellagio

GESCHICHTE UND STADTBILD

Das Wort *bella* ist in seinen Namen eingeschlossen, und selten hat der alte Spruch ›nomen est omen‹ so viel Berechtigung gehabt. Schön ist an dieser Perle des Lario schlechthin alles: die einzigartige Lage, die Villen, die Gärten, die beiden Ufer, das Panorama, das Hinterland der Valassina ...

Umstritten ist die Herleitung des Ortsnamens aus dem römischen ›bilacus‹, also Zwei-See, umstritten zwar, aber nicht unwahrscheinlich, denn die Römer liebten exakte Bezeichnungen, und die Stadt liegt genau an der Gabelung von Comersee und Lago di Lecco, also zwischen zwei Seen. Urkundlich gesichert ist der mittelalterliche Name Bellaxio. In diese Zeit fallen auch die ersten belegbaren historischen Ereignisse; die frühe Geschichte läßt sich nur aus Funden erschließen.

Zweifelsohne war die Halbinsel schon in vorgeschichtlicher Zeit besiedelt, später wanderten dann gallo-insubrische Völker zu. Im 2. Jahrhundert vor Christus setzten sich die Römer fest; Plinius baute seine ›Villa Tragoedia‹ auf dem Bergkegel über der Stadt, wo heute die Villa Serbelloni steht und wo die Langobarden sehr wahrscheinlich eine befestigte Burg über den Trümmern der Pliniusvilla errichtet hatten. In christlicher Zeit gehörte Bellagio von Anfang an zur Diözese von Como, woran sich auch, wenigstens de jure, nichts änderte, als die Stadt sich im Mittelalter, wie so viele andere, von der Lehensabhängigkeit zu lösen suchte, sich eigene Gesetze gab und seine

Herren selber wählte. Während des Krieges zwischen Mailand und Como (1117 bis 1128) schlug Bellagio sich auf Seiten Mailands, um Comos verhaßte Vorherrschaft zu brechen, was dann auch in dem entscheidenden Seegefecht 1127 gelang. Nach vielen politischen Wirren bemächtigten sich Ende des 13. Jahrhunderts die Visconti des strategisch so ungemein wichtigen Platzes, und als Filippo Maria, der Letzte ihres Geschlechts, 1447 starb, traten die Sforza als Herren von Mailand in ihre Rechte. Ludovico Moro gab die Stadt 1499 seinem Schatzmeister Marchesino Stanga, der sich schon einige Jahre zuvor hier festgesetzt hatte, zu Lehen. Aus dem Geschlecht der Stanga stammte auch die junge, schöne Bianca Lucia, die Cesare Borgia 1501 am Hof Ludovico Moros in Mailand kennenlernte, und in die er sich so sehr verliebte, daß er sie auf seine Raubzüge in die Romagna mitnehmen wollte. Cesare, der schreckliche Sohn Papst Alexanders VI., war damals bereits von venerischen Krankheiten entstellt und hatte in ganz Europa einen so schlechten Ruf, daß das hübsche Edelfräulein die Einladung zu ihrem Glück ablehnte. Schon zwei Jahre später war der Stern des gewaltig und gewaltsam emporgekommenen Geschlechts der Borgia erloschen, und Cesare fiel bald darauf als einfacher Soldat in Spanien. Nach Marchesino Stangas Tod setzten neue Machtkämpfe ein, in denen sich schließlich die Sfondrati behaupten konnten. 1533 übernahmen sie Bellagio von Francesco II. Sforza als Lehen und behielten es durch viele Generationen bis 1788.

Einer der bedeutendsten Männer dieses Geschlechts war Ercole Sfondrati (1559 bis 1637), ein Neffe Papst Gregors XIV., dessen glückloses Pontifikat nur zehn Monate währte. Ercole erbaute die Villa Serbelloni (noch Stendhal nannte sie ›Villa Sfondrata‹) in ihrer heutigen Form, errichtete Klöster und Kirchen, befestigte die Stadt und sorgte während der Pest von 1629 für strengste Isolierung, so daß die Seuche Bellagio verschonte. Die Herrschaft der Habsburger, das Risorgimento und schließlich das geeinte Italien waren auch für Bellagio die letzten Kapitel in seiner Geschichte.

Bellagios prächtige Uferstraße mit feudalen Hotelpalästen und großstädtisch anmutenden Geschäftshäusern läßt den Eindruck entstehen, man befinde sich in einer mittelgroßen Stadt. Dieser Eindruck täuscht. Mit seinen zahlreichen, über die Hügel verstreuten Ortsteilen hat Bellagio nur etwa 3500 Einwohner.

Diese Uferstraße ist Bellagios prunkvolle Fassade, hinter der sich nicht viel verbirgt. Geht man von hier eine der steil ansteigenden Straßen hinauf, so wird man immer irgendwo an der Parkmauer zur Villa Serbelloni landen, und ein Spaziergang von Nord nach

Süd – also der Längsachse folgend – wird nicht mehr als eine Viertelstunde in Anspruch nehmen.

Dies allein ist freilich nicht das ganze Bellagio. Dieser Ort ist wie ein großes Gemälde, dessen Details man erst nach und nach entdeckt, kennen und schätzen lernt.

Bellagio – das sind die Villen mit ihren herrlichen Gärten, das sind die umliegenden kleinen, malerischen Dörfer, das ist die Punta di Spartivento, das ist ein Ausflug in die kühlen Höhen der Valassina, das sind die versteckten Restaurants in den steilen Gassen, das ist Pescallo mit seinem verträumten Miniaturhafen – all dies muß man gesehen haben, um sagen zu können: ich kenne Bellagio.

Wir wollen es nicht machen wie Stendhal, der, wenn man seinem Bericht trauen darf, die berühmten Villen in wenigen Stunden besichtigte, was bei den damaligen Verkehrsmitteln ohnehin unwahrscheinlich anmutet. Er hatte mit Freunden die Villa Carlotta besucht und nützte eine Ruhepause der Damen, um mit drei italienischen Offizieren hinüber nach Bellagio zu rudern.

»Wir überquerten den See in zehn Minuten und suchten den Garten der Villa Melzi und dann die Casa Giulia auf, die auf den anderen, den düsteren Arm des Sees hinabsieht. Wir machten Halt bei der Villa Sfondrata [jetzt Serbelloni]. Sie liegt inmitten eines hohen Waldes auf einem steilen Vorgebirge, das den See in die Form eines umgedrehten Y teilt. Der Wald reicht bis an den Steilhang, der aus dreihundert Fuß Höhe senkrecht zum See abstürzt. Zur linken sehen wir am anderen Seeufer die Villa Sommariva [jetzt Carlotta], rechts den Taleinschnitt von Bellano und vor uns zehn Meilen offenen Wassers. Von Zeit zu Zeit trägt eine Brise die Gesänge der Bauern vom anderen Ufer zu uns herüber. Hoch über uns steht die klare Sonne Italiens, es herrscht die vollkommene Stille der übergroßen Hitze; nur ein leiser von Osten kommender Wind kräuselt von Zeit zu Zeit die Oberfläche des Sees.«

Nach diesem, an modernste Touristikmethoden erinnernden Blitzausflug kehrte Stendhal zu den inzwischen ausgeruhten Damen zurück. Sein kurzer Bericht nennt alle Namen der weitberühmten Villen, die Bellagio wie ein Kranz erlesener Perlen von Norden, Osten und Westen umschließen.

Sie ist schnell und bequem zu erreichen, ihr Park bildet die südliche Verlängerung der Uferpromenade und endet bei dem kleinen Fischerdorf Loppia.

Francesco Melzi d'Eril, Günstling Napoleons, der ihn zum Herzog von Lodi ernannte, ließ die Villa 1808 bis 1810 von dem Tessiner Architekten Giocondo Albertolli (1742 bis 1839) als Sommerresidenz errichten. Herkunft, Begabung und Zeitläufe brachten Francesco Melzi rasch zu Ehren und Ämtern. 1753 in Mailand geboren, ernannte Kaiserin Maria Theresia den Dreiundzwanzigjährigen zum Kammerherrn, 1782 wurde er spanischer Grande. Wie fast der ganze junge lombardische Adel schloß sich auch Melzi Napoleon an, der ihn 1802 zum Vizepräsidenten der Cisalpinischen Republik und nach Errichtung des ›Königsreichs Italien‹ zum Großkanzler und Siegelbewahrer ernannte. Die Verleihung des Herzogtitels und das Amt eines Präsidenten des Ministerrats krönten schließlich seine schnelle Karriere. 1814 zog sich der Herzog ins Privatleben zurück und starb zwei Jahre später in Mailand.

Gleich beim Eingang sehen wir eine künstliche Grotte mit römischen Steinfragmenten. Mächtige Sequoien der Gattung Sempervivens spiegeln sich im ›Nymphensee‹; hier hat die altägyptische Steinskulptur eines Hockenden ihren Platz. An Azaleenbüschen vorbei kommen wir zu einem von Zypressen umstandenen maurischen Pavillon, den Liszt mit seiner Geliebten, der Gräfin d'Agoult, gerne aufsuchte. Das Paar war im Sommer 1837 nach Bellagio gereist, teils um dem nicht endenwollenden Pariser Klatsch zu entgehen, aber wohl auch wegen des Kindes, das die Gräfin erwartete und am 25. Dezember 1837 in Como zur Welt brachte. Sie gaben ihrer erstgeborenen Tochter den Namen Cosima, nicht ahnend, wie sehr auch sie später als Frau Bülows und dann Wagners dem Klatsch von ganz Europa ausgesetzt sein würde.

Während der glücklichen Zeit in Bellagio komponierte Liszt die ›Dante-Fantasie‹, zwölf seinem Lehrer Czerny gewidmete Etüden, und die seiner Geliebten zugeeignete ›Hugenotten-Fantasie‹. Als sie im Februar 1838 Bellagio wieder verließen, spürten sie vielleicht

schon, daß dies die letzte glückliche, gemeinsam verbrachte Zeit
gewesen sein sollte. Seinem Freund, dem Schriftsteller Louis de
Ronchand hatte Liszt am 20.9.1837 den brieflichen Rat gegeben:
»Wollen Sie einen günstigen Schauplatz für die Geschichte zweier
glücklich Liebender, so wählen Sie die Gestade des Comer Sees.«

Dem Pavillon gegenüber finden wir einen etwas schmächtigen
Dante in Marmor, den die göttliche Beatrice sanft am Arme faßt.
Am Beginn der ›Platanenstraße‹ steht die altägyptische Skulptur
einer weiblichen, löwenköpfigen Gottheit zwischen zwei Pracht-
exemplaren von Pinus Montezumae. Diese Skulptur wird als die
Kriegsgöttin Sachmet bezeichnet; da diese aber in der Regel mit
einer Sonnenscheibe auf dem Haupt dargestellt wird, scheinen mir
auch andere Deutungen möglich. So könnte es sich etwa um Bastet
handeln, die liebenswürdige katzenköpfige Stadtgöttin von Buba-
stis, oder um Buto, die Schutzherrin von Unterägypten, die manchmal löwenköpfig auftritt; auch eine Darstellung der Wert-Hekew,
Gemahlin des Sonnengottes Re-Harachte, wäre denkbar. Diese
von Rhododendren und Azaleen gesäumte Allee führt uns zur Villa
Melzi. Vier Marmorlöwen bewachen den einfachen harmonischen
Bau, dessen einziger Schmuck die schöne Freitreppe darstellt. Ihren
kleinen Hafen flankieren zwei Skulpturen des Michelangelo-Epigo-
nen Guglielmo della Porta (erwähnt 1531 bis 1577), rechts ›Apollo
im Licht der Morgensonne‹ und links eine Statue des ›Meleagros‹,
dazwischen ein anmutiger, mit Delphin, Putto und Muscheln ver-
zierter Brunnen.

Die leider nicht zugängliche Villa ist reich im Stil des Empire mit
Fresken, Gemälden und Skulpturen ausgestattet und birgt außer-
dem eine umfangreiche Bibliothek mit vielen Dokumenten aus der
Zeit des Risorgimento.

Der jetzt von Steineichen und Platanen gesäumte Weg führt uns
weiter zu der ebenfalls von Albertolli erbauten Kapelle, deren nörd-
liches Portal vom Palazzo Melzi aus Mailand stammt und Bramante
zugeschrieben wird. Auf dem Rasen davor ist ein romanisches Basrelief mit den Symbolen der vier Evangelisten aufgestellt.

Der Innenraum in Form eines griechischen Kreuzes hat eine Mittelkup-
pel, deren Dreiecksausschnitte vier einfarbige Gemälde der Evangelisten von

Giacomelli schmücken, von dem auch der ›Gottvater‹ über dem Altar stammt. Die Marmorstatue des Salvator Mundi am Altar schuf Giovanni Battista Comolli (1775 bis 1830), die Reliefs am Altarsockel sind ein Werk des Pompeo Marchesi (1789 bis 1858). Rechts davon sehen wir das Grabmal des Herzogs Ludovico Melzi von Vincenzo Vela, daneben das Francesco Melzis, des Erbauers der Villa, von Vittorio Nesti (erwähnt 1825 bis 1844). Dem Altar gegenüber findet sich ein Porträtrelief des Carlo Ludovico, der mit zehn Jahren an der damals unheilbaren Blinddarmentzündung starb. Die Grabtafel der Maria Durazzo an der Wand gegenüber und die des Giovanni Francesco Melzi beim Eingang schuf Giovanni Maria Benzoni (1809 bis 1873).

An riesigen Zedern vorbei gelangen wir über eine Treppe im Rücken der Villa in den oberen Teil des Parks, wo einsam eine verwitterte griechische Grabstele aus dem 3.Jahrhundert vor Christus steht, mit der Darstellung des ruhigen, trauervollen Abschiednehmens.

Im ehemaligen Gewächshaus an der Nordseite der Villa ist ein kleines Museum eingerichtet, das hauptsächlich Skulpturen, Stiche, Gemälde, Waffen und andere Erinnerungsstücke der napoleonischen Zeit enthält, die ja für die Geschichte des Hauses Melzi von so großer Bedeutung war. Wir finden hier ein Porträt des Kaisers von Appiani, vermutlich das einzige, zu dem Napoleon je saß, außerdem Marmor- und Bronzebüsten des ›Königs von Rom‹, des einzigen Sohnes Napoleons, von Eugène Beauharnais, von Francesco Melzi d'Eril und natürlich auch eine des großen Korsen selbst. In den Schaukästen ist unter anderem ein guter Porträtkopf des Michelangelo in Marmor zu sehen, daneben ein in Stein geschnittener Schächer am Kreuz, angeblich ein Werk des jungen Dürer. An der Mauer sind zwei auf Leinwand übertragene lombardische Fresken des frühen Cinquecento angebracht.

Vom oberen nördlichen Teil des Parks überblickt man am Westufer die ganze Tremezzina von der Punta Balbianella mit der gut sichtbaren Villa Durini, über Lenno und Griante bis nach Menaggio – also den Teil des Lario, der allgemein als der schönste gilt.

Während eines Aufenthalts in Bellagio lernte ich einen älteren Herrn kennen, dessen Vater hier eine kleine Pension geführt hatte. Als wir auf die Schönheiten des Melziparks zu sprechen kamen, lud mich der alte Herr in

seine Wohnung, er wolle mir etwas zeigen. Was ich dann in den Händen
hielt, war das Gästebuch aus der Fremdenpension seines Vaters, dessen Ein-
tragungen von 1882 bis 1925 reichten. Es war wohl weniger geführt worden,
um den polizeilichen Vorschriften zu entsprechen, vielmehr hatte man die
Gäste offenbar dazu ermuntert, sich über ihren Aufenthalt zu äußern. Die
Aufzeichnungen, in allen europäischen Sprachen, in Vers und in Prosa,
geben reiches Zeugnis davon. Der alte Herr schlug eine Seite auf, und hier
fand ich, unter dem 13. Juli 1904, in gestochener deutscher Schrift, gezeichnet
mit dem Monogramm L.L., folgendes Gedicht:

Im Park der Villa Melzi

Rauchlos flammen die Zypressen
  wie Riesenfackeln hoch ins Blau.
Aus Myrthen schreitet selbstvergessen
  und stolz der schlanke weiße Pfau.

Drüben gleißt ein Beet von Rosen
  gelb aus schattendunklem Grün.
Der Abendwind mit sanftem Kosen
  streicht zärtlich über Palmen hin.

Von draußen tönet fern und leise
  Räderrollen, Hufeklang.
Der Sonnenball auf alte Weise
  sinkt müde übern Bergeshang.

Verstummt sind längst der Vögel Lieder,
  Vom Lario kommt ein kühler Hauch.
Nun breitet sanft sein grau Gefieder
  Der Abend über Baum und Strauch.

VILLA GIULIA

In gerader Linie genau östlich von der Villa Melzi erhebt sich die
Villa Giulia am Ufer des Lago di Lecco inmitten ihres ausgedehnten,
von Hügeln und Tälern durchzogenen Parks. Auch diese Villa ist
nicht zugänglich, aber der Park kann bei Abwesenheit des Besitzers
besucht werden, wenn man die Erlaubnis des Hausverwalters ein-
holt. Man sollte diese kleine Mühe nicht scheuen, denn wir finden
hier eine der großartigsten und weitläufigsten Gartenanlagen am
Comer See.

Die Villa wurde Ende des 18.Jahrhunderts von der Familie Camozzi erbaut und ging später in den Besitz des Grafen Venino über, der sie seiner Gattin zu Ehren ›Villa Giulia‹ nannte. Leopold I. von Belgien, einer der späteren Besitzer, war es, der den Park mit Statuen, Brunnen, Treppen und Grotten schmücken ließ. Die Fassade des großen, schloßähnlichen Baues ist auf der Straßenseite gradlinig und schlicht, zum Park aber durch zwei hufeisenförmig ausgebaute Flügel und einen von Doppelsäulen flankierten Eingang aufgelockert.

Die Skulptur des ›sterbenden Gladiators‹ bei dem Brunnen im ebenen Teil des Parks schuf Giovanni Battista Comolli nach antikem Vorbild. Man braucht Stunden, um diese riesige Gartenanlage, die sich nördlich bis nach Pescallo erstreckt, ganz zu durchforschen. Von dem zinnengeschmückten Aussichtsturm am Ufer sieht man hinüber nach Varenna, Fiumelatte und Lierna, im Südosten ragen die weißen Häupter der beiden Grigne, der Blick nach Süden umfaßt einen Teil des ernsten Lago di Lecco mit seinen steilen, nackten Felsufern.

VILLA SERBELLONI

Hoch über Bellagio, in einem Park, der auf seinem kegelförmigen Hügel nahezu die ganze nördliche Spitze der Halbinsel einnimmt, thront die Villa Serbelloni, deren Geschichte bis in die Antike zurückreicht und deren wechselhaftes Geschick mit Bellagio eng verbunden war.

Wenn auch ihre genaue Lage nicht mehr festzustellen ist, so können wir doch mit Sicherheit annehmen, daß hier die ›Villa Tragoedia‹ von Plinius dem Jüngeren stand, und zwar etwa im Bereich der Ostterrasse der jetzigen Villa, deren altes Mauerwerk an dieser Stelle viele römische Ziegelsteine enthält. In einem Brief an seinen Freund und früheren Studienkollegen Voconius Romanus (Plinius IX/7) beschreibt Plinius seine beiden Villen und begründet ihre Namen. Der Freund hatte ihm offenbar berichtet, daß er am Meer bauen wolle, und Plinius erzählte ihm, daß er das gleiche am Lario vorhabe:

»An seinem Ufer gehören mir mehrere Landhäuser. Zwei davon machen mir die meiste Freude, aber auch den größten Kummer. Das eine ist auf

*einem Felsen errichtet und bietet, wie zu Baiae, eine prächtige Sicht auf den
See. Auch das andere berührt den See, wie die Häuser zu Baiae. Jenes nenne
ich meine Tragödie, weil es sozusagen auf hohem Kothurn steht, dieses meine
Komödie, da es sich sozusagen auf Pantoffeln erhebt ... Das eine umschließt
in leichter Biegung eine einzige Bucht; das andere liegt auf einem hohen
Felsrücken und trennt zwei Buchten.«*

Kürzer und exakter hätte uns Plinius seine Villen in Lenno und
Bellagio kaum schildern können. Er muß das ›Pendant‹, seine ›Villa
Comoedia‹ am anderen Ufer bei Lenno von hier aus gut gesehen
haben. Die Römer bauten den Platz vermutlich zum Kastell aus,
aber auch davon ist nichts mehr erhalten. Die Goten sollen während
der Herrschaft des Theoderich dort eine Burg gehabt haben, und vom
Langobardenkönig Luitprand wird gesagt, daß er hier einen fürst-
lichen Sitz unterhielt.

Nicht weniger dunkel ist die mittelalterliche Geschichte dieses
Platzes. Sicher ist nur, daß dort wegen der strategisch einmaligen
Lage ein schwer befestigtes Kastell stand, in das 1120 die Einwohner
Bellagios flüchteten, als Truppen aus Como die Stadt berannten.
Ghibellinische, also kaisertreue Flüchtlinge aus Bellagio, Menaggio,
Tremezzo und Varenna hatten 1292 weniger Glück, denn sie wurden
von den Truppen der papsttreuen Guelfen ausgehungert und zur
Übergabe gezwungen.

Außer diesen beiden Ereignissen ist nur noch bekannt, daß 1375
die Festung auf Befehl von Gian Galeazzo Visconti abgerissen wurde.

Aus der Renaissancezeit wissen wir mehr. 1489 hatte Marchesino
Stanga, Lehnsmann des Herzogs von Mailand, die Burg erworben
und in drei Jahren zum prächtigen Herrensitz ausgebaut. 1493 war
Bianca Maria Sforza, die Braut Kaiser Maximilians I., auf ihrem
Weg nach Innsbruck hier zu Gast und 1497 sogar der Kaiser selbst,
als er sich auf einer Kriegsfahrt nach Mailand befand, um Ludovico
Moro gegen die Franzosen beizustehen. Am herzoglichen Hof lernte
Stanga Leonardo da Vinci kennen, der während dieser Zeit am
Abendmahl arbeitete, und es ist nicht ausgeschlossen, daß Leonardo
bei Stanga in Bellagio zu Gast war. Durch den Hinweis auf Fiume-
latte im Codex Atlanticus wird diese Vermutung erhärtet; denn
Leonardo schreibt:

»Gegenüber Bellagio gibt es einen Fluß, der ›Fiumelatte‹ heißt, und der aus einer Höhe von über hundert Ellen von seiner Ursprungsquelle mit gewaltigem Brausen und Lärm senkrecht in den See fällt.«

Dies klingt nach eigenem Erleben, zumal man weiß, daß Leonardo Phänomene dieser Art gerne selber in Augenschein nahm. Der ›Fiumelatte‹, ›Milchfluß‹, ist übrigens vom Hügel der Villa Serbelloni ganz deutlich als silbernes Band zu erkennen, natürlich nur im Frühjahr und Sommer, wenn sein Zufluß gespeist wird.

Nach Marchesino Stangas Tod im Jahre 1500 verfiel die Villa, bis sie 1538 Francesco Sfondrati von den Erben kaufte und wieder aufbaute. Die Familie Sfondrati pflegte und erweiterte den Besitz, bis 1788 der Letzte dieses Stammes, Graf Carlo Sfondrati ohne Erben starb und den ganzen Komplex seinem Freund, dem Grafen Alessandro Serbelloni vermachte, von dem die Villa ihren heutigen Namen hat. Serbelloni zeigte sich dieses herrlichen Erbes würdig und es heißt, daß er 1,8 Millionen Goldlire aufwandte, um Villa und Park auszubauen und zu verschönern. Die Erben des Grafen verpachteten 1870 die Villa einem Hotelier; erst 1930 wurde sie wieder zum Privatbesitz, als die Fürstin Ella della Torre e Tasso sie erwarb; sie vermachte sie nach ihrem Tod 1959 der Rockefellerstiftung. Seither dient sie als Aufenthalt und Kongreßort von Wissenschaftlern und Gelehrten.

Viele Dichter waren hier zu Gast, und der sonst eher kritische Flaubert hat sich bei seinem Aufenthalt im Frühjahr 1845 zu begeistertem Lob aufgeschwungen:

»Eine Aussicht auf drei Seen. Man möchte dort leben und sterben. Ein Schauspiel, zur Lust der Augen erschaffen: Gewaltige Bäume, in die Klippen verwurzelt, wachsen bis unter Ihre Hände, ein schneebegrenzter Horizont mit reizenden Vordergründen, eine Shakespeare-Landschaft.«

Zweimal täglich finden je zweistündige Führungen durch den Park statt, die Villa selbst kann nicht besichtigt werden.

Von ihrer Südseite hat man eine am ganzen Lario wohl einzigartige Sicht auf die beiden Arme des Sees; zur Linken der etwas düstere Lago di Lecco, im Vordergrund die Häuser der umliegenden Dörfer, drüben am Ostufer Lierna. Der Blick nach Südwesten trifft auf die Punta di Balbianello mit der Villa Durini, daneben sehen wir einen Teil der Tremezzina. Zwischen Pinien, Zedern und vielerlei Nadelbäumen führt der Weg um den Hügel herum nach Norden. Dort – etwa über der Punta di Spartivento – sind die Reste eines Wachtturmes zu sehen, von dem aus der nördliche Seearm beobachtet werden konnte.

Im Grandhotel am nördlichen Ende der Uferstraße finden wir den Namen ›Villa Serbelloni‹ noch einmal wieder. In herrlicher Lage unterhalb der Westhänge des Serbelloniparks wurde die Villa 1851 von dem Architekten Vanini als quadratischer, relativ kleiner Bau errichtet. Als 1872 eine Hotelgesellschaft den Besitz übernahm, wurde hinter der Villa ein riesiger, zweiflügeliger Komplex angebaut, der das Gesicht des Hauses zwar optisch, nicht aber architektonisch veränderte. Die fürstlich ausgestatteten Räume dieses Hotels wurden von den Besitzern, der Familie Bucher, mit einer kostbaren Gemäldesammlung ausgestattet, wobei vor allem fünf Bilder von Mario Sironi (1885 bis 1961), der längere Zeit hier lebte, und etwa hundert Comersee-Veduten bemerkenswert sind.

Hinter dem Hotel Serbelloni führt uns die Straße in wenigen Minuten zum nördlichsten Punkt Bellagios und der ganzen Halbinsel, zur ›Punta di Spartivento‹, etwa zu übersetzen mit: ›wo die Winde sich teilen‹. Von hier überblickt man den ganzen nördlichen Arm des Lario, im Nordosten Varenna, rechts daneben die Villa Monastero mit ihrem zypressengesäumten Ufer, dann das kleine Fiumelatte, wo Italiens kürzester Fluß sich im Frühjahr und im Sommer in den See ergießt. Genau gegenüber am Westufer liegt die Gemeinde Griante, zu der auch Cadenabbia gehört, dessen Ufer die schönsten Villen und üppigsten Gärten säumen, bewacht vom mächtigen Monte di Tremezzo (1700 Meter). Weiter nördlich liegt das weitausgedehnte Menaggio am Ausgang des grünen und fruchtbaren Teileinschnitts, durch den die Straße zum Luganersee führt. Trotz des gut ausgebauten Hafens an Bellagios Nordspitze wird man hier selten größere Schiffe finden, denn die Einfahrt gilt wegen des ständigen Windes und manchmal tückischer Strömungen als unbequem.

Vor kurzem noch konnte man hier einen ›sasso di pane‹ – also ›Brotstein‹ genannten Felsen aus dem Wasser ragen sehen, der dann wegen seiner Gefahr für die Schiffahrt weggesprengt wurde. Auf diesem Stein wurden in Pestzeiten Körbe mit Brot niedergelegt, die man dann von Varenna per Schiff abholte, nicht ohne die abgezählten Münzen in einem Gefäß mit Essig hinterlassen zu haben. Tatsächlich ist die Pest niemals nach Bellagio gedrungen – man tat den anderen einen Gefallen und verdiente noch Geld dabei.

Bellagio besitzt nur einen bedeutenden Sakralbau: seine Pfarrkirche, die Basilika San Giacomo im oberen Teil des Ortes.

Grau und mächtig beherrscht sie den Platz unterhalb des Serbelloni-Parks. In dem alten Turm daneben sehen wir das einzige Überbleibsel der früheren Verteidigungsanlage. San Giacomo ist ein Werk der Magistri Comacini und wurde zwischen 1075 und 1125 erbaut. Während der Barockzeit wurde die Kirche erweitert und umgestaltet, man hat sie aber inzwischen von allen stilfremden Zutaten befreit und in eindrucksvoller Weise ihren romanischen Charakter wiederhergestellt.

Der linke Teil der Fassade wird von dem angebauten wuchtigen Campanile verdeckt, dessen oberster Teil aus dem 17. Jahrhundert stammt.

Sechs Säulen und zwei Pfeiler teilen den Innenraum in drei Schiffe, die mit halbrunden Apsiden abschließen. Der Chorraum ist erhöht und birgt einen prunkvoll geschnitzten und vergoldeten Hauptaltar, dessen oberer Teil aus der Zeit um 1600 stammt, während das später angefügte untere Stück ein Werk des 18. Jahrhunderts ist.

Die Mosaikbilder in den drei Apsiden sind erst in jüngster Zeit entstanden. Die romanische Kanzel mit den Symbolen der vier Evangelisten wurde während der Restaurierungsarbeiten aus verschiedenen Teilen zusammengefügt.

An Gemälden finden wir im rechten Seitenschiff beim Eingang eine ›Heilige Familie‹ der venezianischen Schule des 17. Jahrhunderts; dann an der Außenwand einen ›Soldaten mit Märtyrerpalme‹ des 16. Jahrhunderts und daneben ›Maria mit dem heiligen Joachim‹ aus der Zeit um 1600. Den rechten Seitenaltar schmückt ein Triptychon ›Maria mit Kind und den Heiligen Rochus und Sebastian‹, ein gutes Werk lombardischer Schule des 15. Jahrhunderts; die Madonna wird Vincenzo Foppa (1427 bis 1515) zugeschrieben.

Im linken Schiff finden wir die schlecht erhaltene Darstellung ›Das Martyrium des heiligen Jakob‹ von Aragona, aus dem Jahre 1590; hinter dem schmiedeeisernen Gitter daneben hängt ein frühromanisches Steinkruzifix in eindrucksvoll primitiver Ausführung. Das bedeutendste Gemälde aber befindet sich am linken Seitenaltar, eine ›Grablegung Christi‹. Die großartig bewegte, meisterhafte Darstellung berechtigt wohl die Zuschreibung an Pietro Perugino (1445 bis 1523), allerdings hätte man die nachträglich hinzugefügte Bezeichnung links unten: PETRUS PERUSINUS PINXIT A.D.MCCCLXXXXV etwas sorgfältiger ausführen sollen, denn 1395 hat Perugino noch gar nicht gelebt! Wohl aber hätte er das Bild hundert Jahre später malen können ...

Die liegende Christusfigur unter dem Altar gilt als das Werk eines spanischen Meisters des 17.Jahrhunderts. Nach der Überlieferung wurde die Skulptur nach einem schweren Unwetter an den nördlichen Strand von Bellagio geschwemmt und soll aus der Burgkapelle des spanischen Grafen de Fuentes stammen, dessen Festung bei Colico auf dem ›Pian di Spagna‹ während dieser Wetterkatastrophe zerstört wurde. Die vom Volk sehr verehrte Statue trägt noch heute den Namen ›intero‹, was vom spanischen *entierro*, also ›Begräbnis‹, abgeleitet wird. Das Gemälde ›Unbefleckte Empfängnis‹ vor der Apsis des linken Schiffes ist eine spanische Arbeit aus dem 17.Jahrhundert. Am Karfreitag findet hier – wie auch in anderen Pfarrkirchen der Umgegend – eine feierliche nächtliche Prozession statt, die durch ganz Bellagio zieht und wieder beim Dom endet.

Vom Dom kommen wir durch die Via Giuseppe Garibaldi zur kleinen Kirche *San Giorgio*, einem romanischen Bau aus der Zeit um 1100, dessen um 1600 angefügter Glockenturm sich auf einem Torbogen über der Via Genazzini erhebt.

DIE UMGEBUNG VON BELLAGIO

Etwa zwanzig Dörfer gehören zur Gemeindeverwaltung von Bellagio, und einige davon sollten wir wegen ihren altehrwürdigen Kirchen oder der reizvollen Lage besuchen.

Am südlichen Ende des Melzi-Parks liegt Loppia, *eine uralte Fischersiedlung, was die hier gefundenen keltischen Kultsteine beweisen.*

Vom Hafen schaut man hinüber zur Villa Carlotta, die mit vornehmem Abstand zu den Nachbarn inmitten ihres weiten Parks thront. Am südlichen Ende des Hafenbeckens erhebt sich die Villa Trivulzio, *die, Ende des 18.*

Jahrhunderts vom Grafen Paolo Taverna erbaut, nach mehrmaligem Be-
sitzwechsel jetzt den Grafen Gerli gehört.

Im Park der Villa steht die romanische Kirche Santa Maria, *zu der man*
am besten vom Hafen aus durch die breite Zypressenallee hinaufsteigt und
sich dann rechts zum Park wendet. Sie zählt zu den ältesten Kirchen im Ge-
biet des Lario; wir können sie aber leider nur durch das Gittertor von außen
besichtigen. Der Campanile ist ein erlesenes Beispiel lombardischer Archi-
tektur der Romanik. Vier übereinanderliegende, von Mal zu Mal breiter
werdende Fensteröffnungen enden am Glockenstuhl mit einer Bifore. Das
1924 restaurierte Schiff besitzt eine Giebelfassade, schmale, wie Schieß-
scharten aussehende Fenster und eine halbrunde Apsis.

Hier stand früher auch ein Nonnenkloster, das um 1770 abgebrochen
wurde, als man eine Straße zur Villa Giulia anlegte. Die für ihre Handar-
beiten berühmten Nonnen waren schon 1569 nach Como umgezogen.

An die Villa Trivulzio schließt sich weiter südlich vor dem Dorf San
Giovanni die Villa Trotti-Bentivoglio *an, heute ebenfalls im Besitz der*
Grafen Gerli. Sie wurde 1751 errichtet und 1860 im Auftrag der Fürstin
Belgioioso umgebaut. Neben vielen Persönlichkeiten des Risorgimento war
hier auch Manzoni zu Gast. Riesige Villengärten hinter hohen efeubewach-
senen Mauern umschließen das kleine San Giovanni von beiden Seiten – je-
der dieser Parks ist gut doppelt so groß wie der ganze Ort. Durch die Via dei
Pescatori kommt man hinunter zum Hafen, den die barocke Fassade der
Pfarrkirche San Giovanni beherrscht. Die 1584 neu erbaute Kirche wurde
1785 im Barockstil umgestaltet. Erhaltene Dokumente aus den Jahren 995,
1009 und 1183 beweisen aber, daß diese Pfarrei in früheste Zeiten zurück-
reicht. Das Innere der Kirche ist in einem noblen, unaufdringlichen Barock
ausgestattet; Fresken und teilweise vergoldeter Stuck schmücken Decken
und Wände. Am rechten Seitenaltar sehen wir das Fresko einer ›Madonna
mit Engeln‹ aus der Zeit um 1500; das Gemälde ›Auferstehung‹ am linken
Seitenaltar stammt von Gaudenzio Ferrari. Links vor dem Hochaltar steht
die Marmorskulptur einer Immaculata mit dramatisch bewegtem Falten-
wurf, eine gute spätbarocke Arbeit im Stil Berninis. Der geschnitzte, ver-
goldete und polychrom bemalte Hochaltar ist überreich mit Figuren und Or-
namenten verziert.

Weiter östlich liegt Suira, *ein besonders malerischer Ort mit alten länd-*
lichen Häusern, eingebettet in Wein- und Olivengärten. Sehenswert ist auch
Pescallo, *die nördlichste Siedlung am Westufer des Lago di Lecco. Der Ort*
war früher das Zentrum des Fischhandels, was in seinem Namen – pesca
heißt Fisch – noch anklingt. An der Nordseite der Piazza beim kleinen

Hafen befand sich früher ein Benediktinerinnenkloster, das 1579 aufgehoben wurde. Über dem Albergo La Perla erinnert eine Tafel an den Besuch von Kaiser Josef II. am 15. Juli 1775. Durchqueren wir den alten malerischen Ort nach Norden, so kommen wir zur ›Salita di Capuccini‹, die nach Bellagio hinaufführt und an deren Ende rechts die 1609 von Herzog Ercole Sfondrati gegründete Klosterkirche Maria Immaculata steht. An der Parkmauer der Villa Serbelloni entlang erreichen wir bei der Kapelle San Giorgio wieder Bellagio.

Ausflug in die Valassina

Ein reizvoller Tagesausflug führt in Bellagios bergiges Hinterland im Süden, die Valassina.

Nicht der das Tal durchfließende Bergbach Lambro hat ihm seinen Namen gegeben, sondern Asso, der Hauptort dieses Gebiets.

In *Visgnola*, dem ersten Ort auf unserer Bergfahrt nach Süden, halten wir kurz bei der Pfarrkirche Maria Annunziata, die zwei Gemälde lombardischer Schule des 15. Jahrhunderts besitzt. Das Polyptychon am linken mittleren Seitenaltar zeigt im Mittelstück die Madonna, während auf den anderen Tafeln Heiligenszenen dargestellt sind, deren unterschiedliche Qualität sofort auffällt. Der mittlere Teil mit der Madonna und den beiden Heiligen auf jeder Seite ist weitaus besser als alles übrige. Am rechten mittleren Seitenaltar ist einfach und ergreifend die Beweinung Christi dargestellt.

Nach Visgnola steigt die Straße mehr und mehr an, und wir erleben den seltsamen Kontrast von Weinbergen zwischen Fichten und Kiefern.

Am westlichen Ufer sieht man einen Teil von Griante mit der ockergelben Villa Carlotta. Weiter rechts liegt Menaggio, das sich weit die flachen Hänge hinauf erstreckt.

Guello, der nächste Ort, liegt schon auf einer Höhe von 637 Metern und ist ein einziger großer Park, wobei die verschiedenen Koniferenarten vorherrschen. Dann biegt die Straße rechts ab zum Monte San Primo (1686 Meter), dessen Naturpark in 1150 Meter Höhe mit Skilift und vielen Wandermöglichkeiten nach ungefähr zehn Kilometern Autofahrt erreicht wird. Von dort kann man noch in etwa drei Stunden den Gipfel des Monte San Primo erklimmen.

Civenna. Bei der Weiterfahrt nach Civenna begleitet uns das Ostufer des Lago di Lecco, den wir manchmal in seiner ganzen Länge

überblicken können. Einen der schönsten Aussichtspunkte auf dieser
Fahrt finden wir am Ortsanfang von Civenna oberhalb des Fried-
hofs. Unter diesem mit Laub- und Nadelbäumen bepflanzten Plateau windet sich der Lago di Lecco wie der glänzende Leib eines
riesigen Reptils an steilen und flachen Ufern vorbei nach Süden.
Zu unseren Füßen am Ostufer liegt links Olcio und rechts Mandello,
darüber erheben sich die felsigen schneebestäubten Gipfel der beiden
Grigne, zur Linken die Grigna Settendrionale mit 2410 Metern und
rechts die Grigna Meridionale mit 2184 Metern. Nicht weniger
großartig ist der Blick nach Norden, wo bei Fiumelatte der Lago
di Lecco endet und im weiten Becken des Lario aufgeht, dessen
Westufer bis Gravedona zu sehen ist. Die weiß gezackte Kette der
Alpen überragt wie ein mächtiger Wall den See und seine dicht besiedelten Ufer. Ihnen und den Bergketten im Norden und Osten hat
der Lario sein ausgeglichenes Klima zu verdanken.

Der Ortsname Civenna wird – wie bei Chiavenna – von ›chiave‹,
›Schlüssel‹, abgeleitet, weil, wie der Historiker Roberto Rusca
schreibt, »... es wie ein Schlüssel die Straße vom Comer See und
von Bellagio in die Valassina und nach Mailand erschließt«. Diesen
Schlüssel finden wir auch im Wappen von Civenna. Mit Limonta
und Campione gehörte der Ort bis 1797 zur Abtei Sant' Ambrogio
in Mailand.

Die Kapelle San Rocco gegenüber dem Friedhof wurde erstmals
im 14. Jahrhundert erwähnt, 1757 hat man sie renoviert und vergrößert. Heute dient sie dem Andenken der Gefallenen. Ihr ungewöhnlich schmaler Glockenturm wirkt von weitem wie ein Kamin.
In der barocken Pfarrkirche Santi Materno e Ambrosio finden wir
am Hauptaltar die bewegte Skulpturengruppe einer ›Himmelfahrt
Mariens‹ in geschnitztem und bemaltem Holz. Auch der Beichtstuhl in der linken mittleren Seitenkapelle ist eine reich verzierte
Barockarbeit. Die kleine Gnadenkapelle am Ortsende, ›Madonna
di Sommaguggio‹, geht vermutlich schon auf das 13. Jahrhundert
zurück und stammt in ihrer heutigen Form mit der kleinen Säulenvorhalle aus dem Anfang des 17. Jahrhunderts. Das Gnadenbild an
dem schöngeformten Barockaltar schuf 1627 Giovanni Maria Gi-
raldi; er bekam dafür sieben Scudi, wie aus einem Brief hervorgeht.

Civenna mit seinen Nadelbäumen und saftigen Bergwiesen läßt die subtropischen Gestade ganz vergessen. Ein Kranz von Villen und Parks umschließt den alten Ort, der im Hochsommer seiner kühlen Luft wegen gerne aufgesucht wird.

Nach Civenna führt die Straße steil bergan und wir erreichen Ghisallo. *Am Ortsanfang links erhebt sich die Kapelle ›Madonna del Ghisallo‹ mit Säulenvorhalle und barockem Altar; sie ist jetzt zur Weihestätte für Radrennfahrer geworden, was die zahlreichen in der Kirche ausgestellten Trophäen recht deutlich machen. Auf dem Platz vor der Kirche stehen Gedenksteine für Fausto Coppi und einige Förderer des Radrennsports. Auch von hier führt eine – teilweise unbefestigte – Fahrstraße zum* Naturpark Monte San Primo.

Das als Luftkurort sehr beliebt gewordene Magreglio *liegt schon in 757 Meter Höhe und hat sich in letzter Zeit durch viele Sommerhäuser beträchtlich vergrößert. In der Pfarrkirche Santa Marta sehen wir am Hauptaltar die versilberte Ziselierarbeit eines Abendmahls nach Leonardo von Eugenio Bellosio (1847 bis 1927), von dem auch der Bronzetabernakel stammt.*

In den Bergen über Magreglio entspringt der Lambro, dessen Flußbett wir nun durch die eigentlich erst hier beginnende Valassina verfolgen.

Die Straße führt nun bergab, vor uns weitet sich der Talgrund des Lambro, und wir durchqueren Barni, einen kleinen Ort inmitten dichter Kastanienwälder. Auf der Fahrt nach Lasnigo *grüßt schon von weitem der schlanke romanische Turm von Sant'Alessandro, dem die drei Biforen ein vornehmelegantes Aussehen verleihen. Diese einsam und abseits stehende frühere Pfarrkirche wurde im 12. Jahrhundert wahrscheinlich auf einer heidnischen Kultstätte errichtet, im 15. Jahrhundert vergrößert und später noch mehrmals umgebaut. In dem reich mit Fresken des 15. Jahrhunderts verzierten Innenraum ist vor allem eine ›Madonna mit Heiligen unter dem Kreuz‹ an der Apsiswand bemerkenswert. Die Straße zweigt nach Lasnigo links ab, und wir landen auf der winzigen Piazza Roma vor der jetzigen Pfarrkirche Santa Maria Presentazione, erbaut 1641. Über dem Portal sehen wir ein Abendmahlsfresko des 17. Jahrhunderts, in der mittleren rechten Seitenkapelle hängt ein Gemälde in der Art Luinis ›Madonna mit Petrus und Johannes‹.*

Rechts nach der Ausfahrt hinter Lasnigo führt bei Maglio eine andere Straße hinauf ins Roncaglio-Tal, das für seine schönen Laubwälder bekannt ist. In Caglio verbrachte Giovanni Segantini (1858-1899) ein wichtiges Jahr seines Schaffens, bis ihm dort, wie er sagte, »die Luft zu schwer und undurchsichtig« wurde und er mit seiner ganzen Familie in das Gebirgsdorf Savognin in Graubünden übersiedelte. Segantini war der bedeutendste italienische

*Maler seiner Epoche und entwickelte eine nur ihm eigene, vom Symbolismus
geprägte Form des Impressionismus. Sein gewaltiges ›Alpentriptychon‹ gehört
zu den eindrucksvollsten Schöpfungen der neueren Malerei. Mit nur 41 Jahren,
zu Beginn eines weltweiten Ruhms, starb Giovanni Segantini auf einer Alm-
hütte bei Pontresina, inmitten seiner geliebten Berge. Von Caglio führt ein
Weg zum Monte Palanzone (1436 Meter), dem höchsten Berg der Valassina.*

Asso. Wir folgen weiter den Windungen des Lambro und erreichen
Asso, den Hauptort des Tales, das seinen Namen trägt. Der Ortsname ist römischen Ursprungs; hier wurden auch Reste einer befestigten antiken Straße gefunden. Schon in frühchristlicher Zeit
befand sich in Asso die Mutterpfarrei des ganzen Tales, und seit
altersher wurden hier die Märkte abgehalten. Der Ort hat sich inzwischen beträchtlich vergrößert und ist Sitz von Eisen- und Textil-
industrien.

Eine breite Freitreppe führt hinauf zur 1666 über einem älteren
Bau errichteten Pfarrkirche *San Giovanni* mit Spätrenaissancefassade
und einschiffigem barocken Innenraum. Das Gemälde am ersten
linken Seitenaltar stellt eine ›Verkündigung‹ dar und stammt von
Giulio Campi (1502 bis 1572), einem Meister aus Cremona. Kanzel
und Altar sind aus dunklem Holz geschnitzt und teilweise vergoldet.
Das Fresko ›Predigt des heiligen Johannes‹ in der Lünette über dem
Hochaltar schuf Raffaele Casnedi (1822 bis 1892); das große, schön
gerahmte Bild rechts von Eingang, ›Martha, Maria Magdalena und
Lazarus‹ wird Carlo Francesco Nuvolone (1608 bis 1661) zugeschrieben.

Hinter San Giovanni erhebt sich die Kirche *Santo Crocifisso* aus
dem 17. Jahrhundert, im Innern reich mit Stuck, Fresken und Gemälden ausgestattet. Südlich davon sehen wir noch einen Turm und
Mauerreste des mittelalterlichen Kastells.

*Von Asso empfiehlt sich ein kurzer Abstecher nach Visino in der Valbrona,
wo die Kirche San Michele einige bedeutende Gemälde birgt: Am linken
Seitenaltar sehen wir einen ›büßenden San Carlo Borromeo‹ von Giovanni
Battista Crespi (genannt ›Il Cerano‹ 1576 bis 1632). ›Der heilige Antonius
von Padua‹ am rechten Seitenaltar wird Pier Francesco Morazzone (1573
bis 1626) zugeschrieben. Bedeutender aber ist das Polyptychon am Hauptaltar mit den Heiligen Michael und Johannes, das Ambrogio da Fossano
(genannt ›il Borgognone‹ 1455 bis 1522) zugeschrieben wird, während die*

verlorengegangene Mitteltafel durch ein Madonnenbildnis von Andrea Appiani (1754 bis 1817) ersetzt wurde. Wird auch die Autorschaft Borgognones von manchen bezweifelt, so ist doch vor allem der Erzengel Michael ein Werk hohen Ranges. Leider ist der Goldgrund im oberen Teil der Tafel schon fast ganz verschwunden, und die rötliche Grundierung kommt zum Vorschein, was sich aber leicht beheben ließe. – Die fünf kleineren Heiligenbilder an den beiden Wänden stammen von unbekannten Meistern.

Unmittelbar auf Asso folgt Canzo, *das mit Marmor- und Eisenwerken, sowie einigen anderen Fabriken zum Industriezentrum des Tales geworden ist. Die spätbarocke, 1752 erbaute Pfarrkirche Santo Stefano hat eine elegant geschwungene, hochaufragende Fassade mit den Statuen der Heiligen Stefan und Mirus und einem in die rechte Seite einbezogenen Campanile. Der kostbar ausgestattete einschiffige Innenraum besitzt schöne marmorne Seitenaltäre; die Marienkapelle ist mit einer ausdrucksvollen spätbarocken Madonnenstatue aus weißem Marmor geschmückt. Auch die beiden prunkvollen Beichtstühle in der Kirchenmitte sind aus Marmor gefertigt. Mit dieser Kirche hat eine wohlhabende Gemeinde sich ein großstädtisch anmutendes Gotteshaus geschaffen.*

Ein kurzer Abstecher führt zur Mineralquelle Gaium; *von dort gelangt man auf einem Fußweg zum höhergelegenen* Santuario di San Miro al Monte, *einer 1643 erbauten Kapelle, die dem der Legende nach in Canzo geborenen Heiligen geweiht ist. Bergwanderer können von hier die ›Corni di Canzo‹ (1373 Meter) ersteigen, den Hausberg des Ortes, der seinen Namen ›Hörner von Canzo‹ seinem zweigeteilten Gipfel verdankt.*

Nach Canzo führt die Straße am langgestreckten Lago di Segrino vorbei, der zu Füßen des Monte Cornizzolo (1196 Meter) liegt und etwa 1,8 Kilometer lang und maximal vierhundert Meter breit ist. An seiner Südspitze liegt das Dörfchen Carella, *wo Byron und Segantini zu Gast waren. Von hier zweigt eine Straße links ab nach* Pusiano, *das reizvoll am gleichnamigen See liegt. Am Ufer steht die Pfarrkirche Santa Maria Nascente. Die Verkündigung rechts neben dem Eingang ist ein Gemälde von Ippolito Morelli, am rechten Seitenaltar sehen wir eine ›Hochzeit der heiligen Katharina‹. Links und rechts vom Hauptaltar sind zwei seidene Prunkfahnen aus dem 18. Jahrhundert hinter Glas aufbewahrt.*

Vom Ufer aus sieht man im Westen das kleine ›Isolino dei Cipressi‹, ein dicht mit dunklen Zypressen bewachsenes Inselchen. Der Maler Giovanni Segantini hat diese Landschaft geliebt und hier unter anderem das Bild ›Ave Maria an der Fähre‹ gemalt. Am Ostufer des Lago di Segrino liegt das Dörfchen Bosisio Parini, *wo 1729 der Schriftsteller Giuseppe Parini geboren wurde,*

*dessen Spuren wir am Comer See schon mehrmals begegnet sind. Auch
Andrea Appiani, der Hofmaler Napoleons, ist ein Sohn dieses Ortes.*

Erba. Bei Erba erreichen wir das Gebiet der Brianza. Erba, ein leb-
haftes Industriestädtchen und Handelszentrum, bildet den Knotenpunkt der Straßen nach Como, Lecco, Bellagio und Mailand. Da
Erba nicht zur Valassina gehört und mit unserem Ausflug eigentlich nichts zu tun hat, will ich mich mit einigen wenigen Angaben
begnügen.

Die Stadt besteht aus zwei 1906 vereinigten Ortschaften, und zwar
dem am Hang gelegenen Erba und dem ins flache Land sich er-
streckenden Incino, das als Licinoforum von den Römern gegründet wurde. Auf den lieblichen grünen Hügeln wurden vor allem
im 19. Jahrhundert prachtvolle Landsitze errichtet, von denen die
Villa Amalia am bedeutendsten erscheint. Die Erlaubnis zur Besichtigung erhält man beim Fremdenverkehrsverein in Como. Die im
oberen Ortsteil gelegene Villa wurde Anfang des 19. Jahrhunderts
von dem Wiener Architekten Leopold Pollack (1751 bis 1806) erbaut; von dem 1488 hier gegründeten Reformatenkloster blieb dabei nur die Kirche unverändert erhalten. Man betritt den Hof des
hufeisenförmig angelegten Baus durch den Park. Der linke Flügel
stammt noch vom alten Klostergebäude und ist mit der Kirche verbunden. Die Räume der Villa sind mit Fresken, Gemälden und
Büsten ausgestattet, befinden sich aber in einem kläglichen Zustand
des Verfalls. Die Gartenseite hat eine schöne Fassade mit einem
ionischen Portikus und einem wappengeschmückten Giebel.

Die ehemalige Klosterkirche *Santa Maria degli Angeli,* ein ein-
schiffiger Bau aus der Zeit um 1500, mit offenem Dachstuhl und
Holzdecke, ähnelt in vielem der gleichnamigen Kirche in Lugano
und besitzt wie diese eine ganz mit Fresken der Leidensgeschichte
Christi bedeckte Chortrennwand, die hier leider nicht von Luini
bemalt wurde, sondern von zwei unter den Namen Fra Gerolamo
di Cutica und Roscio di Vill'Albese bekannten Meistern des 16. Jahrhunderts, über die man sonst wenig weiß. Doch es scheint, daß sie
vom Stil Luinis nicht unbeeinflußt waren und sich vermutlich von
dem großen Vorbild in Lugano inspirieren ließen. Das Fresko an

der rechten Wand, eine ›Madonna mit Kind und musizierenden Engeln‹, schuf ein lombardischer Meister um 1500. Die Büsten und Gedenktafeln an den Wänden erinnern an frühere Besitzer der Villa.

Im Zentrum von Erba liegt die *Villa Mainoni* mit einem schönen, öffentlich zugänglichen Park. Die in der Nähe gelegene Pfarrkirche *Santa Maria Nascente* wurde 1574 erbaut und 1922 umgestaltet. Am Ende des Corso 25 Aprile liegt das 1926 errichtete *Teatro Licinum*, in dem alle fünf Jahre unter freiem Himmel Passionsspiele stattfinden.

Erbas älteste Kirche *Sant' Eufemia* finden wir im tiefergelegenen Ortsteil Incino. Sie ist auf frühchristlichen Fundamenten im 12. Jahrhundert erbaut, besitzt einen herrlichen Campanile mit Bifore und Trifore im oberen Teil. Spätere Umbauten haben die altehrwürdige Gestalt der Kirche kaum verändert. Ihr Inneres schmücken Gemälde und Fresken des 15. bis 17. Jahrhunderts, ein marmornes Weihwasserbecken stammt aus dem Jahre 1212. Mit Erba schließt unser Ausflug in die Valassina, und wir setzen den Weg am Ostufer des Comer Sees fort.

Das Ostufer des Comer Sees von Fiumelatte bis Colico

FIUMELATTE

Das Ostufer des Comer Sees setzt sich nach Bellagio, unterbrochen vom nördlichen Ende des Lago di Lecco, bei Fiumelatte fort. Hier hat der See mit 4,3 Kilometern seine breiteste Stelle; das gegenüberliegende Ufer mit Griante ist an dunstigen Tagen kaum zu erkennen.

Vom Fiumelatte, dem ›Milchfluß‹, hat der kleine Ort seinen Namen. ›Il fiume più breve d'Italia‹ steht auf einem Schild über der Brücke, unter welcher dieses seltsame Gewässer weiß und milchiggischtend in den See strömt. Er ist tatsächlich nur etwa zweihundertfünfzig Meter lang, entspringt einer Grotte oberhalb des Ortes und führt nur vom Frühling bis zum Beginn des Herbstes Wasser, während sonst nur ein dünnes, von der tiefergelegenen Quelle Uga gespeistes Rinnsal über die Steine des tiefeingeschnittenen Bettes plätschert. Viele Gelehrte haben sich mit diesem Phänomen befaßt, darunter Plinius der Ältere und Leonardo da Vinci, der im ›Codex Atlanticus‹ darüber berichtet. Neuere Forschungen lassen vermuten, daß die Quelle von der Schneeschmelze der Grigna Settendrionale und den Frühjahrsniederschlägen gespeist wird, wobei ein Wasserreservoir im Innern des Berges zum Überlaufen kommt, während im Herbst und Winter diese Zuflüsse fehlen.

Ob Leonardo die Grotte in den Bergen selbst besucht hat, ist nicht sicher, wir jedenfalls können in etwa zwanzig Minuten durch Wein- und Obstgärten den steilen, leider schlecht markierten Weg hinaufklettern. Seltsam bizarre Felsformen säumen das Flußbett und erinnern an Steinschichtungen, wie sie Leonardo in einem Skizzenbuch festgehalten hat. Zeitlich gesehen wäre ein Aufenthalt Leonardos an dieser Stelle leicht möglich; denn er lebte ab 1508 fünf Jahre in Mailand, und es ist erwiesen, daß seine geologischen Forschungen und die Skizzen dazu aus den Jahren 1508 bis 1510 stammen. Vielleicht wandeln wir also doch auf seinen Spuren …

Der steile Weg endet direkt vor der Grotte, in deren Tiefen es – auch wenn kein Wasser austritt – unheimlich rauscht und gurgelt. Dieses Geräusch kling so hohl und fern, als komme es aus den tiefsten Tiefen des Berges.

VARENNA

Unmittelbar auf Fiumelatte folgt Varenna, zu dessen Gemeindeverwaltung der kleine Ort gehört.

Varenna liegt an der Mündung des Esino-Flusses, zu Füßen des Monte San Defendente (1315 Meter).

Man sagt, daß der Ortsname keltischen Ursprungs sei. Zur Römerzeit jedenfalls war der Platz schon besiedelt. Anno 493 wird sein Name zum ersten Mal genannt. Genaueres aber findet man erst in einem Dokument des Jahres 769, als ein Diakon Grato von Monza ihn in seinem Testament erwähnt. Um das Jahr 1000 war der Ort schon ziemlich bevölkert und mit einer Wehrmauer befestigt. 1127 wurde Varenna, das mit Mailand gegen Como kämpfte, geplündert, verwüstet und anschließend, wie so viele Orte am See, in eine Serie von Kleinkriegen verwickelt. Später blühte die Stadt wieder auf, als sich eine Gruppe wohlhabender Flüchtlinge von der Insel Coma-

cina 1169 nach der Zerstörung ihrer Stadt hier niederließ. Von ihnen erhielt
Varenna zur Erinnerung an die verlorene Heimat den Namen ›Isola Nova‹,
der sich aber nicht hielt. Noch zweimal, 1224 und 1228, versuchten die Ein-
wohner Varennas sich für die Niederlage gegen Como von 1127 zu rächen,
doch beide Kriege endeten mit der Zerstörung der eigenen Stadt. Später
wechselten seine Herren in schneller Folge, bis es, wie Bellagio, an die
Sfondrati und danach an die Österreicher fiel.

Mit seinen engen, geraden, nach Westen steil zum See abfallenden
Gassen und den alten, oft mit Bögen verbundenen Häusern finden
wir in Varenna das typische Beispiel der mittelalterlichen, wehrhaften Kleinstadt, die ihre Häuser so nah wie möglich aneinander-
rückte, um sich wirkungsvoller verteidigen zu können.

Das besonders milde Klima, die wundervolle Lage mit Sicht auf
die Landzunge von Bellagio und die ganze Tremezzina haben Varenna zu einem beliebten Ferienziel gemacht. Die mitten durch den
Ort führende und sehr störende Hauptverkehrsstraße soll durch
einen Tunnel, dessen Bau 1971 begann, entlastet werden.

Die Piazza wird von der mächtigen Fassade der seit 1313 erwähnten Pfarrkirche *San Giorgio* beherrscht. In jüngster Zeit von Umbauten des 17. und 18. Jahrhunderts befreit, zeigt sie uns jetzt eine
schlichte Fassade aus zum Teil unbehauenen Granitsteinen und mit
einem gebrochenen Giebel. Rechts vom Hauptportal ist ein primi-
tives Fresko des 15. Jahrhunderts, Sankt Christophorus mit Jesusknaben‹, erhalten; der Campanile stammt von 1653.

Das Innere ist durch je vier von Rundpfeilern gestützte Bögen in drei
Schiffe geteilt. Die Seitenschiffe besitzen Kreuzgratgewölbe, das Haupt-
schiff hat einen offenen Dachstuhl mit Holzdecke.

Den wundervoll geschnitzten Beichtstuhl rechts neben dem Eingang schuf
1690 Giovanni Albioli. Die Kapelle im rechten Seitenschiff wurde 1777 in
kostbarem, farbigem Marmor erbaut und ist der Rosenkranzmadonna ge-
weiht. Daneben in einer Nische über der Sakristei-Türe sehen wir die Stein-
skulptur einer ›Kreuzabnahme‹ des 17. Jahrhunderts. Am Ende des rechten
Seitenschiffes sind verschiedene Fresken der Zeit zwischen 1350 bis 1400 zu
sehen, wie wir sie auch an den wuchtigen dunklen Steinpfeilern noch verein-
zelt finden.

Hinter dem barocken Hauptaltar aus farbigem Marmor hängt ein pracht-
volles, 1467 von Giovanni Pietro de Brentanis auf Goldgrund gemaltes goti-

sches Polyptychon. Es zeigt die Jungfrau auf dem Thron, flankiert von
Sankt Georg und Sankt Petrus Martyr, in dessen Kopf ein Messer steckt.
Darüber drei kleine Tafeln in gotischen Spitzrahmen, eine Kreuzigung zwi-
schen dem Erzengel Gabriel und der heiligen Maria.

In der Seitenkapelle des linken Schiffes finden wir ein Polyptychon von
1494 mit vier weiblichen Heiligen; in der Predella Christus mit den zwölf
Aposteln. Das verlorengegangene Mittelstück der schöngerahmten Renais-
sancetafel hat ein drittklassiger Maler mit dem süßlichen Bild einer Himmels-
königin versehen; die Jahreszahl unter dem Bild der heiligen Lucia ist mit
1594 – anstatt 1494 – falsch ergänzt. Das Gemälde ›Die Taufe Christi‹ am
Ende des linken Seitenschiffes schuf 1553 Sigismondo de Magistris. Dieses
guterhaltene und prächtig gerahmte Bild ist ein typisches Beispiel lombardi-
scher Kunst des Cinquecento. Links daneben sind an der Wand fünfzehn
Tafeln eines zerlegten Polyptychons befestigt, das aus der Zeit um 1450
stammt und die Madonna, umgeben von vierzehn Heiligen, zeigt.

Gleich über der Straße, am nördlichen Ende der Piazza San Giorgio, steht die Kapelle *San Giovanni Battista*, eines der ältesten Gottes-
häuser am See. Es ist überliefert, daß die Kapelle im Jahre 1151 vergrößert und 1331 nach einem Umbau von Bischof Pantaleone neu
geweiht wurde. 1965 wurde der Bau restauriert, und man hat dabei
sehr alte Fresken im romanischen Stil freigelegt. So sehen wir an
der rechten Wand einen heiligen Christophorus, daneben Sankt
Georg, und links vom Fenster vermutlich Sankt Paulus mit dem
Evangelium. In der Mitte der Wand hängt ein herrliches Triptychon
der lombardischen Schule um 1500, ›Madonna mit Kind und den
Heiligen Georg und Martin‹. Die Apsisfresken zeigen den auferstandenen Christus, an der linken Wand sehen wir eine ›Taufe
Christi‹, vorne beim Eingang die Heiligen Drei Könige und daneben
in einer Nische die Madonna mit Kind, datiert 1610.

Villa Monastero. Von der Insel Comacina stammende Zisterzienser-
nonnen hatten hier in Varenna 1208 ein Kloster gegründet. »Der
Zauber der Natur und die lockeren Sitten jener Zeit führten zu einer
Veränderung des frommen und beschaulichen Charakters des Klo-
sterlebens«, so versucht ein späterer Chronist die Tatsache zu ent-
schuldigen, daß im 16. Jahrhundert das unheilige Treiben der Nonnen in Varenna zum Ärgernis wurde, dem schließlich auf Anraten

des heiligen Carl Borromäus durch eine Bulle Papst Pius' v. am
13. Februar 1567 ein Ende bereitet wurde. Die Nonnen zogen nach
Lecco um, und der ganze Besitz wurde von Paolo Mornico, einem
Adligen aus der Valsassina, für siebenhundert Goldscudi erworben.
Mornico und seine Nachkommen erweiterten und verschönerten
Park und Gebäude und hielten den Besitz bis zum Anfang des
19. Jahrhunderts. Nach mehrmaligem Eigentümerwechsel gelangte
die Villa an einen Herrn Kess aus Deutschland, der weitere Umbauten vornahm, sie aber während des Ersten Weltkrieges dem
italienischen Staat überlassen mußte. 1953 wurde die Villa in eine
kulturelle Stiftung umgewandelt, und seither finden alljährlich
internationale Tagungen statt.

Der herrliche *Park* zieht sich etwa einen Kilometer am Ufer ent-
lang bis Fiumelatte und enthält viele subtropische und tropische
Pflanzen, seltene Abarten von Palmen und Agaven und einen reichen
Bestand an Zitrusbäumen, darunter sogar prächtige Exemplare der
Grapefruit. Auf unserem Weg zur Villa begegnen wir der Skulp-
turengruppe ›Der gnadenreiche Titus‹ von Giovanni Battista
Comolli (1775 bis 1830), der mit der Vollendung des Werkes starb,
woran eine Inschrift erinnert: »Am 20. Dezember 1830 entriß der
Tod den Meißel der Hand des G. B. Comolli, der dieses historische
Sinnbild schuf.« – Das klassizistische Tempelchen im oberen Teil des
Parks blieb unvollendet, die Skulpturen stellen Minerva, Merkur
und Diana dar, die beiden Kaiserbüsten Nero und Augustus. Die
Aussicht von der Villa aus umfaßt einen großen Teil des mittleren
Seebeckens, links beginnend mit Fiumelatte, dann das Westufer des
Lago di Lecco von Limonta bis Bellagio. Gegenüber, am Westufer
des Comer Sees liegt Griante mit Cadenabbia, dessen zahlreiche Vil-
len die Uferstraße bis Menaggio säumen.

Die Villa besteht aus zwei Gebäudeteilen, die durch Steinbalustra-
den miteinander verbunden sind. Der Brunnen vor dem Haupt-
gebäude ist eine Kopie nach dem der Villa Borghese in Rom. Die
Säulenloggia daneben hat einen schönen Keramikfußboden, dessen
Fliesen aus Deutschland stammen.

Ein byzantinischer Bogen rahmt den Eingang zum Hof der Villa, die wir
nun durch das Hauptportal betreten. Der mit Elfenbein eingelegte Kleider-

*ständer dürfte von Herrn Kess stammen, denn er trägt unübersehbar das preu-
ßische Wappen. Rechts geht es in den Empfangssaal, der in imitiertem venezianischen Barock eingerichtet ist. Der große flämische Gobelin stellt eine
Löwenjagd dar, das Gemälde rechts vom Eingang, ›Die Anbetung der Heiligen Drei Könige‹, wird Giulio Romano zugeschrieben. Dem Empfangsraum
gegenüber liegt der Speisesaal, ein innenarchitektonischer Alptraum im Stil
der Gründerzeit. Die dunklen geschnitzten Möbel sind allerdings eine handwerkliche Glanzleistung; der Aufseher bezeichnete sie achtungsvoll als ›deut-
sches Barock‹. Die prächtige Freitreppe wird von zwei Kaiserbüsten flankiert, links Diokletian, rechts Cäsar. Zwischen zwei kostbaren japanischen
Vasen sehen wir eine Kopie von Giambolognas ›Raub der Sabinerinnen‹;
darüber das Wappen der Familie Kess. Alabastervasen, Rokokospiegel und
eine Büste Ludwigs XIV. vervollständigen die prunkvolle, aus Stilkopien bestehende Einrichtung.*

ZUM CASTELLO DI VEZIO UND NACH ESINO LARIO

*Am Ortsende von Varenna biegen wir rechts ab und kommen bald zur Ab-
zweigung nach Vezio. Die schmale gewundene Straße endet bei dem Dorf;
von hier aus müssen wir zu Fuß zur Burg weitergehen. Unterhalb der Burg
liegt das Kirchlein Sant'Antonio mit einem schönen Altarpolyptychon aus
dem Cinquecento, das die Madonna mit zwei Heiligen darstellt; darüber
eine Kreuzigung, am Sockel die zwölf Apostel. An der rechten Wand neben
einem fast unkenntlich gewordenen Fresko hängt ein großes, gutgemaltes
Heiligenbild aus der Zeit um 1600.*

*Von hier sind es nur noch ein paar Schritte hinauf zum Kastell, dessen
Ursprung im Dunkeln liegt. Vermutlich entstand es schon zur Langobardenzeit und war dann später Sitz der jeweiligen Stadtherren oder ihrer Verwal-
ter. Die Legende berichtet, daß Königin Theodelinde sich hier jahrelang aufgehalten habe, was wenig wahrscheinlich ist; es wäre jedoch durchaus möglich, daß sie die Stadt einmal besucht und dabei für kürzere Zeit die Burg bewohnt hat.*

*Langsam um die Burg herum schreitend und kletternd, hat man bei gutem
Wetter eine weite Sicht nach Süden auf den Lago di Lecco und nach Südwesten auf einen Teil von Bellagio mit seinem bergigen Hinterland. Im Norden erstreckt sich der Lario, dessen Westufer wir von der Tremezzina bis in
die Höhe von Dongo überblicken.*

*Wieder auf der Hauptstraße geht es weiter nach Perledo, einem schön ge-
legenen Ort, umgeben von Wein- und Obstgärten. Der Ortsname soll vom*

Dialektwort ›perlé‹, das heißt ›einsam‹, stammen. Während der großen Mailänder Pest drang die Seuche auch nach Varenna. Es heißt, daß sie nur wenige Einwohner verschont habe. Eine der überlebenden Frauen floh in ihrer Angst hinauf in die Berge, wo sie sich an einsamer Stelle niederließ. Diese Einöde wurde zuerst Perlé, später Perledo genannt. Die Pfarrkirche Perledos, San Martino, stammt aus romanischer Zeit, wovon noch der Glockenturm zeugt, und wurde im 17. bis 18. Jahrhundert umgebaut und ausgeschmückt. Sie besitzt eine lichte, durch Lisenen dreigeteilte Fassade, der achteckige Innenraum wird von einer Kuppel überdacht und hat einen mit Säulen geschmückten Hauptaltar aus polychromem Marmor.

Nach einem kleinen Ort mit dem überraschenden Namen Bologna folgt die Straße nun in endlosen Serpentinen dem Lauf des Esino-Flusses, bis wir den hochgelegenen gleichnamigen Ort erreichen. Aus Esino ist eine vielbesuchte Sommerfrische geworden, wichtig vor allem für den Bergsport, denn von hier führen Wanderwege auf die umliegenden Gipfel, wie Pizzo di Parlasco (1511 Meter), Monte Fopp (1093 Meter), Monte Parolo (1203 Meter), Monte Croce (1781 Meter) und Monte Pilastro (1823 Meter). Esino besteht aus einem höhergelegenen Ortsteil ›Superiore‹ und dem tiefergelegenen ›Inferiore‹, von wo ein Kreuzweg, eine ›Heilige Straße‹ zur Pfarrkirche San Vittore hinaufführt. Die auf Bronzereliefs dargestellte Passion Christi schuf 1941 der Mailänder Bildhauer Vedani. Die Kirche stammt aus dem 14. Jahrhundert und wurde mehrmals umgebaut. Im Innern sind die beiden reichgeschnitzten Beichtstühle aus dem 18. Jahrhundert und der marmorne Barockaltar sehenswert.

Das weite Esino-Tal verdeckt die Aussicht auf den Lario, von dem man nur einen kleinen Ausschnitt mit Menaggio zu sehen bekommt; auch vom Luganer-See im Hintergrund ist nur ein winziges Stück zu erkennen.

BELLANO

Durch eine Reihe alter, in den dunklen Stein gehauener Tunnels erreichen wir Bellano, das seine Ufer nicht so eifersüchtig verbirgt wie Varenna, sondern offen und freundlich, mit einem schattigen Uferpark den Besucher willkommen heißt. Der Ort liegt am Talausgang der Valsassina und bedeckt in seinem unteren Teil das flache Delta des Bergflusses Pioverna. Handwerk, Kleinindustrie und ein reger Fremdenverkehr haben die Bevölkerung Bellanos heute auf etwa viertausend Einwohner anwachsen lassen.

Mächtige Platanen und Edelkastanien säumen den Platz an der Bootsstation, in dessen Mittelpunkt das von Carlo Antonio Tantardini (1829 bis 1879) geschaffene Denkmal des hier geborenen Dichters Tommaso Grossi (1791 bis 1853) steht, der mit Manzoni eng befreundet war und neben einigen historischen Romanen ein politisch-satirisches Gedicht gegen die Herrschaft der Habsburger schrieb. Der Humanist Sigismondo Boldoni (1597 bis 1630) war ebenfalls ein Sohn dieser Stadt, die hier am Uferpark seine Büste aufstellte. Am gegenüberliegenden Ufer erblicken wir Nobiallo und Acquaseria, am Ostufer im Norden liegt Dervio auf dem weit in den See ragenden Schwemmland des Varrone.

Die Pfarrkirche *Santi Nazaro e Celso* beherrscht mit ihrer schwarzweißen Fassade die ganze Piazza San Giorgio. Sie ist ein typisches Werk der Maestri Comacini und wurde etwa 1342 bis 1350 von den Meistern Giovanni di Ugo aus Campione und den Intelvi-Meistern Antonio da Castellazzo und Comolo da Osteno anstelle eines früheren Baues errichtet, der bei einer Überschwemmungskatastrophe am 9.September 1341 zerstört worden war.

Die durch Schlichtheit und Harmonie bestechende Fassade dieser Kirche hat drei gotische Portale, über deren mittlerem die Statue des heiligen Ambrosius steht. Auffallend ist die große Rosette mit grünen und roten Keramiksteinen. Das Innere ist durch vier von Pfeilern gestützte Bogen in drei Schiffe geteilt. Der schöne ornamentale Freskenschmuck des Hauptschiffes stammt von 1530.

Das Fresko im rechten Seitenschiff zwischen den Beichtstühlen ›Maria mit Kind und zwei Heiligen‹ ist eine gute Arbeit aus der Zeit um 1500, wie auch das weniger bedeutende Polyptychon in der Kapelle des rechten Seitenschiffs mit Szenen aus dem Leben des heiligen Johannes. Wesentlich ansprechender ist das durch Glas und einen Vorhang geschützte Temperabild an der linken Wand der Kapelle ›Maria mit Kind und Heiligen‹, ein bedeutendes Werk der Luinischule. Der goldstrotzende und mit zahlreichen Engeln geschmückte Altar in der barocken Kapelle des linken Seitenschiffes wirkt überladen. Ein mißverstandener, fast möchte man sagen mißbrauchter Barock, wie man ihn in Italien nicht selten antrifft. Der Pfarrkirche gegenüber steht die kleine, nicht mehr benutzte Kirche Santa Marta.

Wir wenden uns nach Osten, wo die Straße ansteigt und erreichen in wenigen Minuten den ›Orrido‹, wo wir gegen ein Entgelt von

hundert Lire das Naturschauspiel des zwischen Felsen hindurch-
schäumenden Pioverna-Flusses besichtigen dürfen. Dieser Anblick
wird durch das Kraftwerk und ein Wirrwarr von technischen Anlagen nicht gerade attraktiver. Noch einige Schritte bergan und wir
stehen vor dem Kirchlein *San Rocco*, das jetzt dem Andenken der
Gefallenen von Bellano gewidmet ist. Die Kapelle wurde 1485 geweiht, der Altar ist ein Schnitzwerk aus der Zeit um 1600 und zeigt
den auferstandenen Christus zwischen dem heiligen Sebastian und
dem heiligen Rochus.

Bellano ist der rechte Ort für beschauliche Spaziergänge. Zahllose Gassen und Gäßchen führen bergauf und bergab. Manchmal
lenkt ein offenes Tor unseren Blick in einen stillen Innenhof, den
dann vielleicht eine einsame Palme schmückt oder ein paar blühende
Rhododendronbüsche in großen verzierten Keramiktöpfen.

MADONNA DELLE LACRIME

Am Ortsende von Bellano führt die Straße über Ombriaco hinauf
nach Lezzeno zur Wallfahrtskirche *Madonna delle Lacrime*. Die
Kirche wurde in den Jahren 1690 bis 1704 auf Anregung des Bischofs
von Mailand, Kardinal Federico Visconti, erbaut, als dieser von dem
Wunder erfuhr, das sich hier am 6. August 1688 ereignet hatte. Ein
gewisser Bartolomeo Mezzera sah an diesem Tag eine Stunde vor
Mitternacht eine Marienstatue blutige Tränen vergießen. Dann begann die Statue zu sprechen und teilte dem in frommem Schrecken
erstarrten Bartolomeo mit, daß sie weine, weil die Irrlehren Luthers
und Zwinglis nun auch schon im Gebiet des Lario Anhänger fanden.
Um den so deutlich geäußerten Unwillen der Madonna zu be-
schwichtigen, wurde zwei Jahre später diese Kirche errichtet.

*Der einschiffige, in mystisches Dämmerlicht gehüllte Innenraum ist in
einem noblen, etwas schweren Barock ausgestattet. Viele Wand- und Deckenfresken stammen von Luigi Morgari (1857 bis ?), das Gemälde am rechten
Seitenaltar ›Madonna mit dem heiligen Joachim und der heiligen Anna‹ ist
eine Kopie nach dem von Napoleon aus San Celso in Mailand entführten
Original von Francesco Albani (1578 bis 1660). Zu beiden Seiten des schönen marmornen Hochaltars hängen Votivbilder aus dem 18. bis 20. Jahrhun-*

dert, darunter einige sehr originelle Darstellungen. Während die älteren Vo-
tivtafeln meist von Krankheit, Berg- und Schiffsunfällen berichten, dominie-
ren bei denen aus unserer Zeit Fotos von zerquetschten Autos und Motor-
rädern. Der Blick vom Kirchplatz umfaßt nahezu die ganze nördliche Hälfte
des Comer Sees von der Tremezzina bis Gravedona.

Noch höher liegt *Vedrogno*, ein stiller Ort, der im Sommer wegen
seiner frischen, reinen Bergluft gerne aufgesucht wird. Von diesem
Hauptort des Muggiascatales kann man schöne Wanderungen in die
zahlreichen umliegenden Bergdörfer unternehmen. In der 1782 um-
gebauten Pfarrkirche San Lorenzo ist eine bemalte Barockorgel zu
sehen.

DERVIO und das VARRONE-TAL

An der Mündung und auf dem Schwemmland des Varrone-Flusses
liegt das aus mehreren Ortsteilen bestehende *Dervio*. Zahlreiche
Gräberfunde wie Münzen, Vasen und Öllämpchen aus römischer
Zeit zeugen von der frühen Besiedlung des Ortes. Daß aus ihm eine
rege Industriestadt mit Papierfabriken und chemischen Werken geworden ist, spürt man unten am Seeufer im ältesten Ortsteil, Borgo,
noch wenig. Hier dehnen sich weite mauerumgürtete Parkanlagen
mit mächtigen alten Bäumen, und hier steht auch die aus dem Mittelalter stammende, später oftmals umgebaute Pfarrkirche Santi Pietro
e Paolo. Neben der geschnitzten und vergoldeten Kanzel ist vor
allem eine auf Steinmedaillons gemalte Passion von 1653 im linken
Seitenschiff bemerkenswert. Die kleine Kirche Santi Quirico e Giulitta im oberen Ortsteil stammt aus romanischer Zeit, wovon noch
der schöngeformte Campanile zeugt, wurde aber im 17. Jahrhundert völlig umgebaut.

Noch höher liegt der Ortsteil Castello, wo sich altersgraue Häuser
um die Reste einer Burgruine scharen. Dervio war im Mittelalter
ein mächtiger, durch gewaltige, bis zum See reichende Wehranlagen
geschützter Ort, wovon im Ortsteil Maglio noch verschiedene Reste
zu sehen sind.

Am 14. Juni 1883 hat sich im Ortsteil Villa ein schreckliches Unglück ereignet, als während einer Aufführung des religiösen Dramas
›Martyrium der heiligen Philomena‹ der als Theatersaal benützte

Raum in Brand geriet, wobei einundfünfzig Menschen ums Leben kamen.

Von Dervio führt ein schöner Ausflug in das Varrone-Tal mit seinen malerischen Bergdörfern. Nach vielen Serpentinen erreichen wir über Vestreno das am Hang gelegene Introzzo, von wo aus wir den ganzen Nordarm des Lario überschauen können. Eine Abzweigung nach Vestreno führt hinauf in das herrlich gelegene Bergdorf Sueglo, *das sich in achthundert Meter Höhe an den Westhang des Legnoncino (1714 Meter) klammert und zu einer beliebten Sommerfrische geworden ist. Nach Introzzo erreichen wir das inmitten von Obstgärten gelegene Tremenico und kommen dann durch das kleine Aveno nach* Pagnona, *einem alten, einst befestigten Ort, in dessen Pfarrkirche Sant' Andrea wir viele Werke der von hier stammenden Malerfamilie Tagliaferro finden. Hinter diesem Dorf zweigt eine Straße ab in die Valsassina.*

Unsere Bergfahrt endet in 942 Meter Höhe bei Premana, *einem großen, blühenden Ort mit alter Handwerkstradition in der Herstellung von Sicheln, Sensen und anderen Schmiedearbeiten, die nach ganz Italien und zum Teil auch ins Ausland verkauft werden. Berühmt sind die malerischen Frauentrachten Premanas, die man aber nur noch bei Hochzeiten oder an hohen Feiertagen bewundern kann. Zahlreiche Ausflugsmöglichkeiten gibt es für Bergwanderer, so zum Beispiel die Besteigung des Pizzo dei tre Signori (2554 Meter), des alle überragenden Legnone (2609 Meter) oder des Pizzo di Trona (2510 Meter).*

CORENNO PLINIO

Fast unmittelbar an Dervio schließt sich Corenno Plinio an; es gehört auch noch zur Gemeindeverwaltung von Dervio. Den Beinamen ›Plinio‹, zur Erinnerung an einen Aufenthalt Plinius des Älteren, führt das Dorf seit 1863. Hier ist das Mittelalter noch lebendig, vor allem in der Ruine der gewaltigen Festung aus dem 14. Jahrhundert, welche fast die gesamte Seefront des kleinen Ortes mit ihrer Umfassungsmauer und den beiden verbliebenen Türmen beherrscht.

Die um 1200 erbaute Pfarrkirche *San Tommaso* ist dem englischen Märtyrer Thomas Becket, Erzbischof von Canterbury, geweiht. Später mehrmals umgebaut und 1795 erweitert, wurde die Kirche in jüngster Zeit gründlich restauriert, wobei man bedeutende Fres-

ken freigelegt hat. Die schlichte Fassade wird durch die angebauten
gotischen Grabmäler der Grafen Andreani geprägt, in deren Besitz
sich einst dieses mächtige Kastell befand.

*Im Innern der Kirche sehen wir an der rechten Wand ein Fresko aus der
Zeit um 1400 mit Darstellung der vier Evangelisten, aufgereiht in ornamen-
taler Starre mit erhobener rechter Hand. Auf dem Fresko links neben der
barocken Seitenkapelle thront die Madonna mit dem Kind, ihr zur Seite der
heilige Sebastian, zu ihren Füßen auf kostbarem Teppich ein die Laute
schlagender Engel. Diese schöne lombardische Malerei der Hochrenaissance
ist 1538 datiert; Sigismundus Adrianus, ein Phisicus, ein Arzt, hat sie gestiftet. Daneben hat man wieder ein früheres Wandgemälde, etwa aus der
Mitte des 15. Jahrhunderts stammend, freigelegt; es stellt das Martyrium der
heiligen Apollonia dar; neben ihr – im Bischofsgewand – Sankt Gotthard.
Das Fresko links vom Eingang ist weitgehend zerstört, während ein anderes
in relativ gutem Erhaltungszustand die Heiligen Drei Könige mit der Madonna zeigt. Das gleiche Thema ist auf einem Gemälde des 17. Jahrhunderts
rechts vom Altar dargestellt.*

Über uralte, von vielen Generationen ausgetretene Steinstufen
steigen wir hinab zum winzigen Hafen, der gerade für ein Dutzend
Fischerkähne Platz bietet. Das westliche Ufer von Rezzonico bis
Gravedona breitet sich vor uns aus, gegenüber liegt Cremia im
Schatten des steil aufragenden Bregagno-Massivs.

Wir durchfahren nun das Dörfchen Dorio, dem man sein Ufer
genommen hat, da der Platz für die Bahnlinie benötigt wurde.
Wenig später biegen wir links ab, durchqueren das kleine Olgiasca
und erreichen das Zisterzienserkloster Piona.

DAS KLOSTER PIONA

Piona liegt an der Spitze einer schmalen Halbinsel, die mit einer
gegenüberliegenden Bucht den ›Laghetto di Piona‹, einen kleinen
Binnensee, bildet. Das von Cluniazensern im 11. Jahrhundert gegründete Kloster wurde von Sixtus IV. auf den Status einer Ordens-
pfründe reduziert, worauf es verfiel, bis es schließlich 1798 ganz aufgehoben wurde. Nach dem geglückten Wiederaufbau in den Jahren 1906 bis 1908 zogen die Zisterzienser ein, die mit ihren feinen

Likören diese altehrwürdige Abtei zu einem weitbekannten An-
ziehungspunkt gemacht haben.

Man sollte keinesfalls an Wochenenden oder Feiertagen hierher-
kommen, denn da scheint sich die halbe Lombardei einzufinden, um
ihren Bedarf an würzigen Spirituosen zu decken, die in vielerlei Sorten gebraut und von freundlichen, vielsprachigen Mönchen in einem
weithin duftenden, eigens dafür errichteten Ladenbau verkauft
werden.

Die 1138 geweihte Klosterkirche *San Nicola* ist ein schlichter
Hallenbau mit Balkendecke und halbrunder Apsis, sie wurde über
einer frühchristlichen Kapelle des 7. Jahrhunderts errichtet. Ein Fresko an der Apsiswand aus dem 13. Jahrhundert stellt Christus mit den
zwölf Aposteln in byzantinisch anmutender Manier dar. Der Mitte
des 13. Jahrhunderts errichtete Klosterbau zeigt den Übergang vom
romanischen zum gotischen Stil und ist aus schwarzen und weißen
Steinen gebaut. An den Wänden des romanischen Säulengangs im
Klosterhof sind verschiedene Freskenfragmente zu sehen, darunter
szenische Darstellungen aus den Heiligenlegenden in der primitiven
Art einer *biblia pauperum*, die aber meist so unkenntlich geworden
sind, daß sie sich nicht mehr identifizieren lassen.

COLICO

Colico ist der letzte Ort am Ostufer des Comer Sees. In Kriegen
des 16. und 17. Jahrhunderts ist er wiederholt zerstört worden, so
daß er um 1800 nahezu entvölkert war, wozu auch noch die ständigen Überschwemmungen der Adda beitrugen, deren Mündungs-
delta mehr und mehr versumpfte. Als dann die Paßstraßen über das
Stilfserjoch, den Maloja und den Splügen gebaut wurden, gewann
der Ort erneut Bedeutung als Verkehrsknotenpunkt nach Lecco,
Sondrio und Chiavenna.

Vom alten Colico ist deshalb wenig geblieben; nur einige Reste
der 1796 von den Franzosen zerstörten Burg des spanischen Grafen
Pietro de Fuentes sind auf einem Hügel im Hinterland noch erhalten. Dieser Graf war der gefürchtete Statthalter von Mailand und
so etwas wie ein Sachwalter der weitverstreuten spanischen Besit-

zungen in Italien. Von dem zu Anfang des 17.Jahrhunderts errichteten Kastell sind noch die Mauern und eine Kapelle zu sehen. Der Name ›pian di Spagna‹ für das flache Schwemmland der Adda erinnert noch an die Zeit des spanischen Grafen.

Colico ist von einer gewaltigen Bergkulisse umgeben; im Osten ragt der mächtige Legnone (2609 Meter) auf, den Blick nach Norden versperren die Alpen, am Westufer erheben Cortafon (1688 Meter) und Tabor (2079 Meter) ihre Häupter. Vor allem für den Bergwanderer bietet Colico viele Ausflugsmöglichkeiten. Sehr reizvoll ist die Fahrt in die stillen Täler des Valtellin.

Am Lago di Lecco

VON COMO BIS LECCO

Ehe wir uns an die Gestade des Lecco-Sees begeben, wollen wir den Norden der Brianza von Como nach Lecco durchfahren.

Wir verlassen Como in östlicher Richtung und berühren Lipomo, wo die Straße nach Montorfano am gleichnamigen kleinen See abzweigt. See und Ort sind nach dem am Nordufer aufragenden Berg, dem ›Montorfano‹ (554 Meter), benannt, und dieser wiederum heißt ›Waisen-Berg‹ (orfano bedeutet Waisenkind), weil er so einsam und verlassen inmitten der Ebene steht.

Das schon zur Römerzeit besiedelte Dorf Montorfano *ist die Geburtsstätte des Malers Giovanni Donato (1440 bis 1510), der die Kreuzigungsfresken im Refektorium des Klosters Santa Maria delle Grazie schuf, dem Abendmahl Leonardos gegenüber.*

Über Tavernerio, zu Füßen des Monte Boletto (1236 Meter), und Albese con Cassano mit seinen vielen prächtigen Villen erreichen wir Albavilla, *einen größeren Ort, der sich aus vielen Dorfgemeinden gebildet hat. Hier stand vermutlich die Villa des bei Plinius dem Älteren erwähnten Virgilius Rufus, der die ihm mehrmals angebotene römische Kaiserkrone ausschlug. Von einer heute verschwundenen Befestigungsanlage kündet noch der Name des Ortsteils›Castlásc‹. Die Pfarrkirche im nördlichen Ortsteil Vill' Albese stammt aus dem 15.Jahrhundert, wurde mehrmals umgebaut und 1966 restauriert. In den umliegenden Hängen gibt es zahlreiche natürliche Höhlen, die ›crotti‹. Sie dienen der Lagerung von Wein. Südlich von Albavilla liegt, umgeben von alten Siedlungen, der Lago d'Alserio.*

In nördlicher Richtung kann man einen Abstecher auf die ›Alpe del Vicere‹ in 900 Meter Höhe machen, einem Gebiet mit zahlreichen Ausflugsmöglichkeiten in die umliegenden Berge.

Wir berühren nun Erba und den Pusiano-See, die uns schon von unserem Ausflug in die Valassina her bekannt sind. Danach führt die Straße am größten der Seen der Brianza entlang, dem Lago di Annone, der von der Halbinsel Isella auf der einen und der des Ortes Annone auf der anderen Seite in zwei nur durch eine schmale Durchfahrt verbundene Hälften geteilt wird, deren südliche manchmal auch Oggiono-See genannt wird. Höchst malerisch schiebt Annone sich auf seiner Halbinsel in den See hinaus, überragt vom schlanken Turm seiner Pfarrkirche. Das im Süden des Sees gelegene Oggiono war schon in römischer Zeit besiedelt und bildete im Mittelalter ein bedeutendes Pfarrzentrum. Seine Pfarrkirche Sant'Eufemia besitzt neben Werken von Andrea Appiani und Pompei Marchesi auch ein Polyptychon des hier geborenen Leonardo-Schülers Marco d'Oggiono (um 1470 bis 1540), ›Die Himmelskönigin mit acht Heiligen‹, das trotz seiner naiven Auffassung doch den Einfluß des großen Lehrers verrät.

Von Oggiono gelangen wir über Galbiate zum Lago di Garlate, der schon ein Teil des Lago di Lecco ist. Alessandro Manzoni beginnt seinen Roman ›Die Verlobten‹ mit einer Beschreibung des Sees:

»Jener Arm des Comer Sees, der sich nach Süden wendet und dessen Gestade zwischen zwei fortlaufenden Gebirgsketten so buchtenreich ihrem Vordrängen und Zurückschwingen folgt, verengt sich fast urplötzlich und nimmt zwischen einem Vorgebirge zur Rechten und einer weiten Uferhalde gegenüber Gestalt und Verlauf eines Stromes an. Die Brücke, welche ebenda beide Ufer verbindet, dürfte diese Verwandlung wohl noch augenfälliger machen und den Punkt bezeichnen, wo der See aufhört und die Adda wieder beginnt. Dann aber, wenn die Uferränder sich abermals voneinander entfernen, um die Wellen sich ausbreiten und in neuen Buchten verebben zu lassen, wird das Gewässer wiederum als See bezeichnet.«

Wo die Adda bei Lecco den See verläßt, macht sie noch zweimal schüchterne Versuche, größere Wasserbecken zu bilden, und so entstanden die Seen von Garlate und Olginate mit den beiden gleichnamigen Orten, die ganz unter den industriellen Einfluß Leccos geraten sind und nur aus rauchenden Schloten, Fabrikhallen und donnernden Lastautos zu bestehen scheinen.

Am Ostufer des Garlate-Sees liegt *Maggianico*, dessen Pfarrkirche

Sant'Andrea trotz ihres schlichten Äußeren beachtliche Werke der Malerei birgt. Links vom Eingang über dem Taufbecken hängt das Gemälde ›Madonna mit Heiligen‹ von Bernardino Luini aus dem Jahre 1515, trotz seines schlechten Zustandes ein schönes typisches Bild. Das in drei Felder aufgeteilte Gemälde am rechten Seitenaltar stammt von Gaudenzio Ferrari und zeigt die Heiligen Antonius, Hieronymus und Ambrosius, darunter Christus mit den zwölf Aposteln. Mit Maggianico haben wir schon das Stadtgebiet von Lecco betreten.

LECCO, MANZONIS STADT

»Lecco, die wichtigste Ortschaft, welche dem Gebiet auch ihren Namen gibt, liegt nicht weit von der Brücke entfernt am Seeufer, ja zuweilen im See selbst, wenn dieser ansteigt. Heute ist es ein großer Marktflecken, und auf dem besten Weg, Stadt zu werden.«

So schrieb Manzoni. Sein ›heute‹ war die Zeit um 1830; jetzt, anderthalb Jahrhunderte später, ist Lecco mit sechzigtausend Einwohnern die zweitgrößte Stadt im Gebiet des Lario, und als Industrieort kaum weniger wichtig als Como, das zudem noch den in Lecco kaum ins Gewicht fallenden Fremdenverkehr in seine Finanzstatistiken als bedeutenden Posten miteinbezieht. Lecco, es muß gesagt werden, ist keine schöne Stadt. Vielleicht war sie es einmal, aber nun ist sie mit ihrer ganzen Umgebung von Industrieanlagen geprägt. Enthalten wir uns als Gäste jeder weiteren Kritik und lassen die einheimische Schriftstellerin Elisa Agosti über die Eigenheiten der Bewohner dieser Stadt sprechen:

»Die große Liebe der Menschen in Lecco ist die Arbeit, ihr Mythos ist die Produktion. Hier arbeiten alle Männer und Frauen; jedes Haus hat eine Werkstatt; denn es handelt sich nicht um Großbetriebe, sondern um halb handwerkliche Verarbeitung von Eisen und seinen Derivaten, deren sehr alte Tradition schwer erklärbar ist, denn ringsum werden nirgends Erze gefördert.«

Ergänzend wäre zu bemerken, daß weitere Industriezweige, auch mit größeren Betrieben, in den letzten Jahrzehnten entwickelt und ausgebaut wurden, so neben der immer noch an erster Stelle stehenden Eisenverarbeitung auch Textil- und Papierfabriken, chemische Werke, Möbelherstellung und Bergbau.

»Kulturell hat der durchschnittliche Lecchese kaum tiefere Interessen; künstlerische und literarische Initiativen haben ein schweres Dasein, das kleine alte Theater ist geschlossen und es gibt zwar Schriftsteller und Maler, doch finden sie kaum Beachtung. Die Stadt hat auch keine Baudenkmäler von besonderem Wert vorzuweisen. Häuser und Straßen zeigen eindeutig provinziellen Ursprung und werden täglich mehr durch plumpe und verschrobene Bauten verunstaltet, die modern sein möchten.«

Jeder Besucher wird feststellen, daß dieser Bericht Elisa Agostis die reine Wahrheit ist, wenn auch, wie die Schriftstellerin später erwähnt, der Kunstfreund trotzdem bescheidene Funde machen kann.

Es heißt, die Stadt wurde von den sagenhaften Orobiern gegründet, von Etruskern und Galliern besiedelt und dann dem römischen Weltreich einverleibt, wovon nur letzteres mit Sicherheit feststeht. Langobarden, Franken, die Bischöfe von Mailand, Visconti, Sforza und schließlich sogar von 1428 bis 1452 die Venezianer und dann die Spanier waren in bunter Folge Herren dieser Stadt. Erst unter den österreichischen Habsburgern begann sie aufzublühen.

Zeugen dieser Vergangenheit sind nur spärlich vorhanden, am eindrucksvollsten ist das Stück einer imposanten mittelalterlichen Mauer mit ihrem Wallgraben. Es ist am besten vom Largo Monte Nero aus zu besichtigen. Von dort geht es über den Corso Giacomo Matteotti zum *Museo Civico*, dem ehemaligen Palazzo Belgioioso. In dem mit Säulen geschmückten Vorhof sind verschiedene Wappensteine und Fragmente mit römischen Inschriften angebracht. In dem kleinen, zum Museum gehörigen Park sind alte Weinpressen und ein Wasserrad aufgestellt.

Vom Hof gelangen wir zunächst in das ›archäologische Museum‹ mit einer ganz attraktiven kleinen Sammlung antiker Münzen, einem Steinsarkophag aus dem 5. Jahrhundert und einer etruskischen Aschenurne. Im nächsten Raum finden wir ein schönes Grabrelief aus augusteischer Zeit, römische Grabsteine sowie Schmuck und Keramik von der Bronzezeit bis zur Antike, außerdem ein Sammelsurium verschiedener Gerätschaften, so einen alten Röntgenapparat, vorsintflutliche Motor- und Fahrräder, eine kleine Porzellansammlung, altes Zinn und ähnliches. In der sogenannten ›Pinakothek‹ wird ein liebloses Durcheinander wenig bedeutender Werke gezeigt, darunter eine große alte Ikone, Bilder von Crespi und aus der Procaccini-Schule. Am

schönsten ist wohl das Herrenbildnis von Morazzone an der Fensterwand.
Im ›Modernen Saal‹ hängen einige italienische Impressionisten, dazu ältere
Veduten von Lecco.

Lecco ist untrennbar mit dem Schaffen des Dichters Alessandro
Manzoni verbunden, und man hat versucht, die in den ›Verlobten‹
genannten Örtlichkeiten mit tatsächlich existierenden Bauten in
Lecco zu identifizieren. So werden dem Besucher das ›Haus der
Lucia‹, und die ›Burg des Don Rodrigo‹ gezeigt; sogar das ›Schloß
des Ungenannten‹ glaubt man bei Garlate gefunden zu haben. Mir
scheint solches Bemühen recht zweifelhaft und zudem eine Belei-
digung für den Dichter zu sein, dem man schließlich zutrauen darf,
daß die Schilderung einer Burg oder eines Hauses allein seiner Phan-
tasie entwachsen ist.

Alessandro Manzoni wurde am 7. März 1785 in Mailand geboren. Sein Vater, Graf Pietro Antonio Manzoni, lebte hauptsächlich
in Lecco, wo er die Villa del Caleotto und in der Umgebung Land-
güter besaß. Auf einem solchen, dem Gutshof La Costa, wuchs der
Knabe auf; später besuchte er die Klosterschulen in Merate, Lugano
und Mailand. Einen Teil seiner Kindheit und Jugend hat Manzoni
im Stadthaus zu Lecco verbracht, das in der Via Amendola in etwas
verwahrlostem Zustand noch zu sehen ist.

Alessandros Mutter, Giulia, lebte von ihrem Gatten getrennt mit ihrem
Geliebten Carlo Imbonati, dessen Tod sie schwer traf und den sie jahrelang
betrauerte. Später reiste sie mit ihrem Sohn nach Paris, wo man die schöne,
geistvolle Frau in den Salons bald schätzen lernte. Alessandro kostete hier
vom Geist der Aufklärung, gebärdete sich antiklerikal und schrieb das Sturm-
und Drang-Poem ›Der Triumph der Freiheit‹.

In Mailand lernte er die Seidenhändlerstochter Enrichetta Blondel kennen
und ließ sich nach dem Ritus ihrer Konfession calvinistisch mit ihr trauen.
Das junge Paar zog nach Paris, wo die Tochter Giulia geboren wurde. Als
der Dichter mit seiner jungen Frau am 2. April 1810 an den öffentlichen
Feiern zu Ehren der Vermählung Kaiser Napoleons mit Marie Louise von
Österreich teilnahm, kam es bei der Explosion von Feuerwerkskörpern in der
Menge zu einer Panik. Manzoni wurde von seiner Frau getrennt und floh –
so erzählte man – verzweifelt in die Kirche Saint Roche, wo er seine Gattin
wiederfand. Dieses Erlebnis soll seine Rückkehr zum katholischen Glauben
bewirkt haben; jedenfalls hat Manzoni diese Deutung niemals bestritten.

Das Paar wurde nun nachträglich katholisch getraut, und auch Enrichetta konvertierte. 1814 kehrten sie nach Mailand zurück. Hier erschien, nach kleineren Werken, 1827 die erste Fassung des großen Romans ›Die Verlobten‹.

1831 vermählte sich Massimo d'Azeglio mit Manzonis erstgeborener Tochter Giulia, die aber schon drei Jahre später starb. Ein Jahr davor war bereits des Dichters Frau, Enrichetta, von ihm gegangen. Manzoni heiratete wieder, aber der bittere Kelch war noch nicht geleert, denn 1861 mußte der Dichter auch seine zweite Frau und später noch vier seiner Töchter begraben. Hochgeehrt und weithin berühmt beschloß der Achtzigjährige am 22. Mai 1873 in Mailand sein Leben.

Manzonis Meisterwerk, ›Gli Promessi Sposi‹, ›Die Verlobten‹, machte den Dichter mit einem Schlage in ganz Europa berühmt. Goethe las den Roman gleich nach dessen Erscheinen innerhalb einer Woche und äußerte sich begeistert gegenüber Eckermann: »Ich habe Ihnen zu verkünden, daß dieser Roman alles übertrifft, was wir in dieser Art kennen«. Auf des Olympiers Betreiben erschien dann auch schon 1828 eine deutsche Übertragung. Goethe beschäftigte sich auch sonst sehr eingehend mit dem italienischen Romantiker; herrlich ist seine Übertragung von Manzonis großem Gedicht: ›Der fünfte Mai – auf den Tod Napoleons‹:

> *So tief getroffen, starr erstaunt,*
> *die Erde steht der Botschaft ...*

Manzoni hatte inzwischen begonnen, seine ›Verlobten‹ gründlich zu überarbeiten, bis sie 1840 die heutige Fassung erlangten. Reich illustriert wurde der Roman jetzt in dieser Überarbeitung herausgebracht, und seitdem wurde er, vor allem in Italien, unzählige Male neuaufgelegt; er wird wohl allen literarischen Strömungen zu Trotz seinen Platz in der Weltliteratur behaupten.

Lecco hat seinem berühmten Dichter auf der Piazza Manzoni ein monumentales Denkmal gesetzt, das heute, inmitten moderner Wohnblocks und vom Verkehr umtost, merkwürdig verloren wirkt.

Zwei weitere Zeugen aus Leccos Vergangenheit finden wir in der 1338 von Azzone Visconti erbauten, aber inzwischen mehrmals zerstörten und erneuerten *Addabrücke* und der *Torre di Castello* aus dem 15. Jahrhundert, die 1932 restauriert und zum historischen Museum ausgebaut wurde. Die *Stadtpfarrkirche* von Lecco wurde in den Jahren 1830 bis 1854 im klassizistischen Stil erbaut; die Fundamente, auf denen sich der freistehende Campanile erhebt, stammen von einem Turm der mittelalterlichen Stadtmauern.

Unter den vielen Ausflugsmöglichkeiten in das umliegende Bergland ist die Fahrt durch das Valsassina wohl die längste, aber auch die lohnendste.

DIE VALSASSINA

Dieses landschaftlich ungemein reizvolle Voralpental verläuft östlich der beiden Grigne und endet bei Bellano, wo der Talfluß Pioverna in den See strömt. Kein Gebiet im Bereich des ganzen Comer Sees bietet dem Bergwanderer so viele Möglichkeiten, vom geruhsamen Talspaziergang bis zur Klettertour auf die beiden Grigne mit ihren 2184 und 2410 Metern.

Funde haben gezeigt, daß die Valsassina schon in vorgeschichtlicher Zeit besiedelt war; die Römer bauten dann strategische Punkte zu Festungen aus und begannen wahrscheinlich bereits die Eisenerzvorkommen zu nützen. Dieser natürliche Reichtum ließ das Tal im Mittelalter aufblühen; Siedlung reihte sich an Siedlung, und so schloß man sich zur wehrhaften Interessengemeinschaft der ›Magnifica Comunità della Valsassina‹ mit eigenen Statuten und Gesetzen zusammen; die Hauptorte waren Introbio und Primaluna. Später geriet diese freie Gemeinschaft unter verschiedene Feudalherren, bis dann im 17. Jahrhundert unter den Spaniern blutige Kämpfe um das Eisenmonopol entbrannten — dazu wütete 1626 bis 1630 die Pest —, worauf viele der Bewohner auswanderten und der Bergbau mehr und mehr verfiel. Die Österreicher konnten die Eisengewinnung noch einmal für ein halbes Jahrhundert beleben, dann aber waren die Lager erschöpft und dieser Erwerbszweig wurde nur noch von kleinen lokalen Familienbetrieben weitergeführt. Erst Ende des 19., Anfang des 20. Jahrhunderts brachten Käseherstellung und der mehr und mehr sich entwickelnde Fremdenverkehr neuen Aufschwung.

Unsere Fahrt beginnt bei *Ballabio*, das für seine Käsereien bekannt ist. Von hier führt eine Straße zum *Piano dei Resinelli* (1278 Meter), einem Wiesenplateau unterhalb der Grigna Meridionale (2184 Meter), Wintersportplatz und Ausgangspunkt für Gebirgstouren. Von Balisio – dem eigentlichen Talbeginn – geht es über Maggio nach *Cremeno*, dessen Pfarrkirche San Giorgio am Hauptaltar ein prächtiges Polyptychon, ›Maria mit Kind und Heiligen‹, aus dem Jahre

1533 besitzt. Unmittelbar darauf folgt *Barzio*, das sich jetzt ganz auf
Fremdenverkehr eingestellt hat. Hier steht das alte Manzoni-Haus,
wo Graf Pietro, der Vater des Dichters, geboren wurde. In einem
kleinen Museum werden die Werke des Bildhauers Medardo Rosso
(1858 bis 1928) gezeigt. Von Barzio führt ein Sessellift auf die ›piani
di Bobbio‹ mit Skilift und Ausgangspunkt für zahlreiche Wanderwege.

Die nächsten Ortschaften Pasturo und Baiedo folgen nahe auf-
einander. In *Pasturos* Pfarrkirche Sant'Eusebio sind schöne Fresken
des 14. und 15. Jahrhunderts zu sehen, darunter eine von Giotto be-
einflußte Kreuzigung. Auf dem ›Sasso di Baiedo‹ erhob sich früher
über dem engen Taldurchgang eine Burg, die 1513 zerstört wurde.
Nun überqueren wir die Pioverna und das lieblich in Wälder und
Wiesen gebettete Introbio, wo im Mittelalter die Talverwaltung
ihren Sitz hatte. Eine Fahrt von ungefähr einem Kilometer führt
zur *Cascata della Troggia*, einem großartigen, schon von Leonardo
erwähnten Naturschauspiel, wo der Bergbach Troggia über eine
Steilwand von hundert Metern hinabstürzt.

Auf Introbio folgt *Primaluna*, früher das geistliche Zentrum des
Tales und die Heimat der della Torre. Dieses im Mittelalter so mächtige Geschlecht beherrschte das ganze Gebiet der Valsassina und
konnte sich sogar für kurze Zeit des Mailänder Herzogstuhls bemächtigen. Von ihrem einst mit einem gewaltigen Mauerwall umgebenen Stammsitz sind noch verschiedene Gebäude erhalten. Über
Cortabbio kommen wir nach *Cortenova*, das freundlich in einem
sonnigen Tal liegt; hier wird noch zum Teil die traditionelle Eisenverarbeitung betrieben. Dann führt die Straße über Parlasco weiter
hinab nach Bellagio, wo unser Ausflug endet.

DAS OSTUFER DES LAGO DI LECCO

*Wir fahren von Lecco die kilometerlange, baumgesäumte Uferstraße entlang
nach Norden. Steil, kahl und steinig ragt drüben das Westufer, nackter Fels
begleitet unsere Straße auch am Ostufer, bis wir Abbadia Lariana erreichen,
das auf einer grünen, weit in den See ragenden Landzunge an den Ausläufern der Grignetta, eigentlich Grigna Meridionale, liegt. Der Ort war schon*

*in der Römerzeit besiedelt und erhielt seinen heutigen Namen von einer
längst verschwundenen Benediktinerabtei. Die höhergelegenen Ortsteile
Crebbio, Linzanico und Borbino sind sehr malerisch und wohl unseres Be-
suches wert. Von Crebbio führen Wanderwege auf die Grignetta und zum
Piano dei Resinelli.*

Mandello. Grüner und üppiger wird das Land auf dem Wege nach
Mandello, das in herrlicher Lage zu Füßen der Grignetta an der
Mündung des Meria-Flusses liegt. Galliergräber und Funde aus der
Römerzeit beweisen die frühe Besiedlung dieses Platzes.

Mandello hätte alle Voraussetzungen für einen erholsamen Ferien-
ort, wenn nicht eine hier ansässige weltbekannte Motorradfabrik,
einige Papiermühlen und Elektroindustrie für ausreichende Beschäf-
tigung sorgen würden, was das Interesse der Bevölkerung am Fremdenverkehr gering hält. Durch die fortschreitende Industrialisierung
ist der Ort stark gewachsen; er zählt heute zehntausend Einwohner.

Schon im Mittelalter besaß Mandello als ein befestigter Ort und
Sitz einer Mutterpfarrei einige Bedeutung. Im zehnjährigen Krieg
gegen Mailand stand es auf Seiten Comos; 1160 wurde es geplündert und teilweise zerstört. Mit Bellagio und dem gesamten Ostufer
kam es dann 1537 unter die Herrschaft der Sfondrati und war der
Hauptort der sogenannten ›feudo della Riviera‹.

Alte, arkadengeschmückte Häuser säumen das Seeufer, in dessen
Nähe die Pfarrkirche *San Lorenzo* steht. Ihr im unteren Teil noch
romanischer Campanile ist links an die Fassade angebaut. San
Lorenzo wurde vermutlich in frühchristlicher Zeit gegründet, im
9.Jahrhundert erneuert und im 12.Jahrhundert erweitert. Um 1610
wurde die Kirche dann wiederum völlig umgestaltet und beträchtlich vergrößert; der ehemals dreischiffige Innenraum wurde nun
einschiffig und mit einem hohen Tonnengewölbe überdacht. Das
große Gemälde über dem Eingang stellt die ›Glorie des heiligen
Lorenz‹ dar und wird der Schule des Agostino Santagostino (gestorben 1706) zugeschrieben. Prachtvoll ist der geschnitzte, gold-
gefaßte Hochaltar, ein Werk aus dem frühen Barock, das noch deutliche Renaissancemerkmale zeigt. Drei große Gemälde in prunkvollen Stuckeinfassungen umrahmen ihn; auch sie zeigen Szenen

aus dem Leben des heiligen Lorenz und wurden von Santagostino geschaffen, der aus einer weitverzweigten Mailänder Malerfamilie stammt. Er schrieb 1671 das Werk: ›Unsterblichkeit und Lobpreis des Pinsels.‹ Die geschnitzte und teilweise vergoldete Orgel wurde 1742 gebaut. – San Lorenzo steht mitten im ältesten Teil von Mandello, wo man noch schöne, dann und wann mit Wappen geschmückte Häuser aus der langen friedlichen Zeitspanne der Sfondrati-Herrschaft finden kann.

Etwas nordöstlich von der Pfarrkirche erhebt sich auf einem von Kreuzwegstationen gesäumten Platz die 1627 erbaute Kirche *Madonna del Fiume*. Durch eine Säulenvorhalle betreten wir den in Form eines griechischen Kreuzes angelegten Innenraum, der überreich mit Stuck, Fresken, Statuen und Gemälden geschmückt ist und zu den besten Schöpfungen des Hochbarock im Bereich des Lario gehört. Die sechs Gemälde mit Szenen aus dem Marienleben schuf Giacomo Antonio Santagostino (1588 bis 1648).

Am Ortsbeginn oberhalb der Straße liegt die Kapelle *San Giorgio* mit fast naiv anmutenden Fresken des späten 15. Jahrhunderts, die Szenen aus dem Alten und Neuen Testament und Episoden aus dem Leben des Heiligen Georg darstellen.

Oberhalb von Mandello liegt *Tonzanico*, dessen Kirche San Zeno ebenfalls reichen Freskenschmuck trägt. Etwas weiter nördlich, in *Maggiana*, wird ein *Torre di Barbarossa* gezeigt, wo der Kaiser sich 1158 aufgehalten haben soll. Das wäre recht gut möglich, denn er zog gegen Anfang jenes Jahres mit einem gewaltigen Heer nach Italien, um das aufsässige, von Papst Hadrian IV. unterstützte Mailand zu unterwerfen, was ihm im September auch gelang. Solchen Überlieferungen, vor allem, wenn sie zeitlich exakt sind, kann man meistens trauen, da der Aufenthalt eines Kaisers für einen kleinen Ort damals ein so bedeutendes Ereignis war, daß die Erinnerung daran immer lebendig blieb.

Olcio. Nach Mandella beginnt das Seebecken sich zu weiten, und wir erreichen Olcio, einen kleinen Ort mit kaum fünfhundert Einwohnern. Seine um 1510 erbaute Pfarrkirche *Sant'Eufemia* wurde später in einem etwas süßlich wirkenden Barock ausgestattet; sehenswert sind jedoch die Altarschranken der beiden Seitenkapellen mit kunstvollen polychromen Marmorinkrustationen. Die Chorfresken schuf 1837 Luigi Tagliaferri, die beiden großen Gemälde im linken und rechten Querschiff zeigen Martyrium und Glorie der Heiligen Eufemia, angeblich von einer österreichischen Künstlerin gemalt. Der schöne Hochaltar in buntem Marmor mit vergoldetem Bronzetabernakel wurde 1627 errichtet. – Der kleine, anheimelnde Ort zieht sich weit die Hänge hinauf, und wo er endet, beginnen Wein- und Olivengärten, die bis an den nackten Fels reichen. Olcio gegenüber am Westufer liegt Vassena.

Lierna. An dem Dörfchen Grumo vorbei geht es nach Lierna, wo Grabbeigaben aus der Bronzezeit und die Reste eines römischen Hauses gefunden wurden. Dieser ruhige, liebliche Ort besitzt viele alte und neue Villen mit schönen Gärten, die sich weit die flachen Hänge des Monte Palagia (1549 Meter) hinauf erstrecken. Eine schmale Straße am Ortsende führt hinab zum ältesten Ortsteil, Castello genannt, wo an der Bootslände die Kapelle *Santi Maurizio e Lazaro* steht, ein kürzlich restaurierter Bau romanischen Ursprungs. An der Portalwand sehen wir die Fresken der beiden Patronatsheiligen, am Altar im Innern steht eine primitive, bemalte Statue des heiligen Mauritius.

Uralte verwinkelte Fischerhäuser scharen sich um die kleine Kirche und bezeichnen den Ort, wo früher eine Festung stand, deren Mauerwerk zweifellos zum Teil in den Häuschen verbaut wurde. Ein Spaziergang von zehn Minuten führt hinauf zur Pfarrkirche *Sant' Ambrogio,* die 1625 aus einem älteren Bau hervorging. In anmutiger Lage, von Zypressen umstanden, blickt sie auf den See hinab. Stuck, Skulpturen und Gemälde entstammen hauptsächlich dem späten Barock.

In der Höhe von Fiumelatte teilt die Landspitze von Bellagio den Comer See in zwei südliche Arme, deren einer, der Lago di Lecco, im weiten Becken des Lario aufgeht.

Das zunächst recht karge Westufer des Lago di Lecco beginnt mit dem Indu-
striestädtchen Malgrate, *das Lecco genau gegenüberliegt. Die Addabrücke*
im Süden zeigt Abfluß und Ende des Comer Sees. Links von Lecco sehen
wir die kahlen Flanken des Monte San Martino (1040 Meter) und des
Monte Coltignone (1479 Meter), schweigsame, steinige Wächter dieser lär-
menden Industriestadt. Der Lyriker Giuseppe Parini (1729 bis 1799) hielt
sich in Malgrate längere Zeit auf und schrieb hier einen großen Teil seines
satirischen Gedichtes ›Mattino‹.

Die von einigen Tunnels unterbrochene Straße führt am felsigen Ufer ent-
lang nach Onno, *einem stillen, bescheidenen Ort gegenüber von Mandello.*
Links von Mandello liegen Olcio und Lierna, rechts Abbadia Lariana. Fern
im Norden ist Varenna zu erkennen; auch den hohen Turm der Pfarrkirche
und die qualmenden Schlote von Lecco kann man im Süden noch ausmachen,
so daß wir also von Onno mit einer einzigen Kopfdrehung den ganzen Lago
di Lecco überblicken können. Es gehört schon zur weitverzweigten Gemeinde
Oliveto Lario, lag früher weiter südlich und wurde nach einer Flutkatastrophe
hier neu erbaut. Die barocke Pfarrkirche San Pietro wurde 1793 gründlich
erneuert; die frühere, in ihren Ursprüngen romanische Pfarrkirche Sant'
Anna bezeichnet die Lage des alten, von der Flut zerstörten Ortes. Von
Onno führt eine Straße hinauf in die Valbrona und weiter hinein in die Valsas-
sina.

Das mit Onno beginnende Gebiet des ›Oliveto Lario‹ ist ein grünes,
fruchtbares Land und, wie schon sein Name andeutet, besonders reich an Öl-
bäumen. Diese anmutige, bereits zur Römerzeit besiedelte Landschaft am
Westufer des Lago di Lecco wird mehr und mehr zu einem bevorzugten Ge-
biet für Ruhesuchende, was vor allem in Vassena *zu spüren ist, das sich*
mit vielen neuen Villen in den letzten Jahren stark ausgedehnt hat und Sitz
der Gemeindeverwaltungen von Oliveto Lario ist. Sein winziger, maleri-
scher Bootshafen ist von alten Häusern eingerahmt; gleich daneben steht die
mehrfach umgebaute Pfarrkirche Santi Nazzaro e Celso mit prächtigem mar-
mornen Barockaltar. Mitten im Ort begegnen wir noch der schönen Kapelle
Madonna del Carmine aus dem Seicento.

Limonta. Auf der Weiterfahrt nach Limonta ist schon manchmal die
Spitze der Halbinsel mit der ockergelben Villa Serbelloni zu erkennen. Stille vornehme Parkanlagen mit mächtigen alten Bäumen
säumen das Ufer von Limonta, die Gärten der Villen Pozzi, Pietrini

und Guido fallen besonders ins Auge. Eine im Jahre 835 von Kaiser Lothar ausgefertigte Urkunde erwähnt Limonta mit Civenna als Lehensbesitz des Mailänder Ambrosius-Klosters. Daran änderte sich fast tausend Jahre lang, bis 1797, nichts.

Der Dichter Tommaso Grossi (1791 bis 1835) machte Limonta zum Schauplatz seines historischen Romanes ›Marco Visconti‹; eine Tafel gegenüber der Pfarrkirche erinnert daran: »Limonta ist ein kleiner Ort, der sich fast ganz hinter Kastanien versteckt; wer mit dem Schiff von Bellagio nach Lecco fährt, muß es etwa in der Mitte der Küste, gegenüber von Lierna suchen«, heißt es da. – Das alte Limonta liegt über der Straße am Hang inmitten von Obst- und Ölbaumgärten. An der Via Trieste, nahe der Kirche, schachteln sich malerische, betagte Häuser ineinander. Steigen wir die Via Castello hinauf und halten uns dann rechts, so öffnet sich uns eine weite Sicht nach Norden auf den Comer See. Am Ostufer sehen wir Fiumelatte und Varenna liegen, weiter nördlich streift der Blick bis in die Höhe von Dongo.

Mit den zu Bellagio gehörenden Orten *Regatola* und *Pescallo* endet das Westufer des Lago di Lecco, endet auch unsere Reise, beim Park der Villa Serbelloni.

REGISTER

Die Vorlagen für die Schwarzweiß-Abbildungen stammen von folgenden Photographen:

Anthony-Verlag, Starnberg: 15, 17 (K. P. Meier); Hermann Hessler, Frankfurt am Main: 4, 5; Michael Jeiter, Aachen: 9, 13, 16; Gerhard Klammet, Ohlstadt: 3; Robert Löbl, Bad Tölz: 6, 7, 8, 10; Toni Schneiders, Lindau: 2; Werner Stuhler, Hergensweiler bei Lindau: 1, 11, 12, 14.

Die Farbaufnahme des Aquarells von Turner fertigte R. B. Fleming, London, und die des Gemäldes von Bidauld Foto Brunel, Lugano. Die anderen Vorlagen für die Farbreproduktionen wurden freundlicherweise von den Besitzern der abgebildeten Werke zur Verfügung gestellt.